权威·前沿·原创

皮书系列为
"十二五""十三五"国家重点图书出版规划项目

"一带一路"欧亚合作蓝皮书

BLUE BOOK OF
EURO-ASIAN COOPERATION OF THE
BELT AND ROAD CONSTRUCTION

"一带一路"欧亚合作发展报告（2018）

ANNUAL REPORT ON DEVELOPMENT OF EURO-ASIAN
COOPERATION OF THE BELT AND ROAD CONSTRUCTION

(2018)

首都经济贸易大学特大城市经济社会发展研究院

主　编／段　霞
执行主编／张晓慧

社会科学文献出版社
SOCIAL SCIENCES ACADEMIC PRESS (CHINA)

图书在版编目（CIP）数据

"一带一路"欧亚合作发展报告 . 2018 ／ 段霞主编
. －－北京：社会科学文献出版社，2018.7
（"一带一路"欧亚合作蓝皮书）
ISBN 978 － 7 － 5201 － 3019 － 6

Ⅰ. ①一… Ⅱ. ①段… Ⅲ. ①"一带一路" – 国际合
作 – 研究报告 – 2018 Ⅳ. ①F125

中国版本图书馆 CIP 数据核字（2018）第 136032 号

"一带一路"欧亚合作蓝皮书
"一带一路"欧亚合作发展报告（2018）

主　　编／段　霞
执行主编／张晓慧

出 版 人／谢寿光
项目统筹／祝得彬
责任编辑／张苏琴

出　　版／社会科学文献出版社·当代世界出版分社 （010）59367004
　　　　　地址：北京市北三环中路甲 29 号院华龙大厦　邮编：100029
　　　　　网址：www. ssap. com. cn
发　　行／市场营销中心 （010）59367081　59367018
印　　装／三河市龙林印务有限公司

规　　格／开　本：787mm × 1092mm　1/16
　　　　　印　张：23.25　字　数：348 千字
版　　次／2018 年 7 月第 1 版　2018 年 7 月第 1 次印刷
书　　号／ISBN 978 － 7 － 5201 － 3019 － 6
定　　价／98.00 元

皮书序列号／PSN B － 2018 － 725 － 1/1

本书如有印装质量问题，请与读者服务中心 （010 － 59367028）联系

主要编撰者简介

段　霞　博导，教授，首都经济贸易大学特大城市社会经济发展研究院常务副院长、首都经济贸易大学国际问题研究所所长、首都经济贸易大学城市群系统演化和可持续发展决策模拟研究北京市重点实验室主任。长期从事全球化与地区发展、城市国际比较研究。出版过多部有影响力的学术著作，主要有《中国外交空间的扩展》《新中国 60 年学界回眸——国际关系学发展卷》《世界城市发展战略研究》等，主编《城市大数据的分析与应用》《全球化进程中的大都市治理》《世界城市建设与发展方式转变》《首都国际化进程研究报告》等。

张晓慧　博士，讲师，首都经济贸易大学国际问题研究所所长助理。研究方向为国际政治经济学（IPE）理论及应用，欧亚地区政治、经济与安全合作。发表的主要论文有《能源安全预期、现状偏好与大国的能源外交决策》《地区安全主义视野中的上海合作组织》《中欧能源合作的未来——基于能源安全与气候变化的分析》《东亚区域间主义：理论与现实》，以及其他二十多篇论文和研究报告。

摘　要

本报告由首都经济贸易大学特大城市社会经济发展研究院组织编写。作者来自中国各大学和科学研究机构，是研究区域经济发展的专家和青年学者。报告主要向读者介绍在"一带一路"倡议框架下欧亚地区经贸合作发展趋势。

本报告包括四个部分：多边合作、双边合作、次区域合作和节点国家城市。多边合作部分介绍了欧亚合作的中国方略、东北亚区域产业升级的经验、孟中印缅经济走廊的作用、中吉乌铁路建设的风险和前景。双边合作部分考察了中国与白俄罗斯、中国与波兰、中国与捷克、中国与哈萨克斯坦、中国与巴基斯坦、中国与越南合作趋势。次区域合作部分从空间格局视角探讨主轴经济区联结"一带一路"的设想，考察了中国东北、中国西北、中国西南地区与周边地区国家合作的成果与趋势。专题部分介绍了东欧地区的节点国家波兰、中亚的节点国家乌兹别克斯坦。

整体来看，2017 年欧亚地区经贸合作稳定发展。东北亚、东南亚、西欧、东欧、中亚相比，东欧地区和中亚地区贸易总量增速较快，但总体水平仍较低。东北亚、西欧依然是中国在欧亚地区开展贸易合作的主要地区。随着"一带一路"倡议的深化，东南亚地区与中国的贸易合作发展较快，已经成为中国在亚洲开展贸易合作的重要地区。中国对欧亚各地区进出口贸易结构趋于优化，虽然仍以轻工产品为主，但机电设备等科技含量较高的商品的比重有所提高。2017 年中国对外直接投资居世界前位，投资趋稳。中国在欧亚地区的投资主要集中在农业、制造业、能源和基础设施等领域。未来中国企业将不断扩大对外贸易投资，优化投资结构，增加在对外投资目的国的贡献值，努力打造中国投资的品牌，树立中国投资的良好形象。从地方性合作看，2017 年中国东北、西北、西南等地区应发挥比较优势，采取务实开发战略，与周边"一带一路"沿线国家的地方性合作不断深化，互联互通、经贸合作，效果呈现。

从上述贸易、投资和地方性合作的效果来看，未来欧亚经贸合作发展潜力巨大。然而，贸易便利化程度偏低、潜在政治安全风险增大、投资评估不足等问题将影响"一带一路"框架下的合作发展。要提高欧亚地区贸易便利化水平，就需要推动欧亚国家降低贸易壁垒，妥善化解贸易摩擦。因此，积极推动欧亚地区多边、双边自由贸易谈判是在欧亚地区推进"一带一路"倡议面临的重要任务。随着"一带一路"的推进，中国国家银行承担的投资风险和中国企业承担的建设风险将增加，加强投资风险评估和完善评估机制也迫在眉睫。此外，"一带一路"沿线一些国家的政治风险偏高。在南亚地区，中巴经济走廊建设地区安全问题突出；在东南亚地区，一些潜在政治风险将可能冲击中国的建设项目和经贸合作；在中亚地区，安全问题仍值得关注。

卷首语

  "一带一路"是中国政府提出的重大倡议，旨在促进沿线地区要素自由流动、资源高效配置和市场深度融合，推动沿线各国开展更大范围、更高水平、更深层次的区域合作，共同打造开放、包容、均衡、普惠的区域经济合作架构，维护全球自由贸易体系和开放型世界经济。这样一条贯通中亚、东南亚、南亚、西亚直至欧洲的世界上最长跨度、最大规模的经济带一旦形成，将使广大欧亚内陆地区焕发出前所未有的发展活力，出现新的运输干线、产业集聚区、节点城市与港口、都市圈、城市群与连绵带……这一切不仅将使欧亚板块的地理空间格局发生前所未有的深刻变化，而且将对全球经济与政治权利分配和人类命运产生前所未有的深刻影响。

  上述观点是立足于宏观的全局判断和一般性描述，然而，"一带一路"建设将是一个怎样的演化过程？在欧亚地区参与"一带一路"建设的既有上百个国家和国际组织，又有沿线各地数以万计的企业团体、各种类型的行为主体，它们之间的相互关联与作用会使这个地区的合作与发展呈现怎样的特征、规律与发展前景？局部的、具体的、细微的变化将会导致各个层次形成怎样的合作竞争机制与矛盾风险，又将如何影响大的格局与发展的方向？这些问题应该是"一带一路"倡议提出后研究者不能回避的课题。从空间演化的观点来观察"一带一路"倡议下欧亚区域的变化以及合作与发展的形态，可以通过复杂适应理论（Complex Adaptive SBstem）观察由下而上的变化，解释主体对环境变化的适应性，并且模拟欧亚地区合作发展的演化过程，即具有适应能力的行为主体（adaptive agent）在"一带一路"倡议的刺激下，与其他主体相互作用、相互适应，并不断地学习、积累经验、修正行为规则、改善自身结构，以便抓住发展机遇、占据竞争优势地位；受这些主体活动以及它们之间关系的影响，沿线地区的空间结构将会呈现自我组织和复杂系统形成演化的过程。如当前状态的分化、新层次的产生、多样性的出现，以及新的、集聚而成的、更大的主体出现等，正是这样一种主体主动适应"一带一路"倡议下的环境变化以及它们之间反复相互作用的结果，这也是我们观察"一带一路"欧亚合作与发展变化的落脚点。欧亚地区整体性宏观性的变化、重大事件的出现以及个体的分化都可以从主体的行为轨迹中找到根源，从而影响本书涉及的六个研究层次：欧亚地区发展与节点国家城市、欧亚地区发展与国内区域合作、欧亚地区发展与次区域合作、欧亚地区发展与双边合作、欧亚地区发展与多边合作以及欧亚地区合作总体形势。

从研究主体、主体间关系、主体对不同层次的系统影响入手，而不仅仅从总体原则和自上而下的推动出发，或者只关注整体全局的归类分析和宏大叙事。比如说，如果只把"一带一路"沿线国家按照地理板块划分，把中亚、西亚、东南亚、欧洲、非洲、阿拉伯国家作为一个整体描述，或者分为资源能源供给国、劳动密集或技术密集型国家进行群体画像，就不能准确研判整体板块下将会发生多么波澜壮阔甚至惊心动魄的巨大变化，也不能感知成千上万个适应性主体如何推动欧亚地区自组织成长的过程与趋势。事实上，运用复杂系统理论观察真实的世界，就会发现规模大的事件出现的频次低，而规模小的事件出现的频次高。主体的共同演化产生了无数能够适应"一带一路"建设环境变化且相互适应的适应性主体，这也是不可忽视的、由下而上的、来自空间环境变化的推动欧亚地区合作这一复杂系统突变和自组织的强大力量。这些规则具有但不仅包括以下特点。

第一，行为主体具有感知学习和自适应能力。处在复杂系统中的行为主体都有自己的目标和主动性行为特征，能够根据环境变化和上一时刻相关主体的状态，自动调整自身状态以适应环境，与其他主体进行合作或竞争，争取最大的生存和发展利益。在看似与其他主体随机进行交互作用的背后，有一定的行为准则。正向反馈会巩固其存在和地位，错误的预期和判断会带来风险甚至导致消亡，因此必须不断调整、改变自己以适应环境，争取利益最大化。如欧洲一体化进程中欧盟国家一步一步地向组织让渡某些主权，实际上就是主体的适应和演化过程，可以从一种形式的主体转变或升级为另一种形式的主体。

第二，不断生成的系统结构具有非线性和灰箱结构特点。主体适应规则的一个重要表现就是出现大量的不断涌现（emergence）的系统结构和运行机制，这些生成的系统结构还会再生成具有更多层次、组织形态的新结构。涌现的这些现象都是由小到大、由简单到复杂叠加而成，"一带一路"建设就是遵循这样的逻辑：以铁路、公路、机场、港口、产业园区和跨境桥梁等基础设施项目为先导，通过设施联通实现政策沟通、贸易畅通、资金融通、民心相通，在这五通基础之上推动人类命运共同体建设。但是若干年后欧亚合作与发展的前景很难简单还原成这五部分，或对应到不同的设施、功能与机制。这是因为系统结构是在一定的时空环境里形成的，适应性主体往往是在信息不充分和简单规则的支配下去响应这一变化，主体间的相互作用虽然具有耦合性，但更多的是受非线性作用和局部的、隐性的秩序影响，从而使整体结构向着混沌的边缘发展，整体局面比各部分的总和更为复杂和不确定，风险控制难度更大。

第三，空间集聚具有报酬递增规律。根据空间经济学基本原理，具有地理资源优势的空间区位会比其他位置容易获得发展机会，从而吸引生产要素与经济活动的空间集聚，产生收益递增的集聚经济效应。这样的空间集聚具有自我强化作用和路径依赖功能，会形成良好的产业关联和有机的城市功能体系，促进经济增长，从而吸引更多的要素集聚，形成促进区域发展的良性循环关系。被"一带一路"建设选中的区域将获得重要的发展机遇，同时这些区域的变化也会决定"一带一路"建设的基本走向与实践效果。需要将资源配置、要素流动、运输通道、产业升级、科技合作、经济走廊、金融风险、政治安全、生态社会环境等研究议题落实到具体的空间载体，通过数据分析和系统模拟加以观察、识别、研判与调控。

如今，"一带一路"正在成为重要的国际公共产品和合作平台，为世界走出发展困境、走向共赢带来中国声音。一批又一批互联互通、经贸合作项目落地"一带一路"沿线，播下协同联动发展的种子，使欧亚地区的合作态势呈现复杂适应系统的自组织现象，从看似混乱中呈现某些新特征、新问题与新的成长轨迹，适应性主体在共同演化中合作与竞争，走向协调的生态系统和命运共同体。因此，在这样一个伟大的历史进程中研究"一带一路"对欧亚合作与发展的影响，就要有全面系统的思维逻辑和科学求证的研究方法。不仅要研究国际大格局，也要研究区域小个体；不仅要研究大概率、既定路线，也要研究小概率、不确定性和潜规则；不仅要研究由上而下的政策推动，也要重视自下而上的自组织自适应特点；不仅要观察项目进展与合作成就，更要跟踪热点、危险源，研判风险；不仅要预见"一带一路"对欧亚地理空间大尺度的影响，也要关注点（节点城市和集聚区）—线（资源要素流空间与走廊）—面（大小区域空间环境与结构层次）的变化。唯此，理论研究才能最大限度地贴近、反映欧亚地区合作与发展的现实，从容不迫地迎接一个新时代的到来。

段 霞 谨 识

2018 年 6 月

目　录

Ⅳ 次区域合作

Ⅴ 节点国家

VI　附录

皮书数据库阅读**使用指南**

总 报 告

General Report

B.1

2017年"一带一路"框架下
欧亚合作形势回顾

张晓慧*

摘　要：　2017年中国与欧亚地区国家贸易稳中有增，贸易结构进一步优化；投资趋稳，结构改善；中国东北、西北、西南等地区发挥比较优势，与"一带一路"沿线周边国家的地方性合作不断深化，互联互通、经贸合作效果呈现。但贸易便利化程度偏低，潜在政治风险、投资评估不足将对未来"一带一路"欧亚地区经贸合作与发展产生负面影响。

关键词：　"一带一路"　欧亚地区　贸易　投资　地方性合作

* 张晓慧，博士，首都经济贸易大学讲师，研究方向：国际政治经济学（IPE）理论及应用、欧亚地区政治经济。

在全球经济发展放缓、国际贸易小幅增长的情况下，"一带一路"倡议为突破国际贸易合作困境、促进区域经济发展开辟了新思路。丝绸之路经济带倡议的核心是区域经济合作与发展，主张积极发展与沿线国家的经济合作伙伴关系，包括联通东南亚、东北亚、中亚、西亚和欧洲。由此可见，欧亚地区是倡议的核心地区。结合全球经济发展和国际贸易合作的发展趋势，本报告选取贸易（包含进出口贸易和贸易结构两个小指标）、投资与地方性合作为分析2017年"一带一路"欧亚地区合作与发展及趋势的指标，并从"一带一路"建设参加国、2017年"一带一路"国际合作高峰论坛参加国、亚投行成员国及与中国开展产能合作的国家中选出对"一带一路"欧亚地区合作与发展产生较显著影响的26个国家作为指标国（以下简称欧亚26国，见表1）。

日本和韩国列入指标国的原因是：第一，在东北亚地区中，日韩是最大的贸易伙伴，从2002年起中日韩就开始自贸区谈判，2017年开启第十一轮谈判，如果自贸区成立，将对"一带一路"东北亚地区乃至整个欧亚地区合作与发展产生较大影响；第二，日韩都分别对"一带一路"倡议或相关合作表示欢迎或支持。以日本自民党干事长二阶俊博为首的代表团和以韩国共同民主党议员朴炳锡为首的代表团，代表各自政府参加了"一带一路"国际合作高峰论坛。2017年，日本还表示希望参加亚投行。或许，中日合作"Made with Japan"会成为欧亚地区合作的新模式。而一些国家，例如缅甸、希腊等国在中国经贸合作中所占比重较小，列入指标国的原因是这些国家在"一带一路"倡议下开展了重大项目，对国家和地区产生显著影响。例如，中缅油气管线不仅惠及缅甸，且利于带动周边欠发达国家和地区的发展，进而推动亚洲命运共同体和人类命运共同体的建设。同样，节点港口建设也是"一带一路"互联互通的重要项目，中国参与希腊最大港口比雷埃夫斯港建设对实现欧亚地区相互联通将发挥作用。一些与中国贸易量较大的国家未被列入指标国，例如印度，原因首先是中印关系存在诸多不确定性，其次该国未对"一带一路"倡议发表过支持意见，难以判断其未来会对"一带一路"倡议框架下欧亚合作与发展起到何种作用。

表1 欧亚26个指标国

单位：千万美元

序号	区域	国家	贸易周期					
			2016年			2017年		
			出口	进口	总额	出口	进口	总额
01	东北亚	日本	12926	14553	27479	13732	16565	30297
02	东北亚	韩国	9371	15887	25258	10275	17751	28026
03	东南亚	新加坡	4448	2595	7042	4502	3422	7924
04	东南亚	印度尼西亚	321	2139	5351	3476	2855	6332
05	东南亚	缅甸	819	410	1228	901	453	1354
06	东南亚	马来西亚	3766	4921	8688	4172	5430	9603
07	东南亚	越南	6110	3713	9823	7099	5033	12132
08	东南亚	泰国	3719	3868	7587	3871	4158	8029
09	南亚	巴基斯坦	1723	191	1913	1825	183	2009
10	西亚	伊朗	1642	1482	3123	1860	1858	3718
11	西亚	沙特	1865	2361	4246	1822	3176	4998
12	西亚	阿联酋	3007	999	4006	2874	1224	4098
13	西亚	土耳其	1668	278	1947	1812	378	2191
14	中亚	哈萨克斯坦	829	480	1309	1164	636	1800
15	中亚	乌兹别克斯坦	201	161	361	275	147	422
16	东欧	俄罗斯	3733	3223	6956	4290	4120	8410
17	东欧	捷克	806	295	1101	879	370	1249
18	东欧	波兰	1509	253	1763	1788	335	2123
19	西欧	法国	2466	2248	4714	2767	2680	5446
20	西欧	德国	6521	8607	15129	7114	9695	16810
21	西欧	比利时	1473	688	2161	1574	755	2329
22	西欧	英国	5569	1865	7434	5672	2231	7903
23	中欧	瑞士	316	3989	4305	316	3289	3605
24	南欧	匈牙利	542	346	889	1013	605	408
25	南欧	西班牙	2131	613	2744	2292	802	3094
26	南欧	希腊	420	28	448	475	43	518

数据来源：中华人民共和国海关总署。

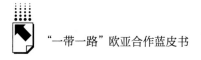

一 贸易稳定发展

在当前全球经济缓慢复苏的大背景下，区域合作的发展显然是推动全球经济发展的重要动力，这已经成为一种共识。欧亚地区是"一带一路"倡议覆盖的重心区域，2017年欧亚区域经贸稳定发展。

（一）2017年中国与欧亚26国贸易进出口总量稳定且略有增长

指标国贸易总量的趋势显示，中国与东北亚、东南亚、西欧、东欧、中亚的贸易量都有不同程度增长。其中，中国与中亚两国的进出口总量增幅最大，达69.5%，但是总量低。在东北亚地区，还是以中国与日本和韩国贸易总量的增长为主要特征。在东南亚地区，中国与越南的贸易总量增长相对明显，其次为马来西亚。在西欧地区，除了德国这样中国的传统贸易伙伴外，英国、法国都有不同程度增长。在东欧地区，则以波兰增长最为明显，俄罗斯与中国的贸易总量最大，且一直在增长。各地区相比较，除俄罗斯之外，东欧地区和中亚地区贸易总量增速较快，但总体水平仍较低，其中与中亚地区的贸易量最低。

从贸易总量、进口与出口总量发展趋势可以看出（见图1），东北亚、西欧依然是中国在欧亚地区开展贸易合作的主要地区。随着"一带一路"倡议的深化，东南亚地区与中国的贸易合作发展趋势较快，增长幅度超过25%，已经成为中国在亚洲开展贸易合作的重要地区。

（二）2017年中国对26国出口与进口略为增长

相较2016年，2017年中国对26国出口与进口略为增长（见图2、图3）。在东北亚地区，中国对日本、韩国出口总量略有增长，进口也有小幅增长。2017年日本与中国双边货物进出口额为2972.8亿美元，增长9.9%。其中，日本对中国出口1328.6亿美元，增长16.7%，占日本出口总额的

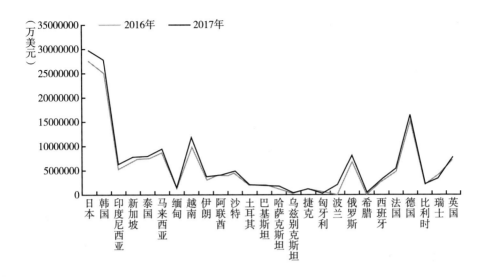

图1 2016年、2017中国与26国进出口总量趋势对比

资料来源：中华人民共和国海关总署。

19.0%，提高1.3个百分点；日本自中国进口1644.2亿美元，增长5.0%，占日本进口总额的24.5%，下降1.3个百分点，日本与中国的贸易逆差为315.6亿美元，下降26.1%。① 截至2017年12月，中国是日本第二大出口贸易伙伴和第一大进口贸易伙伴。

随着"一带一路"倡议的深化，东南亚地区与中国的贸易合作发展趋势较快，已经成为中国在亚洲开展贸易合作的重要地区。2017年，除了新加坡、泰国等国与中国的贸易平稳发展外，中国对印度尼西亚的出口增长最大，其次为越南，而进口则是越南较为明显。诚然，中越贸易合作稳步增长与"一带一路"倡议同越南"两廊一圈"发展战略对接是分不开的。

在中亚地区进出口总值不高，但是增幅大。以哈萨克斯坦为例，2017年

① 中华人民共和国商务部：《2017年12月日本贸易简讯》，2018年2月22日，https：// countryreport. mofcom. gov. cn/new/view. asp？ news＿ id＝57739。

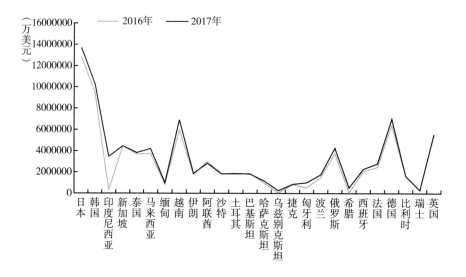

图 2　2016 年、2017 中国从 26 国进口趋势对比

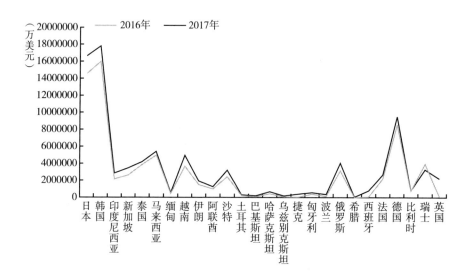

图 3　2016 年、2017 中国对 26 国出口趋势对比

资料来源：中华人民共和国海关总署。

较 2016 年进出口增幅分别为 40.4% 和 32.3%。被誉为"新时期能源丝绸之路"的中国－中亚天然气管道在中哈贸易中发挥了重要作用,原油出口贸易额占哈国对中国出口贸易总额的 50% 以上,截至 2017 年 3 月 29 日,哈已向中国累计输油达 1 亿吨。① 目前,中国是哈萨克斯坦第二大出口市场、第一大进口来源地;哈萨克斯坦是中国在中亚第一大贸易伙伴,也是中国在欧亚地区第一大对外投资对象国。②

在西亚地区,中国与各指标国的进口略有增长,其中以沙特阿拉伯最高。中沙贸易合作的发展与"一带一路"倡议的发展分不开。2016 年,习近平主席访问沙特,中沙关系提升为全面战略伙伴关系。沙特表示高度重视中国"一带一路"倡议,"两国合作拥有巨大潜力,能够为推动'一带一路'建设,同时为促进'沙特 2030 愿景'的实现做出创造性贡献"③。

在中东欧地区,俄罗斯仍继续领军对中国出口。其次,中波的贸易增长也引人注目。波兰是丝绸之路经济带沿线欧亚地区的重要战略支点,随着互联互通建设的发展,中国商品将有望通过波兰运至欧洲 30 个国家。近年来,捷克成为波兰之后中国在中东欧地区的第二大贸易伙伴。2017 年捷克对中国出口 37 亿美元,增长 25.2%;捷克自中国进口 88 亿美元,增长 9.3%。④

在中西欧地区,德国、法国等进出口保持平稳增长,其中中国对瑞士进口略有下降,而对英国进口有明显增长。据商务部数据,2017 年中国对英国出口 567.2 亿美元,同比增长 1.8%;自英国进口 223.1 亿美元,同比增

---

① 《中哈原油管道累计输油 1 亿吨　正式跨入"亿吨时代"》,央广网,http://china.cnr.cn/gdgg/20170329/t20170329_ 523682920. shtml。

② 龙文杰:《中国国航北京－阿斯塔纳航线开通 为中哈搭起新"空中丝路"》,中国新闻网,http://www.chinanews.com/gj/2017/06－03/8240830. shtml。

③ 吴中敏:《"一带一路"倡议推动实现"沙特 2030 愿景"——访沙特驻华大使图尔基》,新华网,http://www.xinhuanet.com/world/2017－03/14/c_ 1120624934. htm。

④ 中国商务部欧洲司:《2017 年 1~12 月中国与欧洲国家贸易统计表》,http://ozs.mofcom.gov.cn/article/zojmgx/date/201802/20180202714530. shtml。

长19.4%。① 英国是第一个申请加入亚投行的西欧大国，一直积极对待"一带一路"倡议。退欧使英国更有动力进一步加强与全球间的合作，特蕾莎·梅提出了"全球化英国"的口号，以期保持英国的国际影响力，"一带一路"倡议为英国重新融入世界经济带来新机会。虽然在2018年1月访华期间，英国首相特蕾莎·梅并没有与中国签署有关"一带一路"的谅解备忘录，但是她表示"欢迎'一带一路'带来的机遇"，包括为伦敦金融城带来的机遇，承认"一带一路"倡议"有可能对投资有极为重大的意义，并给中国以外的企业带来机遇"②。

在南欧地区，中国对西班牙的出口平稳发展，对西班牙进口小幅增长。西班牙是中国在欧盟内的第六大贸易伙伴，中国是西班牙在全球的第六大贸易伙伴、欧盟外的第一大贸易伙伴。截至2017年底，中国对西班牙进口229.2亿美元，较2016年增幅30.8%，出口为80.2亿美元，增长7.5%。2016年《"十三五"国家信息化规划》提出，到2020年中国将与"一带一路"沿线国家形成基于跨境电商、数字贸易的多边经贸合作大通道。③ 在中国与西班牙贸易中，跨境电商快速发展。作为中国在"一带一路"欧洲延长线上的重点双边贸易国家之一的西班牙，是中国电商出口交易量第三、仅次于俄罗斯和美国的目的国。④ 从跨境进口电商平台天猫国际上看，西班牙成为中国前十大进口国；从全球速卖通来看，西班牙是阿里跨境出口B2C平台速卖通在全球市场第三大国家市场。⑤ 与此同时，西班牙的企业也通过电商平台进驻中国。以天猫为例，入驻的西班牙品牌达到53个，涉及服装、化妆品、红酒等领域。

---

① 中国商务部欧洲司:《2017年1～12月中国与欧洲国家贸易统计表》，http://ozs.mofcom.gov.cn/article/zojmgx/date/201802/20180202714530.shtml。

② 乔治·帕克、韩碧如:《英国首相告诫中国遵守全球规则》，《金融时报》FT中文网，http://www.ftchinese.com/story/001076157。

③ 国务院发布《"十三五"国家信息化规划》。

④ 刘佳:《"一带一路"上的西班牙:马云提出的eWTP如何在民间探路?》，第一财经网，http://www.yicai.com/news/5284810.html。

⑤ 同上。

二 贸易结构优化

2017 年，中国对 26 国进出口贸易结构进行优化，虽然仍以轻工产品为主，但机电设备等科技含量较高的商品比重有所提高（见图 4）。

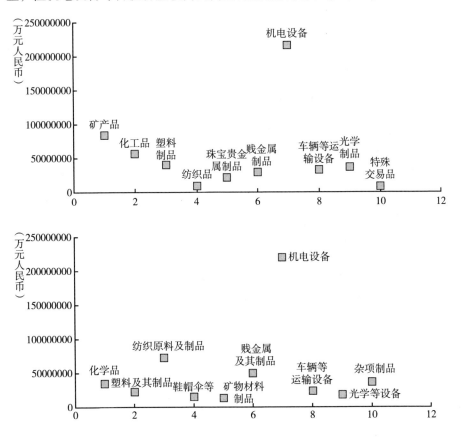

图 4 中国对 26 国进（上图）出（下图）口商品结构分布

资料来源：中华人民共和国海关总署。

在欧亚地区，从 2017 年出口产品来看，机电设备出口额最高，约占中国对 26 国出口的 39%，比 2016 年增长 2%；其次为纺织制品，约占中国对 26 国出口的 13%，较 2016 年下降 1%。根据中国海关总署 2017 年 22 章类别进出口商品来看，商品价值主要分布于 5000 亿元人民币上下，超过 5000 亿元人民币的出口产品是机电设备、纺织品，进口除了机电设备与纺织品外，化工产品略高于 5000 亿元人民币。

中国对东南亚地区指标国进出口都以机电设备为最高（见图 5）。2017 年进口产品中以矿产品增速为最快，增幅达 63%，其次为机电设备，增长 17.6%；出口也以机电设备总额最高，增幅最大，其次是贱金属及制品。可以看出，在"一带一路"倡议下，中国主导的基础设施建设对上述产品的进出口产生刺激作用。矿物燃料及产品进口的增加也显现出中缅天然气管道开通发挥的潜在作用。中缅天然气管道的起点为缅甸皎漂，从云南瑞丽入中国，最终到达广西贵港，年设计输气量为 120 亿立方米。目前累计输气量刚达到 40 亿立方米，仅为设计年输气量的 1/3，① 除了缅甸境内气源供应不足、产量不稳定，以及缅甸北部地区冲突导致供应不稳定之外，天然气价格偏高、分输管道建设滞后、国有公司与地方公司的利益冲突也是造成供应不足的重要原因。不过，随着"一带一路"倡议的深入，中缅天然气管道应该会发挥更大的作用。

在中国对南亚地区巴基斯坦贸易中，2017 年进口以纺织品总额最高，其次为矿产品与植物产品（见图 6）。其中，矿产品进口增幅较大，为 74%，植物产品跌幅最大。出口则以机电设备总额最高，其次为纺织品。其中机电设备出口增幅较大，其次为化工产品。中巴贸易中机电设备增长与"一带一路"倡议下互联互通建设密不可分，例如瓜达尔东湾快速路及 30 万千瓦燃煤电站项目以及瓜达尔港周边配套项目建设，萨西瓦尔、卡西姆等燃煤电站顺利投产，以及作为"一带一路"首个大型水电建设项目卡洛特水电站及电力配套设施的全面开展等。

在中国对中亚地区指标国的进出口贸易结构中，2017 年进口矿产品的增幅最大，其次为化工产品（见图 7）。以哈萨克斯坦为例，石油是对中国

---

① 《中缅天然气管道市场开发缓慢 输气仅 40 亿立方米》，网易财经，http://money.163.com/15/0209/08/AI0GHTV9002529T0.html。

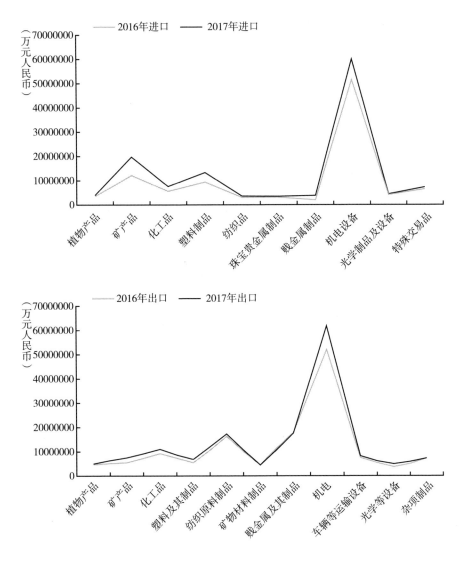

**图5 2016 年、2017 年中国对东南亚地区指标国
进（上图）出（下图）口商品结构比较**

资料来源：中华人民共和国海关总署。

出口的主要产品。截至 2017 年 10 月 31 日，中国 – 中亚天然气管道向中国
出口天然气 321.05 亿立方米，同比增长 13.33%。中哈原油管道出口原油

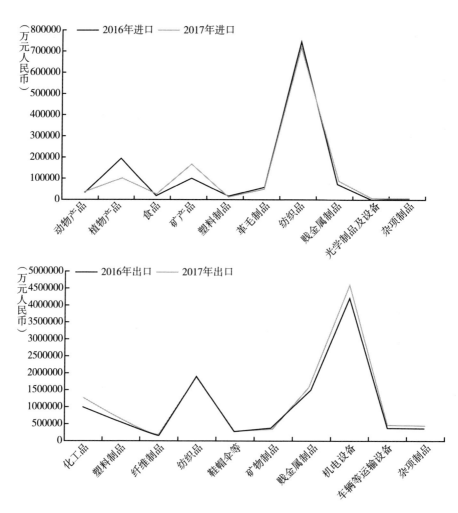

图6　2016年、2017年中国对巴基斯坦进（上图）出（下图）口商品结构比较

资料来源：中华人民共和国海关总署。

贸易也占哈国对中国出口贸易总额的50%以上，截至2017年3月29日，已向中国累计输油达1亿吨。① 中国与中亚地区指标国在出口贸易结构上依然以轻工产品为主，其中纺织品增长最快，其次为机电设备。随着"一带一

---

① 《中哈原油管道累计输油1亿吨　正式跨入"亿吨时代"》，央广网，http://china.cnr.cn/gdgg/20170329/t20170329_523682920.shtml。

路”产能合作的推进，中国的一些新能源汽车品牌走出国门，进入中亚地区国家。例如，中国江淮汽车与哈萨克斯坦开展合作，在哈萨克斯坦生产的新能源汽车成为哈萨克斯坦唯一在本土生产的电动汽车。[①]

在中国对东北亚两个指标国的贸易中，进出口以机电设备总额为最高（见图8）。与2016年比较，2017年进口商品中机电设备增幅最大，为8.2%，车辆等运输设备降幅最高，达到73.8%。2017年出口基本与2016年持平，其中机电设备略有增长。

在中国对西亚地区的商品贸易中，进口主要为矿产品，出口则以机电设备和纺织品为主（见图9）。2017年较2016年进口矿产品增幅较大，达32%，出口则基本持平。在西亚地区，沙特阿拉伯是中国第三大石油出口国，中国则是沙特主要的石油进口国和最大的贸易伙伴。目前，沙特已同意加入中巴经济走廊。2017年，阿联酋成为中国在西亚地区的第二大贸易伙伴，仅次于沙特。伊朗是中国第六大石油出口国，中国则是伊朗主要的石油进口国和最大的贸易伙伴。2015年，伊朗加入亚投行，两国承诺到2025年将双边贸易额增至6000亿美元。这表明在“一带一路”倡议推动下，西亚地区在中国地缘政治的重要性增强。

在中国对西欧包括瑞士的贸易中，进口以机电设备、车辆等运输设备、光学设备等科技含量高的商品为主，并且这几类商品2017年较2016年都有较大增幅，机电设备增幅近1倍（见图10）。2017年出口则以机电设备为最高，较2016年增长约为1倍，其次是纺织产品。中国与西欧地区国家贸易额的大幅增长受惠于“一带一路”倡议，作为“一带一路”互联互通建设重要成果的中欧班列，已经在中国与西欧贸易中发挥着越来越大的作用。以德国为例，德国已成为中欧班列路线的重要节点国家，从中国出发的6条班列通往德国的汉堡、杜伊斯堡等城市。

在中国对东欧地区指标国家的贸易中，进口以矿产品，出口则以机电设

[①] 《中国新能源汽车如何借着“一带一路”走出去》，搜狐网，http://www.sohu.com/a/153353747_524185。

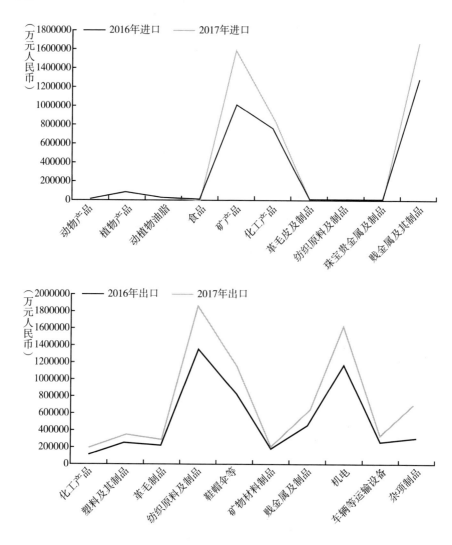

图7 2016年、2017年中国对中亚指标国进（上图）出（下图）口商品结构比较

资料来源：中华人民共和国海关总署。

备为最高（见图11）。矿产品进口最大的贡献国是俄罗斯，中俄贸易主要由石油、煤炭等化石燃料组成。近几年，俄罗斯试图通过油气管道基础建设拉动东部经济发展，使其成为俄罗斯对亚洲能源出口的增长点，更重要的是推动当地新兴产业和服务业的发展。因此，俄罗斯致力于东部油气资源的开

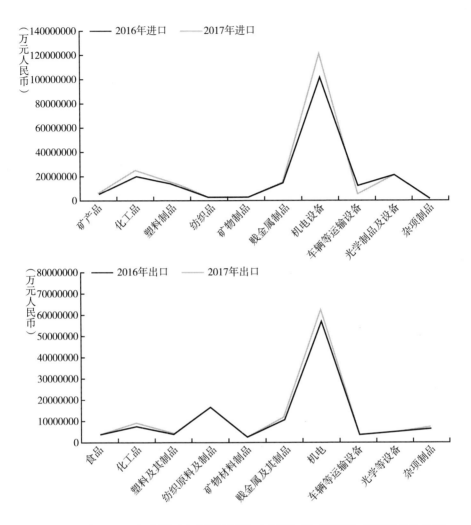

图8 2016 年、2017 年中国对东北亚两国进（上图）出（下图）口商品结构比较

资料来源：中华人民共和国海关总署。

发，并把中国作为其亚洲地区最重要的市场。而在中国对俄罗斯出口中，机电设备等出口有较明显增长，这与 2014 年俄罗斯受到以美国为首的西方国家的制裁以及"一带一路"倡议给中俄贸易合作创造的机遇不无关系。美国和欧盟的制裁限制西方公司向俄罗斯出口技术设备，这为中国企业进入俄罗斯提供了机会。俄罗斯自然资源与生态部部长谢尔盖·顿斯科伊曾表示：

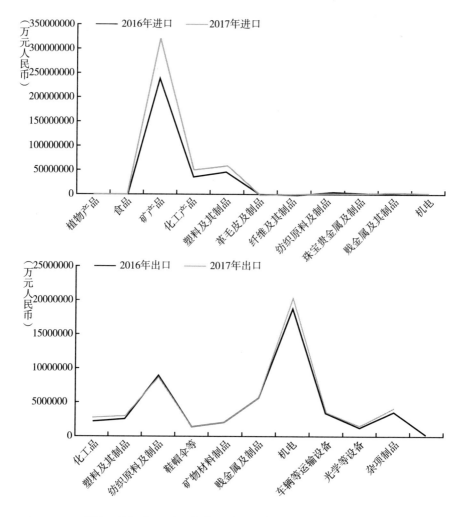

**图9　2016年、2017年中国对西亚地区指标国进（上图）
出（下图）口商品结构比较**

资料来源：中华人民共和国海关总署。

"我们需要油田设备，可能是中国人的，他们的设备在世界具有竞争力。"
中国最大的石油设备制造商烟台杰瑞油田服务公司副总裁程永峰表示："制
裁迫使很多西方公司撤出俄罗斯市场，这可能成为中国的一个转折点，为中
国石油和天然气公司打开了一扇期待已久的大门。"俄罗斯石油公司与杰瑞

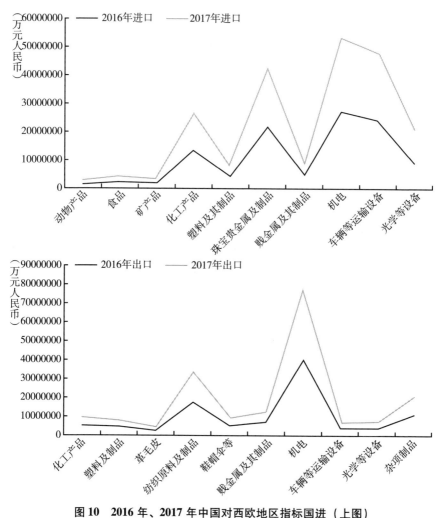

图10 2016 年、2017 年中国对西欧地区指标国进（上图）
出（上图）口商品结构比较

资料来源：中华人民共和国海关总署。

公司签署了一项服务合同，为尤甘斯克石油分公司提供用于页岩油开发的水力
压裂和挠性油管设备。同时，中国的企业，例如中国最大的陆地石油钻机制造
出口商宏华集团、油气田技术服务公司百勤油服在俄罗斯的业务也大量增加，
分别都在莫斯科设立了办事处。

在中国对南欧国家贸易中，进口以机电设备、矿产品为主，出口

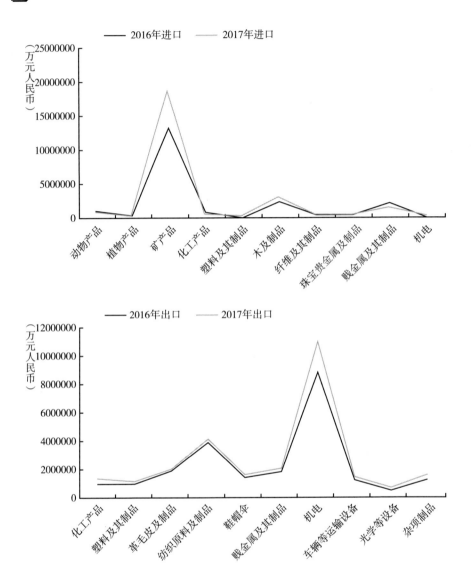

**图 11 2016 年、2017 年中国对东欧地区指标国进（上图）
出（下图）口商品结构比较**

资料来源：中华人民共和国海关总署。

则以机电设备和纺织产品为主（见图 12）。其中，2017 年较 2016 年进
口以贱金属制品增幅最大，总量翻了一番；其次矿产品进口增长

77.9%。在对南欧地区指标国的出口中，纺织品持平，机电设备略有增长。

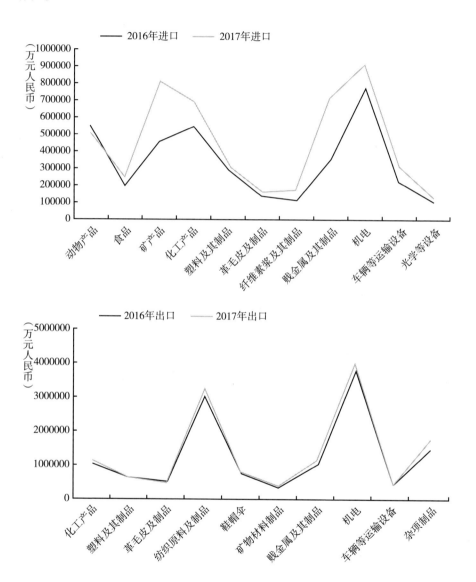

图12 2016年、2017年中国对南欧地区指标国进（上图）出（下图）口商品结构比较

资料来源：中华人民共和国海关总署。

三 投资趋稳

与 2016 年相比，全球外商直接投资流动性下降了 16%，为 1.52 万亿美元，2016 年为 1.81 万亿美元。FDI 流动性下降的主因是流向发达经济体的减少，流入北美和欧洲地区的 FDI 分别下降了 33% 和 27%；流向发展中国家的 FDI 基本持平，大约是 6530 亿美元，同比增长 2%。若按地区看，流入拉丁美洲、加勒比海地区和部分亚洲国家的 FDI 略有增加，流入非洲的 FDI 基本持平。美国在全球 FDI 中所占份额最大，为 3110 亿美元，其次是中国，为 1440 亿美元（见图 13）。①

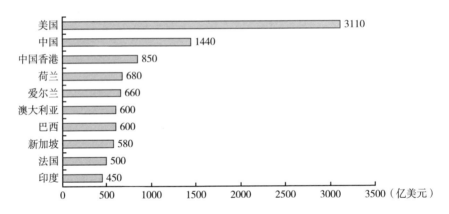

图 13　2017 年全球获得 FDI 最多的国家和地区

资料来源：UNCTAD, Global Investment Trends Monitor. All figures for 2017 are estimates。

（一）2017 年中国对外直接投资位世界前列

未来中国企业将不断扩大对外贸易投资，优化投资结构，增大在对外投资目的国的贡献值，努力打造中国投资的品牌，树立中国投资的良好形象。

---

① Global Investment Trend Monitor, No. 28（UNCTAD/DIAE/IA/2018/1），http：//unctad. org/en/PublicationsLibrary/diaeia2018d1_ en. pdf.

与此同时,中国正在不断扩大对外开放,不断放宽市场准入,更加重视知识产权保护。2017年中国吸引外资居世界第二位。2017年我国企业共对"一带一路"沿线59个国家非金融类直接投资143.6亿美元,占同期总额的12%,较上年提升了3.5个百分点,主要投向新加坡、马来西亚、老挝、印度尼西亚、巴基斯坦、越南、俄罗斯、阿联酋和柬埔寨等国家。对"一带一路"沿线国家实施并购62起,投资额88亿美元,同比增长32.5%,中石油集团和中国华信投资28亿美元联合收购阿联酋阿布扎比石油公司12%的股权为其中最大项目。对外承包工程方面,我国企业在"一带一路"沿线的61个国家新签对外承包工程项目合同7217份,新签合同金额为1443.2亿美元,占同期我国对外承包工程新签合同额的54.4%,同比增长14.5%;完成营业额855.3亿美元,占同期总额的50.7%,同比增长12.6%。①

(二)中国在欧亚地区的投资主要集中在农业、制造业、能源和基础设施等领域

中英欣克利角C核电项目是中、英、法三方合作项目,该项目是英国20多年来新建的第一个核电项目,建成后将满足英国7%的电力需求,每年相当于减排900万吨二氧化碳,在项目建设过程中,还会提供2.6万个就业岗位。欣克利角C核电项目是中国在欧洲最大的一笔单笔投资,也是中国在欧洲参与建设的第一个核电项目,被称为中英关系"黄金时代的黄金项目"。

比利时是亚洲开发银行成员,是"一带一路"倡议的合作伙伴。2017年,中国 - 比利时科技园建设顺利推进,预计2018年底竣工。比利时泽布吕赫港被建成对华自贸区,从2017年5月开始,往返于中国与泽布吕赫港的中欧班列有望达到每周3~4列。为了促进中比经济合作,中远海运港口

---

① 商务部合作司:《2017年我对"一带一路"沿线国家投资合作情况》,http://fec. mofcom. gov. cn/article/fwydyl/tjsj/201801/20180102699450. shtml。

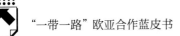

公司在 2018 年 1 月 22 日获得了泽布吕赫港集装箱码头的特许经营权。①

匈牙利是中国在中东欧地区最主要的投资伙伴国。目前中国在匈牙利的投资总额已经达到 41 亿美元，占中国在中东欧地区投资总额的近一半。中国的投资领域涵盖化工、金融、通信、物流、汽车工业等，中国银行、山东万华、华为、中兴等一批有实力的中资企业经营状况良好，并且不断扩大投资。中资企业给当地创造了大约 10000 个工作岗位，为解决当地就业问题做出了积极贡献。②

中波务实合作进一步推进。中国企业以 1.23 亿欧元完成收购波兰最大的固废处理公司，这是迄今为止中国在波兰最大的投资项目。另外，福建鸿博集团在波兰西部奥波莱省兴建的 LED 照明设备厂房项目也是中国在波兰最大的绿地投资项目。③

塞尔维亚是中国在巴尔干半岛的合作伙伴。2017 年，中国钢铁企业投资 4600 万欧元收购了塞尔维亚的钢铁厂，预计将带来 5000 个就业机会。截至 2017 年 9 月，中国已向塞尔维亚融资 55 亿欧元，④ 大约占 2017 年塞尔维亚国内生产总值的 18%。⑤

希腊继续成为中国投资的热点国家。除中远比雷埃夫斯港项目外，中国国家电网还收购了希腊电力运营商 24% 的股权。2017 年 5 月中希签署了《2017~2019 年行动计划》，若该计划能够顺利实施，希腊将能获得中国数十亿欧元的投资。

独联体国家也是中国投资的热点地区，中俄合作投资了全球最大的液化天然气项目——亚马尔项目；投资塔吉克斯坦热电站，保证了当地的供电供

---

① 潘革平：《"一带一路"项目落户比利时泽布吕赫港》，新华社，http://www.xinhuanet.com/world/2018-01/23/c_1122303184.htm。
② 杨永前：《中匈深化合作收获丰硕成果——访中国驻匈牙利大使段洁龙》，新华网，http://www.gov.cn/xinwen/2017-11/26/content_5242330.htm。
③ 汤黎、时光：《中国驻波兰大使：中波在"一带一路"框架下合作前景光明》，国际在线，http://news.cri.cn/20170502/5caa62a1-7622-3264-e32f-3f80214a65c8.html。
④ 《中国投资塞尔维亚引美媒关注：中国影响力拓至欧洲中心》，中国网，http://news.china.com.cn/world/2017-09/17/content_41599463.htm。
⑤ Statistical Office of the Republic of Serbia，http://www.stat.gov.rs/WebSite/Default.aspx。

暖；在吉尔吉斯斯坦投产的炼油场，填补了当地产业空白。哈萨克斯坦在连云港建立的国际物流园区成为重要的货物中转基地。

在南亚地区，中巴经济走廊更是带动了巴基斯坦能源和交通等多领域发展。例如，2017年11月，巴基斯坦卡西姆港燃煤电站首台机组正式投产发电。这一电站采用两台世界先进的660兆瓦超临界燃煤机组，按计划完全建成后可为巴基斯坦400万户家庭提供清洁和廉价能源。①

中国与东盟国家投资合作快速发展。根据东盟2017年11月发布的投资报告，2016年中国向东盟投资92.11亿美元，排在欧盟（28国）304.6亿美元、日本139.89亿美元和美国116.57亿美元之后。②根据中国驻东盟使团公布的数据，截至2017年，中国－东盟双方累计投资超过1600亿美元，已开工或建成一批铁路、公路、桥梁、港口、电站等重大项目。中国企业在东盟八个国家设立了26个具有境外经贸合作区性质的项目，吸引超过300家中资企业入区，已累计投资17.7亿美元，实现产值90.2亿美元。③

（三）2018年中国在欧亚地区投资合作将会有长足发展

2018年是"一带一路"提出后第一个五年，五年来中国已在欧亚地区积累了丰富的经验，同时也赢得了欧亚国家广泛支持。中共十九大召开后，"一带一路"被写入党章，这体现了中国推进国际合作的决心，也意味着欧亚合作潜力巨大。作为欧亚地区合作的倡导者和积极推动者，中国将在以下几个方面推动欧亚地区合作。

第一，以"一带一路"为平台，推动欧亚地区各国政策、战略对接。欧亚国家都处于发展振兴的阶段，各自选择适合本国国情的社会制度和发展

---

① 顾震球、张家伟：《"一带一路"为数百万巴基斯坦人民生活带来积极变化——访巴基斯坦内政部部长伊克巴尔》，新华网，http://www.xinhuanet.com/world/2018-02/16/c_129813261.htm。

② ASEAN Investment Report 2017，http://asean.org/? static_post=asean-investment-report-2017.

③ 中国驻东盟使团经商参处网站，http://asean.mofcom.gov.cn/article/jmxw/201701/20170102506328.shtml。

模式，并寻求经济发展和各国利益的最大公约数。中国将积极推动和建设欧亚地区各项投资合作机制，加强经济政策协调，发展战略对接，努力实现协同、联动发展。

第二，继续推动投资便利化。欧亚地区投资合作离不开贸易便利化，在互利基础上中国积极推动欧亚地区投资便利化。逐步实现货物、资本、服务、技术的自由流动。

第三，创新投资方式。通过互利共赢等方式落实"一带一路"倡议，使中国的崛起惠及世界。针对发展中国家，注重发挥其资源丰富、成本低廉优势，与中国在基础设施和一些中低端行业的优势相结合，选择代表性国家组建双边基金并搭建双方产业合作平台。针对发达国家，组建双边基金并搭建双向产业合作平台，投资于一些先进的技术、产品、服务和商业模式，加快双边基金建设，减少投资壁垒。[①]

第四，加强融资合作，促进项目实施。金融是现代经济的血脉，血脉通增长才有力，欧亚地区经济合作项目多、规模大，对资金需求量大。应在区域内构建多元协作的投融资体系，充分利用已有的亚洲基础设施投资银行、丝路基金、中国欧亚经济合作基金等投融资平台，共同推动能源、交通、农业、民生等多领域项目合作，打造融合度更深、带动力更强、受益面更广的产业链、价值链、物流链。

第五，建设沿线国家投资促进网络。加快在"一带一路"沿线国家设立分支机构，培育重点国别投资促进工作的桥头堡，为中国与"一带一路"沿线国家开展双向投资合作拓展有效渠道、积累境外资源、推动产业对接、促进市场融合发挥积极作用。通过在沿线国家驻外经商参赞处设立投资促进专员等多种形式，建立和完善"一带一路"投资促进国际网络，增强产业对接、项目推介与落地的实际操作能力。[②]

---

① 祁斌：《创新对外投资方式》，http://theory.people.com.cn/n1/2018/0129/c40531 - 29792366.html。

② 商务部投资促进事务局、中国服务外包研究中心：《"一带一路"倡议下的投资促进研究》，https://www.yidaiyilu.gov.cn/wcm.files/upload/CMSydylgw/201706/201706131116055.pdf。

四　地方性合作不断深化

为了推进"一带一路"建设，中国鼓励国内各地区发挥比较优势，采取务实开发战略，促进国内西北、东北、西南地区加大与周边"一带一路"沿线国家全面提升经济合作水平。近两年来，中国西北、东北、西南地区与周边"一带一路"沿线国家的地方性合作不断深化，在互联互通、经贸合作上的效果凸显。

（一）中国东北地区与俄罗斯远东地区的合作

东北四省区与俄罗斯的贸易投资呈恢复性增长。2017 年，东北四省区与俄罗斯的贸易出现恢复性增长。2017 年，黑龙江省对俄罗斯的进出口总值达到 744.2 亿元人民币，同比增长了 22.5%，为同期全国对俄贸易的 13.06%，占全省进出口总值的 58.1%，比同期全国对俄进出口增速了 1.7 个百分点。① 仅满洲里海关区与俄罗斯贸易额就达到 330.3 亿元人民币，同比增长 19.8%，比全国对俄贸易增幅高出 9.4 个百分点，为全国对俄贸易的 5.8%。② 2017 年 1~10 月，吉林省与俄罗斯贸易额达到 30.89 亿元人民币，同比增长 37.4%，为同期全国对俄贸易总额的 0.67%，比同期两国贸易增速高出 15.4 个百分点。2017 年 1~10 月，辽宁省大连海关区对俄罗斯双边贸易总额为 297.7 亿元人民币，比上年同期增长 11.5%，占全国同期对俄贸易总额的 6.42%，低于全国同期增速 10.5 个百分点。③ 今后在中俄两国经济状况良好的情况下，东北四省区对俄罗斯的经贸合作会有更大的发展空间。在东北四省区中，黑龙江与俄

---

① 数据来源：哈尔滨市海关，http://harbin.customs.gov.cn/publish/portal118/tab63058/module173326/info877644.htm。

② 内蒙古统计局数据是 2017 年内蒙古对俄贸易额为 205.88 亿元人民币，同比增长 12.4%，而满洲里海关统计，该关 2017 年对俄贸易额为 330.33 亿元人民币，增长 19.8%，http://manzhouli.customs.gov.cn/publish/portal164/tab62650/。

③ 数据来源：大连海关，http://dalian.customs.gov.cn/publish/portal101/tab62720/info873349.htm。

罗斯的贸易额最大。黑龙江对俄罗斯的一类边贸口岸有 25 个，吉林省对俄贸易口岸仅有珲春一个口岸，过货量也不高。辽宁省与俄罗斯不接壤，主要是通过海空货运保持与俄罗斯密切的经济联系，其与俄罗斯的过货量与贸易额均大于吉林省。

从对外投资看，中国东北四省区对俄罗斯的投资数额较小。其中，黑龙江省是对俄投资最大的省份。到 2017 年，黑龙江在俄共建设了 18 个园区，其中 5 个园区被俄方纳入俄远东快速发展区，累计向俄方缴税 2.1 亿美元，提供了 3800 个就业岗位，为推动俄罗斯地区发展做出了贡献。[①] 到 2015 年底，黑龙江省在俄罗斯投资企业累计达到 505 家，投资总额为 99.2 亿美元，实际直接投资存量 25.9 亿美元。[②] 由于卢布贬值等因素，2016 年黑龙江对俄罗斯投资有所下降，备案投资仅 20 亿美元左右。近些年，辽宁省对俄罗斯投资有所增加，但总量不高。2013 年，辽宁省共核准对外直接投资企业 174 家，但对俄直接投资的企业仅有 2 家。[③] 辽宁省对俄罗斯投资领域主要是制造业，其次为批发和零售业、采矿业，反映出高技术投资所占比重仍较低，以矿产为主导的资源类领域，以及利润相对较高的低技术领域仍是投资主要流向。

东北企业主导的俄境内经贸合作区有所发展。境外经贸合作区是东北地区与俄罗斯经贸合作的重点领域。目前，通过商务部确认考核的境外经贸合作区有 20 个，在俄罗斯境内设立的经贸合作区有 4 个，这些合作区均处于俄罗斯西伯利亚及远东地区。除了俄罗斯中俄托木斯克木材工贸合作区之外（实施企业为中航林业有限公司，该公司由中国航空技术国际控股有限公司控股，烟台西北林业有限公司和烟台开发区经销中心共同持股），其余 3 个经贸合作区均由黑龙江的企业牵头。

① 张聪：《黑龙江对俄贸易持续扩大继续支持俄方"滨海一号"国际通道走廊建设》，大公网，http://news.takungpao.com/mainland/focus/2017 - 10/3505014.html。
② 房路臣：《黑龙江对俄经贸合作概况》，http://www.hlj.gov.cn/ztzl/system/2016/02/17/010761364.shtml。
③ 高欣：《新时期辽宁对俄经贸合作面临的新机遇、现状、存在的问题及对策建议》，《对外经贸》2015 年第 10 期。

俄罗斯乌苏里斯克经贸合作区处于俄罗斯远东滨海边疆区乌苏里斯克市麦莱奥区,由黑龙江省吉信工贸集团、浙江省康奈集团、温州华润公司共同组建的康吉国际投资公司实施。合作区 2006 年获得国家商务部批准,市场定位面向俄罗斯等独联体国家及欧洲国家,发展重点为轻工业、机电、木业等产业。截至 2016 年底,在经贸合作区投资 9 亿元人民币,建成标准厂房 11 栋。合作区入驻企业高达 30 家,年生产各种鞋子 3000 万双、各类包装物 4000 万个、服装 350 万套,已经形成年产出能力 26 亿元人民币。[①] 2015 年 4 月,国家商务部、财政部批准黑龙江省东宁华信中俄(滨海边疆区)现代农业产业合作区为国家级境外农业经济贸易合作区,合作区被列入国家"一带一路"倡议优先推进项目清单。[②] 2017 年,该合作区拥有耕地 6.8 万公顷,种植区 14 个,机械化水平达到 100%,设有粮食处理、仓储、加工园区等 7 个园区,并配有生猪养殖区、肉牛养殖区、奶牛养殖区以及年加工能力达 10 万吨的大豆油脂加工厂等。[③] 合作区注重雇用当地人,到 2017 年安排当地就业 400 多人,岗位有管理、司机、种植养殖、翻译等,预计 2018 年将提供就业岗位 2000 个。[④] 2013 年,黑龙江省牡丹江龙跃经贸有限公司在俄罗斯犹太州的阿穆尔园区建立俄罗斯龙跃林业经贸合作区,2015 年由国家商务部确认为国家林业产业型境外经济贸易合作区。合作区计划进行为期八年三个阶段的建设:2013～2015 年为起步阶段;2016～2018 年为全面建设阶段;2019～2021 年为发展壮大阶段,计划建设总投资达 13 亿美元,引进入园企业 40 家。现累计完成基础配套设施投资 1.7 亿美元,完成起步区占地面积 100 多万平方米的土地平整及水、电、道路、供热等基础设

---

① TIE china:《探访乌苏里斯克经贸合作区的中国企业》,http://www.ite-china.com.cn/tan-fang-wu-su-li-si-ke-jing-mao-he-zuo-qu-de-zhong-guo-qi-Be/。
② 商务部驻大连特派员办事处:《东宁华信集团中俄(滨海边疆区)现代农业产业合作区获批国家级境外农业产业园区》,http://www.mofcom.gov.cn/article/resume/n/201505/20150500959590.shtml。
③ 王建:《境外农业区借"一带一路"引领中俄农业合作》,新华网,http://www.xinhuanet.com/world/2017-05/14/c_1120968905.htm。
④ 同上。

施建设，拥有9.1公里自建铁路专用线，并与西伯利亚大铁路连接。①

东北企业在俄罗斯建立的境外经贸合作区在中国东北与俄罗斯西伯利亚远东地区的政策对接、设施联通、产能合作、实现贸易畅通等方面发挥着重要作用。一方面，合作区发展借助"一带一路"倡议，投资俄罗斯发展较为缓慢的西伯利亚和远东地区，促进了当地经济社会发展，惠及当地居民，提升了中国企业形象。另一方面，合作区发展也为东北四省区加强与俄罗斯地方合作建立了平台，为东北地区经济发展开辟了新路。

（二）中国西南地区与东盟国家的地方合作

在"一带一路"倡议的支持下，中国西南地区与东盟国家的地方合作发展顺利。2017年7月14日，东盟互联互通协调委员会轮值主席、菲律宾常驻东盟代表伊丽莎白·布恩苏塞索表示，东盟愿意推动《东盟互联互通总体规划2025》与"一带一路"倡议进行对接，欢迎亚洲基础设施投资银行等多边金融机构积极参与东盟国家基础设施建设。② 泰国、越南等东盟国家也赞同将本国的经济发展计划与"一带一路"倡议对接。2017年6月22日，泰国副总理颂吉强调，泰国要与"一带一路"倡议对接，特别是实现东部经济走廊铁路与中泰铁路合作项目对接，让东部经济走廊成为本地区的物流中心。③ 同时，中越领导人也在积极推进"一带一路"同"两廊一圈"对接。在政策支持下，昆曼公路贯通，中老铁路、中泰铁路进一步建设，西南地区企业主导投资的老挝赛色塔工业开发区、中国印度尼西亚经贸合作区、中马关丹和钦州产业园区也在不断推进。2018年1月10日，澜沧江-湄公河合作第二次领导人会议在柬埔寨首都金边举行，在澜沧江-湄公河合作、中国-东盟合作等框架的协调下，中国西南地区与东盟国家的地区合作

---

① 《龙跃开启中俄林业合作新模式》，中国财经网，http://finance.china.com.cn/roll/20160706/3798604.shtml。

② 袁梦晨、王羽：《东盟代表说愿推进东盟互联互通规划与"一带一路"倡议对接》，新华社，http://www.xinhuanet.com/world/2017-07/14/c_1121322257.htm。

③ 刘旭颖：《当"东部经济走廊"遇上"一带一路"》，《国际商报》2017年第8770期。

将迸发出新的动力。

云南省与缅、老、越的铁路建设初见成效。云南省不断深化交通运输对外合作，大力建设连接东盟邻国的立体交通网络，从东、中、西三方连接东盟邻国的公路、铁路、航空、水运，立体综合交通运输体系已具规模。其中，在建的中缅铁路、中老铁路、中越铁路对中国西南地区与周边国家基础设施联通、服务"一带一路"具有重大意义。2017 年，云南省铁路建设完成投资 207.3 亿元人民币，中老国际铁路国内段玉磨铁路截至目前已完成投资 178.1 亿元人民币，占总投资的 35.2%。[①] 而到 2018 年，云南铁路建设投资预计将达 250 亿元人民币，全面建设"中越、中老、中缅、中缅印"等出境铁路通道，全力打造面向南亚东南亚的国际交通枢纽。

中缅国际铁路起点是中国云南省昆明市，终点为缅甸仰光市，全长约 1920 公里，中国境内昆明至瑞丽铁路全长 690 公里。2018 年 2 月 6 日，中缅国际铁路广大铁路祥和隧道全线贯通。广大铁路改造工程全长 175 公里，开行旅客列车速度目标达到每小时 200 公里，桥隧比达 63%，是泛亚铁路西线和滇藏铁路的重要组成部分，为国家一级双线电气化铁路。[②] 广大铁路东接昆（明）广（通）铁路，北部与成昆铁路、大（理）丽（江）铁路连接，西连在建大（理）瑞（丽）铁路和大（理）临（沧）铁路。[③] 铁路开通后，城际列车将有望联通昆明与大理，车程仅约 2 个小时，比以前减少近 4 个小时。中缅国际铁路竣工将提高滇西地区运输能力，促进西南滇西地区社会经济发展，有助于西南地区实施"一带一路"倡议。

中老铁路跨境隧道——友谊隧道建设顺利。中老铁路是中国主投资、与他国共同运营的境外铁路项目。中老铁路未来将与中国铁路网络联通，预计

---

① 罗媛：《2018 年云南铁路建设投资预计将达 50 亿元人民币》，新华网，http://www.yn.xinhuanet.com/original/2018 – 02/07/c_ 136956256. htm。

② 骆秧秧：《中缅国际铁路通道广大铁路祥和隧道全线贯通》，http://www.sasac.gov.cn/n2588025/n2588124/c8586222/content. html。

③ 同上。

2020年通车。铁路采取中国技术标准,全部采用中国设备。2016年12月,中老铁路全线开工,铁路北部起自中老边境磨憨-磨丁口岸,南部到达万象,全长414公里,其中近63%以上路段由桥梁和隧道构成,时速设计达160公里,全线共设32个车站,预计建设期为5年,总投资近400亿元人民币,由中老双方按70%和30%的股份合资建设。① 截至2018年3月27日,中老铁路友谊隧道建设顺利,老挝段已挖掘300米。该隧道跨越中国和老挝,全长9595.407米,中国段施工正线7170米,老挝段施工正线2425米,隧道最大埋深240米。中老铁路是联通中老两国的重要基础设施,也是泛亚铁路的重要组成部分。中老铁路对实现中国与东盟国家交通基础设施联通具有重要作用。一方面,铁路建成后将有助于老挝交通的改善,为老挝创造大量的就业机会;另一方面,降低"一带一路"沿线国家铁路客货运输成本,推动沿线城市发展,将为中国西南地区经济发展注入新的动力,促进中国西南地区与东南亚地区区域产业经济的发展。这条铁路不仅连接中国与老挝,未来还将与泰国、马来西亚等国家的铁路联通。

广西与东盟海上通道初步形成。一是广西北部湾港已经建成亿吨大港。至2017年底,北部湾港万吨级泊位达83个,吞吐能力达2.59亿吨。二是中国-东盟港口城市合作网络基本完善。广西北部湾港与东盟7个国家的47个港口实现海上互联互通。截至2017年9月,广西北部湾港已开通内外贸航线45条,其中外贸航线29条,基本实现了东南亚地区全覆盖,涉及新加坡航线共5条。三是北部湾区域性国际航运中心将在"十三五"期间基本建成。重点推进防城港40万吨级巷道、码头,钦州港20万吨级集装箱码头及配套巷道建设。其中,2017年将建成钦州港30万吨级进港航道工程。到2020年,北部湾港口综合吞吐能力达到4.5亿吨,万吨级以上泊位130个,集装箱吞吐能力达到1000万标箱。加强与新加坡、中国香港和广州等国际大港合作,加密国际班轮航线,构建覆盖东盟各国和海丝

---

① 刘艾伦:《中老铁路跨境隧道建设顺利推进》,新华网,http://www.xinhuanet.com/world/2018-03/27/c_129838282.htm。

沿线国家港口的航线网络。

境外经贸合作区稳步发展。从境外产业园来看,中国西南地区与东盟国家的经贸合作非常活跃。商务部确认考核的20个境外经贸合作区中,在东盟国家的经贸产业园多达8个,东南亚地区是境外经贸合作区最为密集的地区(见表2)。以中国西南地区企业为主导的产业园有3个,分别为老挝万象赛色塔综合开发区、中国印度尼西亚经贸合作区、马中关丹-中马钦州产业园区。

表2　中国在东南亚地区的经贸合作区(获国家批准)

名称	位置	主投资方	经营范围	开建时间
老挝万象赛色塔综合开发区	老挝	中国云南省海外投资有限公司	农产品出口加工、轻工产品出口加工、服务和物流中心、保税区、现代化商务区、公共配套和住宅区、休闲旅游区	2013年
中国印度尼西亚聚龙农业产业合作区	印度尼西亚	中国天津聚龙集团	油棕种植开发,棕榈油初加工、精炼与分提,品牌包装油生产,油脂化工及生物柴油提炼等产业	2015年
中国印度尼西亚经贸合作区	印度尼西亚	中国广西农垦集团有限责任公司	汽车装配、机械制造、家用电器、精细化工及新材料等产业	2009年
中国印度尼西亚综合产业园区青山园区	印度尼西亚	中国上海鼎信投资有限公司	镍矿开采冶炼、不锈钢冶炼、轧钢等产业	2013年
马中关丹-中马钦州产业园区(姊妹园区)	中国广西钦州	中国广西中马钦州产业园区金谷投资有限公司与马来西亚常青集团、实达集团	装备制造、电子信息、食品加工、材料及新材料、生物技术和现代服务业	2012年
	马来西亚关丹	中国广西北部湾国际港务集团与马来西亚IJM集团、森那美集团	钢铁、铝材深加工、棕榈油加工、清真食品加工;信息通信、电器电子和环保产业;金融保险业等	2013年
柬埔寨西哈努克港经济特区	柬埔寨	中国红豆集团	纺织服装、箱包皮具、五金机械、木业制品等产业	2008年

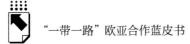

续表

名称	位置	主投资方	经营范围	开建时间
泰国泰中罗勇工业园	泰国	中国华立集团与泰国安美德集团	汽配、机械、家电等	2006 年
越南龙江工业园	越南	中国浙江前江投资管理有限公司	电子、机械、轻工、建材、生物制药业、农林产品加工、橡胶、纸业、新材料、人造纤维等	2008 年

资料来源：中华人民共和国商务部。

老挝万象赛色塔综合开发区项目是中老两国政府共同确定的合作项目，是中国在老挝唯一的国家级境外经贸合作区，是被列入中国"一带一路"倡议规划中的早期收获项目。开发区运营主体为老（挝）中（国）联合投资有限公司，该公司由云南省海外投资有限公司与老挝万象市政府分别出资9800 万美元与 3000 万美元组建，公司股本总额 1.28 亿美元。[①] 到 2017 年，进驻企业已达 39 家，分别来自中国、老挝、泰国、马来西亚、新西兰等国家，投资总额约 5 亿美元，其中，中国企业所占份额最高，约为 60%。中国印度尼西亚经贸合作区项目由广西农垦集团有限责任公司承建，于 2009年 5 月、7 月分别获得国家发改委、商务部对项目建设方案的批复。合作区产业定位主要为汽车装配、机械制造、家用电器、精细化工及新材料等产业类型。2017 年合作区引进招商项目共计 7 个，其中引进中国国内知名企业 1家，取得了较好的经济效益和社会效益。自 2012 年至 2018 年 2 月，入驻合作区的中国、印度尼西亚、中国台湾等国家和地区的企业已达 40 家，已有25 家企业建成投产，6 家企业正在施工建设。[②] 马中关丹 – 中马钦州产业园由中马两国总理推动两国政府合作共建，是世界上首个互相在对方国

① 梁励：《万象赛色塔综合开发区：再过 5 年将会有较好的投资回报》，21 世纪经济报道数字报，http://epaper.21jingji.com/html/2017 – 11/20/content_ 74717.htm。
② 中国印度尼西亚经贸合作区有限公司：《合作区公司获 "2017 年中国走进东盟成功企业" 奖》，http://www.kitic.net/nd.jsp? id =210#_ np =118_ 343。

家建设产业园区的姊妹区，开创了"两国双园"国际合作新模式。中马钦州产业园区是广西开放发展的重点工程，马中关丹产业园区则是马来西亚的第一个国家级产业园区。产业园由中马互为投资，双方共同组织招商。到2017年7月，中马钦州产业园已引进产业项目约90项，总投资约400亿元人民币。近两年，马来西亚与中国在"一带一路"倡议下的经贸合作不断升温，马中关丹产业园也备受关注。截至2017年，关丹产业园已吸引181亿马币的国内外投资，创造了24000多个就业机会，① 与10个项目签订了投资协议，协议投资额超过245亿元人民币，包括年产350万吨的联合钢铁项目、年产1200万套轮胎项目和年产20万吨氮磷钾复合肥项目等。2017年12月，联合钢铁轧钢部分已实现投产，2018年上半年，轮胎项目将开建。② 2018年3月21日，中马钦州产业园区"关丹大街"启用，这表明中国广西钦州与马来西亚关丹市的"两国双园"合作又迈出了标志性的一步。

综合来看，西南地区企业与东盟国家共建的产业园定位相对合理。以中马钦州产业园为例，产业园中既有中马两国优势传统产业，又吸纳高新技术企业。产业园的重点项目鑫德利光电科技研发与生产基地项目由广西鑫德利科技股份有限公司投资建设，该公司自主研发生产的3D热弯机比同类型世界知名品牌要节能50%以上，制造成本总体节省40%以上，公司也是美国最大的电信运营商Verzion在中国的唯一供应商、韩国三星的一级供应商、美国最大玻璃保护膜ZAGG的供货商。③ 广西中马凯利数码有限公司投资建设SEIKI智能显示终端以及其他高科技技术产品制造基地建设项目则致力于先进的电子产品制造和研发，100%持有SEIKI品牌。④ 但是，由于宣传不到

---

① 《马中关丹产业园》，新华社，http://www.xinhuanet.com/silkroad/2017-04/13/c_129531761_2.htm。
② 刘彤、林昊：《专访：围绕"一带一路"倡议实现互利共赢——访马来西亚马中关丹产业园合资公司董事马正国》，新华网，http://www.xinhuanet.com/fortune/2018-02/15/c_1122421201.htm。
③ 资料来源：中马钦州产业园区管理委员会，http://www.qip.gov.cn/home/index。
④ 同上。

位，国内外企业对境外经贸合作区、产业园缺乏了解，这在一定程度上限制了企业到这些园区投资建设。不同国家对产业园入驻门槛要求不同，有一些要求过于严格，与现实环境差异较大，给产业园招商引资带来困难。此外，园区建设与所在国的周边环境建设差异，即产业园区外环境差，造成对外吸引力不足。问题的解决需要所在国加大地区基建投资，也凸显政府间磋商的重要性。虽然，东南亚地区与我国西南地区的经贸合作紧密，且具有活力，但是一些东盟国家的内部稳定问题，例如泰国、缅甸等将可能给在"一带一路"倡议下中国西南地区与东盟国家的地方合作带来潜在的风险。

（三）新疆与中亚地区国家的地方合作

中国新疆与欧亚地区 8 个国家接壤，有一类口岸 17 个、二类口岸 12 个。然而由于经济结构欠合理、交通不畅、周边环境不稳，新疆难以发挥地缘经济优势。"一带一路"倡议赋予了新疆发挥区位优势的新方向，《推动共建丝绸之路经济带和 21 世纪海上丝绸之路的愿景与行动》则确立了新疆"核心区"的地位，这为新疆深化与中亚地区国家的经贸合作，成为向西开放的重要窗口，成为丝绸之路经济带上重要的交通枢纽、商贸物流和文化科教中心带来机遇。

以新疆口岸为枢纽的中欧和中亚班列助力新疆联通中亚国家。随着新亚欧大陆桥建设，新疆跨境优势得到发挥，作为联通中亚国家和欧洲地区的交通枢纽作用凸显。依托新亚欧大陆桥，中欧班列已形成中、东、西三条运输路线。其中，西线是从新疆口岸出境，经过哈萨克斯坦等中亚国家进入欧洲。自 2016 年 6 月 8 日中国铁路总公司正式启用"中欧班列"品牌以来，中欧班列已经开通 39 条，其中有 31 条是从新疆出境，经哈萨克斯坦至欧洲，包括"渝新欧""汉新欧""蓉新欧""义新欧"等 7 个中欧班列（具体见表 3），以及"天马号""长安号""合新欧"等中亚班列（具体见表 4）。截至 2017 年底，从新疆阿拉山口进出境的中欧班列超过 4500 列，约为全国的 70%。2018 年，中欧班列乌鲁木齐集结中心计划开行班列 1400 列,计划开行到中亚各个国家首都的点对点班列,到中亚的班列保持每天平均 3.5 列的水平,力争把到欧洲的班列开行成常态化班列,达到每周 1 列的水平。[①] 为了提高中欧班列运行效率,新疆铁路部门加强与哈萨克斯坦铁路部门的沟通协调,以建立多形式联运跨境通道模式。中欧班列拉近了新疆与中亚国家的距离,中欧班列运行效率的提高,加大了对企业的吸引力,又为新疆与哈萨克斯坦等中亚邻国互惠双赢创造了条件。

表3 主要经新疆出境的中欧班列

班列名称	始发—目的地	运行线路	开行时间
渝新欧	重庆—杜伊斯堡	阿拉山口—哈萨克斯坦—俄罗斯—白俄罗斯—波兰—德国杜伊斯堡	2011 年
蓉新欧	成都—罗兹	阿拉山口—哈萨克斯坦—俄罗斯—白俄罗斯—波兰罗兹	2013 年
郑新欧	郑州—华沙	阿拉山口—哈萨克斯坦—俄罗斯—白俄罗斯—波兰华沙—德国	2013 年
汉新欧	武汉—华沙	阿拉山口—哈萨克斯坦—俄罗斯—白俄罗斯—波兰或捷克	2012 年
湘欧快线	长沙—杜伊斯堡	主线:阿拉山口—哈萨克斯坦—俄罗斯—白俄罗斯—波兰—德国;辅线:霍尔果斯—塔什干	2012 年
义新欧	义乌—马德里	阿拉山口—哈萨克斯坦—俄罗斯—白俄罗斯—波兰—德国—法国—西班牙	2014 年
合新欧	合肥—汉堡	阿拉山口—哈萨克斯坦—俄罗斯—白俄罗斯—波兰—德国汉堡	2016 年

资料来源:中欧铁路物流有限公司。

---

① 逯风暴:《700 列中欧班列驶出乌鲁木齐》,《新疆日报》2018 年 1 月 5 日。

表4　主要经新疆出境的中亚班列

班列名称	始发—目的地	运行线路	开行时间
连新亚	连云港—阿拉木图	霍尔果斯—阿拉木图	2015年
西新欧	西安—阿拉木图	阿拉山口—阿拉木图(辐射中亚五国)	2013年
天马号班列	武威—阿拉木图	阿拉山口—阿拉木图	2014年
赣新欧	南昌—乌兹别克斯坦	阿拉山口—哈萨克斯坦—乌兹别克斯坦	2014年

资料来源：中欧铁路物流有限公司。

新疆西行国际班列基本实现覆盖中亚五国。自2014年3月8日乌鲁木齐铁路局开行首列西行国际班列以来，新疆西行国际班列目的地基本实现对中亚五国各个铁路站点的全覆盖，包括哈萨克斯坦、塔吉克斯坦、土库曼斯坦、吉尔吉斯斯坦、乌兹别克斯坦五国主要城市，辐射整个中亚地区。[1] 到2016年，新疆西行国际班列已经累计开行256列，新疆至中亚国际货运班列实现常态化和市场化，成为我国开往中亚最密集的班列线路。2017年2月25日，经由霍尔果斯出境的西行国际货运班列开行，班列较经由阿拉山口出境缩短近10个小时到达阿拉木图。之前的西行班列一直经由新疆阿拉山口口岸出境，主要面向哈萨克斯坦、乌兹别克斯坦、吉尔吉斯斯坦、俄罗斯、波兰和德国等。

"中吉乌铁路"项目有新发展。2012年，以喀什为起点的"中吉乌铁路"项目就已经完成论证。"中吉乌铁路"不仅将有利于促进中国新疆与吉尔吉斯斯坦、乌兹别克斯坦的联系，而且还可加强与土库曼斯坦和西亚伊朗的经贸关系。2017年12月13日，吉乌总统就中吉乌铁路项目进行磋商。2017年12月17日，中吉乌在塔什干会议上决定，将在2018年4月敲定该铁路的走向，会议还决定了项目的时间、资金来源和可行

---

① 黄俊成：《"新丝路号"中亚国际班列顺利始发》，中国财经网，http：//finance. china. com. cn/roll/20160530/3746252. shtml。

性研究的发展。① 如果项目实施，喀什的吐尔尕特口岸将与"中吉乌铁路"联通，通向吉尔吉斯斯坦、乌兹别克斯坦、土库曼斯坦等中亚国家，最后到达欧洲，从而为南疆地区的开放发展、密切其与中亚地区的经贸关系做出贡献。

中哈国际边境合作区快速发展。中哈霍尔果斯国际边境合作中心是中国与其他国家建立的首个国际边境合作中心，也是上海合作组织框架下区域合作的示范区。合作中心为中哈共建的跨境自由贸易区，中方区域 3.43 平方公里，哈方区域 1.85 平方公里。目前，合作中心入驻中国和中亚商户达5000 多家，采购商每天采购额逾 400 万元人民币，中国和中亚国家 6000 余人在这里工作。② 自 2012 年合作中心运营以来，旅客人数快速增长。2017年，合作中心出入人数达到 554 万余人次，出入园车辆 9 万余辆。③ 截至2017 年底，合作中心总投资超过 200 亿元人民币的 28 个重点项目入驻合作中心，其中 18 个项目开工建设，完成投资 62.7 亿元人民币。④ 2018 年 1 月29 日，在中哈霍尔果斯国际边境合作中心，中哈联合举办招商推介会和项目签约仪式。在此期间，签约项目达 35 个，总投资额达 201 亿元人民币。⑤ 中哈还签订了开设霍尔果斯分行及开展跨境支付业务合作的协议、2000 万美元的国际果蔬集散配送中心项目、旅游合作战略框架协议等 6 个战略性合作项目协议。⑥ 据新疆霍尔果斯边检站统计，2018 年 1 月至 3 月，中哈霍尔果斯国际边境合作中心验放中哈旅客已经达到 109 万人次，出入车辆为 4.6

---

① Узбекистан, КР и Китай заключат договор о строительстве ж/д в 2018 году, https://ru. sputniknews-uz. com/economy/20171207/7019139/Uzbekistan – KR – i – Kitaj – zaklyuchat – dogovor – o – stroitelstve – zhd – v – 2018 – godu. html.

② 朱景朝：《中哈合作中心前 11 月出入境人员突破 500 万人次 增长逾一成》，中国新闻网，http://www. xj. chinanews. com/xinjiang/2017 – 12 – 08/detail – ifypmxnm8375857. shtml。

③ 朱景朝、李明：《中哈霍尔果斯国际边境合作中心一季度进出人数达 109 万人次》，中国新闻网，http://www. chinanews. com/cj/2018/04 – 02/8481919. shtml。

④ 李明、杨博宁、朱景朝：《新疆霍尔果斯："一带一路"激发强劲新活力》，中新网新疆，http://www. xj. chinanews. com/dizhou/2017 – 12 – 29/detail-ifyqarkt7479391. shtml。

⑤ 李晓玲： 《中哈霍尔果斯联合招商推介会上百家企业现场签约 201 亿元人民币》，新华网，http://www. xinhuanet. com/2018 – 01/29/c_ 1122336388. htm。

⑥ 同上。

万辆,比同期分别增长 9% 和 119%。① 合作中心之所以能够快速发展,与霍尔果斯同哈萨克斯坦接壤,交通便利,是中国面向中亚、西亚、欧洲距离最近、最便捷的边境口岸密切相关。新疆在推进"一带一路"建设的过程中,凭借这样独特的地缘优势,不断扩大与中亚国家进出口贸易,为以边境贸易为特色的对外贸易再次繁荣创造条件。未来,随着"一带一路"建设的深入,新疆作为中国西部与中亚国家区域商贸物流中心的地位将更加凸显。

五　展望

从贸易来看,2017 年中国与欧亚 26 国经贸稳定发展。东北亚、东南亚、西欧、东欧、中亚相比较,除俄罗斯之外的东欧地区和中亚地区贸易总量增速较快,但总体水平仍较低。从贸易总量、进口与出口总量发展趋势可以看出,东北亚、西欧依然是中国在欧亚地区开展贸易合作的主要地区。随着"一带一路"倡议的深化,东南亚地区与中国的贸易合作发展较快,已经成为中国在亚洲开展贸易合作的重要地区。中国对 26 国进出口贸易结构进行优化,虽然产品仍以轻工为主,但机电设备等科技含量较高的商品比重有所提高。2017 年中国对外直接投资位世界前列,投资趋稳。从地方性合作看,中国东北、西北、西南等地区发挥比较优势,采取务实开发战略,与周边"一带一路"沿线国家的地方性合作不断深化,在互联互通、经贸合作方面已取得初步成果。从上述贸易、投资和地方性合作的效果来看,未来欧亚地区经贸合作发展潜力巨大。但是贸易便利化程度偏低、潜在政治安全风险、投资评估不足等问题将在未来影响"一带一路"框架下欧亚地区的合作与发展。

贸易便利化程度有待提高。贸易合作中,阻碍国家受益的主要问题是效率低、手续复杂和基础设施不健全。由世界经济论坛与全球贸易便利化联盟

---

① 朱景朝、李明:《中哈霍尔果斯国际边境合作中心一季度进出人数达 109 万人次》,中国新闻网,http://www.chinanews.com/cj/2018/04-02/8481919.shtml。

发布的"贸易促进指数"（ETI）①（见图14），按地区取中位数，位于欧洲地区的国家便利化水平明显要好于亚洲国家。其中，西欧地区国家便利化水平最高、南欧和东欧次之，各地区差距不明显。但考虑单个国家的作用，实际上东欧国家受累于俄罗斯的便利化水平，而南欧则受希腊的负面影响。俄罗斯和希腊在贸易便利化水平上的指标不佳主要体现在运营环境（OE）方面，其次是国内市场准入（FMA）和运输服务（AQTS）较差，可见未来地区经贸合作需要改善的问题主要集中于这些领域。亚洲国家则以东北亚水平最高，其次为东南亚，最低的是南亚的巴基斯坦。如果不考虑伊朗，实际上西亚地区国家整体水平不低。在亚洲，各地区国家便利化水平出现两极分化的特征。例如新加坡为全球排名第一，而伊朗、巴基斯坦则几乎垫底。伊朗最差的指标是市场准入，巴基斯坦则是信息通信可用性（AUICTs）和市场准入差。市场准入差意味政府在国际贸易方面市场开放不足，对各类进出口贸易设置的限制措施多，明显打击国家间的经贸合作。未来，欧亚地区贸易便利化水平要提高，就需要推动欧亚国家降低贸易壁垒，妥善化解贸易摩擦，因此，积极推动欧亚地区多边、双边自由贸易谈判是在"一带一路"倡议下欧亚地区经贸合作与发展的重要任务。

投资风险评估须加强。首先，未来中国国家银行承担的投资风险增加。以国家开发银行和中国进出口银行为例，这两家银行承诺的对外贷款大多投入"一带一路"倡议地区，约为两大行对外贷款总额的80%，一半以上是为公路、铁路和发电等基础设施提供的承诺贷款，其余为融资贷款。其次，中国企业的风险增加。"一带一路"倡议下的政策性银行贷款多有中国企业的参与，中国企业既充当设备与原材料的供应方，也承担项目的建设与运营。事实上，中国企业在"一带一路"沿线投资失败率较高。仅2016年上半年，对外并购终止的项目涉及资金近200亿美元，将近为对外并购总额的70%。到2017年上半年，15个国家和地区向我国产品发起37起贸易救济

---

① World Economic Forum："The Global Enabling Trade Report 2016"，http：//www3. weforum. org/docs/WEF_ GETR_ 2016_ report. pdf.

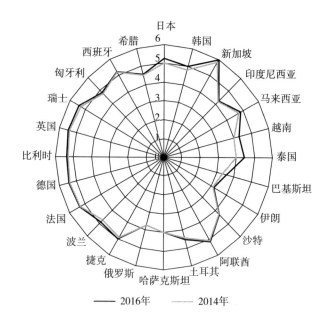

图14 2014年和2016年欧亚24国ETI指数对比

数据来源：世界经济论坛。

调查案件，其中反补贴4起、反倾销28起、保障措施5起，涉及资金总计
53亿美元。① 虽然相比2016年同期，中国遭遇贸易救济调查的数量和金额
有所下降，但是仍处较高水平。因此，加强投资风险评估和完善评估机制迫
在眉睫。

应谨慎防范政治安全风险。与美国、加拿大和澳大利亚等中国企业主要
的海外投资目的地相比，"一带一路"沿线的一些国家政治风险偏高。"一
带一路"沿线国家多属于发展中国家，经济发展水平和工业化程度低。不
少国家主权信用状况不佳，国家主权信用处于CCC-B级。在南亚地区，中
巴经济走廊建设地区安全问题突出。近几年，中国基础设施建设项目及中国
员工已经成为一些宗教极端组织，特别是俾路支武装组织袭击的直接目标。

---

① 商务部贸易救济调查局：《2017年上半年中国出口产品遭遇国外贸易救济调查的有关情
况》，http://www.mofcom.gov.cn/article/ztxx/gwyxx/201707/20170702606019.shtml。

随着中巴经济走廊工程的继续推进,前往该地区的中国公民逐渐增多,中国项目和公民将面临更严峻的安全风险。在东南亚地区,一些潜在政治风险将可能冲击中国的建设项目和经贸合作。例如,被寄予厚望的中缅天然气管道累计输气量不足,与缅甸北部地区冲突不无关系。缅甸正在经历民主化进程,缅甸北部地区冲突可能会对中国在缅甸的项目产生潜在负面影响。在中亚地区,安全问题仍值得关注,例如贫困导致一些中亚国家社会矛盾增多。其中,较突出的是塔吉克斯坦,这是政治风险和安全风险都极高的国家。塔吉克斯坦邻近阿富汗,易受到阿富汗局势的影响。另外,一些中亚国家之间关系脆弱,例如吉尔吉斯斯坦与哈萨克斯坦围绕吉总统大选发生的摩擦。因此,这都会给"一带一路"欧亚地区合作与发展带来挑战。

多边合作

Multilateral Cooperation

B.2

欧亚合作的中国方略：
从"粗放"转向"精耕细作"

肖　斌*

摘　要： 2017 年国际产能合作在欧亚地区有了较大的进展，空间要素
整体向好，但因参与国际产能合作的国家禀赋存在着较大差
异，中国在欧亚地区推动国际产能合作的政策也出现了调整
的窗口期。总的来说，中国方略将从"粗放式"逐步转向
"精耕细作式"，国际产能合作向着提高合作效率和收益的方
向发展。

关键词： 欧亚合作　中国方略　国际产能合作　空间要素

* 肖斌，博士，中国社会科学院上海合作组织研究中心副秘书长，国务院发展研究中心欧亚社
会发展研究所研究员，研究方向为 IPE 理论及其应用、欧亚地区国家社会经济发展、中国对
外关系。

国际产能合作是国际经济技术合作的形式之一，特指企业生产能力在国家间或地区间的重新配置，及围绕重新配置而展开的国际投资和经贸合作。在完全市场经济条件下，国际产能合作是依据市场需求自行配置的，但是在特定条件下，政府往往成为推动国际产能合作的主力。正如全球最大的国际经济组织——世界贸易组织（WTO）一样，它不仅是在市场作用下形成的，政府的作用更为重要。与之相似的还包括世界银行、国际货币基金组织、欧盟、东盟等。国际产能合作是在"一带一路"倡议之后提出的（2015 年 5 月），是我国配合"一带一路"建设的对外经济技术合作方略。① 在提出国际产能合作之后，我国与世界很多国家的国际产能合作都在快速发展。根据国家发展和改革委员会《中国对外投资报告》，截至 2017 年 11 月，中国已同 36 国签订了产能合作协议，与法国、德国、加拿大、澳大利亚等国建立了第三方市场合作机制，与东盟、非盟、欧盟等区域组织开展了多边产能合作。② 从经济空间来看，"一带一路"涵盖的主要地区是欧亚大陆，为此，本报告研究目的就是，分析欧亚地区与国际产能合作相关的空间要素，并在此基础上讨论中国方略在欧亚国际产能合作中的发展方向。

一 中国方略对欧亚国际产能合作的影响

根据国家发改委的年度报告，国际产能合作的核心目标是推动形成面向全球的贸易、投融资、生产、服务网络，更好地服务于开放创新、包容互惠的共同发展前景。③ 在此核心目标下，国际产能合作推动了中国对外投资。到 2016 年底，中国对外投资存量已由 2002 年的全球第 25 位上升到第 6 位。（见图 1），投资区位分布在全球 190 个国家和地区，境内投资者在海外建立了 3.72 万家企业，遍布全球 80% 以上的国家（地区），境外资产总额达 5 万亿美元。按地

---

① 参见国务院《关于推动国际产能和装备制造合作的指导意见》，2015 年 5 月。
② 《中国对外投资报告》，国家发改委网，http：//www. ndrc. gov. cn/fzgggz/wzly/zhdt/201711/W020171130399560548474. pdf。
③ 《中国对外投资报告》，国家发改委网，http：//www. ndrc. gov. cn/fzgggz/wzly/zhdt/201711/W020171130399560548474. pdf。

区分布, 投资流向最多的地区是亚洲, 占总额的 67%, 其次是拉丁美洲 (15.3%), 欧洲 (6.4%), 北美 (5.6%), 非洲 (2.9%), 大洋洲 (2.8%); 按国家 (地区) 分布, 中国香港、开曼群岛、英属维尔京群岛、美国、新加坡、澳大利亚、荷兰、英国、俄罗斯和加拿大是比较多的。若按 "一带一路" 沿线国家划分, 自 2014 年以来, 投资规模已超过 500 亿美元, 与相关国家共建合作项目 2000 个。①

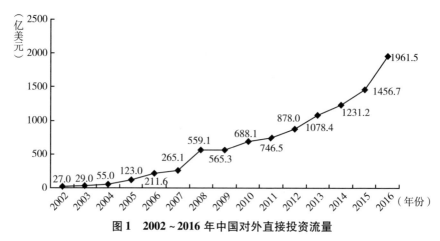

图 1　2002～2016 年中国对外直接投资流量

资料来源: 国家发改委:《中国对外投资报告》, 2017 年 11 月。

在国际产能合作不断深入的前提下, 为了减少合作中的障碍、加强相互之间的合作, 中国在 2017 年召开了首届 "一带一路" 国际合作高峰论坛。受国内外经济形势和政策影响, 我国欧亚产能合作在总量上是有所下降的, 根据商务部统计, 2017 年, 我国非金融类对外直接投资 1200.8 亿美元, 同比下降 29.4%。从行业分布情况来看, 流向制造业 191.2 亿美元, 同比下降 38.4%, 其中流向装备制造业 108.4 亿美元, 较上年下降 39.3%, 占制造业对外投资的 56.7%。② 若以 "一带一路" 沿线国家为标准划分, 2017

① 《中国对外投资报告》, 国家发改委网, http://www.ndrc.gov.cn/fzgggz/wzly/zhdt/201711/W020171130399560548474.pdf。
② 《2017 年国际产能合作统计数据》, 商务部国际合作司, http://fec.mofcom.gov.cn/article/tjgjcnhz/tjsj/201801/20180102699453.shtml。

年中资企业对 59 个国家非金融类投资总额为 142.6 亿美元，同比下降 1.2%，占同期总额的 12%；实施并购 62 起，投资额 88 亿美元，同比增长 32.5%，中石油集团和中国华信投资 28 亿美元联合收购阿联酋阿布扎比石油公司 12% 股权为其中最大项目。在"一带一路"沿线的 61 个国家新签对外承包工程项目合同 7217 份，新签合同金额 1443.2 亿美元，占同期我国对外承包工程新签合同额的 54.4%，同比增长 14.5%；完成营业额 855.3 亿美元，占同期总额的 50.7%，同比增长 12.6%。[①] 从既有数据可以看出，我国国际产能合作已成为对外直接投资主力，而且还可以确定，2018～2023 年，国际产能合作将是"一带一路"建设的重点。

在欧亚地区的投资比例在我国对外投资总额中不断增加，因而必须考虑到相应的投资风险和投资策略的机动性，特别是在国际市场不能合理配置所有资源和国家中心主义依然在国际经济技术合作中发挥较大影响的前提下，分析投资环境的变化对于我国顺利地推动国际产能合作十分必要。在研究方法上，本报告选择了比较分析法，即对欧亚地区参与国际产能合作国家的空间要素进行比较分析。本报告选择的数据库包括世界经济论坛的全球竞争力指数、世界银行的世界营商指数、德国贝塔斯曼的转型指数、美国传统基金会的经济自由指数等。在研究对象国选择方面，我们选择了与我国签订了各类国际产能合作的国家，根据国家发改委、商务部公布的数据，亚洲 16 国、欧洲 7 国将成为我们报告中所要分析的对象国（见表 1），以下简称"欧亚 23 国"。

表 1　与中国签订各类国际产能合作的欧亚国家

亚洲（16）	欧洲（7）
哈萨克斯坦、吉尔吉斯斯坦、塔吉克斯坦、印度尼西亚、巴基斯坦、马来西亚、柬埔寨、越南、老挝、泰国、阿联酋、斯里兰卡、孟加拉、伊朗、沙特、菲律宾	俄罗斯、塞尔维亚、匈牙利、希腊、比利时、法国、英国

数据来源：国家发改委、商务部官方网站。

---

① 商务部国际合作司：《2017 年我对"一带一路"沿线国家投资合作情况》，http://www.mofcom.gov.cn/article/tongjiziliao/dgzz/201801/20180102699459.shtml。

在数据分析的基础上，报告还将结合我国国际产能合作政策进行分析。作为年度报告，报告结论只是建议和方向性的，并不能规避所有合作风险。

二 "欧亚23国"合作能力增强

合作能力与国家综合实力有关，考察国家综合实力可以参考全球竞争力指数。作为衡量国家推动经济增长能力的指数，世界经济论坛的全球竞争力指数已被世界很多国家研究机构所采用，并成为重要的参考依据。在《2017～2018年全球竞争力报告》中可以看出，世界各个经济体处在恢复性增长中。[①] 同样，与2016～2017年相比，"欧亚23国"的全球竞争力总体上呈现增加的势头（见表2）。

表2 2017～2018年"欧亚23国"全球竞争力指数

地区	国家	2016～2017年	2017～2018年
亚洲	沙特	4.84	4.83
	孟加拉	3.8	3.91
	柬埔寨	3.98	3.93
	印度尼西亚	4.52	4.68
	伊朗	4.12	4.27
	哈萨克斯坦	4.41	4.35
	吉尔吉斯斯坦	3.75	3.9
	塔吉克斯坦	4.12	4.14
	老挝	3.93	3.91
	泰国	4.64	4.72
	马来西亚	5.16	5.17
	巴基斯坦	3.49	3.67
	菲律宾	4.36	4.35
	斯里兰卡	4.19	4.08
	阿联酋	5.26	5.3
	越南	4.31	4.36

[①] Klaus Schwab; "The Global Competitiveness Report 2017 – 2018"; http://www3.weforum.org/docs/GCR2017–2018/05FullReport/TheGlobalCompetitivenessReport2017%E2%80%932018.pdf.

地区	国家	2016～2017 年	2017～2018 年
欧洲	比利时	5.25	5.23
	法国	5.2	5.18
	希腊	4	4.02
	匈牙利	4.2	4.33
	塞尔维亚	3.9	4.14
	俄罗斯	4.51	4.64
	英国	5.49	5.51

资料来源：世界经济论坛。

根据表 2 可以看出，沙特、柬埔寨、哈萨克斯坦、老挝、菲律宾、斯里兰卡、比利时、法国 8 国全球竞争力有不同程度的下降，其中斯里兰卡降幅最大。斯里兰卡全球竞争力下降的主要原因是债务负担重，迫使政府实施紧缩的财政政策，商业信用也有所降低；"欧亚 23 国"中全球竞争力提升最快的是塞尔维亚，主要原因是健康、高等教育、宏观经济、基础设施、技术准备度、商品市场效率等表现较佳；"欧亚 23 国"中全球竞争力中质量最好的是英国，从数据来看，英国没有受到脱欧的负面影响，相反全球竞争力还有所提高，其中基础设施、教育、健康、技术准备度、法治等方面对英国全球竞争力提高影响最大。根据英国全球竞争力的表现可以看出，在中长期的国际产能合作中，发达国家有较强的实力与中国合作，合作收益可预测、相对稳定。

三 "欧亚23国"投资环境需要改善

国际产能合作效果与投资环境密不可分。世界银行最新公布的《2018 年全球营商环境报告》的主题是"改革创造就业"。① 世界银行的营商指数

---

① Doing Business 2018 Reforming to Create Jobs；http：//www.doingbusiness.org/～/media/WBG/DoingBusiness/Documents/Annual-Reports/English/DB2018-Full-Report.pdf.

可以在一定程度上反映国家的商业环境，当然部分指标与全球竞争力指数有重叠，但是因计算方式和侧重点不同，世界银行的营商指数可以作为直接考察"欧亚 23 国"经济的重要数据（见表 3）。与 2017 年相比，2018 年"欧亚 23 国"营商指数总体表现不佳，只有沙特、印度尼西亚、塔吉克斯坦、泰国、阿联酋、越南、匈牙利、塞尔维亚、俄罗斯 9 国的营商指数有改善，排列世界前 50 名的"欧亚 23 国"是英国、阿联酋、马来西亚、泰国、哈萨克斯坦、法国、匈牙利、塞尔维亚、俄罗斯 9 国。"欧亚 23 国"中世界排名最高、营商环境最好的是英国，营商指数提高最快的是越南，营商指数排名下滑最快的是菲律宾，从 2017 年的第 99 名，下滑到 2018 年的第 113 名。菲律宾营商环境下滑的主要原因是中小企业创业环境不佳、获得各类许可证所花费的时间高、电力不足、对投资者保护需要改善、合同执行缓慢等。

表3　2016～2018 年"欧亚 23 国"营商指数排名

地区	国家	2017 年（名次）	2018 年（名次）
亚洲	沙特	94	92
	孟加拉	176	177
	柬埔寨	131	135
	印度尼西亚	91	72
	伊朗	120	124
	哈萨克斯坦	35	36
	吉尔吉斯斯坦	75	77
	塔吉克斯坦	128	123
	老挝	139	141
	泰国	46	26
	马来西亚	23	24
	巴基斯坦	144	147
	菲律宾	99	113
	斯里兰卡	110	111
	阿联酋	26	21
	越南	82	68

续表

地区	国家	2017 年	2018 年
	比利时	42	52
	法国	29	31
	希腊	61	67
欧洲	匈牙利	41	48
	塞尔维亚	47	43
	俄罗斯	40	35
	英国	7	7

资料来源：世界银行。

由于中国投资流向最多的地区是亚洲，根据表 3 的数据显示，本报告认为中国国际产能合作的项目风险还是比较高的。因为即便是营商环境较好的发展中国家也存在较多违约问题，特别是与中国相关的合作项目。例如，巴基斯坦迪阿莫 – 巴沙大坝项目、尼泊尔的希甘达基水电项目等。因此，与营商环境较好的发达国家相比，发展中国家的投资回报率高，但风险也较高。

四 "欧亚23国"市场化水平较高

市场化水平越高，对国际产能合作越有利。经济自由度指数是美国传统基金会发布的，目的是促进经济自由和繁荣、创造机会等，该指数涵盖了12 项指标，并考察了全球 186 个国家。通过经济自由度指数，我们可以大致判断，在"欧亚23国"中哪一国更加开放，政府对资本、人力资源、货物流动等更加友好。当然，经济自由不代表没有法治，相反，法治水平高对经济自由起到了促进作用。此外，根据国家需要，在特定情况下的经济改革措施，有可能与传统基金会的分析标准存在差异，由此而导致经济自由度下降，因此，经济自由度指数只是参考，具体到国家时还需要结合特定情况来分析。2018 年经济自由度指数仅反映了 2016 年下半年至 2017 年上半年的情况，其余年度可以此类推。

根据美国传统基金会的报告，[1] 2016～2017 年度"欧亚 23 国"经济自由度总体向好（见图 2），只有沙特、伊朗、老挝、菲律宾、斯里兰卡、比利时 6 国有下降，降幅最大的是斯里兰卡，比 2015～2016 年度同期下降 12 位。斯里兰卡经济自由度排名下降的主要原因是：基层政府和司法机构的腐败比较普遍；政府依然实行价格管制和对国有企业实行补贴政策；非关税壁垒障碍等。当然，斯里兰卡存在着提升经济自由度的动力，希望通过改革来改善商业环境。在"欧亚 23 国"的亚洲国家中，阿联酋的经济自由度排名最高，在中东北非 14 国中排名第一。阿联酋经济开放、多元，平均税负较低，劳动薪酬合理，该国比较受国外投资者的欢迎。

在"欧亚 23 国"中，比利时经济自由度略低于世界平均水平，但高于欧洲平均水平。比利时在 2016～2017 年度经济自由度有所下降，美国传统基金会给出的理由是其财政、劳动力和财产权得分低。[2] 不过，作为欧盟成员国，比利时经济自由度起伏不大，总体上属于经济自由度较高的国家。

近年来，中国与菲律宾国际产能合作密切。根据菲律宾官方数据，截至 2017 年 12 月，中国（含中国香港地区）是菲律宾第一大出口国，第一大进口国，进出口贸易总额为 31.76 亿美元。[3] 2017 年，中菲签署了第二批中国融资基础设施项目谅解备忘录，首批中国融资项目为马尼拉城市水务管理局负责的新百年水源－卡里瓦大坝项目和国家灌溉署负责的赤口河灌溉项目，中国将分别提供 2.35 亿美元和 7249 万美元实施上述两项目。[4] 不过，菲律宾经济自由度低于世界和亚太平均水平，主要问题是贸易和投资自由、法治水平、司法制度等不高，腐败和任人唯亲现象较为普遍。

---

① Terry Miller, Anthony B. Kim, James M. Roberts: "2018 INDEX OF ECONOMIC FREEDOM", The Heritage Foundation; https：//www. heritage. org/index/pdf/2018/book/index_ 2018. pdf.

② Ibid.

③ Highlights of the Philippine Export and Import Statistics: December 2017; https：// www. psa. gov. ph/content/highlights－philippine－export－and－import－statistics－december－ 2017.

④ 《中国将融资建设菲律宾苏比克－克拉克铁路》，中国驻菲律宾大使馆经济商务参赞处网，http：//ph. mofcom. gov. cn/article/jmxw/201801/20180102706027. shtml.

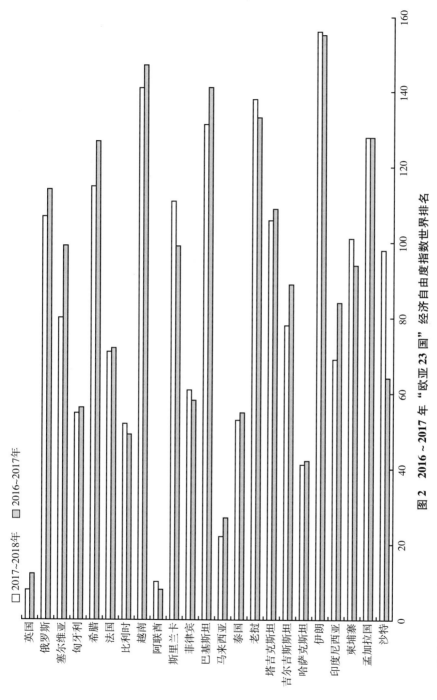

图 2　2016～2017 年"欧亚 23 国"经济自由度指数世界排名

资料来源：美国传统基金会。

五 "欧亚23国"互联互通能力有进步

互联互通效率高也有利于国际产能合作。世界银行的物流绩效指数（Logistics Performance Index，LPI）包含7个分析指标，通过物流绩效指数能够在一定程度上了解一国通关效率和交通基础设施的情况，分数越高证明物流绩效越好。物流绩效指数每2年发布一次，2018年将发布新的统计结果。目前，本报告比较的时间段是2014年和2016年的数据（见表4），需要说明的是，2014年物流绩效指数中缺少伊朗（核问题制裁），2016年的缺少斯里兰卡（2016~2017年遭遇40年来最严重干旱，对物流基础设施投入有限）。

根据表4，与2014年相比，"欧亚23国"物流绩效指数平均值有进步，其中上升最快的是阿联酋，从2014年的第27位上升到第13位，下降较快的是塔吉克斯坦（下降了39位）。阿联酋十分重视物流建设，以迪拜自由港为依托，阿联酋大力发展交通基础设施建设，提高通关效率，而且积极开展国际物流园建设。例如，与联合包裹服务（UPS）合作在英格兰东南部建立包裹投递设施（2015年）；与俄罗斯合作升级俄罗斯港口和物流设施（2016年）；与中国海航合作发展物流服务（2016年）；与中国地方企业（浙江义乌）合作发展物流业（2016年）；在南美洲智利建立智能物流园（2016年）；完善阿布扎比哈里发工业园物流设施，吸引中国企业（2017年）。

表4 "欧亚23国"物流绩效指数排名比较

地区	国家	2014年(名次)	2016年(名次)
亚洲	沙特	49	52
	孟加拉	108	87
	柬埔寨	83	73
	印度尼西亚	53	63
	伊朗	无	96
	哈萨克斯坦	88	77
	吉尔吉斯斯坦	149	146

地区	国家	2014 年（名次）	2016 年（名次）
亚洲	塔吉克斯坦	114	153
	老挝	131	152
	泰国	35	45
	马来西亚	27	32
	巴基斯坦	72	68
	菲律宾	57	71
	斯里兰卡	99	无
	阿联酋	27	13
	越南	48	64
欧洲	比利时	3	6
	法国	13	16
	希腊	44	47
	匈牙利	33	31
	塞尔维亚	63	76
	俄罗斯	90	99
	英国	4	8

资料来源：世界银行。

根据威廉·邦奇的理论[①]和表 4，处于欧亚内陆国家的哈萨克斯坦、吉尔吉斯斯坦、塔吉克斯坦、老挝等国物流成本都远远高于有海岸线的国家。即便是诸如哈萨克斯坦——力图把自己打造成中亚地区物流枢纽的国家，其运输成本也远远高于有海港的国家。此外，在分析物流绩效时，我们还要看到，国际政治对物流绩效高低影响巨大。例如，在"欧亚 23 国"中，伊朗曾受过联合国、美国及西方国家制裁，俄罗斯正在受美国及西方国家制裁，而制裁则在很大程度上降低了物流绩效水平。

六 "欧亚23国"法治仍须改善

国家法治水平高，能够在一定程度上降低腐败；腐败问题少则有利于国

---

① 〔美〕威廉·邦奇：《理论地理学》，石高玉、石高俊译，商务印书馆，1991，第 149 页。

际产能合作。"透明国际"发布的清廉指数（Corruption Perceptions Index，CPI）已在联合国反贪行动中扮演重要角色。清廉指数是以商人为问卷调查对象，按世界各国清廉水平进行排名。通过该指数可以大致看出一国清廉水平，从而反映出合作成本及风险。截至2018年1月，"透明国际"公布的数据依然是2016年的，为此本报告将以此作为分析基础（见图3）。2016年全球清廉指数是对176个国家或地区进行统计而成，由于"透明国际"未公布其计算过程，因此，该数据只具有参考价值。清廉指数赋值1~100，得分越高清廉水平越好。

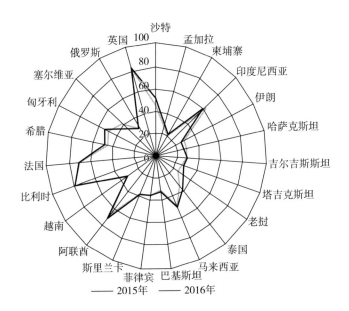

图3 2015年和2016年"欧亚23国"清廉指数比较

资料来源："透明国际"。

根据图2，2016年"欧亚23国"清廉指数总体水平不高，且呈现出较大的两极分化现象。在"欧亚23国"中只有欧洲的英国、比利时清廉指数过了70，属于清廉水平高的国家；其次是法国、阿联酋；最低的是柬埔寨、塔吉克斯坦、老挝。若把"欧亚23国"按地区取中位数，位于欧洲地区的国家清廉水平要好于亚洲国家。国家清廉指数低在一定程度上也催生了民族主义不断兴起，并由此引发了政治暴力水平不一的社会运动。此外，与2015 年相比，中东、中亚地区国家清廉指数未有明显改善。不过，根据其他国际组织的数据显示，2016 年"欧亚 23 国"中清廉指数低的国家大都提高了打击国内腐败的力度，但中短期内不会出现质的变化。反腐败已在全球形成共识，发达国家也在与腐败做斗争，出台了《G20 反腐败行动计划2017 ~ 2018》，[1] 展望未来，本报告有理由相信"欧亚 23 国"清廉指数的总体水平会有提高。

七 新时代中国方略的选择

未来 5 年，欧亚地区势将成为新时代中国建立全面开放格局的核心合作地区，合作内容包括创新对外投资方式，促进国际产能合作，形成面向全球的贸易、投融资、生产、服务网络，加快培育国际经济合作和竞争新优势。[2] 但是，欧亚地区国家禀赋各异，很多影响国际产能合作的空间要素差异巨大，我们在本报告中列举了全球竞争力、营商环境、经济自由度、物流绩效和清廉指数。当然，还有很多影响国际产能合作的要素，其中就包括本报告中忽略的国际政治要素，因为国家中心主义不会轻易被排除在国际经济技术合作之外。同样也需要看到，对于欧亚地区国际产能合作这一空间经济现象，要做出普遍适用的解释或建立通用的分析模型难度巨大，为此，本报告借鉴了各类指数作为中国方略选择的国际背景，并结合中国对外政策加以分析。从目前来看，我国国际产能合作正在出现转向，即从"粗放式"发展逐步转向"精耕细作"。根据"欧亚 23 国"实际情况，未来 5 年中国方略将优先围绕以下几个方面发展。

一是加强科技创新、产业战略、投资和金融等合作。这类合作主要与欧洲发达国家或发展水平高的国家合作，重点国家包括英国、法国、比利时、

---

① G20 Anti-Corruption Action Plan 2017 – 2018，http：//www. mofa. go. jp/files/000185882. pdf.

② 习近平：《决胜全面建成小康社会夺取新时代中国特色社会主义伟大胜利》，http：//www. china. com. cn/19da/2017 – 10/27/content_ 41805113. htm。

俄罗斯等。除俄罗斯外，2017 年中国在欧洲的投资项目一大半都在英国。从中国资本在欧洲的偏好可以看出，中国有强烈的、向发达国家学习的意愿。实际上，突出科技创新、产业战略、投资和金融等领域的国际合作，也是中国几十年来不断发展的基本经验。对于中国而言，上述合作不仅能加强及拓宽国际产能合作领域，而且是到 2050 年实现现代化强国和科技强国的重要保证。①

二是有序推进基础设施建设。在欧亚国际产能合作中，中国参与的基础设施建设项目众多，并带动了国内产能走向国际市场。未来 5 年，基础设施建设将聚焦到落实一些重点项目上来，中老铁路、中泰铁路、匈塞铁路、印度尼西亚雅万高铁、俄罗斯莫喀高铁、中欧“三海港区”等重大基础设施项目都会取得进展。此外，对于一些久拖不决的大项目将会重新评估，并决定其是继续合作或是撤项。为了完善国际产能合作管理，2017 年国家发改委在国内启用了《国际产能合作项目管理系统》，该系统是有序推进基础设施项目的重要保证。

三是逐步降低对风险较高国家的产能合作。在对外投资政策上，中国将坚持稳中求进的工作总基调，坚持依法合规、合理地把握境外投资重点和节奏，积极做好对外投资事前、事中、事后监管，切实防范各类风险。“欧亚 23 国”中营商环境差、投资风险高的国家主要是清廉指数较低的国家，已有不少企业在前期国际产能合作中深受其害。尽量规避合作风险是一项系统工程，其中政府的作用十分关键。自 2017 年开始，中国对于国际产能合作项目开始加强政府管制，出台了一系列政策，今后可能还会成立专业的管制委员会，加强项目风险管理。

四是国际产能合作将更加突出“绿色合作”（可持续发展）。绿色合作包括建立国际合作机制、优化产能合作布局、推广绿色基础设施建设、建立绿色金融体系支持国际产能合作。合作重点国家是欧亚地区对生态保护、可

---

① 国务院：《关于全面加强基础科学研究的若干意见》；http://www.xinhuanet.com/politics/2018-01/31/c_ 1122348838. htm。

持续发展有需求的发展中国家。尊重自然规律、最大限度地减少对生态系统的破坏，是中国推动国际产能合作的理念，也是具有较大合作潜力的领域。结合自身优势，中国将在 AI、互联网、电动汽车、可再生能源等领域与欧亚国家开展各种形式的合作。

五是带动人民币国际化。国际产能合作离不开金融支持，金融支持就需要提高人民币国际化的水平。根据中国央行公布的报告，人民币将有序实现资本项目可兑换，提高可兑换、可自由使用程度，稳步推进人民币国际化，推进人民币资本走出去。① 根据央行的统计，截至 2016 年，共有 60 个国家和地区将人民币纳入外汇储备，36 个国家和地区的中央银行或货币当局与中国签署了双边本币互换协议，协议总规模超过 3.3 万亿元人民币；在 23 个国家和地区建立了人民币清算安排，覆盖东南亚、欧洲、中东、美洲、大洋洲和非洲等地，便利境外主体持有和使用人民币。② 与人民币国际化有直接联系的商业银行——中国银行，在 2018 年 1 月发布了《人民币国际化白皮书——金融市场双向开放中的人民币》（年度白皮书），报告中显示人民币受其大部分调查对象的欢迎，人民币国际化有进一步提升的潜力。

---

① 《2016 年人民币国际化报告》，中国金融出版社，2016。
② 《2017 年人民币国际化报告》，中国金融出版社，2017。

B.3
中国需要构建独特的大国
区域产业升级路径

毛琦梁*

摘　要： 本文基于产品空间理论，直观观察东亚各国与中国典型区域的产业升级历程与产业升级特征，以期为中国区域产业升级提供理性路径选择。研究发现，东亚国家的产业升级路径是以劳动力密集型产业为基础逐步实现产业升级，并表现出以劳动力密集型产业转移为主要特征的"雁阵模式"。这种路径本质上是通过发展劳动力密集型产品来学习和积累生产能力禀赋，逐步具备较为复杂的知识和能力，以此实现较为快速的由低附加值向高附加值的产业升级。其重要启示在于，国家初始的产品空间起点对于产业升级路径至关重要，对于国家发展尤为重要。通过对中国典型区域的产业升级特征研究发现，中国的很多区域在整体国际分工格局中与东南亚部分国家存在一定的相似性，表明中国区域产业升级将面临东南亚低工资国家的激烈竞争，中国国内区域间以"雁阵模式"实现产业升级困难较大，中国需要构建独特的大国区域产业升级路径。

关键词： 产品空间　"雁阵模式"　产业升级　东亚

---

* 毛琦梁，博士，首都经济贸易大学讲师，研究方向为区域经济。

一　引言

二战后，东亚地区的产业结构变动被普遍认同为雁阵理论在实践中的体现。"雁阵模式"是一种动态的产业梯次转移和传递模式。从 20 世纪 50 年代以来，东亚地区的产业转移一直处于一个以日本为头雁，东亚"四小龙"为身雁，东盟部分国家为尾雁，其他后起发展中国家为延伸雁队的"雁阵模式"①。产业转移一般以日本为起点，经过东亚"四小龙"中转，最后延伸到东盟四国和中国等东亚后起发展中国家和地区。东亚区域中，在产业转移地和被转移地之间形成的先后继起的产业发展形态，在一定程度上解释了处于经济不同发展阶段国家之间的国际分工格局，以及各国比较优势的动态变化引起的产业传递转移格局。国家间的产业转移，对应于一个特定国家而言实质上就是产业升级。东亚区域内众多国家之间产业升级的先后继承特征描绘出了"雁阵模式"。

以往，研究产业升级有许多方法，从度量角度看，主要有两种方法。一是产业结构分析，如三次产业比重、轻重工业比重、各行业比重以及其中自定义的行业比重分析等。从产业结构看，产业升级主要关注不同发展阶段某类产业的占比情况，以及这类产业的发展对经济增长的影响。二是价值链分析，从投入产出全过程分析产品在不同环节上增值状况及在不同主体间的分布。从价值链角度看，产业升级主要关注由价值链低端向高端升级。不过，这两种方法存在一定问题。首先，产业结构分析方法是传统方法，在运用中经常面临困惑，如一些地方三次产业比例并不能真实反映当地经济发展状况；一些产业分类（战略性新兴产业、新兴服务业、高端制造业等）无法直接得到统计数据，需要借助其他指标进行构造；统计口径变化不一致导致数据不可比等。另外，价值链分析不能直接获得统计数据。需要借助投入产出及其他调查进行分析。

---

① 邹晓涓：《东亚地区产业转移和结构变动解析》，《亚太经济》2010 年第 6 期，第 15~18 页。

为此，本文将借鉴一种新的研究产业升级的理论——产品空间来分析产业升级，让我们更直观地看到东亚区域各国产业升级历程，更清醒地认识到东亚区域国家间产业升级的特征，同时，也有助于进一步探索影响国家产业升级的重要内在机制。另外，中国在逐渐融入东亚生产网络体系的过程中，国际分工地位明显提升，成为东亚区域内一支新兴力量，对东亚区域生产网络的影响力增强。因此，研究东亚国家间的产业升级问题对于中国意义重大。而且，在中国提出并推进"一带一路"倡议构想的大背景下，对东亚区域国家间产业升级的研究，不仅可以为"一带一路"倡议构想的具体实现提供依据，也对中国加强与周边区域经济合作、促进共同发展、实现共同繁荣具有重要意义。① 本文所考查的东亚包括东亚与东南亚在内的受中国文化影响较大的国际次区域。落实"一带一路"倡议，与东亚的合作非常重要，而东南亚则是"一带一路"的重心所在。东南亚与中国地理邻近，文化相通，很多东南亚国家的文化和中华文化有相似的历史和文化背景，而且，东南亚华人华侨也是数量众多，是有利于国际合作的重要资源。

基于此，本文选择了东亚区域的代表性国家日本、韩国、泰国、马来西亚、印度尼西亚、越南6个国家，应用产品空间理论对这些国家的产业升级进行研究，以期探求国家产业升级的内在机制。在对东亚国家间的产业发展动态进行分析后，进一步分析东亚路径对于中国区域产业升级的启示。

二 产品空间理论与应用

Hidalgo② 正式提出并阐释了产品空间概念。产品空间理论从比较优势动态演化视角重新审视了国家或地区初始能力禀赋对产业升级路径的影响。产品空间理论认为，产品是一国或地区知识和能力的载体，其本身包含了经济

① 徐梁：《基于中国与"一带一路"国家比较优势的动态分析》，《管理世界》2016 年第 2 期，第 170 ~ 171 页。

② Hidalgo C A, Klinger B, Barabási A L, Hausmann R. (2007). The Product Space Conditions the Development of Nations [J]. Science, 2007, 317 (5837): 482 – 487.

体的各种要素禀赋信息，包括产品生产所需要的要素投入以及相应组织方式、社会制度等外部环境在内的全部生产条件的集合。产品间生产能力的相似性程度决定了产品转换或产业升级是否能够顺利实现。① 在这个意义上，比较优势是指产品比较优势或者基于能力的比较优势，本质上反映生产能力禀赋。一国或地区经济发展和结构转换的本质是该地企业集中生产本地优势产品并学习和积累生产能力禀赋的过程。② 不同的国家因其当前的产业结构不同，其未来的演化路径就会有所差异。③

图 1 是 Hidalgo 等根据 1998 ~ 2000 年国际贸易标准分类（SITC）构造的出口产品空间，每一个点代表一种产品，点的大小代表该产品贸易金额，点与点之间连线和紧密程度代表两者邻近性。通过计算任意两种具有比较优势的产品同时出口的概率，构造出全部产品相互间的邻近性矩阵，利用复杂网络方法生成出产品空间图。产品空间结构分布呈现出典型的核心区域致密而边缘区域稀疏的特征。其中，机械、仪器仪表等资本、技术密集型产品位于产品空间的中心，化工产品位于中心附近，这些产品紧密相连，共同构成了产品空间的"核心"；其他种类产品则处于产品空间的"外围"，多数属于劳动密集型和资源密集型产业，最外围是渔业、动物及热带农作物等。

对于产品空间可以"猴子跳树"的形象比喻来理解。如果把一种产品想象成一棵树，所有产品就是一片森林。一个国家中开发各种产品的企业，就像生活在不同树上的猴子。产业升级意味着从森林中较为贫瘠、果实稀少的地方转移到果实丰硕的地方。这意味着猴子必须向远处跳跃，也就是要为新的产品方向重新配置人力、物质、机制、资本。产品空间意味着产业升级并不会自然而然地发生。一个企业或一个国家很有可能被长期"锁定"在

---

① 邓向荣、曹红：《产业升级路径选择：遵循抑或偏离比较优势——基于产品空间结构的实证分析》，《中国工业经济》2016 年第 2 期，第 52 ~ 67 页。

② 伍业君、张其仔、徐娟：《产品空间与比较优势演化述评》，《经济评论》2012 年第 4 期，第 145 ~ 152 页。

③ 张其仔：《比较优势的演化与中国产业升级路径的选择》，《中国工业经济》2008 年第 9 期，第 58 ~ 68 页。

一片贫瘠的荒原，尽管有升级的愿望，却缺少升级的路径和条件。因此，对于东亚国家而言，"雁阵模式"的产业转移与结构变化究竟隐含着怎么样的产业升级路径？其中的国家是如何在产业的"森林"中跳跃前进的？为此，能够给其他国家以怎么样的启示？并对中国推进"一带一路"倡议构想、与区域内国家间进行产业合作又有什么启示呢？

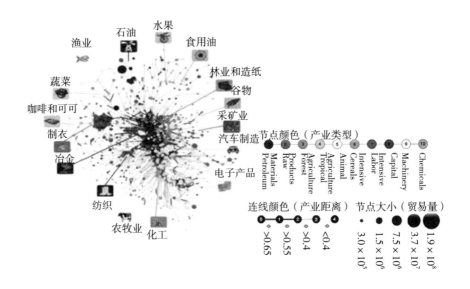

图1　全球产品空间

资料来源：根据 Hidalgo et al. （2007）整理。

为此，本文利用产品空间理论对东亚国家间产业结构变化的"雁阵模式"进行分析。为便于研究，本文综合资源、位置、环境、文化等因素，将面积与人口太小的经济体删去，选取了日本、韩国、马来西亚、印度尼西亚、泰国、越南6个国家。哈佛大学建立了开放性专门网站①来提供有关产品空间的各类数据和各种图形，并提供应用指导。本文所利用的数据与资料就来源于此。

---

① http：//atlas. cid. harvard. edu.

三　东亚国家的产品空间特征与动态变化

（一）东亚国家的产品空间特征

从东亚国家的产品空间格局来看，日本的产品空间分布十分密集，韩国其次，泰国相对而言产品空间也比较密集，马来西亚、印度尼西亚、越南的产品空间比较稀疏，不仅如此，马来西亚、印度尼西亚、越南具有比较优势的产品多分布在产品空间的边缘，日本具有比较优势的产品覆盖了产品空间中心，而韩国也具有较多覆盖了产品空间中心的产品，泰国也有较多的产品位于产品空间的中心部分。

由此大致表明，东亚国家之间在产业结构或者产业升级方面存在几个层次，第一等级是日本，具备生产最高复杂度产品的能力，比较优势表现在生产技术含量高的产品；第二等级是韩国，具备了生产很多高度复杂产品的能力；第三等级是诸如马来西亚、印度尼西亚、越南等国，相对而言，能够生产较为复杂的产品不多，更多的比较优势产品是相对不太复杂的劳动力密集型产品。

从几个主要国家的产品空间来看，东亚国家产业结构的一大主要特征在于，几乎所有的国家都在轻工纺织服装类以及以电子为主的产品上具有比较优势。这两大类产品的共同点是：都是劳动力较为密集型的工业。这个特点也是东亚地区产业结构及其升级演进的重要特征。

（二）东亚国家比较优势动态分析

产品空间使产业竞争力表现出空间结构，并使研究可视化。通过绘制不同时期不同国家的产品空间来观察对比产业结构的变化，直观反映产品空间、产业升级。如果动态观察一个国家产品空间变化，可以看出一国比较优势如何从某类产品转向另一类产品，也就是可以观测一国产业升级的具体产品路径。如果我们将东亚国家不同年代的产品空间都展示出来，就可以看到这些国家比较优势产业演化过程，也就是产业升级过程。对比分析不同国家产品空间及其演变过程，就可以发现产业升级的一些基本规律。这些规律，既可能是对过去已有知识的进一步验证，即对东亚“雁阵模式”进行重新验证，也可能是新的发现或更加具体的认识。通过历史规律总结，可以为后发国家产业升级提供经验支持。

1. 东亚产业转移和结构变化的“雁阵模式”特征

为进一步分析东亚国家之间产业转移和结构变化的“雁阵模式”特征，本文对比分析了一些典型国家的比较优势产业演化过程。选择日本作为雁阵中的“头雁”，韩国代表亚洲“四小龙”作为“身雁”，泰国、越南等作为其他“尾雁”国家的代表。基于数据可得性的考虑，仅考虑 1995～2014 年大约 20 年的变化过程。

作为“头雁”，日本的产品空间结构表现最为高级化的特征。其与“身雁”代表韩国之间存在明显的结构差异。大致而言，韩国 2005 年与日本 1995 年的产品空间结构存在较多的相似之处，韩国 2014 年与日本 2010 年的产品空间结构也存在较多的相似之处，这表明日本与韩国之间存在产业升级的“雁阵模式”，日本处于相对先发的位置，韩国处于相对后发的位置，不过总体而言，两个国家之间产业发展水平的时间差距在缩小。

近 20 多年来，东亚国家产业转移和结构变化的一大重点就是，作为“尾雁”的东盟部分国家的快速工业化与产业升级过程。详细来看，越南 2014 年、马来西亚 2014 年与韩国 1995 年产品空间分布存在许多相似之处，大致表明，越南、马来西亚等国在 2014 年时，国家产业升级大致到了韩国 1995 年的水平。泰国 2005 年与韩国 2000 年产品空间分布有许多相似之处，大致表明，泰国在 2005 年时，国家产业大致升级到了韩国 2000 年的水平；泰国 2014 年与韩国 2005 年产品空间分布有许多相似之处，大致表明，泰国在 2014 年时，国家产业升级大致到了韩国 2005 年的水平。以上表明，韩国作为“身雁”国家，与“尾雁”国家之间存在产业升级的“雁阵模式”，前者处于相对先发的位置，后者处于相对后发的位置。进一步而言，如果泰国、越南等“尾雁”国家能成功借鉴韩国等先发国家的发展经验,不断发现新的机会,实现比较优势不断演进,就有可能不断实现产业升级。

东亚地区劳动力资源较为丰富,各个国家或地区经济发展水平差异性较大,有诸如日本这样的发达经济体,也有越南、马来西亚等较为欠发达的国家或地区,总体上,产业结构与演进差异性很强,各国或地区间产业层次较多,存在较为明显的梯度差异;另外,各国或地区间的生产要素禀赋也较为不同,导致东亚区域间劳动力等生产要素价格的差异,使得劳动密集型产业在东亚不同国家或地区的生产成本呈现梯度性差异,比较优势也呈现梯度差异,从而推动东亚区域劳动密集型产业在区域间转移。

近十几年来,东亚区域产业的国际竞争力在不断增强。日本仍保持了高新技术产业方面的竞争优势。亚洲"四小龙"在钢铁、石化、汽车等领域开始形成很强的竞争力,并具备了与美国、日本、德国等传统优势产业国家竞争的能力。韩国、新加坡的一些高科技产业、中国台湾的半导体产业、韩国的移动通信产业等均具有全球较为领先的水平。另外,中国在保持经济快速发展的同时,成为世界上最大的制造业国家以及主要出口贸易国家,中国具有比较优势的产品数量日益增多,其中包括产品空间中心区要求较高复杂生产能力的产品。

2. "头雁"的产业结构变化

1995~2015 年,日本的出口比较优势变化并不是非常显著。图 2 为日本 1995 年产品空间与 2014 年的比较,主要变化为:第一,靠近中心比较优势产品比较稠密的部分明显变得更为稠密(区域 1),第二,较为明显的变化是右上方化工冶金类具有比较优势的产品有一定的增加(区域 2);第三,较为明显的变化是左下角较多的电子信息类具有比较优势产品的明显减少(区域 3)。上述三个个区域之外,原本稀疏的点依旧稀疏,原本稠密的点依旧稠密,变化不大,属于比较优势始终不明显的区域。

3. "身雁"的产业结构变化

1995~2015 年,韩国出口比较优势发生显著变化。图 3 为韩国 1995 年产品空间与 2014 年的比较,整个产品空间反映了产业结构的变化,基本过程可以总结为"升级与退出"。左上方靠近中心原本比较优势产品稀疏的部

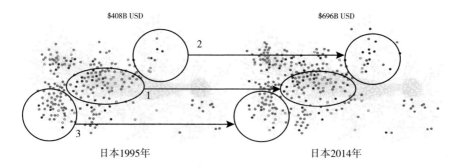

图 2 日本 1995 年和 2014 年产品空间对比

来源：根据 atlas. cid. harvard. edu 整理。

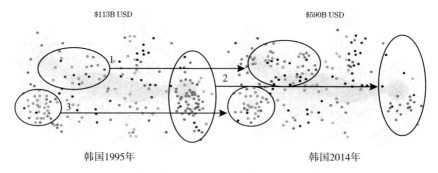

图 3 韩国 1995 年和 2014 年产品空间对比

资料来源：根据 atlas. cid. harvard. edu 整理。

分明显变得稠密（区域 1），最明显的是右侧一大批轻工纺织服装类具有比较优势产品的部分明显减少（区域 2），左侧下方以电子为主的优势产品只是略有减少（区域 3）。分别对上述三个区域各年度各个产品演变趋势进行观察，可以细化描述韩国的产业升级过程。上述三个区域之外，原本稀疏的点依旧稀疏，变化不大，属于比较优势始终不明显的区域。

下面，本文对韩国的产业升级过程进行进一步详细分析，韩国在东亚无论是发展水平还是产业结构方面都属于"身雁"，对其进行分析，有助于了解作为相对欠发达的经济体是怎样实现产业升级的，这对于更为后进的国家具有很大的参考、借鉴价值。大致而言，结合 1995～2014 年韩国产品空间变化的特征，主要表现为部分产业的优势失去过程（即退出过程）、新的优势产业的产生过程（即升级过程）与始终保持优势的产业维持过程。

（1）区域1：升级过程。

图3所示的区域2中具有比较优势者，1995年有33种产品，2000年上升到39种，2005年有54种，2010年有64种，2014年达到72种。第一个5年增加6种，第二个5年增加15种，第三个5年增加10种，随后4年增加8种。这似乎表明，产业升级起步十分困难，只有积累到一定程度才会有所突破，而一旦突破瓶颈将会步入快车道。

图3显示了该区域比较优势的演变过程，可以清晰看出，升级是一个长期、渐进的过程，中间也会有反复。这反映出企业和产业在市场竞争中不断试错，积累经验和知识，直至形成比较稳定的比较优势格局。

从比较优势演变过程中的具体产品来看，各类产品大都是在原来具有比较优势产品的基础上不断发展演化而来，其中有些产品经历了试错过程，在产品空间分布上看，表现为产品比较优势向相邻产品扩散，使该区域具有比较优势的产品越来越密集。

（2）区域2：退出过程。

图3所示的区域2中具有比较优势者，1995年有62种产品，2000年下降到49种，2005年还剩30种，2014年仍有21种。从该区域中产品比较优势的演变过程，可以发现，退出也是一个长期、渐进乃至缓慢的过程，后期结构将趋于稳定，一些产品仍会保持比较优势。从20年产品比较优势演化轨迹看，服装鞋帽较快失去竞争优势，但纺织品及服装配件，甚至小到纽扣、拉链等产品，依然会长期保持竞争优势，没有被淘汰。

（3）区域3：始终保持优势。

图3所示的区域3中具有比较优势者，1995年有47种产品，2000年有44种，2005年有42种，2010年和2014年均有40种。与区域1和区域2相比，变化不大。从该区域中产品比较优势的演变过程中，可以清晰地看出，过去20年中，该区域中产品的比较优势始终保持稳定。但稳定的格局并不意味着产业没有升级，恰恰相反，本区域的电子信息产品是技术变化最明显的产业之一。同样一种产品，两三年就可能更新换代，新的企业有可能取代

原有企业，国际竞争十分激烈。韩国在本领域的产业升级表现为能跟上全球产业变化趋势，在已有领域内不断适应新的变化。

4. "尾雁"的产业结构变化

1995～2015年，越南出口比较优势发生显著变化，总体上，具有比较优势的产品数量明显增多。图4为越南1995年与2014年产品空间的比较，整个产品空间反映了产业结构的变化。最明显的是右上方靠近化工冶金类具有的比较优势产品有较多增加（区域1），左侧下方以电子为主的优势产品也有大量增多（区域2）；右侧一大批轻工纺织服装类具有比较优势产品数量比较稳定（区域3）。上述三个区域之外，原本稀疏的点依旧稀疏，变化不大，属于比较优势始终不明显的区域。分别对上述三个区域各年度各个产品演变趋势进行观察，可以细化描述越南的产业升级过程。

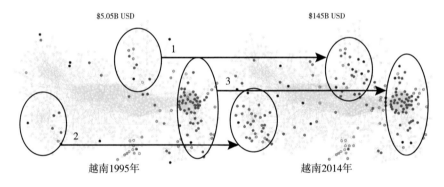

图4　越南1995年和2014年产品空间对比

来源：根据 atlas. cid. harvard. edu 整理。

5. "尾雁"国家的产业升级趋势判断

通过上文对东亚国家产业结构及其升级特征的探讨，发现"雁阵模式"的特征比较典型，经济不同发展阶段国家之间的产业发展格局呈现出先后继起的产业形态。如今仍处于较低梯度的"尾雁"国家未来的产业升级方向可以在很大程度上借鉴先发展国家，先发展国家的产业升级路径将成为这些国家的未来导引。

例如，通过越南2014年和韩国1995年产品空间分布（图5），可以发现两者的格局基本类似。优势产品集中的区域非常类似：一是右侧一大批轻工纺织服装类具有比较优势产品（区域1）；二是左侧下方以电子为主的优势产品（区域3），其余的产品空间都比较稀疏。韩国1995～2014年产品空间变化趋势表明了该国的产业升级路径：一是右侧传统的轻工纺织服装类具有比较优势产品的明显减少（区域1）；二是中间化工机械类具有比较优势的产品明显增多（区域2），以电子为主的优势产品较为稳定（区域3）。试想如果越南能成功借鉴韩国发展经验，就有可能遵循韩国的路径实现比较优势不断演进以及实现在此基础上的产业升级。

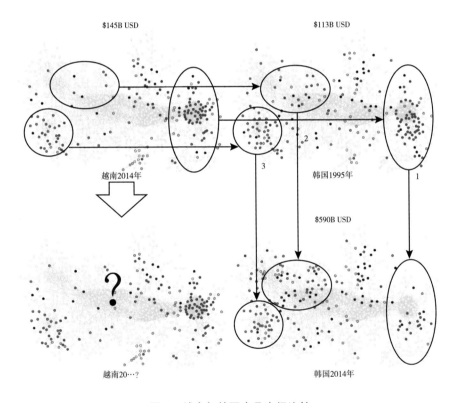

图5　越南与韩国产品空间比较

资料来源：根据 atlas. cid. harvard. edu 整理。

四　东亚国家产业升级的一般路径

东亚国家的产业升级路径是一条典型的以发展劳动力密集型产业为基础逐步实现产业升级的道路。亚洲"四小龙"甚至日本实际上也是踏着这条由低附加值走向高附加值高速公路发展起来的。20世纪50年代，日本吸收美国等国家的资金和技术，同时以对外投资形式将劳动密集型产业向外转移，而相对落后的亚洲"四小龙"根据自身资源贫乏、市场狭小且劳动力低廉的特点，积极引进并发展劳动密集型产业，纷纷开始经济起飞。[①] 20世纪70年代以后，亚洲"四小龙"自身劳动力成本也日益上升，劳动密集型产业优势逐步丧失，便将这些产业转移到中国和一些东盟国家。这种以劳动力密集型产业转移为主要特征的雁阵模式，促进东亚区域内各个国家和地区内部的产业结构调整与升级，并且呈现出不同于早期工业化国家的特征。

为何基于发展劳动力密集型产品的产业升级路径是一种较为便捷的产业升级快车道呢？从产品空间理论来看（见图6），劳动密集型工业（圆圈）和电子工业（实际也是劳动力密集型）是一条由森林边缘通往中心的捷径，品种繁多，相距很近，有助于东亚国家这些"猴子"较为容易地跳跃到邻近果实丰硕的"树木"上。本质上讲，东亚国家发展劳动力密集型产品，使其具备了较为复杂的知识和能力。产品实际上包含了经济体的各种要素禀赋信息，是包括产品生产所需要的要素投入以及相应组织方式、社会制度等外部环境在内的全部生产条件的集合，反映一个国家的生产能力禀赋。东亚国家发展纺织服装、电子等劳动力密集型产品实际上是学习和积累生产能力禀赋的过程，而这些生产能力禀赋距离更为复杂的产品生产的生产能力禀赋要求又较为接近，这使得东亚国家走上了较为快速的产业升级路径。

东亚国家的产业升级路径的重要启示还在于国家（主要是经济部门的选择）的初始位置非常重要。实际上，在现实的经济发展或产业发展中，

---

① 邹晓涓：《东亚地区产业转移和结构变动解析》，《亚太经济》2010年第6期，第15~18页。

知识、能力等表现产品生产能力禀赋的结构非常重要，代表产品空间的森林构成并不均匀，有的地方繁茂，有的地方荒芜，而作为一个国家的"猴子"，由于自身资源、技术等基本禀赋，又不能跳得无限远，那么有些猴子就有可能无法实现跳跃，无法从相对荒芜的边缘跳到到果实丰硕的森林中心去。有时候，附近并不总会有一棵可以让猴子够得着的树。因此一个国家在产品空间中的起点位置（即开始选择的产业发展门类）非常重要。

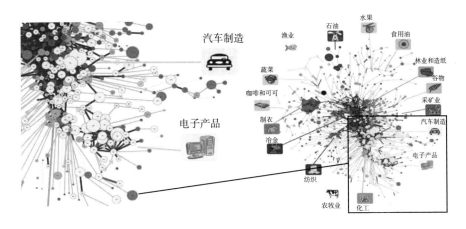

图6 产品空间结构与东亚国家的产业升级路径

资料来源：根据 Hidalgo et. al（2007）整理。

五 中国典型区域产业升级特征

中国由于体量过大，整体上已经很难找到合适的可比对象。中国的出口产品复杂度已经接近很多高收入国家，而且，经济复杂度也排名较高，不过，比较特殊的是，中国却没有如高收入国家一样达到应该达到的收入水平。其中的原因，很多研究认为，主要是加工贸易方式占较高比重的影响，中国在很多复杂度较高的产品生产中，对于很多技术水平较高的中间产品依赖度较高。虽然从整体上中国没有合适的对比对象，但是，中国一些省份从体量上看已经是全球较大的经济体，可以采取分省构建产品空间的方法进行对比研究，因此，基于产品空间理论与相应研究方法，东亚国家间的产业升级路径对于中国区域产业升级具有很重要的启示。为此，下面选取了代表珠三角的广东省、代表长三角的江苏省以及中西部主要城市群进行研究，以期获得有益启示。

（一）东部典型区域产业升级趋势判断

通过比较广东 2012 年和韩国 1995 年产品空间分布，可以发现两者的格局基本类似。优势产品集中的区域非常类似：一是一大批轻工纺织服装类产品具有比较优势；二是以电子为主的优势产品，其余的产品空间都比较稀疏。韩国 1995 ~ 2014 年产品空间变化趋势表明了该国的产业升级路径：一是传统的具有比较优势的轻工纺织服装类产品明显减少；二是化工机械类具有比较优势的产品明显增多，以电子为主的优势产品较为稳定。试想如果广东能成功借鉴韩国发展经验，就有可能遵循韩国的路径实现比较优势的不断演进以及在此基础上的产业升级。另外，基于江苏省的产品空间分布情况，江苏省的产品空间格局与广东省类似，由此也表明，江苏省与广东省处于类似发展阶段，未来的产业升级趋势也在很大程度上具有相似性。

（二）中西部主要城市群的产业升级趋势判断

鉴于中国的大国国情以及区域间发展不均衡的基本格局，很多研究认为，在中国国内区域间可能实现诸如东亚国家间产业升级的"雁阵模式"。蔡昉等（2009）研究认为，通过实现产业在东中西部三类地区的重新布局，即沿海地区的产业升级、转移与中西部地区的产业承接，可以在中西部地区回归其劳动力丰富比较优势的同时，保持劳动密集型产业在中国的延续。张其仔（2014）的研究表明，中国虽然已经发生了"雁阵模式"产业升级现象，不过通过对地区间比较优势演化的分析，在"雁阵模式"产业升级过程中，中国正面临"比较优势断档问题"，这些因素不利于中国实施"雁阵式"产业升级战略。而且，很多研究也注意到，率先发展起来的东部地区未必会自然地向中西部地区进行产业转移。李娅和伏润民（2010）研究表明，仅仅具备资源优势对于西部是远远不够的，只有全面提升区域的能力结构才是吸引东部产业转移的内生变量。为此，本文基于产品空间理论对中西部主要城市群承接长三角和珠三角这两个国内发展水平最高地区潜在的失去优势产业的能力进行分析，以期探索在中国国家内部实现产业升级的"雁阵模式"的可行性以及可能存在的问题。

为了测度中西部地区承接沿海地区产业转移的能力，本文选择了中西部地区发展水平相对较高的四个主要城市群（见表1）。首先，选出东部长三角与珠三角地区中总产值份额逐年下降的产业，将其视为潜在的失去优势的产业；其次，计算东部潜在的失去优势的产业在中西部城市群的潜在生产能力禀赋①，若中西部城市群在这些产业上的生产能力禀赋较高，则视为具有较强的承接能力，否则就不具备较好的承接能力。结果显示（见表2、表3、表4），总体而言，中西部城市群对于长三角和珠三角潜在衰落产业的承接能力有所不足。对于所选的四个主要城市群——武汉城市群、长株潭城市群、成渝城市群、中原城市群而言，除了在长三角与珠三角区域衰落的少数产业方面已经具备比较优势外，用于测度生产能力禀赋的产品密度在多数产业上都较低，这表明中西部城市群对于长三角和珠三角潜在衰落产业的承接能力有所欠缺。客观而论，受区位条件、产业基础、历史发展等因素影响，

① 为了综合测度一个地区在某种产品上有关投入、基础设施、制度和技术水平等生产能力禀赋，即某产业或产品的潜在比较优势，Hidalgo 等提出"产品密度"的概念，用以测度一种潜在产品与该地区目前生产产品的平均接近程度，即在该地区生产产品集合既定条件下围绕该产品周边所有产品具有的生产能力禀赋。计算方法如下所示，产品密度被看成潜在产品与其周边产品的加权平均邻近度值。某个产品的产品密度值越大，说明该产品周围有越多开发成功的产品，此产品未来发展为比较优势产品的可能性也较高；相反，如果该产品的产品密度较低，未来发展成为具有比较优势产品的可能性也较低。

$$\omega_{c,i,t} = \frac{\sum_{x_{c,j,t}} \varphi_{ij}}{\sum \varphi_{ij}}$$

其中，$\omega_{c,i,t}$ 表示地区 c 产品 i 的产品密度，$x_{c,j,t}$ 为地区 c 产品 i 是否具有显性比较优势的逻辑值，如果 $RAC_{c,i} > 1$，则 $x = 1$，否则等于 0。

我国中西部地区和东部沿海地区在产业发展方面还有着不小的差距，因此要有效地承接产业转移、促进产业结构优化调整，对于中西部地区而言还面临着较大的挑战。

表1 中国中西部主要城市群的界定

城市群	范围（地级地区）	依据
武汉城市群	武汉、黄石、黄冈、鄂州、孝感、咸宁、仙桃、天门、潜江、襄阳、宜昌、荆州、荆门	《长江中游城市群发展规划(2015)》
长株潭城市群	长沙、岳阳、常德、益阳、株洲、湘潭、衡阳、娄底	《长江中游城市群发展规划(2015)》
成渝城市群	重庆、成都、自贡、泸州、德阳、绵阳、遂宁、内江、乐山、南充、眉山、宜宾、广安、达州、雅安、资阳	《成渝城市群发展规划(2016)》
中原城市群	郑州、洛阳、开封、许昌、新乡、焦作、平顶山、漯河、济源、鹤壁、商丘、周口、晋城、亳州	《中原城市群发展规划(2016)》

资料来源：作者自制。

表2 中西部主要城市承接长三角潜在衰退产业的能力

行业分类代码	成渝城市群		武汉城市群		长株潭城市群		中原城市群	
	RCA	产品密度排序	RCA	产品密度排序	RCA	产品密度排序	RCA	产品密度排序
1352	1	39	0	44	1	57	1	46
1722	0	361	0	284	0	348	0	223
1742	0	203	0	373	0	296	0	255
1743	0	470	0	433	0	442	0	404
1751	0	377	0	210	0	251	0	287
1753	0	38	0	49	0	106	0	66
1762	0	436	0	442	0	434	0	426
1810	0	478	1	476	0	472	0	464
2021	1	163	0	153	1	120	0	140
2231	0	418	1	415	0	376	0	374
2440	0	501	0	490	0	500	0	499
2672	0	445	0	331	0	459	0	442
2822	0	398	0	376	0	421	0	397

续表

行业分类代码	成渝城市群		武汉城市群		长株潭城市群		中原城市群	
	RCA	产品密度排序	RCA	产品密度排序	RCA	产品密度排序	RCA	产品密度排序
3040	0	474	0	460	0	484	1	459
3090	0	458	0	421	0	425	0	475
3111	1	198	1	298	1	190	1	144
3220	0	216	1	127	0	228	0	99
3433	0	374	1	394	0	439	0	411
3481	0	492	1	511	0	493	0	487
3512	0	225	0	286	0	195	0	249
3591	0	291	0	312	0	202	0	173
3731	0	262	0	384	0	344	1	200
3952	0	410	1	467	0	492	0	470
3957	0	421	1	424	0	407	1	436
4012	0	411	0	168	0	455	0	485
4019	0	408	0	380	0	436	0	465
4043	0	487	1	494	0	507	0	504
4051	1	286	0	108	1	302	0	358
4071	0	469	0	468	0	470	0	473
3676	0	94	0	71	0	15	1	14
汇总	4	343	9	328	4	352	6	330

注：RCA 表示是否具备比较优势，当该产业区位商大于 1 时，设定 RCA 等于 1，否则为 0；产品密度排序表示中西部城市群在所列目标产业方面所具备的生产能力禀赋在所有《国民经济行业分类》（GBT4754-2002）中 516 个四位数制造业中的排序，排名越高，表明生产能力禀赋越高，越具备承接能力。

资料来源：作者基于《国民经济行业分类》自制。

表 3　中西部主要城市承接珠三角潜在衰退产业的能力

行业分类代码	成渝城市群		武汉城市群		长株潭城市群		中原城市群	
	RCA	产品密度排序	RCA	产品密度排序	RCA	产品密度排序	RCA	产品密度排序
710	0	32	0	99	0	177	0	209
1320	1	115	1	213	1	159	1	155
1340	0	95	0	117	0	110	0	181
1711	0	177	1	129	0	176	1	104

续表

行业分类代码	成渝城市群		武汉城市群		长株潭城市群		中原城市群	
	RCA	产品密度排序	RCA	产品密度排序	RCA	产品密度排序	RCA	产品密度排序
1712	0	422	0	418	0	429	0	377
1722	0	361	0	284	0	348	0	223
1810	0	478	1	476	0	472	0	464
1820	1	403	1	431	1	372	1	307
1921	0	427	0	448	0	423	0	439
2231	0	418	1	415	0	376	0	374
2440	0	501	0	490	0	500	0	499
2730	0	111	0	69	0	102	1	160
2822	0	398	0	376	0	421	0	397
3111	1	198	1	298	1	190	1	144
3151	0	279	0	363	0	331	1	291
3431	0	499	0	505	0	482	0	503
3481	0	492	1	511	0	493	0	487
3731	0	262	0	384	0	344	1	200
3741	0	477	0	504	0	501	0	455
3951	0	319	0	226	0	289	0	219
3953	0	506	0	512	0	469	0	510
3957	0	421	1	424	0	407	1	436
4012	0	411	0	168	0	455	0	485
4019	0	408	0	380	0	436	0	465
4043	0	487	1	494	0	507	0	504
4051	1	286	0	108	1	302	0	358
4071	0	469	0	468	0	470	0	473
4072	0	512	0	513	0	503	0	508
4153	0	513	0	515	0	512	0	516
4159	0	456	1	484	0	385	0	395
汇总	4	364	10	360	4	371	8	361

注：RCA表示是否具备比较优势，当该产业区位商大于1时，设定RCA等于1，否则为0；产品密度排序表示中西部城市群在所列目标产业方面所具备的生产能力禀赋在所有《国民经济行业分类》（GBT4754-2002）中516个四位数制造业中的排序，排名越高，表明生产能力禀赋越高，越具备承接能力。

资料来源：作者基于《国民经济行业分类》自制。

表4 行业代码与产业名称

代码	产业名称	代码	产业名称
710	天然原油和天然气开采	3111	水泥制造
1320	饲料加工	3151	卫生陶瓷制品制造
1340	制糖	3220	炼钢
1352	肉制品及副产品加工	3431	集装箱制造
1711	棉、化纤纺织加工	3433	金属包装容器制造
1712	棉、化纤印染精加工	3481	金属制厨房调理及卫生器具制造
1722	毛纺织	3512	内燃机及配件制造
1742	绢纺和丝织加工	3591	钢铁铸件制造
1743	丝印染精加工	3676	农林牧渔机械配件制造
1751	棉及化纤制品制造	3731	摩托车整车制造
1753	麻制品制造	3741	脚踏自行车及残疾人座车制造
1762	毛针织品及编织品制造	3951	家用制冷电器具制造
1810	纺织服装制造	3952	家用空气调节器制造
1820	纺织面料鞋的制造	3953	家用通风电器具制造
1921	皮鞋制造	3957	家用电力器具专用配件制造
2021	胶合板制造	4012	通信交换设备制造
2231	纸和纸板容器的制造	4019	其他通信设备制造
2440	玩具制造	4043	电子计算机外部设备制造
2672	化妆品制造	4051	电子真空器件制造
2730	中药饮片加工	4071	家用影视设备制造
2822	涤纶纤维制造	4072	家用音响设备制造
3040	泡沫塑料制造	4153	照相机及器材制造
3090	其他塑料制品制造	4159	其他文化、办公用机械制造

资料来源：作者基于《国民经济行业分类》自制。

六 东亚国家间产业升级路径的启示

本文应用产品空间对"一带一路"的东亚区域国家产业升级进行研究，通过更直观地考查东亚各国产业升级历程，清醒认识国家产业升级特征，从而进一步探索影响国家产业升级的重要内在机制。东亚国家的产业升级路径是一条典型的以发展劳动力密集型产业为基础实现逐步产业升级的道路，表现为以劳动力密集型产业转移为主要特征的"雁阵模式",以此促进东亚区域内各个国家和地区内部的产业结构调整与升级。东亚国家的产业升级一般路径在本质上表现为通过发展劳动力密集型产品来学习和积累生产能力禀赋的过程,并在此基础上逐步积淀更为复杂的知识和能力,走上由低附加值向高附加值产业较为快速升级的路径。基于产品空间理论,建构在劳动密集型产业基础上的产业升级路径是一种较为便捷的产业升级"快车道"。实质上,不仅亚洲"四小龙",甚至日本自身实际上也是循着这条快速路径发展起来的。东亚国家产业升级的"雁阵模式"的重要启示还在于,国家初始的产品空间结构以及在产品空间中的起点对于产业升级路径选择影响至关重要,对于国家发展尤为重要。

通过基于产品空间对于东亚国家产业结构与产业升级的讨论,可以认为,诸如中国这样相对后发的经济体,其产业升级或经济发展过程可以借鉴发达经济体成功的经验,沿着类似国家产业升级走过的路线进行产业升级,并且,也要注意吸取一些国家的教训,降低失败风险。在中国提出并推进"一带一路"倡议的大背景下,作为与中国有重要经济联系的东亚,研究该区域国家间产业升级,不仅能为"一带一路"倡议具体实现提供具有实践价值的依据,而且对中国加强与周边区域经济合作、促进共同发展、实现共同繁荣具有重要意义。对于中国区域产业升级而言,具有以下启示。

(一)中国区域产业升级面临东南亚低工资国家的激烈竞争

从以上的分析可以看出,诸如我国广东这样相对比较发达的地区,也是在产业发展方面处于较高层次的地区,在整体国际分工格局中与东南亚部分国家存在一定的相似性,这也意味着中国与东南亚国家在未来的产业升级路径方面可能有所类似。尤其是中国与越南等东南亚国家在部分劳动密集型产业领域存在着招商引资和出口产品的竞争,而且相对而言,东南亚国家劳动力成本要低于中国,为此,中国在某些产业升级方面面临东南亚低工资国家的激烈竞争。

（二）中国国内区域间产业升级中"雁阵模式"产业转移困难较大

随着经济快速增长和需求不断扩大，中国西部地区和东南亚国家已成为新一轮国际产业转移的主要目的地，两者在承接国际产业转移方面有很大竞争性（胡新等，2013）。另外，在承接中国沿海地区的部分产业转移方面也具有很大的竞争性。首先，中西部地区，比如甘肃、青海、宁夏等地，人力资源较为不足，而且也很难吸引足够的外来人力资本的流入。其次，一些相对低端制造业对运输成本要求严格，东南亚和南亚国家可以通过海运解决，而我国中西部地区则难以满足这些条件。相对于区位劣势，东南亚国家也具有一定的劳动力成本优势，诸如越南和柬埔寨等国，其最低薪资比中国还低。据国际劳工组织调查，2015年越南非技术工人每月工资只有90美元，仅仅稍高于中国平均工资水平的一半。而且，部分国内企业也主动向东南亚进行产业转移。表5所示，以纺织服装业为例，金融危机之后，特别是近三四年，中国纺织服装业加快向东南亚转移，从单个厂商的行为，逐步演变成产业链上相关企业的一致行动。首先是下游服装代工业迁徙，然后是中、上游技术型配套企业跟进。例如，纺织成衣代工类企业——申洲国际、健盛股份、鲁泰A陆续在东南亚布局，随后上游棉纱、印染、面料企业——华孚色纺、百隆东方、伟星股份、鲁泰A也加快跟进。

表5 中国纺织业向东南亚产业转移情况

上市公司	建厂国家	时间(年)	最新产能
鲁泰A	柬埔寨	2013	衬衫300万件
	缅甸	2014	衬衫300万件
	越南	2015	衬衫600万件,纺纱6万锭,色织布300万米
华孚色纺	越南	2013	色纺纱16万锭
申洲国际	柬埔寨	2005	成衣4700万件
	越南	2013	面料43800吨,成衣1800万件
健盛股份	越南	2014	棉袜2.3亿双
百隆东方	越南	2012	色纺纱50万锭
天虹纺织	越南	2006	纱线289万锭

资料来源：作者根据有关资料整理。

（三）构建独特的大国区域产业升级路径

尽管中国在吸收外国直接投资领域受到了包括越南在内的其他新兴市场经济国家的挑战，但中国在引进外资方面的优势并没有消失，原有的优势在变化，新的优势在形成。为此，中国在产业转型与升级方面需要选择独特的大国路径。与廉价劳动力和政策优惠相比，持续扩张的市场容量和不断完善的产业体系将是未来中国吸引外国直接投资、促进持续产业升级的新路径。

在产业升级路径的总体目标方面，应致力于大力提高中国在全球分工体系中的重要性。现阶段中国需要更关注提高产业竞争力而非仅仅扩大产业规模，争取成为制造业强国而不仅是制造业大国。因此，一方面要重视国内创新环境的改善，积极推动包容性增长，致力于建立合理的收入分配关系，促使更多的人能够分享经济增长的成果，激励劳动者为获得更高的收入而进行更多的人力资源投资，增加高素质的劳动力供给，形成新的人力资源优势；不断提高自主创新能力，促进自创品牌发展，成为全球先进制造基地。另一方面，要重视引进国际创新要素，更加致力于通过多种方式吸引具有高技术水平、更大增值含量的制造环节和研发机构转移到中国，引导加工贸易转型升级；结合地区产业结构调整，积极引进国外先进技术、现代化管理经验和专门人才；鼓励跨国公司在中国设立管理运营中心、研发中心和地区总部。

B.4
推动缅甸参与孟中印缅经济
走廊建设十分关键

雷著宁*

摘　要： 孟中印缅经济走廊是"一带一路"建设的重要组成部分，缅甸的参与对于孟中印缅经济走廊建设的顺利推进十分重要。本文对缅甸参与孟中印缅经济走廊建设的相关情况进行系统梳理，以陆路通道建设为主要研究对象，重点介绍孟中印缅经济走廊设想的提出、合作机制建设进展、缅甸公路和铁路基础设施状况、缅甸国内经济走廊和区域互联互通相关设想和规划、缅甸参与经济走廊建设的态度和诉求、"人字形"中缅经济走廊倡议的提出和发展前景等情况，分析相关问题并提出政策建议。

关键词： 缅甸　孟中印缅　经济走廊

孟加拉国、中国、印度、缅甸山水相连，商贸、文化交往源远流长，是世界上国家之间相互交往最早、合作历史最长的地区之一。在古代，"南方丝绸之路""茶马古道"就把孟中印缅四国连接起来，成为中国云南及西南进入南亚地区的便捷通道。在近代，滇缅公路、驼峰航线、史迪威公路、中印输油管道又再次通过云南将中国与毗邻的印缅地区连接起来，并为世界反

---

* 雷著宁，博士，云南省社会科学院中国（昆明）南亚东南亚研究院缅甸研究所研究员，研究方向为东南亚国家社会经济发展。

法西斯战争胜利做出过重要贡献。

自 1999 年孟中印缅地区合作机制建立以来，合作取得了显著成效，并提出了建设孟中印缅经济走廊的倡议。2015 年 3 月，经国务院授权，国家发改委、外交部、商务部联合发布的《推动共建丝绸之路经济带和 21 世纪海上丝绸之路的愿景与行动》提出了"一带一路"建设的走向，即"陆上依托国际大通道，以沿线中心城市为支撑，以重点经贸产业园区为合作平台，共同打造新亚欧大陆桥、中蒙俄、中国－中亚－西亚、中国－中南半岛等国际经济合作走廊；海上以重点港口为节点，共同建设通畅安全高效的运输大通道。中巴、孟中印缅两个经济走廊与推进'一带一路'建设关联紧密，要进一步推动合作，取得更大进展"。2015 年 5 月，在重庆召开的亚欧互联互通产业对话会上，国务院副总理张高丽指出，中国正与"一带一路"沿线国家一道，积极规划中蒙俄、新亚欧大陆桥、中国－中亚－西亚、中国－中南半岛、中巴、孟中印缅六大经济走廊建设。由此，孟中印缅（BCIM）经济走廊成为"一带一路"倡议的六条陆路经济走廊之一，成为"一带一路"建设的重要组成部分。

紧抓历史性机遇，建设好孟中印缅经济走廊，有利于推动包括云南省在内的西部地区进一步扩大沿边开放，实现区域均衡发展和边境繁荣稳定，促进形成陆海内外联动、东西双向互济的开放格局；有利于辐射带动周边欠发达国家和地区的发展，以周边为基础推进亚洲命运共同体和人类命运共同体建设；有利于进一步提高我国的国际影响力、感召力、塑造力，促进区域各国和世界的和平与发展。

缅甸地处东亚、南亚和东南亚的接合部，是孟中印缅经济走廊的必经之地，也是孟中印缅经济走廊建设合作机制的主要成员。因此，缅甸在孟中印缅经济走廊建设中的地位非常关键。

2016 年 4 月，缅甸民盟新政府上台执政后，将促进经济发展和改善民生作为主要施政目标之一，对于推进孟中印缅经济走廊建设持积极态度。"人字形"中缅经济走廊倡议的提出将进一步推动孟中印缅经济走廊建设，深化区域合作迎来新的重大机遇。

一 孟中印缅经济走廊合作进展情况

1999年，在云南学界的倡议下，中国、印度、孟加拉国和缅甸四个国家的相关专家学者有史以来第一次相聚一处，在昆明成功召开了首届"中印缅孟地区经济合作与发展国际研讨会"（后更名为孟中印缅地区合作论坛）①，讨论地区经济合作与发展问题，并签署了联合宣言——《昆明倡议》。会议的成功举办宣告了孟中印缅四国区域经济合作机制的正式启动。迄今，孟中印缅四国已轮流举办了12届孟中印缅地区合作论坛。

（一）孟中印缅地区合作机制进展情况

近20年来，作为一个主要由学界、商界和部分政府部门参与的"二轨"合作机制，孟中印缅地区合作论坛为区域合作搭建了基本框架和合作平台，促成四国在多个合作领域达成了一系列重要共识，推动孟中印缅地区次区域合作取得重大进展。

一是合作领域不断拓展。探讨合作的领域由最初的交通联通、贸易、旅游和合作机制四个方面不断拓宽，逐渐增加了产业、投资、能源、科教、文化、学术、卫生、通信、人力资源开发、环保、减贫、非传统安全等方面的合作，目前已形成了多层次、多形式、宽领域的合作框架。

二是合作平台不断增加。在四国支持下，成立了"孟中印缅商务理事会"，云南省政府与中国社科院、云南省社科院等智库机构举办了"中国－南亚智库论坛"（2017年更名为"中国－南亚东南亚智库论坛"）；云南省政府发展研究中心和印度西孟加拉邦研究机构举办了"K2K合作论坛""滇孟对话会"等交流活动。

三是互联互通取得进展。在航空方面，昆明开通了到仰光、曼德勒、达

---

① "中印缅孟地区经济合作与发展国际研讨会"先更名为"孟中印缅地区经济合作论坛"，再更名为"孟中印缅地区合作论坛"。

卡、加尔各答等地的航线，北京、上海、广州、成都等城市也相继开通了到孟印缅三国的航线。在陆路交通方面，云南积极改善交通条件，连接周边国家的高等级公路网已初步形成；孟缅、印缅、印孟间也加快了交通线路的连接，如印度援建了印缅友谊公路，并正在推进印缅泰三国高速公路建设；印孟间恢复了达卡至加尔各答的铁路联系；孟缅间也签署了建设相互连接公路的协议等。

四是经济合作蓬勃发展。2000 年以来，孟中印缅四国经贸合作和相互投资都有显著增长。

五是友好往来日益密切。四国间旅游、文化、教育、学术等交流也不断增多。云南与孟、缅、印的人员交流不断增加，高官互访频繁。昆明已与缅甸仰光、曼德勒，孟加拉国吉大港，印度加尔各答结为了友好城市。

（二）建设孟中印缅经济走廊设想的提出与合作机制进展情况

重振历史上著名的"南方丝绸之路"的辉煌，通过现代化交通设施建设将区域各国人民紧密联系起来，促进共同发展一直是孟中印缅地区合作的主旨目标和精神动力。因此，加强区域交通互联互通始终是孟中印缅地区合作中最重要的合作领域，区域交通合作也始终是每一届孟中印缅地区合作论坛的首要议程。

2011 年，在第 9 届孟中印缅地区合作论坛上四国专家学者首次正式提出了建设昆明 - 曼德勒 - 达卡 - 加尔各答经济走廊的建议。随后，在四国政府部门的支持下，按照亚洲公路网的规划路线，孟中印缅协调办公室和印度工商业联合会等民间组织于 2012 年成功举办了昆明至加尔各答首次汽车路考。2013 年 2～3 月，云南省与孟加拉国交通部、印度工业联合会、缅甸建设部又合作成功举办了首届孟中印缅汽车集结赛，12 天跨越了四国近 3000 公里的漫长路途，走完了加尔各答至昆明全程，再次以行动证明了孟中印缅经济走廊建设的可行性。

在这样的大背景下，中印两国政府在孟中印缅地区合作论坛建议的基础上，联手进一步推动经济走廊建设。2013 年 5 月，李克强总理访问印度，中印双方签署了联合声明，正式倡议建设孟中印缅经济走廊。同年 10 月，在印度总理曼莫汉·辛格回访中国时，两国总理签署《中印战略合作伙伴关系未来发展愿景的联合声明》，提出于当年 12 月召开孟中印缅联合工作组首次会议，研究孟中印缅经济走廊建设的具体规划。中印两国建设孟中印缅经济走廊的倡议得到了孟加拉国和缅甸的积极响应。

2013 年 12 月，孟中印缅经济走廊联合工作组①第一次会议如期在昆明召开，孟中印缅四方参会代表签署了会议纪要，同意基于相互信任、相互尊重、公平互利、务实高效、协商一致以及多方共赢的原则，以中国昆明为东端、印度加尔各答为西端，以缅甸曼德勒、孟加拉国达卡和吉大港等主要城市和港口为关键节点，共同建设孟中印缅经济走廊。昆明会议的召开标志着孟中印缅四国间的"一轨"合作机制（即政府间合作机制）正式建立，孟中印缅经济走廊建设成为四国共同支持和参与的区域合作战略。

2014 年 12 月，孟中印缅经济走廊联合工作组第二次会议在孟加拉国科克斯巴扎尔（Cox's Bazar）召开。会议讨论了四国提交的孟中印缅经济走廊国别报告，探讨了在互联互通、能源、投融资、货物与服务贸易及贸易便利化、可持续发展与扶贫、人文交流等重点领域开展合作的设想和推进机制建设的问题。会议再次强调加强走廊互联互通的重要性，并承诺加快推进孟中印缅经济走廊建设，为维护地区和平稳定和促进经济发展做出贡献，使四国人民得到实惠。

2017 年 4 月，孟中印缅经济走廊联合研究工作组第三次会议在印度加尔各答召开，孟加拉国、中国、印度、缅甸四个成员国有关政府部门、研究机构、金融机构和行业协会代表出席了会议。会议讨论了四国联合编制的研究报告。联合研究报告在互联互通、能源、投融资、货物与服务贸易及投资便利化、可持续发展与人文交流等重点领域的交流与合作方面达成了诸多共识。各方一致

---

① 目前，孟中印缅经济走廊的"联合工作组"的英文名称实际为"Joint Study Group, JSG"即"联合研究组"之义。印度方面建议在四国联合研究报告完成前先保留"Joint Study Group"的名称。中方将之翻译为"联合工作组"是习惯用法。需要说明的是，这一单方面的翻译问题并不影响孟中印缅经济走廊合作机制已为四方认可为"一轨"合作机制。

认为，历时两年多形成的联合研究报告对走廊建设进行了深入全面的研究，为下一步各方务实推进各项工作奠定了良好的基础。与会各方表示将扎实稳妥推进孟中印缅经济走廊建设，争取于2017年内修改完善并完成联合研究报告。四方同意，联合研究报告完成后，将启动孟中印缅政府间框架安排的磋商工作。

按孟中印缅经济走廊联合工作组第三次会议达成的共识，孟中印缅四方将在2017年内完成联合研究报告，随后将启动孟中印缅政府间框架安排的磋商工作，孟中印缅经济走廊建设将进入实质性推进阶段。为做好充分准备，应进一步细化研究，确定一批早期收获项目，明确先行合作领域，拟定相关的行动方案，以求尽早促成合作取得惠及各方的成果，为长期合作增添信心和动力。

在孟中印缅四国间"一轨"合作机制建立的同时，作为"二轨"合作机制的孟中印缅地区合作论坛仍继续运行。同时，卫生、农业等专业合作领域也建立了合作对话机制。2015年底和2016年初，首届"孟中印缅卫生与疾控合作论坛"和首届"孟中印缅现代畜牧科技合作论坛"在云南德宏召开。同时，四国有关部门和研究机构也在孟中印缅合作框架下推进多领域合作。孟中印缅合作已形成了"一轨主导，多轨并行"的局面，合作层次和水平不断得到提升。

（三）孟中印缅经济走廊境内外线路基本走向

1. 孟中印缅经济走廊境外线路基本走向

孟中印缅经济走廊两端是昆明和加尔各答，在两端之间各国提出了多条线路走向：一是经缅印口岸城市德穆走向（昆明－曼德勒－德穆－因帕尔－达卡－加尔各答，亦称中线方案）；二是史迪威公路走向（昆明－腾冲－密支那－雷多－加尔各答，亦称北线方案）；三是经孟缅通道走向（昆明－曼德勒－马圭－孟缅边境－吉大港－达卡－加尔各答，亦称南线方案）。此外，还有经云南景洪、打洛口岸，接缅甸国内东西经济走廊，抵达缅印边境的设想线路，以及中缅伊洛瓦底江陆水联运线路等。在上述诸多线路中，四国对中线方案的共识度较高。

2. 孟中印缅经济走廊境内（云南段）线路基本走向

作为孟中印缅地区合作的倡议者和参与孟中印缅经济走廊建设的先导

省，云南省一方面不断夯实自身发展基础，为进一步扩大开放做好准备；另一方面认真贯彻我国与邻为善、以邻为伴，以及睦邻、安邻、富邻的周边外交方针，充分发挥区位优势，进一步加大力度参与孟中印缅地区合作，积极推进孟中印缅经济走廊建设。

建设孟中印缅经济走廊倡议的提出使云南在我国面向西南开放中的战略地位进一步凸显，作用更加突出。近年来，云南不断深化对外交通运输合作，大力推进连接周边国家的立体交通网络建设，已基本建成东、中、西三个方向连接周边国家的公路、铁路、航空、水运立体通道综合交通运输体系。全省初步形成以滇中城市经济圈、滇中产业新区为腹地，以重点开发开放试验区、边（跨）境经济合作区、海关特殊监管区域、24 个国家一类和二类口岸前沿、沿边金融综合改革试验区为支撑的开发开放平台体系。云南与周边国家的经贸往来繁荣发展，近年来更呈现迅速发展的势头。

为积极服务和融入国家战略，对接好孟中印缅经济走廊倡议，云南省抓紧开展了孟中印缅经济走廊云南境内段——"昆保芒瑞对外开放经济带"发展规划的编制工作。根据规划思路，云南省将构建"一轴、两翼，一核、一极、一支点"为主要特点的经济带空间布局。其中，"一轴"是指以昆明–楚雄–大理–保山–芒市–瑞丽为发展主轴，"两翼"是指北部保山–腾冲（猴桥）–泸水（片马）和南部祥云–临沧–孟定（清水河）为发展翼。同时，将提升东端（昆明、楚雄、滇中新区）核心地位和辐射带动作用，培育中部（大理–祥云–宾川）增长极，巩固西端（芒市、瑞丽、陇川）战略支点和开放前沿作用，全面融入孟中印缅经济走廊建设。

二 缅甸推进区域互联互通的基础条件和国内规划

缅甸地处东亚、南亚和东南亚的结合部，区位优势十分突出。缅甸意图充分利用自身的区位优势，建成区域贸易和物流的枢纽。缅甸建设部等相关部门表示，缅甸将按照泛亚铁路、亚洲高速公路和东盟高速公路网等项目的要求，推进与区域内各国家的互联互通。

（一）缅甸推进区域互联互通的基础条件

缅甸自独立后到 1988 年的 40 年间，基本没开展像样的铁路和公路基础设施建设，欠账太多，加之资金、技术能力十分有限，缅甸自 1988 年至今的主要建设重点仍是国内铁路、公路的建设，在与周边国家的互联互通方面没有显著进展。

在铁路建设方面，1948 年前，缅甸铁路总长为 1924.75 英里[①]。1948 ~ 1988 年，缅甸总共只建设了 51.6 英里铁路。1988 年后，缅甸加快了铁路建设。1988 年至 2011 年 4 月，缅甸铁路增长了 1048.95 英里，铁路总长超过了 3000 英里，并计划其后每年新建 250 英里新线路。[②]

缅甸自 1988 年以来建设的大量铁路主要是为了弥补多年的欠账，而且这些铁路大多通向偏远、边境地区，主要是为了实现国内区域平衡发展而修建，尚没有一条是联通周边国家的国际铁路。就泛亚铁路建设而言，10 多年前缅甸与周边邻国的铁路系统间存在的缺失路段至今仍然存在。

在公路建设方面，1948 年前，缅甸公路总长为 13635 英里。至 2011 年，缅甸公路总长已超过 24000 英里。此外，还有 59000 英里的乡村公路。缅甸计划于 2020 年前完成 36 条南北向道路和 45 条东西向道路的路面硬化工程，约 30 家民营企业以 BOT 方式承接了 4217 英里的道路改建工程。[③]

与铁路建设的目的类似，近年来缅甸的公路建设也主要是弥补多年的欠账。2011 年 11 月，仰光经内比都至曼德勒的总长约 600 公里的高速公路全线贯通，缅甸核心地区的交通状况得到一定程度改善。同时，缅甸也在推进勃生至蒙育瓦道路的建设，这是为了改善经济发展相对比较滞后的伊洛瓦底江西岸地区的交通条件，促进区域平衡发展。总体而言，通往大多数偏远、

---

① 1 英里 = 1.609344 公里。

② *New Light of Myanmar*, June 5, 2011 p. 1, p. 8.

③ *New Light of Myanmar*, Dec. 26, 2011 p. 9.

边境地区的交通状况，以及与周边国家互联互通状况并没有得到实质性改善。

在区域公路互联互通方面，缅甸境内的亚洲高速公路主要由亚洲高速公路一号线（AH1）、二号线（AH2）、三号线（AH3）和十四号线（AH14）组成。

除了一小部分外，在缅甸的大部分亚洲高速公路规划路段均需要进行改造升级，高等级路段很少。截至2011年3月，缅甸境内约3000公里的亚洲高速公路中仅有一级公路147公里，二级公路150公里，其余全部为三级和三级以下公路。另外，有近1/3的路段仅有一车道，还有数百公里的路段未铺路面（见表1）。

表1　缅甸境内亚洲高速公路路况（2011年3月）

路线	走向	总长（公里）	路况			
			一级	二级	三级	三级以下
AH1	渺瓦底－仰光－密铁拉－曼德勒－德穆	1656	80	144	984	448
AH2	大其力－景栋－密铁拉－曼德勒	807	—	6	344	457
AH3	勐拉－景栋	93	—	—	93	—
AH14	木姐－腊戌－曼德勒	453	67	—	386	—
总长		3009	147	150	1807	905

资料来源：原始数据来自联合国亚太经社理事会，并与缅官方数据核对整理而成。http://www.unescap.org/ttdw/common/TIS/AH/files/wgm4/Countries/Status/Myanmar.pdf.

2011~2015年，缅甸境内的亚洲高速公路路况有所改善，其中一级公路增长到320.26公里，二级公路增长到574.74公里。但绝大多数路段仍是三级或三级以下。缅甸公路与其邻国公路状况比较见表2。

---

① 根据联合国亚太经社理事会的公路分级说明，"干线"级公路指控制进入的汽车专用路。控制进入的汽车专用路只供汽车专用。只能通过立体交叉口进入。为确保交通安全及汽车的高速行驶，禁止摩托车、自行车以及行人进入汽车专用路。汽车专用路沿线不设平交路口，车道中间应有中央分隔带。

表2　缅甸亚洲高速公路与其邻国境内路况比较（2016年2月5日）

国　家	干线[①]	一级	二级	三级	三级以下	总长	路况
	公里	公里	公里	公里	公里	公里	（年份）
缅　甸	0	320.26	574.74	1702.08	1927.91	4524.99	2015
中　国	8437.20	230.27	1854.54	320.78	4.49	10847.28	2015
印　度	90	7066.72	1070.90	3556.00	117	11900.62	2015
泰　国	616.8	4122.84	598.4	202.09	0	5540.13	2014
孟加拉国	0	311.00	1400.00	44.00	5.00	1760.00	2015
老　挝	0	0	244	2307.00	306	2857	2010

资料来源：联合国亚太经社理事会。http://www.unescap.org/resources/status - asian - highway - member - countries.

（二）缅甸国内经济走廊发展规划

根据缅甸建设部公共工程局2014年提供的相关资料[①]，缅甸将重点建设国内四大经济走廊，这四条经济走廊的走向及主要节点城市如下。

（1）东西经济走廊：哈卡 - 木各具 - 密铁拉 - 东枝 - 景栋 - 大其力。

（2）南北经济走廊：高当 - 丹老 - 土瓦 - 毛淡棉 - 直通 - 仰光 - 曼德勒 - 密支那 - 甘拜地。

（3）东北 - 西南经济走廊：木姐 - 腊戌 - 眉谬 - 马圭 - 皎漂。

（4）东南 - 西北经济走廊：渺瓦底 - 毛淡棉 - 蒙育瓦 - 吉灵庙 - 德穆。

另据缅甸《十一日报》2016年4月报道，缅甸在制定国家20年的全面发展规划中，再次提出了建设四条国内经济走廊，但对其走向和节点城市做了一些调整，具体如下[②]。

（1）东西经济走廊：德穆 - 吉灵庙 - 蒙育瓦 - 木各具 - 密铁拉 - 东

---

① Daw Hlaing Maw Oo, Public Works of the Ministry of Construction of the Republic of the Union of Myanmar, Presentation at the Workshop on Awareness Raising of Potentials, Risks, & Costs of Regional Economic & Trade Integration Processes, March 3 - 5, 2014, ADB headquarters, Manila, the Philippines.

② 《缅甸国内的四条经济走廊》，缅华网，http://www.mhwmm.com/Ch/NewsView.asp? ID = 15918。

枝－景栋－迈拉－大其力。

（2）南北经济走廊：迪洛瓦经济特区－仰光－勃固－东吁－内比都－密铁拉－曼德勒－密支那。

（3）东北－西南经济走廊：木姐－腊戌－皎脉－眉谬－曼德勒－密铁拉－马圭－皎漂。

（4）仰光－渺瓦底经济走廊：迪洛瓦经济特区－仰光－勃固－直通－帕安－渺瓦底。

在上述经济走廊中，缅甸将优先发展途经仰光和勃固两大城市的迪洛瓦－渺瓦底经济走廊，并在该走廊上大力发展制造业和缅泰贸易。此外，对曼德勒－木姐公路和铁路的升级改造推动中缅贸易发展将作为短期规划优先落实，而曼德勒－皎漂运输通道的建设将被列入短期及长期发展规划，于2020年后付诸实施。[1]

从缅甸调整后的国内经济走廊规划走向看，东西经济走廊、东北－西南经济走廊都有部分路段与孟中印缅经济走廊中线方案重叠，而史迪威公路和孟缅通道走向未得到重视。

三　与缅甸相关的区域互联互通规划和项目

孟中印缅毗邻地区连接东亚、东南亚、南亚，是沟通印度洋和太平洋的陆上桥梁，区位优势十分突出。本地区的区域合作一直得到相关国际机构、区域合作组织和区域内各国的高度重视，区域内也存在着众多合作机制和合作平台。多年来，联合国亚太经社理事会、亚洲开发银行（以下简称亚行）等国际机构在东南亚、南亚地区开展的区域互联互通相关研究、提出的发展战略和制定的规划有很多都涉及本区域。在东盟（ASEAN）、南盟（SAARC）、大湄公河次区域（GMS）、孟加拉湾多部门技术和经济合作倡议

---

① 《缅甸划定两条连接经济特区与边境口岸的经济走廊》，商务部网站，http://mm. mofcom. gov. cn/article/jmxw/201604/20160401306124. shtml。

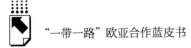

（BIMSTEC）、湄公河－恒河合作机制（MGC）、东盟湄公河流域发展合作机制（AMBDC）、伊洛瓦底江－湄南河－湄公河经济合作机制（ACMECS）、南亚次区域经济合作机制（SASEC）等区域合作机制框架下，各方也提出过不少区域互联互通设想，制定过相关发展规划。这些规划及相关项目很多都与缅甸有关。在这些规划中，亚行推动的 GMS 经济走廊建设项目比较有影响，合作成效也比较突出。另外，缅甸与邻国印度、泰国、孟加拉国也在推进一些双边和多边合作项目。

（一）GMS 经济走廊

交通基础设施的互联互通一直是 GMS 合作的重点领域。为推进 GMS 交通合作，促进次区域的互联互通，亚行在 GMS 各国支持下于 1998 年正式启动了经济走廊规划，并将其中的主要线路列入亚行重点支持的"旗舰"项目。GMS 经济走廊项目主要以东盟高速公路网等交通基础设施为基础，结合交通沿线的产业和贸易发展，最终将次区域交通通道建设成产业、贸易和基础设施为一体的经济较快发展的经济带，带动次区域经济社会发展。

1. 缅甸与 GMS 经济走廊

根据 GMS 经济走廊规划线路图，GMS 经济走廊共有 9 条，其中与缅甸有关的就有 5 条。

一是南北经济走廊［昆明－老挝（R3A 线）或缅甸（R3B 线）－曼谷－新加坡］。

二是东西经济走廊（缅甸毛淡棉－泰国彭世洛－老挝沙湾拿吉－越南岘港）。

三是南部经济走廊（缅甸土瓦－泰国曼谷－柬埔寨金边－越南胡志明市）。

四是北部经济走廊（中国防城港－南宁－昆明－大理－德宏－缅甸曼德勒－德穆）。

五是西部经济走廊（缅甸德穆－毛淡棉，即印缅泰三国高速公路走向）。

此外，还有 GMS 中部走廊（老挝磨丁－万象－泰国马塔普港－柬埔寨金边和西哈努克港）、东部走廊（昆明和南宁－河内－越南沿海地区－胡志明市）、南部沿海走廊（曼谷－西哈努克港－越南南部地区）、东北走廊（曼谷－黎府－琅勃拉邦－越南北部地区）等线路。

2. GMS 经济走廊与孟中印缅经济走廊建设的协调

如上所述，GMS 经济走廊中有 5 条与缅甸有关。因此，借助 GMS 经济走廊建设，借鉴 GMS 合作的丰富经验推进孟中印缅经济走廊建设是完全有可能的。首先，从 GMS 经济走廊规划看，GMS 北部经济走廊部分路段（昆明－曼德勒－德穆）与设想中的孟中印缅经济走廊中线方案相重合。因此，推进 GMS 经济走廊建设，特别是缅甸境内段的建设，自然也是在推进孟中印缅经济走廊建设。待昆明－曼德勒－德穆段建好后，再向印度东北部和孟加拉国延伸，自然就形成了孟中印缅经济走廊。其次，近年来亚行也比较重视各个次区域间的互联互通合作，正在强化与加强东南亚和南亚区域之间的联通与合作，特别是正在研究制定南亚与东南亚互联互通的总体规划，这与建设孟中印缅经济走廊的目标是相符的。此外，亚行也有专家提出，可以将 GMS 北部经济走廊与西部经济走廊的路线做调整，使两者在曼德勒会合，再向西北延伸至德穆口岸。经过调整的路线将曼德勒与内比都和仰光相连接，更为合理。

尽管 GMS 经济走廊建设规划涵盖了缅甸，但由于缅甸长期受到西方经济制裁，得到亚行的援助和支持相对较少，缅甸境内的 GMS 经济走廊建设一直比较滞后。

（二）印缅泰三国高速公路及相关铁路项目

在缅甸境内，除有缅甸自己的规划、区域多边发展规划外，还有多项双边和三边的互联互通规划建设项目。近年来取得进展的有印缅泰三国高速公路项目，以及印缅卡拉丹河综合交通项目等。

2002 年，印度、缅甸和泰国三国外长在仰光举行了三国交通联网会议，拟议修建一条从印度莫雷经缅甸中部的木各具、蒲甘、内比都、东吁等城市最后抵达泰国边境城市湄索的、总长约1360公里的高速公路。此前，印度已出资为缅甸修通了其西北边境160公里长的德穆至葛利瓦（Kalewa）"印缅友谊公路"，余下直至泰国边境的路段大部分已有公路，只需要按高速公路标准进行改扩建即可。印缅泰三国高速公路项目还规划了经过蒙育瓦、曼德勒和密铁拉的支线，其中曼德勒至德穆段与孟中印缅经济走廊中线方案部分路段重合。

近年来，印缅泰三国高速公路相关项目一直在推进中，并取得不小进展。为促进边贸发展，缅甸在印缅边境的德穆和瑞珂塔（Rhikhawtar）两个口岸新开设了边境贸易区。印度也承诺将为蒙育瓦–雅吉（Yargyi）–葛利瓦公路中的雅吉–葛利瓦路段的升级改造给予支持，将提供总额高达2.45亿美元的无偿援助。2015年底，印缅泰三国公路实现试通车。2015年12月，缅甸政府批准印缅泰公路跨境物流服务，首批28家缅甸企业获准从事跨境运输。[①]

同时，印缅双边铁路合作机制也建立起来了。2013年1月，印缅铁路合作联合工作组第一次会议召开，双方讨论了开展合作以将各自的铁路延伸到边境口岸的问题。缅甸提出建设127.4公里铁路，将现有铁路线从吉灵庙（Kalay，或Kalemyo）延伸到德穆口岸。缅方希望在印方的援助下对该段铁路进行可行性研究，并要求印方提供一系列相关的设备维护培训、技术转移等服务和援助。[②]

（三）孟缅通道建设进展情况

孟加拉国对于建设经孟缅边境的孟中印缅经济走廊南线方案比较积极，一直致力于推动相关跨境公路、铁路项目建设，希望通过孟缅通道的建设将孟加拉国与东南亚和中国更紧密地联系起来。但是，一方面由于缺乏资金支持，另一方面缅甸态度也比较消极，近几年这条通道建设没有取得进展。

---

① 《缅甸批准印缅泰公路跨境物流服务》，人民网，http：//world.people.com.cn/n1/2015/1225/c157278－27976878.html。

② Myanmar Country Report, The Second Meeting of the Joint Study Group（JSG）of Bangladesh－China－India－Myanmar Economic Corridor（BCIM－EC），17－18 December 2014, Cox's Bazar, Bangladesh.

2016 年 2 月，据《印度商业标准报》报道，亚行将提供 15 亿美元的融资支持，以建设一条约 100 公里长的连接孟加拉国科克斯巴扎尔和缅甸的铁路。亚行认为，作为泛亚铁路网的一部分，这条铁路建成将极大地促进区域合作和经济发展。[①]

四 "人字形"中缅经济走廊建设的提出和发展前景

长期以来，通过加强区域互联互通来促进共同发展一直是孟中印缅地区各国的普遍愿望。目前，中巴经济走廊作为"一带一路"建设的旗舰项目取得了积极进展，相较而言，孟中印缅经济走廊建设取得的进展还比较有限。

2017 年 11 月 19 日，中国外交部部长王毅访问缅甸，王毅部长在内比都与缅甸国务资政兼外交部部长昂山素季共同会见记者时表示，中缅双方达成了共识，将建设北起云南的"人字形"中缅经济走廊，经中缅边境南下至曼德勒，然后再分别向东西延伸到仰光新城和"皎漂经济特区"的"人字形"中缅经济走廊，形成三端支撑、三足鼎立的大合作格局。"人字形"中缅经济走廊建设不仅为中缅两国深化经济合作带来了新的重大机遇，也为推动孟中印缅经济走廊建设注入了新的活力和动力。

（一）缅甸参与经济走廊建设的态度和诉求

总体而言，缅甸对参与孟中印缅经济走廊建设持积极态度。充分利用缅甸的地缘优势地位，积极参与区域合作，助推缅甸发展，为缅甸国家和民众谋取利益，这一观点在缅甸很有代表性。但同时，缅甸近年来也面临不少实际困难，导致实际合作进展有限。在 2013 年 12 月召开的孟中印缅经济走廊联合工作组第一次会议上，缅方代表表示，缅甸有参与合作的政治意愿，但

---

① ADB to fund ＄1.5 billion for Bangladesh-Myanmar railwaBs, The Indian Business Standard newspaper, http：//www.business-standard.com/article/news – ians/adb – to – fund – 1 – 5 – billion – for – bangladesh – myanmar – railways – 116021900658_ 1.htm.

缅甸面临着复杂的国际国内事务。一是涉及缅甸的区域合作机制太多，缅甸对诸多机制的作用和功效还搞不太清楚，还要仔细分析、对比和评估；二是缅甸将担任 2014 年东盟主席国，筹备东盟峰会等任务十分繁重；三是面临 2015 年大选；四是缅政府与少数民族武装的和谈正在进行中。以上问题使得缅甸有限的行政和外交资源捉襟见肘，难以集中力量采取有力措施推进经济走廊建设。

在中缅双边合作机制下，缅方提出了更多的合作诉求。2014 年 9 月，在内比都召开的第二届滇缅论坛上，缅方在经济合作方面提出的诉求主要有：一是希望中方提供技术设备帮助缅甸发展农业；二是希望实现大米、玉米正常出口中国；三是希望解决双边贸易中的免税商品被收取增值税、地方税的问题；四是希望合作发展旅游业；五是建议瑞丽 - 皎漂公路和铁路项目采用 BOT 方式建设；六是希望加强中缅双方在气象、水文、教育、卫生等领域的合作，并建议中方在缅甸边境地区援建学校和卫生所。中方比较关心的事项则是边境（跨境）经济合作区建设、口岸对等开放、商签双边过境运输协议等问题。

（二）"人字形"中缅经济走廊建设面临的问题与困难

推进"人字形"中缅经济走廊面临的主要问题与困难有以下几个方面。一是公路、铁路建设滞后。云南境内段昆明至瑞丽高速公路已全程贯通，铁路预计也将于 2022 年建成通车。但是缅甸境内段公路、铁路建设还比较滞后。二是政策和规则对接成效有限。GMS 客货过境运输便利化协议（CBTA）虽已签署，但还未能全面实施；中缅双边汽车跨境运输协议未签署。三是合作机制和平台建设进展相对迟缓。两国政府高层已达成共识，但两国多层次的合作机制，特别是具体实施部门间的对接机制还有待建立和完善。

（三）建设"人字形"中缅经济走廊的主要目标和任务

"人字形"中缅经济走廊的线路是在充分考虑了缅甸国内经济走廊规

划、区域互联互通规划的基础上，对孟中印缅经济走廊设想线路的合理调整。调整后的线路将缅甸两大经济中心（仰光、曼德勒）和政治中心（内比都）联结起来，对于促进缅甸核心地区的经济社会发展必将发挥积极作用。

推进"人字形"中缅经济走廊建设需要进一步对接缅甸的需求，着力完成以下任务。一是着力解决经济走廊的基础设施瓶颈问题和缺失路段，特别是要加强曼德勒至木姐的公路、铁路、水运和航空设施建设。二是加强多模式交通方式间的衔接，使得公路、铁路、内陆水运港口、集装箱陆港等更紧密地联结起来。三是更加注重交通建设与其他相关领域的结合，如农业合作开发、物流业发展、旅游业发展等。四是推进交通合作机制建设，如建立物流合作机制，建立合资物流企业，建立中缅双边贸易和交通数据库和数据分享平台等。五是统筹考虑沿线产业发展，推进沿线城镇发展、工业园区、物流中心建设，以推动将交通走廊进一步提升为经济走廊。

（四）"人字形"中缅经济走廊建设的重点合作领域和发展潜力

"人字形"中缅经济走廊建设的关键，除了推进基础设施互联互通外，还需要促进中缅产业和贸易合作。中缅两国合作潜力巨大，重点合作领域包括以下几项。

一是中缅交通物流合作。截至 2017 年 7 月，中国高速公路里程达 13.1 万公里，位居世界第一；截至 2017 年底，中国高铁运营里程达 2.5 万公里，位居世界第一；世界吞吐量最大的 10 个港口中有 7 个在中国。目前，中国正在积极推动区域和全球的互联互通。截至 2016 年 9 月，中国已经与 14 个国家开通了 287 条国际旅客和货物运输线路；截至 2017 年底，中欧班列已经开通运行了 6000 多列。中国在交通基础设施建设方面积累了丰富的经验和强大的工程建设能力，能提供适合缅甸需要的技术、设备，并可以为相关项目提供融资。考虑到缅甸处于连接东亚、东南亚和南亚的枢纽位置，未来经过缅甸的交通物流量将十分巨大，中缅推进交通物流合作，发展前景十分广阔。

二是中缅电力合作。电力缺乏是制约缅甸经济发展的一个主要障碍。缅甸全国电气化率为34%，电力消纳近44%集中于仰光，广大的农村和偏远地区用不上电。近年来，云南省电力富余，年发电量达3000万千瓦时，其中约1/10是富余电量。因此，云南省可以出口电力到缅甸。云南向缅甸输出电力也有很强的经济与技术可行性。云南一直在向越南、老挝供电，由于云南电力主要来自水电，电价在区域内很有竞争力；同时，中国已具备长距离高压输电的成熟技术，每1000公里输电损耗仅约7%。建设中缅跨境电网，将云南的富余电力输送给缅甸，将对缓解缅甸电力缺乏的状况、促进缅甸民生改善和经济发展发挥重要作用。

三是中缅金融合作。缅甸目前亟须改善交通、电力等基础设施，为经济发展打好基础。但基础设施建设需要大量投资。缅甸目前外债达90多亿美元，向其他国家或国际金融机构贷款融资有可能进一步增加缅甸的外债负担。统筹考虑设备成本、适用技术等因素，中国提供的贷款融资总体成本是很有竞争力的。此外，还可以考虑通过BOT、PPP（公私合营）、易货贸易等方式解决项目融资问题。

四是中缅贸易合作。中国已成为世界商品贸易第一大国，并将会进一步扩大进口。自2007年起，中国西部地区的经济发展速度就超过了中国东部地区，包括云南在内的中国西部地区的市场会进一步扩大。中缅双方应加强在贸易领域的磋商和协调，促进缅甸扩大针对中国市场的各类商品的出口。

五是中缅农业合作。农业是缅甸的支柱产业，中缅加强农业合作大有可为。中缅双方可合作开发适合中国市场需要的农畜产品。例如，有机农产品在中国有巨大的市场；食用牛肉在中国有巨大的供需缺口。双方可合作推进针对中国市场的农产品加工业发展，将更多附加价值留在缅甸，促进缅甸农业的工业化发展。

六是中缅制造业合作。双方可通过建设边境经济合作区、工业园区和经济特区，以此为平台，促进中国劳动密集型、出口导向型企业向缅甸转移，这样将为缅甸提供大量就业机会，促进缅甸工业化发展。

七是中缅跨境电商合作。近年来，缅甸互联网和移动通信行业获得了快速发展。缅甸可在此基础上，进一步利用中国从事电商的先进技术和经验，促进缅甸商业形态实现跨越式发展。

五 加强中缅合作推进经济走廊建设的建议

（一）对接规划，解决瓶颈问题

鉴于缅甸在孟中印缅经济走廊建设中处于关键性的陆桥位置，应在建设过程中加强与缅甸互联互通相关规划和项目建设的对接和协调。

一是积极与缅方对接发展规划和工作计划。中缅双方相关部门应积极对接交通建设等相关发展规划，在做好长期和全面规划的基础上，对重大合作项目分阶段逐步实施。争取在缅方规划编制过程中视缅方需要提供必要协助，合作共同编制和完善相关发展规划。二是着力解决主要贸易通道上的软硬件瓶颈问题。在规划实施过程中，应首先选取与缅甸需求契合度最高、有利于尽快改善缅甸民生状况的部分来实施。同时，要共同加快推进口岸通关便利化，实现陆路口岸对持有效护照及签证的双方公民和第三国公民开放的政策，推动落实《GMS便利客货跨境运输协定》和《GMS运输便利化行动计划》，尽快完成中缅双边汽车跨境运输协议的商签，适时开通陆路货运专用通道；要加强两国物流企业和民间协会合作，提高跨境客货运输能力和效率。

（二）规避风险，贴近民众需求

缅甸民盟政府上台后，民众对其寄予了很高的期望，但民盟政府还面临很多现实困难。因此，中国和其他相关合作方对与缅甸开展合作要有耐心，要客观评估缅甸参与经济走廊建设的态度、诉求和实际能力，积极稳妥地推进与缅甸的合作。

一是要充分考虑和评估政治、安全和社会等领域的风险。特别是要对大型项目加强风险评估，对一些重大项目切不可急于求成。由于一些重大合作

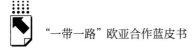

项目所在地多是少数民族聚集区，一些项目还处于地方武装控制或活动地域，项目面临的风险较高，应慎重推进。二是要着力克服经济至上主义，不能将国内行之有效的方法和惯性思维带到区域合作中。在推进经济走廊建设时应更加贴近缅甸实际，贴近民众需求，切实走"群众路线"。

（三）加强协调，促进民心相通

一是加强中缅经济走廊建设与孟中印缅经济走廊建设的协调互动，实行双边和多边"两条腿走路"，充分发挥两方面的优势。一方面以双边促多边，发挥双边合作相对容易协调、易取得成果的优势，力争双边合作先取得突破，发挥其示范带动作用。另一方面，以多边促双边，积极借助亚投行、澜沧江－湄公河合作、大湄公河次区域合作等多边金融机构和多边合作机制推进经济走廊建设。加强亚投行与亚行、澜沧江－湄公河合作机制和大湄公河次区域合作机制的协调互动，形成优势互补，进一步提升区域合作的水平和层次。二是重视在技术援助、人力资源开发、智库合作、政策对话平台等软环境建设领域的双边和多边合作，进一步促进合作各方间的政策对话、知识分享和经验交流，加强能力建设，为深化区域合作营造良好的合作氛围和政策环境，准备必要的人力资源。三是加强人文交流，促进民心相通，不断增进中缅两国和孟中印缅地区各国人民间的相互理解和信任。

B.5
搭建新平台为中吉乌铁路建设创造契机

林培源*

摘　要： 交通运输设施是贸易畅通的基础和载体，作为道路联通建设必不可少环节，其在"一带一路"倡议建设中扮演着极其重要的角色。1997 年，中吉乌铁路建设方案被提上议程，却久拖至今还未开工。中吉乌铁路方案主要存在以下风险：两国政局动荡和关系微妙的政治风险、两国经济和金融体系脆弱的经济风险、美俄大国政治博弈的地缘风险、恐怖主义活动频繁的安全风险、铁轨轨距差异的技术风险。面对这些困难与挑战，中国倡导的丝绸之路经济带可以为中吉乌铁路修建提供新的契机，在实现方式上，我们需要兼顾各方利益关切，利用好现有的国际机制，搭建一个平等合作的新平台。

关键词： 中吉乌铁路　风险　前景

党的十九大报告中提出："中国坚持对外开放的基本国策，坚持打开国门搞建设，积极促进'一带一路'国际合作，努力实现政策沟通、设施联通、贸易畅通、资金融通、民心相通，打造国际合作新平台，增添共同发展新动力。"其中，交通方面的互联互通对推进构想的实施起着难以替代的作用。中亚地区拥有得天独厚的地缘优势，自古以来就是中西贸易交流的重要交通枢纽，同时也是丝绸之路经济带建设和中国向西开放战略

---

* 林培源，政治学博士，中国航天科工防御技术研究院党校工程师。

的必经之地。因此，加强中国与中亚地区国家交通设施领域的合作是时代发展与现实合作的需要。但是，中亚地区的既有交通设施无法满足欧亚之间贸易运输量不断扩大的现状，在一定程度上制约了经济合作的深度发展。

一 中吉乌铁路方案的构思缘起

（一） 提出中吉乌铁路方案的背景

吉尔吉斯斯坦是个内陆国家，多山地、丘陵，天山山脉和帕米尔－阿赖山脉绵亘于其间，1/3 的国土位于海拔 3000～4000 米，限制了交通发展。目前，吉尔吉斯斯坦国内交通以公路为主[①]，只在北部地带有一段苏联时期遗留下来的200 多公里的铁路。1997 年，在乌兹别克斯坦提议下，中吉乌达成协议，共同修建铁路，最初有两套备选方案，即南线（出伊尔克什唐）方案和北线（出吐尔尕特）方案。经过多年讨论，最终确定北线方案，即由中国喀什北上吐尔尕特出境，经吉尔吉斯斯坦山区，西至乌兹别克斯坦安集延，全长577 公里。

中吉乌铁路方案主要由于吉尔吉斯斯坦的一些问题，久拖至今还未开工。吉尔吉斯斯坦局势动荡，国内发生过两次政权非正常更迭。此外，资金、技术标准等因素也在制约铁路方案的具体实施。同时，中吉乌铁路的方案与吉尔吉斯斯坦修建铁路的总体考虑存在一定程度的偏差。由于吉尔吉斯斯坦南北交通不畅，政治、经济发展不平衡，国家面临南北分离的危机。因此，解决南北交通问题，维护国家统一与稳定是它的主要考量。而中吉乌铁路只是过路其南部地区，难以满足吉尔吉斯斯坦的需要，导致吉参与铁路建设的积极性不高。

---

① 中国与吉尔吉斯斯坦的交通有以中国新疆南部重镇喀什为起点的两条公路，分别去往远于吉尔吉斯斯坦北部的首都比什凯克和位于南部的第二大城市奥什：喀什→吐尔尕特（出境）→纳伦→比什凯克，全长464 公里；喀什→伊尔克什唐（出境）→沙雷塔什→奥什，全长650 公里。

（二）中吉乌铁路方案的现状分析

随着 2013 年丝绸之路经济带倡议的提出，中吉乌铁路方案迎来重要的发展机遇。2017 年 12 月 13～14 日，刚刚于 11 月就职的吉尔吉斯斯坦总统热恩别科夫对乌兹别克斯坦进行了首次正式访问，就共同推进中吉乌铁路项目进程，积极开展中吉乌公路运输合作进行了探讨。[①]

二　中吉乌铁路方案的风险分析

（一）政治风险：吉乌两国政局动荡，关系微妙

1. 两国政局风谲云诡

吉尔吉斯斯坦发生过两次权力非正常更迭，并最终实现了政治体制的变革，但政治局势只是维持了"脆弱的稳定"[②]。2017 年 11 月 24 日，吉尔吉斯斯坦新当选总统索隆拜·热恩别科夫的就职仪式在吉阿拉尔恰国宾馆如期举行。在就职仪式上，索隆拜·热恩别科夫被授予总统旗、总统委任状和胸章，正式成为吉尔吉斯斯坦新一届总统，最终实现了独立以来真正意义上的政权平稳交接。[③] 同时，吉国还有一个严重的国内矛盾，即南北"对峙"问题。一方面由于地理的阻隔，交通不畅，另一方面由于历史记忆、文化传统方面的差异，民族认同与国家认同存在一定分歧，随之而来的就是经济发展差距、民族矛盾激化、社会冲突丛生。

在这方面，乌兹别克斯坦国内局势比吉尔吉斯斯坦局势略微稳定一些。由于老总统卡里莫夫突然病逝，乌兹别克斯坦被迫进行权力更迭，没有发生

---

①　中华人民共和国驻乌兹别克斯坦共和国大使馆经济商务参赞处：《吉尔吉斯斯坦总统访问乌兹别克斯坦》，http://uz.mofcom.gov.cn/article/jmxw/201712/20171202689299.shtml［EB/OL］，2017 - 12 - 18。

②　孙力主编《中亚国家发展报告（2017）》，社会科学文献出版社，2017，第 3 页。

③　中华人民共和国驻吉尔吉斯共和国大使馆经济商务参赞处：《吉尔吉斯斯坦新总统就职仪式 11 月 24 日举行》，http://kg.mofcom.gov.cn/article/zhengzhi/201711/20171102676277.shtml，2017 - 11 - 27。

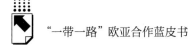

剧烈动荡，政权基本实现了平稳过渡，这对中亚国家权力阶层的冲击是巨大的。2016年底，米尔济约耶夫正式当选乌兹别克斯坦总统，在继承卡里莫夫总统既定方针的基础上，实行了一系列"新政"，赢得了民心，也得到了国际社会的广泛认可。

2. 两国关系复杂微妙

乌兹别克斯坦与吉尔吉斯斯坦之间的主要问题是水资源和边界问题。

吉尔吉斯斯坦位于中亚跨境河流——锡尔河和阿姆河的上游，水利资源丰富，但由于缺乏资金，开发有限。吉尔吉斯斯坦油气资源贫乏，能源对外依赖严重，希望通过开发水电实现能源独立。苏联时期联盟中央在中亚加盟共和国之间推行利益补偿机制，上游地区给下游地区提供水，换取下游地区给上游地区提供的能源。中亚国家独立后，吉乌之间存在争夺水源的问题，水资源利用方面的合作不顺利。吉国经济落后，支付能力差，在支付天然气费用方面常常力不从心。乌兹别克斯坦为追讨欠款多次断气，导致吉国经济发展和民众生活困难。此外，乌方坚决反对吉国在跨境河流上建设大型水电站。

乌兹别克斯坦与吉国还存在复杂、敏感、棘手的领土和边界问题，稍微处理不慎，容易酿成冲突与对抗。乌吉两国有漫长的边界，长达1378.44公里。在费尔干纳地区，两国交界地域的人口密集，同时涉及水资源、水利设施以及矿产资源的分配，更增添了处理这一问题的难度。"截至目前，乌吉两国还有50～60个地段总计300多公里长的边界未划定。另外，两国在别国都有本国的飞地，境内也都存在别国的飞地。乌兹别克斯坦在吉尔吉斯斯坦有索赫或索克斯、卡拉查或乔卡拉、贾盖尔和沙希马尔丹4处飞地。吉尔吉斯斯坦在乌兹别克斯坦有萨尔瓦1处飞地。"[①] 此外，还有一些飞地既没有明确归属，也没有名称，难以界定，这些无疑增大了双方边界谈判的难度，导致两国边界谈判至今也未取得重要进展。

---

① 孙力主编《中亚国家发展报告（2015）》，社会科学文献出版社，2015，第104～105页。

（二）经济风险：吉乌两国经济和金融体系较为脆弱

跨国铁路建设与合作国的经济和金融发展状况息息相关。然而，吉乌两国经济和金融体系较为脆弱，这也为中吉乌铁路建设带来了一定程度的经济风险。

1. 两国投资环境不理想

根据世界经济论坛发布的《2016 年全球贸易便利化报告》，在全球 136 个经济体中中亚国家的贸易便利化水平处于中低层次，其中吉尔吉斯斯坦和塔吉克斯坦处于较低水平。贸易便利化方面的障碍成为制约双边贸易往来的内在因素。世界银行发布的《2017 年全球营商环境报告》也得出类似的结论。在涉及双边贸易合作的两个重要指标，即"跨境贸易"和"获得建筑许可"指标上中亚国家的表现差强人意（见表 1）。

2. 两国金融市场化程度较低

中亚各国多处于经济转轨的金融改革阶段。其中哈萨克斯坦金融市场化程度较高，吉尔吉斯斯坦、乌兹别克斯坦金融市场化程度相对较低。各国金融体系发展极为不平衡，金融体系主要以银行为主，其他如证券市场、保险市场发展较为滞后。同时，吉尔吉斯斯坦和乌兹别克斯坦没有中资银行，并且中国与中亚各国之间尚无互设金融机构，在设立账户、贸易结算、促进贸易投资便利化、人民币跨境结算等方面还存在一定障碍。

表 1 2016 年中亚五国投资环境状况

国　　别	贸易便利化（名次）	营商环境（名次）	跨境贸易（名次）	建筑许可（名次/天）
哈萨克斯坦	88	41	122	92/154
吉尔吉斯斯坦	113	67	83	20/142
乌兹别克斯坦	—	87	159	151/176
塔吉克斯坦	114	132	132	152/242
土库曼斯坦	—	—	—	—

资料来源：The Global Enabling Trade Report 2016，World Economic Forum. Doing Business 2017，World Bank Group。

3. 乌兹别克斯坦汇率波动比较大

由于具有较高的对外经济依赖性，吉尔吉斯斯坦和乌兹别克斯坦货币的实际有效汇率受外部冲击的影响较大。对于防御外部冲击，保持货币价值对外币的稳定，并有效防止外部冲击通过货币汇率渠道传递到国内经济，进而引发通货膨胀，吉乌两国采取了不同对策，选择了不同的汇率制度（见表2）。

表2　吉乌两国的汇率制度安排

国别	汇率制度安排	货币锚
吉尔吉斯斯坦	其他有管理的浮动汇率制度	其他
乌兹别克斯坦	爬行盯住汇率制度	没有目标货币，货币总量目标

注：http://www.imf.org/en/Publications/Annual‐Report‐on‐Exchange‐Arrangements‐and‐Exchange‐Restrictions/Issues/2017/01/25/Annual‐Report‐on‐Exchange‐Arrangements‐and‐Exchange‐Restrictions‐2016—43741。

资料来源：Annual Report on Exchange Arrangements and Exchange Restrictions 2016 *。

吉尔吉斯斯坦较早实行“其他有管理的浮动汇率制”。索姆兑美元汇率在2014年前比较稳定，2014年10月进入快速贬值通道，从2014年10月16日的54.9索姆兑1美元快速贬值到2016年12月31日的75.899索姆兑1美元。进入2016年，索姆兑美元汇率开始稳定（见图1），全年波动幅度为75.899~69.23索姆兑1美元。①

中亚第二大经济体乌兹别克斯坦继续实行“爬行盯住汇率制度”，官方名义汇率承续了之前的贬值趋势（见图2）。乌兹别克斯坦从2001年1月开始实行爬行盯住汇率制度，之后苏姆兑美元的汇率一直处于下跌通道中。2015年1月13日至今，苏姆汇率的贬值速度加快。从2015年1月13日的2424.31苏姆兑1美元，贬值到2016年1月19日的2826.48苏姆兑1美元，

① 吉尔吉斯斯坦中央银行，http://www.nbkr.kg/index1.jsp?item=1562&lang=RUS。

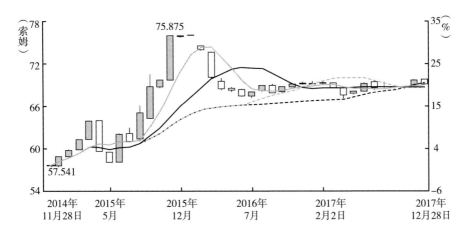

图1　美元兑吉尔吉斯斯坦索姆汇率走势

资料来源：新浪财经，http：//finance. sina. com. cn/money/forex/hq/USDKGS. shtml。

再贬值到 2017 年 3 月 7 日的 3452.3 苏姆兑 1 美元，两年间贬值了 42.4%。[①]

4. 吉尔吉斯斯坦预算赤字比较高

吉尔吉斯斯坦财政部数据显示，2016 年吉国家预算收入为 1306 亿索姆，与 2015 年（1281 亿索姆）相比，增长了 1.95%；支出为 1560 亿索姆，同比增长了 48.15%，远远高于财政收入的增长速度，2016 年吉财政盈余为赤字，规模达 254 亿索姆[③]。根据国际货币基金组织的建议，吉政府计划将国家财政预算赤字控制在国内生产总值 4.5% 的水平，而 2016 年吉尔吉斯斯坦赤字率高达 5.55%，"影子经济" 比重上升、国家预算支出增长、欧亚经济联盟框架下间接税费不足、自然灾害频发等都在某种程度上导致国家财政赤字的增加。为弥补预算赤字，吉财政部继续发放国家债券，同时积极在国际市场吸引贷款和赠款。此外，随着预算赤字的进一步

[①]　乌兹别克斯坦中央银行，http：//www. cbu. uz/en/arkhiv – kursov – valBut/dinamika – kursov – valyut/。

[②]　http：//finance. sina. com. cn/money/forex/hq/USDUZS. shtml.

[③]　孙力主编《中亚国家发展报告（2017）》，社会科学文献出版社，2017，第 319～320 页。

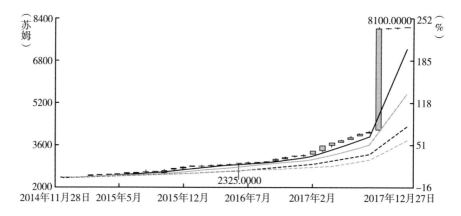

图2 美元兑乌兹别克斯坦苏姆汇率走势

资料来源:新浪财经。

扩大,吉政府将不得不大幅度缩减经常性支出,这样只会带来恶性循环,赤字问题难以得到有效解决,这些措施又可能限制政府调控经济的能力,不利于政府系统的有效运作。

5. 吉尔吉斯斯坦外汇储备较低,外债负债率偏高

中亚各国经济实力差异巨大,外汇储备也存在明显差异(见表3)。哈萨克斯坦外汇储备占中亚五国国际外汇储备的60%左右。土库曼斯坦和乌兹别克斯坦外汇储备也较为充足,远高于吉尔吉斯斯坦和塔吉克斯坦。

表3 中亚五国国际外汇储备

单位:亿美元

国家/年份	2012	2013	2014	2015	2016
哈萨克斯坦	861.96	955.07	1024.5	913.8	908
吉尔吉斯斯坦	20.67	22.38	19.58	17.78	19.69
塔吉克斯坦	6.5	6.36	5.11	4.94	6.3
土库曼斯坦	264	293	324	—	—
乌兹别克斯坦	221.33	225.15	241.14	244	—

资料来源:ADB(亚洲开发银行):《亚洲经济展望(2016)》;2016年数据来源于各国央行网站。

中亚五国中哈萨克斯坦、吉尔吉斯斯坦、塔吉克斯坦外债负债率较高（见表4）。长期以来，吉国外债负债率超过80%。

表4　中亚五国外债负债率

单位：%

国家/年份	2012	2013	2014	2015	2016
哈萨克斯坦	68.29	69.62	74.28	84.83	—
吉尔吉斯斯坦	81	83.4	94.4	119.5	109.8
塔吉克斯坦	32.33	25.28	22.72	27.8	32.7
土库曼斯坦	18.89	21.41	16.80	18.68	—
乌兹别克斯坦	17.8	18.9	12.88	15.55	—

资料来源：根据中国驻中亚各国经济商务参赞处和各国央行数据整理。

吉尔吉斯斯坦对外偿债能力较弱，存在偿还风险。吉经济发展对外债过度依赖，外债比率持续高企。截至2017年10月31日，吉尔吉斯斯坦的国家债务为2994.4712亿索姆（折合43.575亿美元）。其中外债为2729.57亿索姆（折合39.5823亿美元），内债为274.3755亿索姆（折合3.9927亿美元）。① 由于外汇储备比较有限，政府偿债压力仍然比较大。

6. 吉尔吉斯斯坦融资方式单一

对于中吉乌铁路项目，吉尔吉斯斯坦没有专门的建设资金，同时难以获得国际相关方面的支持，因此，吉在解决资金问题时面临两个选择：一是从中国获得长期优惠贷款，但吉官员担心这会导致吉外债持续增加；二是通过转让一些矿产地换取建设铁路的投资，然而这种方案在吉尔吉斯斯坦引起了激烈的争论和反对。2011年8月，时任吉尔吉斯斯坦总理的阿坦巴耶夫公开表示："吉将放弃先前吉中两国探讨的'资源换项目'

---

① 中华人民共和国驻吉尔吉斯共和国大使馆经济商务参赞处：《截至2017年10月底吉外债额达到43.575亿美元》，http://kg.mofcom.gov.cn/article/jgjjqk/hgjj/201712/20171202684617.shtml。

融资方式,而改为探讨利用中方援贷款等办法建设中吉乌铁路。"① 2012年3月6日,吉交通和市政部副部长阿布德尔达耶夫安抚民众称,在和中国关于实施建设铁路方案的谈判中,不会涉及吉提供自然资源的问题。时至今日,这一问题仍在困扰吉国,内部也没有形成较为统一的意见和方案。

(三)地缘风险:美、俄大国博弈

独立以来,中亚国家外交围绕着维护国家主权独立、领土完整、落实国家战略目标这一主线发展与世界各国的关系,基本奉行务实的"大国平衡外交",同时注重与周边国家和地区重要国家发展友好合作关系。中亚国家利用其拥有的特殊地缘位置和丰富的能源资源优势,在务实的"大国平衡外交"实践中获得了不少"政治红利",有效地维护了国内政治的稳定,推动本国经济的可持续发展。

俄罗斯与吉尔吉斯斯坦两国领导人保持密切交往,两国政府部门、议会之间建立多个合作对话机制,其中俄吉两国政府间经济贸易、科技和人文合作混委会是较为重要的合作机制。在吉尔吉斯斯坦加入欧亚经济联盟的过程中,俄方提供了大量金融和技术援助。同时,俄罗斯与乌兹别克斯坦建立了战略伙伴和联盟关系,高层政治对话不断发展。在2016年12月乌兹别克斯坦选举产生新总统之后,双方进一步扩大务实合作,如增加乌兹别克斯坦向俄罗斯出口农产品、解决俄罗斯向乌兹别克斯坦石油出口关税问题以及乌在俄的劳工移民问题。

随着特朗普的上台,美国对中亚地区的政策做出相应调整。特朗普政府的执政主张接近新保守主义,即在国内政策方面并不反对政府对经济和社会的有限干预,主张"有序的自由";在外交方面,处理国家间关系时,突出美国的优先地位,强调意识形态的作用与影响,偏好对"专制和极权"国

---

① 廖成梅、王彩霞:《制约中吉乌铁路修建的原因探析》,《国际研究参考》2016年第5期,第9~10页。

家进行打压。根据美国保守主义智库传统基金会发布的 2017 年经济自由指数，在全球 186 个国家中，"吉尔吉斯斯坦得分为 61.1，乌兹别克斯坦得分为 52.3"①。根据传统基金会的定义，吉尔吉斯斯坦属于有限自由，乌兹别克斯坦属于比较压制。由于发展水平不同，中亚国家还处于由威权政治向民主政治转型中，但是在美国新保守主义者看来只有中亚国家彻底转型成为民主国家，才符合美国在中亚的利益。

由此分析，出于自身战略利益的考量，美、俄对于中吉乌铁路建设会持谨慎而保守的态度。同时，作为中亚地区的传统势力存在，美、俄会加大对中亚地区的政治动员、经济干预、意识形态渗透。其中，该铁路的建设会触及俄罗斯的直接经济利益和地缘利益，在建设过程中要重点开展与俄罗斯协调与磋商，寻求地区战略平衡。

（四）安全风险：恐怖主义活动频繁

中吉乌铁路线路途经费尔干纳盆地，这里局势相对紧张而复杂。费尔干纳盆地地处中亚腹地，既在东西丝绸之路要冲，又为中亚南北绿洲、草原两个社会的接合部。正是这种独特的地缘位置，使其内部情势的变化随时与周边局势发生紧密互动。当地"三股势力"力图在费尔干纳地区建立极端的教权主义国家，不断吸纳周边极端势力加入，并适时对外渗透，对中国新疆的安全稳定也构成一定威胁。此外，2005 年 3 月，在吉尔吉斯斯坦南部奥什和贾拉拉巴德地区爆发了"郁金香革命"，同年 5 月，在乌兹别克斯坦发生了"安集延事件"。而贾拉拉巴德和安集延也是中吉乌铁路途经的重要站点。

不仅费尔干纳盆地局势较为紧张，吉尔吉斯斯坦国内的反恐形势也十分严峻。2016 年 8 月 30 日，中国驻吉尔吉斯斯坦大使馆遭遇自杀式袭击，一辆装有炸弹的汽车闯入使馆，并在馆区内发生爆炸，自杀式袭击者在爆炸中丧生，3 名吉尔吉斯斯坦籍工作人员受伤，中方外交官无人伤亡。9

---

① 2017 Index of Economic Freedom, http://www.heritage.org/Index/.

月 6 日，吉尔吉斯斯坦国家安全委员会称，“东突”分子遵照与中东“努斯拉阵线”组织有关系的维吾尔恐怖组织命令，对中国驻吉使馆实施恐怖袭击。自杀式袭击者为持塔吉克斯坦护照的维吾尔族人哈利洛夫，属于“东伊运”成员。

由此可见，中亚地区的安全威胁有所上升。“‘回流’与‘外溢’仍是中亚恐怖势力的活动轨迹。其原因并非地区形势发生骤变，而是一些历史遗留问题的延续。”[1] 第一，吉乌两国经济均面临严峻挑战，物价上涨，货币贬值，民生困难，继而导致社会矛盾增加。这些因素容易形成恐怖主义滋生的温床，对社会稳定与国家安全带来严重威胁。第二，由于“伊斯兰国”在中东战情的变化，不少在此参战的中亚恐怖分子前往其他地区从事恐怖活动。第三，中亚地区宗教极端化也在发展，即生活习俗、宗教设施受外部宗教思潮影响增加。第四，周边安全形势日益严峻，恐怖主义活动形式更加复杂多样，吉乌两国难以独善其身。

（五）技术风险：铁轨轨距存在差异

轨距是铁路设计的一项内容。苏联解体后，中亚各国作为独立的主权国家可以重新选择技术标准，但这种技术的选择是非常困难的。“其中一个重要的原因就在于俄罗斯通过技术标准的书写，规定了中亚各国铁路运行的可能方式。”[2]

中国铁路轨距采取的是国际标准 1435mm 的准轨，而吉、乌等中亚各国则继续沿用苏联时期 1520mm 的宽轨。由于轨距标准不统一，铁路运输的货物不能直接过境，需要有吊运换装的程序，涉及大功率的龙门吊车和场地充裕的换装车间等技术条件，不仅要求设置更多口岸硬件设施，还会增加运输时间和成本。吉尔吉斯斯坦在轨道宽度方面不妥协的原因是，如果使用中国提出的轨道宽度，中亚地区的安全防御将受到威胁。例如，吉尔吉斯斯坦新

① 孙力主编《中亚国家发展报告（2017）》，社会科学文献出版社，2017，第 239 页。
② 郝新鸿、柯文：《丝绸之路经济带中的铁路政治——对中吉乌铁路的技术社会学分析》，《科学学研究》2016 年第 7 期，第 980 页。

势力组织的领袖塔莱伊·艾森纳里耶夫把中吉乌铁路定义为军事设施。REGNUM 通讯社记者表示，中国可以利用这些基础设施快速调派其部队，"在这种情况下，载有中国军队的火车穿越吉尔吉斯斯坦边境 3～4 小时后，就能出现在乌兹别克斯坦边界"①。

三　中吉乌铁路方案的前景展望

在"一带一路"战略背景下，中吉乌铁路迎来重要发展机遇，搁置数年之久的方案被重新提及并提上议程。丝绸之路经济带建设的目标是以沿线交通基础设施和相关产业的建设带动区域经济整体发展。中吉乌铁路的规划和建设难点在于交通建设涉及多国之间的政治经济博弈，与相关国家的利益密切相关，因此，协调不同国家之间的矛盾与分歧是促进铁路建设方案落地的首要前提。

从中国的角度考量，相比南北走向铁路项目的建设，东西走向更符合丝绸之路经济带建设的需要，有利于实现中国"西向战略"的延展。但是从长远考虑，南北走向铁路项目也有利于丝绸之路经济带的建设和区域经济发展，有利于得到吉尔吉斯斯坦的支持，进而降低中吉乌铁路建设的阻力。

从中亚两国的角度考量，情况错综复杂。一方面，它们希望借助铁路建设、设施联通的重要机遇，吸引外资、技术、人才，在丝绸之路经济带建设中占据有利位置，成为欧亚交通走廊上的枢纽，联通东亚、南亚、西亚和欧洲；另一方面，吉乌两国之间关系比较微妙，存在很多历史遗留问题，难以在短时期内化解矛盾。同时，两国出于各自国家利益很难做出更大的让步，有时摩擦大于合作，限制了双方的深度交流与合作，这一点体现在铁路建设方面就是互相掣肘。

---

① 廖成梅、王彩霞：《制约中吉乌铁路修建的原因探析》，《国际研究参考》2016 年第 5 期，第 10 页。

从俄罗斯的角度考量，中亚是其传统势力范围，对外部力量的进入会天然地产生抵触情绪与行为。在铁路建设方面要保持宽轨制，表明俄罗斯重视维护其势力范围。不仅于此，俄罗斯还力争将宽轨标准推广到阿富汗境内，这样会导致欧亚之间的准轨铁路走廊被宽轨系统所隔断，第二亚欧大陆桥及其他新线路必须进行换装作业，费时费力，进而有利于保持西伯利亚大铁路无须换轨的成本优势。

　　由此可见，中吉乌铁路建设是一项比较复杂的工程，其中涉及多国的政治经济利益。为了推动符合共同利益的项目的实施，协调相关国家在中吉乌铁路建设上的立场差异，我们需要中国智慧与中国方案。首先，中吉乌铁路建设需要加强全局考虑与统筹，从提高经济效益、社会效益、共同获益的角度进行利益协调和资源整合，广泛动员国际社会的力量；其次，中吉乌铁路建设需要加强各国之间的政治互信，使相关国家了解中国共产党十九大后中国的内政外交主张，让沿线人民共享丝绸之路经济带取得的经济成效；再次，中吉乌铁路建设需要加强各国之间不同层面的文化交流，无论是对官方，还是对民间，我们都需要讲好中国故事，传播中华文化，为深度合作与交流奠定坚实基础；最后，中吉乌铁路建设需要积极宣传和推广中国的高铁技术，使吉乌两国认识到，技术的进步会产生复合效应和多赢效果，使国家间联系愈加紧密，推动人类文明的发展。

　　中吉乌三国有共同的"丝绸之路"历史记忆，有良好的合作基础，有频繁的官方和民间交往，这些都是中吉乌铁路建设可以依仗的重要资源。铁路承载着三国的友谊、三国的文化互通、三国的命运共担，这也是建设人类命运共同体的有益实践。中国应当全力支持和推动各国磋商，努力打消吉尔吉斯斯坦、乌兹别克斯坦等国家的顾虑，尽量使用准轨标准，并以亚洲基础设施投资银行或丝路基金对该项目提供资金支持，推动这一项目尽快付诸实施。从目前来看，虽然中吉乌铁路建设仍然存在各种各样的困难，尚存在不确定的因素，但是从总体上来看，中国、吉尔吉斯斯坦、乌兹别克斯坦在跨国铁路上的利益分歧是可以协调的。

双 边 合 作

Bilateral Cooperation

B.6
合作趋好：中国与白俄罗斯合作前景可期

赵会荣*

摘　要： 中国与白俄罗斯发展合作拥有良好的历史基础。白俄罗斯独
立后，中白关系不断升温，直至建立全面战略伙伴关系。白
俄罗斯是中国在后苏联地区建立的第三个全面战略伙伴。白
俄罗斯把中国看作仅次于俄罗斯和欧盟的重要伙伴。可以预
见，未来中白政治合作将不断得到加强。白俄罗斯独立以来，
中白经贸合作总体呈增长态势，合作空间也很广阔。未来，
双方有必要促进贸易平衡和贸易结构的多元化，采取措施加
强金融、旅游、交通和人文合作。

关键词： 中白关系　历史基础　发展潜力

---

* 赵会荣，博士，中国社会科学院俄罗斯东欧中亚研究所研究员。

有关中白合作，至少有两个重要问题有待深入研究，一个属于基础研究的范畴，即白俄罗斯独立以前中白双方有怎样的交往？这是中国与当代白俄罗斯之间合作的历史基础。另一个属于应用研究的范畴，即如何认识当前中白关系的现状，以及如何促进双边关系不断发展。

一 中白关系的历史基础

中白关系好，原因之一是双方的历史基础较好，彼此之间不存在重大问题或矛盾。由于白俄罗斯历史上没有作为独立国家存在过，有关白俄罗斯人的史料记载并不多，需要从相关史料中细心剥离。另外，白俄罗斯距离中国远达 6000 多公里，有关中国人与白俄罗斯人之间交往的记载就更少。然而，中白两国人民之间的历史联系源远流长。白俄罗斯驻上海总领事、历史学博士马采利先生指出，早在 16～17 世纪就有白俄罗斯人越过西伯利亚乌拉尔山脉到达中国。19 世纪白俄罗斯著名的东方学学者 O. M. 科瓦列夫斯基和 I. A. 戈舍可维奇作为俄国外交官到访中国，并在中国研究领域做出贡献。科瓦列夫斯基回国时带回了大量关于中国历史、地理、哲学、法律和宗教的书籍。戈舍可维奇回国后发表了很多有关中国的学术文章。[1] 白俄罗斯人正是通过这些珍贵资料对中国有了初步的认识。

很多中国人把白俄罗斯和俄罗斯混为一谈，或者只知道俄罗斯，不知道白俄罗斯。孙中山先生的《致鲁赛尔函》使白俄罗斯人鲁赛尔的名字为一些中国人所熟知。鲁赛尔的本名是尼古拉·康斯坦丁诺维奇·苏济洛夫斯基，是白俄罗斯杰出的革命家和知识渊博的学者，曾担任《民意》报主编。由于沙皇当局的迫害，他被迫旅居欧洲、美国夏威夷、日本和中国。他曾于 1903 年在上海生活。1904 年，他在期刊《俄国财富》上发表了一系列有关中国的文章。1905 年，鲁赛尔与孙中山相识。1906 年 11 月 8 日，孙中山因

---

[1] В. М. Мацель, История между Беларусью и Китаем.

鲁赛尔当年发表在日本期刊上的文章《中国之谜》开始与鲁赛尔互通书信，探讨中国革命问题。鲁赛尔不仅向中国革命者传递有关俄国革命的信息，还为他们提供制造炸弹的原料。1912 年 3 月 1 日，鲁赛尔写信祝贺孙中山取得辛亥革命胜利和建立"中华民国"，提醒他要捍卫革命成果，防止帝制复辟。[1] 与鲁赛尔等俄国革命者的交往使孙中山对俄国有了更多的了解和初步的好感，为他后来决定与苏俄合作提供了可能。1930 年，鲁赛尔逝世，其遗体在天津火化。

20 世纪 20 年代，许多俄国人为了躲避红军的追捕来到中国，被中国人称为"白俄"，这与白俄罗斯人是两回事，但这些俄国难民中不乏白俄罗斯人。同时期，也有中国人远赴白俄罗斯。位于白俄罗斯北部维捷布斯克州的国家档案材料显示，1920 年 10 月，有 14 个哈尔滨人在当地从事保洁工作。1925 年，在维捷布斯克州登记的中国公民增加到 71 人。[2] 他们或者从事零售贸易，或者在工业和农业企业中工作。当地中国人还自发成立学校，学习俄语。

中白友好最辉煌的历史篇章当属在 20 世纪 30～40 年代世界反法西斯战争中用鲜血凝结而成的兄弟情谊。1937 年 8 月 22 日，中苏签订《互不侵犯条约》。1938 年 3 月至 1939 年 6 月，中国先后从苏联获得 3 笔总额为 2.5 亿美元的贷款用于购买苏联的武器和军事装备。苏联还向中国派遣军事顾问和作战人员。1937～1940 年，12 名来自白俄罗斯的苏联志愿飞行员参与了保卫中国领空的战斗，在战斗中共击落 40 多架敌机，帮助中国培养了一批飞行员。中国国家主席习近平在《苏维埃白俄罗斯报》上撰文指出："在那场正义战胜邪恶、光明战胜黑暗的世界大战中，中国人民抗日战争爆发最早、历时最长，白俄罗斯人民则打响了卫国战争中抗击德国法西斯侵略的第一枪。中白两国人民同仇敌忾、并肩作战，为世界反法西斯战争的最后胜利付

① В. М. Мацель, Становление и развитие дружественных белорусско – китайских отношений, РУПП "Барановичская укрупненная типография" 2004, С. 10.

② В. С. Дубовик, Беларусь – Китай: на пути всестороннего сотрудничества, Минск Издательский дом《Звязда》, 2015, С. 13.

出了巨大牺牲，作出了彪炳史册的伟大贡献……苏联红军中白俄罗斯籍将士曾远赴中国参加打击日本侵略者的空战和解放中国东北的重要战役，'苏联英雄'布拉戈维申斯基空军中将、尼古拉延科空军中将、兹达诺维奇少将等就是他们中的杰出代表。"① 中国人民非常感激参加抗战的苏联红军，并为牺牲的将士修建了纪念碑，细心守护他们的陵墓。2015 年 5 月，习近平主席访白期间专门会见了 15 位白俄罗斯二战老战士，并为他们颁发象征和平与友谊的纪念奖章。

同时，中国人民也为白俄罗斯以及苏联人民赢得卫国战争胜利做出了贡献。正是由于中国人民的艰苦抗战，牵制了日本陆军的主力，才使苏联避免了东西两线作战的危险。整个第二次世界大战期间，中国一直是苏联远东的战略屏障。从这个意义上说，中国也援助了苏联。② 中国为苏联提供的战略矿产品对发展苏联的军事工业具有不可估量的战略意义，在苏联国土大量丧失、农业减产的前提下，中国提供的农产品具有重大的战略意义。③ 不仅如此，中国人还与白俄罗斯人一起并肩作战共同抗击法西斯。毛泽东主席的长子毛岸英作为白俄罗斯第一方面军坦克连指导员参与苏联卫国战争，直至攻克柏林。唐铎将军在《我亲身经历的苏联卫国战争》④ 一文中深情讲述了他作为苏军空中射击团副团长在解放明斯克的战役中与战友们共同杀敌的难忘情景，抒发了对战友的敬佩和思念。据白俄罗斯媒体报道，中国人领导的地下侦查小组在维捷布斯克通过收集情报提供给苏联红军的侦察小分队和当地游击队参与反法西斯战争。⑤ 新中国开国元勋朱德元帅的女儿朱敏在著作《我的父亲——朱德》⑥ 一书中记录了儿时与白俄罗斯小伙伴一起收集德国

① 《习近平在白俄罗斯媒体发表署名文章：让中白友好合作的乐章激越昂扬》，http：//cpc. people. com. cn/n/2015/0509/c64094 - 26973455. html。
② 李静杰：《苏联援华抗日及其历史启示》，《俄罗斯学刊》2015 年第 6 期。
③ 《中俄学者：二战期间中苏形成互相援助关系》，http：//world. people. com. cn/n/2015/0907/c157278 -27552878. html。
④ 唐铎：《我亲身经历的苏联卫国战争》，《党史纵横》2015 年第 2 期。
⑤ 《承载起 "和平之路" 的新希望（行走一带一路）》，《人民日报》2017 年 5 月 27 日。
⑥ 朱敏：《我的父亲——朱德》，人民出版社，2009。

情报和德军列车时刻表来抗击法西斯侵略者的经历以及与小伙伴们的真挚情谊。2007 年 7 月，卢卡申科总统宣布授予朱敏白俄罗斯抗击德国法西斯主义解放战争 60 周年纪念勋章，以表彰她在战争中显示的勇气、坚强和无畏的英雄主义精神。

中华人民共和国成立后，中国政府提出恢复中国在联合国合法席位的要求，得到白俄罗斯驻联合国代表团以及乌克兰驻联合国代表团和苏联代表团的支持。白俄罗斯代表团在联合国安理会公开声明不承认"中华民国"代表团的法律地位，坚持将国民党集团的代表从安理会驱逐出去。① 1971 年 10 月 25 日，23 个国家要求"恢复中华人民共和国在联合国的一切合法权利，立即把蒋介石集团的代表从联合国一切机构中驱逐出去"的提案在联合国大会以 76 票赞成获得通过，白俄罗斯代表团投了赞成票。

20 世纪 50 年代，苏联派遣近 3 万名专家，包括白俄罗斯专家，到中国传授工业、农业、能源、矿业、交通、教育、科技等各方面技术。这些专家与中国人民共同奋斗，为中国建设和发展做出重要贡献。中国政府也给予苏联专家崇高的荣誉。苏联参与建设的"156 项重点工程"为新中国初步奠定了国民经济发展的工业基础。1959 年 9 月，苏中友好协会成立，白俄罗斯分会积极致力于推动双方在经贸、科技、教育、文化等各领域的交流。1960 年 12 月 5 日，中华人民共和国主席、中央军委副主席刘少奇率团访问白俄罗斯，对中白关系发展起到重要促进作用。

20 世纪 60 年代后期至 70 年代末，中苏关系恶化，中白之间的交流陷入停滞。直到 80 年代中苏关系缓和，中白之间往来才得以恢复。1986 年 4 月 26 日，乌克兰切尔诺贝利核电站 4 号反应堆发生爆炸。在大气环流作用下，2/3 的放射性物质降落在白俄罗斯境内。灾难发生后，中国积极为白俄罗斯提供帮助，以减少事故危害。1991 年 12 月 8 日，中国作为联合国成员

---

① Игорь Бабак, Белорусско - китайское сотрудничество в международных организациях （1990 - е гг.），"Международное право и международные отношения" №1 2001 г.

国参与起草了"在研究和减少切尔诺贝利核电站事故后果方面加强国际合作与协调的努力"的决议。这为双方未来在联合国的相互支持与合作奠定了良好的开端。

二 中白合作的现状

中白关系好，到底好到什么程度呢？1991 年 8 月 25 日，白俄罗斯宣布独立，中国很快就予以承认。1992 年 1 月 20 日，中国与白俄罗斯正式建立外交关系。1992 年 4 月，中国在白俄罗斯设立使馆。中白两国建交至今，双边关系大致可分为三个阶段。

1992～2005 年，双方从建立外交关系到发展战略合作。此阶段的特点是：双方高层互访不多，属于相互认知和磨合期，主要任务是为后续合作奠定法律基础和建立合作机制。白俄罗斯重视发展对华关系，一个鲜明的例证是，早在 1992 年 1 月 20～24 日，白俄罗斯在独联体地区国家中率先向中国派出高级代表团。代表团访华期间，白部长会议主席科比齐与中方签署建交文件和双边经贸合作协议。卢卡申科总统是独联体国家中很早就公开表示应该借鉴中国发展经验的领导人。1995 年 1 月 16～19 日，他以白俄罗斯总统身份访华。1997 年 4 月 25 日，白俄罗斯驻华使馆落成。卢卡申科总统在落成仪式上发表讲话，感谢中方在白俄罗斯驻华使馆选址和租金等问题上给予白方支持。1995 年 6 月 22～24 日，时任中国国务院总理李鹏访问白俄罗斯，与卢卡申科总统举行会谈。2001 年 7 月 19 日，时任中国国家主席江泽民访问白俄罗斯。1995 年 3 月 13～16 日，中白经贸合作委员会第一次会议在明斯克召开，双方签署会议纪要，建立中白经贸合作委员会，规定每年召开一次会议。双方还经常合作举办商品展览。考虑到白俄罗斯财政紧张，中国多次向白提供援助和贷款。例如，1992 年 8 月 17～18 日，中国全国人大常委会副委员长赛福鼎率团访白。双方讨论了中方向白方提供 3000 万元人民币贷款等问题。1992 年 9 月 24 日，中国政府派出援白医疗队，并向白卫生部赠送药品和医疗仪器。两国经贸额快速增长，2004 年达到 4.4 亿美元。① 除了经贸合作，中白双方在教育、科技、文化等领域的合作相继展开，陆续签署相应的合作文件。

2005～2013 年为第二个阶段。在此阶段，双边各领域合作蓬勃发展，一大批大型合作项目相继启动，中白关系提升至全面战略伙伴关系。2005 年 12 月 4～6 日卢卡申科总统对中国的国事访问具有重要意义。两国元首首次在联合声明中宣布中白关系进入全面发展和战略合作的新阶段。由此，中白关系上升到战略层次。2007 年 11 月 4～5 日，温家宝总理对白俄罗斯进行正式访问。2010 年 3 月，时任国家副主席习近平对白俄罗斯进行正式访问，中方同意白方提出在白建设中白工业园的建议。在此阶段，中白经贸合作面貌焕然一新，依靠中方提供的优惠贷款，明斯克 2 号电站改造和明斯克 5 号电站改造、3 个水泥厂等项目启动，中国对白投资项目——美的微波炉、吉利汽车、中白工业园等也相继启动。2013 年，双方经贸额达到顶峰，为 32.90 亿美元。② 中白金融合作启动，2006 年，中资银行代表团两次访白。在欧洲和独联体地区国家中，白俄罗斯率先把人民币作为国际储备货币。教育合作取得重要进展。2006 年，白俄罗斯国立大学与中方签署协议同意在该校建立孔子学院。

2013 年至今，中白关系进入新的发展阶段，达到全天候友谊。2013 年 7 月，卢卡申科总统访华期间，中白两国元首共同签署《中华人民共和国和白俄罗斯共和国关于建立全面战略伙伴关系的联合声明》。2014 年，双方签署《中白全面战略伙伴关系发展规划（2014～2018 年）》，并建立副总理级政府间合作委员会，下设经贸、科技、安全、教育和文化合作 5 个分委会。2015 年 5 月 10 日，中国国家主席习近平对白俄罗斯进行国事访问，将双边关系推向新的高潮。双方签署友好合作条约和深化全面战略伙伴关系的联合声明。习主席在视察中白工业园时提出，要"将园区项目打造成丝绸之路

---

① 数据来源：白俄罗斯国家统计委员会，http：//www. belstat. gov. by。
② 数据来源：白俄罗斯国家统计委员会，http：//www. belstat. gov。

经济带上的明珠和双方互利合作的典范",工业园的建设要"两年见成效"。同年 8 月 31 日,卢卡申科总统签署《关于发展白俄罗斯共和国与中华人民共和国双边关系》的第 5 号总统令,对于白政府各级部门开展对华合作提出具体要求。2015 年 9 月 3 日,卢卡申科总统再次访华并应邀出席中国人民抗日战争胜利 70 周年阅兵庆典。2016 年,卢卡申科总统访华期间,双方签署《关于建立相互信任、合作共赢的全面战略伙伴关系的联合声明》,并宣布发展全天候友谊。与巴基斯坦"铁哥们"("巴铁")相对应,白俄罗斯被称为"白铁"。在此阶段,受乌克兰危机、俄罗斯经济停滞、国际市场大宗商品价格下跌等因素影响,中白贸易额波动较大,2016 年中白贸易额同比下降 18.8%,白方对华出口额同比下降 40%,从中国进口额同比下降 11.9%。① 中国继续对白提供经济技术援助,为白方建设了大学生宿舍区、保障房、体育馆等设施。据中国商务部 2016 年公布的信息,在白的中资企业已增加到 191 家。② 2018 年 5 月,中白工业园入驻企业达到 33 家。截至 2017 年底,白俄罗斯共设立 4 所孔子学院和 7 所孔子课堂,共有 2000 多名学生学习汉语。

三 中白合作的潜力

要衡量中白政治合作的潜力,首先需要搞清楚中白双方对于对方的定位。中国在白俄罗斯外交优先方向中处于俄罗斯和欧盟之后,在中白各领域合作中白俄罗斯尤其看重与中国在经济领域的合作。中国积极发展全球伙伴关系,与不同国家建立不同类型的伙伴关系,其中全面战略伙伴约 29 个。白俄罗斯是中国在后苏联地区建立的第三个全面战略伙伴,排在俄罗斯和哈

---

① Данные о внешней торговле Республики Беларусь по отдельным странам в 2016 г. http：//www. belstat. gov. by/ofitsialnaya-statistika/makroekonomika – i – okruzhayushchaya – sreda/vneshnyaya – torgovlya_ 2/operativnye – dannye_ 5/eksport – import – s – otdelnymi – stranami/.

② 《"一带一路"推动白俄罗斯扮演地区枢纽角色》,http：//fec. mofcom. gov. cn/article/fwydyl/zgzx/201612/20161202074197. shtml.

萨克斯坦之后。中国致力于与白俄罗斯发展各领域合作，经济合作是重要领域。

中白都认为对方是可信赖的伙伴，双方的政治合作水平非常高。在双边层面，白俄罗斯在涉及中国核心利益的很多问题上都积极主动声援中国，其主动性、积极性和声援的力度在中国的众多战略伙伴中都相当突出。在区域层面和全球层面的合作中，白俄罗斯也是难得的"同路人"，不仅全面积极参与"一带一路"建设，而且支持"一带一路"与欧亚经济联盟对接，支持中国关于建设公正合理的国际政治经济秩序的主张。同时中国也充分肯定白俄罗斯在促进地区和平与稳定方面发挥的建设性作用，在联合国、上海合作组织等多边框架下给予白俄罗斯有力的支持。

中白政治合作具有稳定性，未来会继续发展。主要原因是：两国之间不存在难以解决的矛盾或问题；两国对国际国内主要问题看法相同或相似，彼此认可对方的立场和政策；两国都认为双方加强政治合作有利于自身利益。

至于经贸合作，应该说良好的政治关系为经贸合作提供了有利条件，但不宜用政治合作的水平来衡量经贸合作水平的高低。因为经贸合作受到双方经济结构、经济规模、市场规模等因素的影响。纵向来看，中白贸易额整体呈现增长态势。2016 年中白贸易额是 1992 年双边贸易额的 79 倍。相比其他苏联解体后独立的国家与中国的贸易额，这一指数处于中等偏下位置。然而，如果比较两国外贸额自身变化的情况，那么中白贸易额的增长水平大幅超出中国和白俄罗斯各自的外贸额增长水平，因此可以算作相对理想的状态。2016 年白俄罗斯外贸额为 511.48 亿美元，为 1992 年（18.015 亿美元）的 28 倍。2016 年中国外贸额为 36849.25 亿美元，为 1992 年（1655.3 亿美元）的 22 倍。2016 年中国是白第二大贸易伙伴，占 7.7%，对白投资 2.512 亿美元，[1] 约占白吸引外资总额的 2.9%。[2] 如果横向比较，2016 年中

---

① О кредитно - инвестиционном сотрудничестве Беларуси и Китая，http：//china. mfa. gov. by/ru/invest/.

② http：//russian. people. com. cn/n3/2017/0224/c205613 - 9182462. html.

国与苏联解体后 15 个新独立国家的贸易额，中白贸易额位居第六。^① 比较 2015 年中国对苏联解体后 15 个新独立国家的直接投资流量，中国对白投资位居第七。^②

中白双方对加强经贸合作都有需求，双方经济也存在优势互补之处，合作的空间也很大。2016 年，白俄罗斯通过《2016 ~ 2020 年社会经济发展纲要》，重点是改善管理，实现合理的进口替代，促进外国投资和出口多元化。2017 年 5 月 12 日，白俄罗斯发布第 166 号总统令，进一步提升中白工业园对投资者的吸引力。2017 年 12 月 22 日，卢卡申科总统签署《关于发展数字经济》的法令，主要目标是吸引国际 IT 公司在白开设代表处和建立研发中心，生产高科技产品。这些法令的出台表明白俄罗斯努力创造条件引进资金和技术，发展高科技产业，扩大出口，促进经济增长。这对于投资者是积极的信号。此外，白俄罗斯社会稳定，对华友好，经济出现复苏态势，这些都是吸引投资者的有利因素。

不过，投资者也需要考量白俄罗斯的投资环境、资源、成本、市场等因素。中白两国在人口规模、经济体量、经济基础、经济制度、开放程度、思维方式等很多方面存在差异。例如，中国私有企业占多数，白俄罗斯国有企业占多数；中国实行改革开放近 40 年，市场经济已深入人心，白俄罗斯计划经济管理方式仍占重要地位；中国企业家往往看重企业盈利前景，很多白俄罗斯企业领导人更看重仕途。不管怎样，可以预见，中国企业拥有投资白俄罗斯、与白方开展合作的兴趣，双方的经贸和投资合作将继续发展，但具体增长幅度在很大程度上将取决于白俄罗斯投资环境的变化。

在推动经贸合作发展方面，双方需要在一些重点领域有针对性地采取措施。

第一，中白双方需要共同努力促进贸易平衡和贸易结构的多元化。白俄罗斯希望通过扩大对华出口缩小贸易逆差，为此白方企业需要加强产品宣传，与中国企业合作，采用包括电商在内的多元化销售渠道。2018 年 11

---

① 数据来源：中国外交部官方网站，http：//www. fmprc. gov. cn/web/。
② 数据来源：中国商务部官方网站“走出去公共服务平台”，http：//fec. mofcom. gov. cn/。

月，中国商务部将在上海举行首届中国进口国际博览会，白方可以通过此平台充分展示白俄罗斯的特色商品，开拓中国消费市场。

第二，双方可以加强合作共同扩展第三方市场。因为市场是中国企业家投资白俄罗斯考虑的第一要素，也是影响中白工业园等大型经贸合作项目未来前景的关键因素。白俄罗斯自身市场不大，人口不足1000万，居民购买力有限。中资企业在白俄罗斯生产商品再销往中国不现实。中白双方都需要推进与欧亚经济联盟成员国及欧盟关于货物贸易和减免关税的沟通与谈判，使中白工业园入驻企业的商品可以进入这两个联盟的市场。

第三，中白双方需要共同努力提升金融合作的水平。为此，双方金融类研究机构，以及双方银行、证券、保险等金融机构需要加强相互沟通，建立合作平台和合作机制，共享金融资源，助推经贸合作不断发展。

第四，白俄罗斯重视与中国开展旅游合作，希望借2018年白俄罗斯—中国旅游年的契机推动白俄罗斯旅游业的发展。目前，白方举行了一系列活动推介白俄罗斯旅游资源，设计了跨国旅游线路，推出狩猎、博彩业、参观工业企业、医疗旅游等特色旅游项目。别拉斯等白俄罗斯的一些知名企业还向旅游团体提供工业游产品，旅游者可以进入工厂参观生产流程，也有机会试驾著名的别拉斯大型矿用自卸车。除了特色旅游，白俄罗斯还是一个风景优美的旅游目的地，比较适宜老年人休闲度假。未来，中白双方需要加强旅游合作研究，共同设计和开发适合中国游客的白俄罗斯旅游市场。

第五，白俄罗斯参与"一带一路"建设的最显著优势是区位优势，白方也希望凸显其在欧亚交通体系中的枢纽作用。目前，北京至明斯克尚未实现每日均有直航航班，明斯克至北京须在第三地中转，给双边人文交流带来不便，因此需要研究开通双方主要城市之间的直航问题。此外，中白工业园距离明斯克市中心较远，尚未与城市交通融为一体。需要尽快开通从明斯克市中心到中白工业园的公共交通，建立快速便捷的客运和货运交通体系。

第六,中白双方还需要加强青少年交流,为中白友好大业培养后续人才。中白两国的中小学可以在假期开展游学活动,开阔学生们的视野,增进彼此了解。双方的科研机构需要加强合作,开展共同研究,推出客观和扎实的研究成果,更好地向本国民众介绍对方的历史和文化,为中白各领域合作提供相应的智力支持。

B.7
中国与波兰科技合作大有可为：
波兰的创新

贾瑞霞*

摘　要： 本文剖析了推动波兰创新发展的若干动力。波兰国家战略与政策是扶持本国创新的重要保障；多个政府及社会机构协调机制保证了创新政策及资金的有效配置；经济形势的向好、社会资源的充裕以及欧盟资金的支持，都是波兰创新不断发展的动力。波兰与中国的科技创新合作历久弥新，两国合作潜力巨大。未来，波兰在创新道路上还有若干挑战需要面对。

关键词： 波兰　创新能力　创新驱动力　欧盟　创新前景

一　波兰创新能力概述

（一）波兰在欧盟内部的创新能力

加入欧盟以后，波兰一直在追赶与趋同欧盟平均水平的转型道路上努力前行。在欧盟内部，波兰属于第三类——中等创新型国家（Moderate Innovators）（见表1）。

---

* 贾瑞霞，法学博士，中国社会科学院欧洲研究所科技政策研究室副研究员，研究领域为中东欧转型经济、中东欧科技创新等。

表1 波兰的综合创新指数（Summary Innovation Index，SII）

年份	2008	2009	2010	2011	2012	2013	2014	2015
波兰	0.289	0.298	0.299	0.290	0.296	0.285	0.291	0.292
欧盟28国平均值	0.495	0.502	0.511	0.514	0.519	0.521	0.523	0.521

资料来源：作者根据欧盟创新记分牌整理，http：//ec. europa. eu/growth/industry/innovation/facts-figures/scoreboards/index_ en. htm。

在欧盟28个成员国内，2015年波兰的创新位置排在第23位，如图1所示。

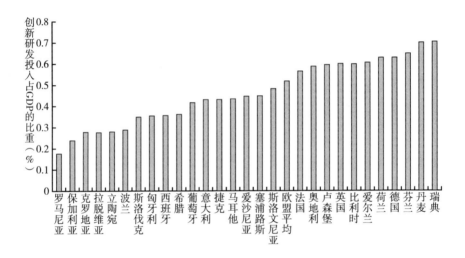

图1 欧盟成员国创新综合指数排名（2015年）

资料来源：http：//ec. europa. eu/growth/industry/innovation/facts-figures/scoreboards/。

（二）波兰创新维度与创新指标的发展趋势

除观察波兰综合创新能力在欧盟内的情况外，从创新记分牌的8个维度以及若干主要指标①上也可以细致了解波兰的创新进展。8个维度分别是：

① 在8个创新维度项下共有25个衡量指标，参见http：//ec. europa. eu/growth/industry/innovation/facts-figures/scoreboards/index_ en. htm。

人力资源、研究体系、资金与支持、公司投资、联络与创业能力、知识产权、创新者与经济效果。表2～表9分别列举了2008～2015年波兰在这8个维度上的分值，同时以欧盟同期平均分值做参照。

表2　人力资源维度

年份	2008	2009	2010	2011	2012	2013	2014	2015
波兰	0.497	0.512	0.515	0.488	0.506	0.527	0.547	0.556
欧盟28国平均值	0.453	0.463	0.469	0.481	0.497	0.545	0.567	0.575

资料来源：同表1。

在人力资源维度上，波兰呈现逐年上升趋势，并接近欧盟平均水平，在某些年度甚至高于欧盟平均水平。这是波兰创新能力的优势所在。

表3　研究体系维度

年份	2008	2009	2010	2011	2012	2013	2014	2015
波兰	0.101	0.101	0.089	0.097	0.097	0.099	0.102	0.125
欧盟28国平均值	0.406	0.412	0.423	0.431	0.443	0.456	0.454	0.466

资料来源：同表1。

研究体系维度这个指标考量波兰研发机构（人员）的国际合作出版、在全球知名科学出版物发表论文以及培养非欧盟博士研究生状况。表3数据显示，波兰与欧盟平均水平相去甚远。

表4　资金与支持维度

年份	2008	2009	2010	2011	2012	2013	2014	2015
波兰	0.214	0.225	0.257	0.312	0.318	0.341	0.276	0.274
欧盟28国平均值	0.524	0.547	0.581	0.545	0.514	0.492	0.494	0.489

资料来源：同表1。

资金与支持维度指标涵盖公共部门以及风险资本对波兰创新的总体支持力度。2008～2015年，波兰的公共部门研发支出以及风险资本投资创新总体呈现上升趋势，但与欧盟平均水平相比差距还是不小。政府公共研发支持是波兰创新的主力，2015 年，波兰公共资金支持创新的支出占其国内生产总值的0.48%，欧盟同期平均值为 0.72%。

风险资本是新商业模式的重要资金来源之一。企业希望开发新的但有风险的技术时，风险投资是最稳妥的资金来源。2015 年，波兰风险投资占其国内生产总值的 0.017%，同年的欧盟平均水平为 0.062%。①

表5　公司投资维度

年份	2008	2009	2010	2011	2012	2013	2014	2015
波兰	0.284	0.288	0.288	0.376	0.384	0.336	0.346	0.361
欧盟28国平均值	0.367	0.375	0.381	0.409	0.422	0.389	0.391	0.426

资料来源：同表1。

公司投资维度指标可显示波兰企业在研发方面的支持情况。入盟以后，波兰的商业部门投资创新研发逐年增长，接近欧盟均值。2015 年，商业部门研发支出占同期波兰国内生产总值的比重为 0.38%，欧盟平均水平为 1.29%。波兰商业部门投资研发占比趋近于公共部门。

表6　联络与创业能力维度

年份	2008	2009	2010	2011	2012	2013	2014	2015
波兰	0.239	0.239	0.238	0.171	0.174	0.099	0.099	0.094
欧盟28国平均值	0.464	0.464	0.469	0.513	0.518	0.486	0.483	0.473

资料来源：同表1。

联络与创业能力维度指标综合表示波兰中小企业内部创新以及联合其他中小企业开展创新占全部中小企业的比重等。从表6可以看出，波兰与欧盟平均水平相去甚远。

---

① EIS 2016 Data Base, http：//ec. europa. eu/DocsRoom/documents/17823.

表7　知识产权维度

年份	2008	2009	2010	2011	2012	2013	2014	2015
波兰	0.259	0.277	0.292	0.305	0.321	0.318	0.358	0.391
欧盟28国平均值	0.553	0.559	0.563	0.567	0.575	0.578	0.576	0.556

资料来源：同表1。

知识产权维度涉及专利申请、新商标申请、新商业设计等领域。从数据可以看出，波兰的知识产权维度指标在逐年趋同于欧盟平均水平。

表8　创新者维度

年份	2008	2009	2010	2011	2012	2013	2014	2015
波兰	0.347	0.347	0.347	0.249	0.249	0.262	0.262	0.209
欧盟28国平均值	0.579	0.579	0.579	0.542	0.542	0.556	0.547	0.526

资料来源：同表1。

创新者维度综合衡量在开发产品、生产过程、组织营销方面进行创新的中小企业占全部中小企业的比重。从数据可以看出，波兰在这个维度上与欧盟平均水平偏离较大。

表9　经济效果维度

年份	2008	2009	2010	2011	2012	2013	2014	2015
波兰	0.332	0.344	0.331	0.330	0.329	0.311	0.315	0.301
欧盟28国平均值	0.535	0.544	0.556	0.557	0.562	0.565	0.573	0.573

资料来源：同表1。

从数据看出，波兰在创新的经济效果维度上与欧盟平均水平的差距也较大，且呈现下降趋势。虽然国家对研发的支持力度不断加大，但按照欧盟创新记分牌的评价标准，2015年在8个创新维度指标上波兰基本都低于欧盟平均水平。2016年的创新评分结果也显示，波兰的上述各维度指标得分都低于欧盟平均水平，特别是在研究体系和联络与创业能力这两个维度上。

二 波兰创新发展的引擎

（一） 国家战略与配套政策——创新的政策保障[①]

波兰的创新发展得益于政府出台的多项战略规划。

其一， "创新与经济效率战略" ［The Strategy for Innovativeness and Efficiency of the Economy，SIEG （缩写为波兰文字母，下同）］。

2013 年，波兰政府出台"创新与经济效率战略"，为波兰的创新发展锁定了目标。主要目标有：第一，到 2020 年，波兰研发支出占国内生产总值的比重达到 0.8%；[②] 第二，到 2020 年，高技术与中等技术产品销售占比达到 40%；第三，到 2020 年，高技术产品出口值占波兰总出口的比例达到 8%，创新性企业占比达到 25% 。

其二，"企业发展计划"（The Enterprise Development Programme ，PRP ）。

2014 年，波兰政府出台"企业发展计划"。这个计划是"创新与经济效率战略"的实施方案。方案明确了政府进入创新领域的范围、支持措施以及预期的有关法律改革。这个方案关注实施创新战略的商业主体、未来的政策措施与公共管理部门结构与流程的简化等领域。

其三，"国家智能专业化"（National Smart Specialisations，KIS ）。

这个文件于 2014 年出台。作为企业发展计划的附件，文件中罗列出最具经济与创新潜力的研发创新战略领域，聚焦科学与工业技术的前瞻性。

其四，"国家研究计划"（the National Research Programme，KPB）。

"国家研究计划"出台于 2011 年，列出科学研究的关键领域，包括能源领域的新技术、新药、再生医学研究、先进的信息通信技术、新材料、环境、农业以及林业技术、国防与国家安全等[③]。这项计划近似于"国家智能

---

① Krzysztof Klincewicz，Katarzyna Szkuta，RIO COUNTRBY REPORT 2015：Poland，2016，p. 21.

② 公民纲领党政府将这一目标提高为 1.7%。

③ 来自作者与我国驻波大使馆科技处的座谈。

专业化"政策，其出台先于欧盟关于智能专业化的倡议。当前，"国家研究计划"已被波兰发展部所属的国家研发中心（National Science Centre for R&D，NCBiR）分解到若干研发战略资助项目中。

其五，"波兰研究基础路线图"（the Polish Roadmap of Research Infrastructures，PMDIB）。

线路图包含了大规模研究创新的建议和对政府支持措施的建议。

其六，"智能增长行动计划"（the Operational Programme Smart Growth，POIR）。

这是波兰政府在2014～2020年主要的研发资助计划，与包括"国家智能专业化"等其他政策直接关联。

其七，"地区行动计划"（Regional Operational Programmes，RPOs）。

这个计划包括专门的地区资助研发资金，明确了波兰各地区的智能专业化目标。

上述7份文件作为波兰的官方创新战略与政策，有着内在逻辑性。其中，SIEG是波兰国家研发创新战略的纲领性文件，旨在通过提高知识与工作的效率促进创新性，克服波兰研发体系的关键挑战，如刺激私人投资研发、国际化以及创新性。企业是创新的重要主体，PRP文件专为落实纲领性文件而打造。为响应欧盟倡议，政府关注智能专业化，这也是创新的重要领域，KIS应运而生。KPB是之前波兰科学委员会制订的，也有机融入。PMDIB为创新所需的研究设施设计路径，企业创新不能缺少大型的基础研究设施，这就需要政府给予大力资助；高校也需要利用上述设施推动基础研究。POIR是在欧盟2014～2020财年框架下的波兰创新研发资金分配计划。波兰希望借助上述计划推进各地区创新，RPOs则细化了地区智能专业化的行动目标。

（二）创新的机制保证[①]

波兰中央政府保持了多年稳定，政府出台的多项政策计划和预算安排为

---

① Krzysztof Klincewicz，Katarzyna Szkuta，RIO COUNTRY REPORT 2015：Poland，2016. p. 20.

创新提供了稳定预期，有助于对研发的支持保证。

1. 议会、总统与部长议会（内阁）

议会、总统与部长议会（内阁）是引领波兰创新的最高政治决策层。议会发挥立法作用，部长议会负责执行，总统有权提起立法程序和接受新立法。

2. 相关政府部门及非政府部门之间的协调

在波兰创新发展的官方部门中，发展部、科学与高等教育部、国库部作用突出。这三个部门彼此协调国家创新政策。作为非政府部门，科学政策委员会（Committee for Science Policy，KPN）以及科学研究机构评估委员会（Committee for Evaluation of Scientific Research Institutions，KEJN）是制定科学政策的咨询机构。上述政府部门与非政府咨询部门在研发创新的资助与评估过程中积极协调。

3. 研发创新资金的分配

2015 年 12 月，波兰政府进行改组，将经济部、基础设施与发展部合并为发展部。发展部负责制定、实施创新战略，分派研发创新资金到企业发展署（Polish Agency for Enterprise Development，PARP）和国家研发中心（NCBiR），帮助企业从国家以及欧盟基金获得创新资助。发展部还肩负监督与欧盟资金有关的政策法规，支持创新企业以及研发活动的政策，负责协调相关资金机构的行动。科学与高等教育部（MNiSW）所辖资金由国家科学中心（the National Science Centre，NCN）和国家研发中心（NCBiR）进行分配：国家科学中心资助基础科学研究，国家研发中心资助应用研究与创新发展项目。

此外，国库部通过国有银行（Bank Gospodarstwa Krajowego，BGK）提供公共资金支持创新。国库部所辖的工业发展局（ARP）主要负责大型国企的私有化与重组，但现在也涉足创新，如石墨烯技术研发。国库部还拥有国家资本基金（National Capital Fund，KFK），专门支持风险投资用于创新领域。

波兰科学基金会（The Foundation for Polish Science，FNP）作为非政府

机构，其资金分别来自政府科学预算、欧盟结构基金以及其他途径，负责提供研究经费与奖学金。

波兰科学院（PAN）作为负责管理欧盟研究项目的国家联络点（National Contact Point for Research Programmes of the European Union，KPK），承担着推动波兰科学家参与欧盟"地平线 2020"等研发项目的职责。

4. 创新研究主体

波兰创新主体包括公共与私人机构：公共高等教育机构以及波兰科学院等公共研究机构；私人高等教育机构、商业企业、孵化器与技术园区。

私人商业支持机构包括风险资本基金、企业孵化器、技术园区与企业天使协会（Business Angels Associations）。由于欧盟结构基金资助，近年来这些私人机构数量增加。企业通过行业协会等影响政府相关政策的立法过程。

政府及时评估行动计划，从上一个欧盟 7 年财政年度以及新的财年资助吸取经验。所有国家与地方层面新设计的行动计划都要进行事前评估和与大范围的利益相关者磋商，即部委之间的磋商、在线平台与外部利益相关者磋商（包括公民个人），以确保资助项目的可行性。

（三）波兰经济向好推动创新进展

2008 年的金融危机并未影响波兰经济的稳定性。2015 年，按照购买力评价计算，波兰人均 GDP 已经达到了欧盟平均水平的 69%。而在 2007 年，这一指标仅为欧盟平均水平的 53%。2015 年，波兰是欧盟内部经济增长最快的成员。[①]

发展的动力来自内需，收入提高刺激内需，尤其是私人消费。这在一些中东欧国家是一样的，追赶与趋同首先表现在居民生活水平的提高上。2016 年波兰经济增长率为 3%，2017 年达到 3.1%，都超过欧盟平均增长水平。波兰是欧盟唯一没有在危机期间出现经济衰退的成员国。

---

① Eurostat，2015.

波兰的财政赤字率曾逐年下降，2014 年为 -3.2%，趋近于欧盟平均水平 -2.9%；同期政府债务占国内生产总值比重为 50.1%，远低于欧盟平均水平（86.8%）。2014 年波兰年均失业率为 9.0%，也低于欧盟平均指标。近年来波兰政府赤字逐年上升，2016 年为 2.3%，2017 年 2.9%，预计 2018 年为 3.0%。政府总债务率低于 60%，2016 年为 53%，2015 年为 51%。[1] 新政府的家庭自主计划以及降低退休年龄等举措增加了政府支出。

目前，波兰经济主要为制造业与农业，但服务业地位在上升。波兰制造业主要依赖低端技术与中端技术，高技术制造业增加值在 2012 年只占国民经济总增加值的 1.3%，相当于欧盟平均水平的一半。[2]

（四）欧盟资金援手波兰创新

入盟多年，欧盟结构基金对波兰创新的支持是非常大的。2007～2013 年，波兰从欧盟获得 673 亿欧元凝聚基金用于基础设施建设、人力资本发展等。2013 年，波兰参与了欧盟科技研发第七框架计划，波兰研发机构得以融入欧洲层面的科技创新。[3] 波兰在第七框架计划下获得 4.41349 亿欧元的项目资助。[4] 2007～2012 年，波兰从欧盟结构资金中获得了 49.483 亿欧元进行研究与创新，这是欧盟同期给予所有成员国中最多的一笔研发资助。

欧盟还提供资金用于支持波兰的高速宽带网络建设。波兰政府也雄心勃勃力图到 2023 年让所有波兰家庭都能够使用高速宽带。

欧盟的资金支持提升了企业对研发的投入比重。2004～2006 年，在欧盟预算首次资助波兰期间，企业研发支出占波兰同期全部研发支出的比重由 28.68% 上升至 31.54%。2007～2013 年，受金融危机影响，波兰企业研发

[1] Eurostat, 2015.
[2] Eurostat, 2015.
[3] Strategy for Innovation and efficiency of the Economy：Dynamic Poland 2020, Ministry of Economy, Poland，2013，pp. 142 - 143.
[4] Krzysztof Klincewicz，Katarzyna Szkuta，Rio Country Report 2015：Poland，2016, p. 40.

支出比重一度下滑，从 2007 年的 30.36% 下降到 2011 年的 30.13%，但 2012 年又回升至 37.21%[①]。

三　波兰与中国的科技创新合作

（一）　不同历史时期的科技合作

波兰是中国与中东欧各国科技合作项目最多、涉及范围最广、合作成效最好的伙伴。中波两国政府科技合作协定于 1954 年 7 月 20 日在华沙签订。1967~1971 年，中波两国科技合作一度中断。1971 年底，双方同意恢复两国科技合作关系，但级别由副部级降为局级。1982 年 12 月，中波恢复了副部长级的科技合作委员会。20 世纪 80 年代后半期，中波科技合作进入 30 多年来最为繁荣的时期。1988 年 6 月，波部长会议主席兹·梅斯内尔访华，与中国签署了《中波两国长期经济和科技合作发展纲要》。除政府间合作外，两国科学院（在中方还包括中国社会科学院）和专业部门（煤炭、卫生、城建、交通、电子、测绘、专利及科协等）也建立了双边合作关系，其中煤炭、电子部门还设立了常设工作组（副部级）。其他部门则签订了双边合作协议。在两国政府间科技合作协定的推动下，中波科技合作形成了多层次、多渠道、多部门、多形式、官民结合的体系。1990 年以来，随着波兰政治、经济转轨，其科技体制和政策也出现了转型，波兰国际科技合作的重心逐渐转向西方发达国家，与中国的科技合作仍维持在一定水平。1995 年 4 月，波部长会议副主席兼国家科研委主席亚历山大·乌查克率波政府科技代表团访华，在北京同时举行了《中波政府间科技合作协定》和《中波科技合作委员会第 25 届会议议定书》两个文件的签字仪式。2000 年 2 月，中波科技合作委员会第 29 届会议在北京举行，双方商定两国科技合作委员

---

① Aneta Kosztowniak, Anna Sacio-Szymańska, The assesment of the effectiveness of selected innovation support instruments used in Poland in 2007 – 2013, *Economics and Management*, Volume 7, Issue 2, 2015, p. 40.

会会议由每年一次改为每两年举行一次；会议双方主席级别由部级调整为司局级。①

（二）"一带一路"倡议下的科技创新合作

2004 年，中波确立友好合作伙伴关系；2011 年，中波建立战略伙伴关系。2012 年，"16 + 1"合作机制确立；2013 年，中国提出"一带一路"倡议，"16 + 1"合作机制日益成为"一带一路"倡议的有机组成部分。中波两国科技创新合作也获得更广阔的平台，两国在农业、矿业安全、化工、机械、电子、通信、医学等传统领域的合作交流不断深化，在绿色移动、生物医药、新材料、清洁能源、空间等新领域的合作交流进一步拓展。2013 年 7 月，中国长城工业集团公司中标承接波兰小卫星搭载发射项目，这是中波在空间领域的首个合作项目。② 在政府间合作机制的基础上，中波双方积极探讨进一步深化双边科技合作的新机制，特别是就共同资助产学研结合的研发项目、促进研究成果产业化达成共识。根据《布加勒斯特纲要》，中国科技部在上海成功举办了首届中国 – 中东欧国家促进创新技术合作和国际技术转移研讨会。波兰国家研发中心和雅盖隆大学分别选派了两位代表参会。③

2015 年 11 月 23 ~ 27 日，波兰新任总统杜达对中国进行国事访问并出席"16 + 1"领导人会晤。加强在高新科技领域的合作是杜达总统访华主题之一。中波签署了共同推进"一带一路"建设的谅解备忘录等多份重要合作文件。2016 年 6 月 20 日，习近平主席同波兰总统杜达举行会谈，双方一致同意建立中波全面战略伙伴关系。华为技术有限公司与华沙大学签署了共建创新科学数据中心的协议。创新科学数据中心将在大数据、云计算、高效运算和数据分析领域开展合作。柳工瑞斯塔机械有限公司与波兰国家研发中心签署了合作备忘录，柳工在波兰建欧洲研发中心④。

---

① http：//pl. chineseembassy. org/chn/kj/zbkjhz/t128130. htm.

② http：//pl. chineseembassy. org/chn/kj/zbkjhz/t1191267. htm.

③ http：//pl. chineseembassy. org/chn/kj/zbkjhz/t1263895. htm.

④ http：//pl. chineseembassy. org/chn/kj/zbkjhz/t1383931. htm.

目前中波两国关系良好，经贸合作不断扩大，两国政府及地方合作日益密切。波兰建设创新型经济体的发展战略及促进创新创业的政策与中国的创新驱动发展战略不谋而合，双方科研创新合作潜力巨大。

四　波兰创新前景展望

创新的高风险性使得国家的支持尤为重要。真正的创新基于科研、商业、政府三方面的合作。2015 年 10 月，波兰举行议会选举。新组建的政府继续奉行已有政策，并推出新举措激励创新。同时波兰政府也正视问题与挑战，如好的科研项目没有经费、科研成果与商业应用间存在鸿沟、大企业不愿意在研发领域投资等。2016 年 1 月，波兰政府组建创新委员会，副总理兼发展部部长莫拉维茨基任委员会主席，副总理兼文化部部长、副总理兼科技与高教部部长、国库部部长以及数字化部部长均入选创新委员会。委员会负责协调到 2020 年之前近 160 亿欧元的创新专项资金的分配。

自加入欧盟后，波兰的研发与创新在欧洲一体化框架下持续发展。公共财政对研发的支持力度逐年加大。2007 年，波兰的研发强度为 0.6%，到 2015 年上升至 1%，当然这一水平还是低于欧盟平均指标。比较 2008 年，创新水平稍有提高，2009 年，波兰创新水平相当于欧盟平均水平的 59%，2015 年降为 56%[①]。波兰研发投入近几年虽在欧盟基金的支持下有所增长，但距离欧盟标准仍有很大差距。政府承诺到 2020 年波兰研发投入将占 GDP 的 1.7%，而目前这一比率仅为 0.94%，这就意味着每年需要额外增加 20 亿兹罗提的研发投入，才能实现 1.7% 的承诺，以目前的财政状况，即使有欧盟资金的支持也是很难实现的。政府要求波兰大型国企的管理层大幅增加研发投入资金，以解决这一矛盾。军工行业是国企增加研发投入最有潜力的领域。

波兰研发创新体系虽然主要由公共资金支持，但私人资金的作用也在提

---

① 根据表 1 数据计算。

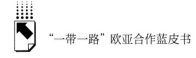
高。目前主要是外资大公司、跨国公司。

波兰的营商环境也在改善，这是鼓励创新的必要土壤。现任波兰政府努力采取措施简化商业手续，从税收政策角度支持企业加大研发投入。此外，响应工业智能化的全球趋势，波兰也在加速其基础设施建设以及智能化应用。但关键的设施瓶颈依旧存在，铁路部门设施、技术老化；经济仍旧以煤炭能源驱动，高排放高污染；电站设施老化，火电站居多，电力需求旺盛。这都是当下波兰应依靠创新大力改进的领域。

目前，地区重要性在增长，这是波兰研发体系变化的重要特点。中央政府分配研发基金仍旧占据优势，不过新的法规也会促进地方创新体系的发展。政府包括地方政府在内的管理能力需要进一步提高。

加强创新的国际化对波兰很重要。波兰与中国在"一带一路"倡议以及"16+1"平台上的创新合作应当大有可为。研究与创新在波兰发展中的作用是关键的，未来的机遇也很多。

B.8

合作潜力与风险并存："一带一路"建设中的捷克

姜　珂*

摘　要： 近年来，中捷关系明显改善，捷克积极参与"一带一路"建设，其优势主要体现在：地理位置优越、经济基础好、工业化程度高、投资环境较为理想、政治意愿强烈。在"一带一路"建设中，捷克发挥了积极作用，与中国的互联互通水平不断提高，如搭建合作平台，完善合作机制；双边贸易和双向投资显著增长；金融合作进一步深化；基础设施联通不断加强；医疗卫生合作迎来新的发展阶段。在"一带一路"建设框架下中捷合作也将面临一些挑战：捷克对华政策可能会发生一定变化；捷克学术界和民众对中国和"一带一路"倡议缺乏了解；捷克右翼势力、媒体和非政府组织对与中国开展经贸合作持怀疑和反对态度。

关键词： "一带一路"与捷克　经贸合作　基础设施联通　医疗卫生合作

捷克是最早参与"一带一路"建设的中东欧国家之一，也是近年来欧盟 28 个成员国中与中国双边关系改善最为显著的国家。捷克视"一带一路"倡议为推动本国经济发展的良好机遇，希望引进中国投资以促进本国

---

* 姜珂，博士，中国社会科学院俄罗斯东欧中亚研究所研究员，研究方向为中东欧问题。

经济增长和拉动就业、扩大对华出口以消除贸易赤字，并吸引越来越多的中国游客。中国视捷克为"一带一路"倡议与"16＋1"合作对接的重要战略支点。"一带一路"倡议为拓展中捷两国在经贸、人文和地方等领域的合作提供了新契机，两国不断发挥在机械制造、航空航天、电子设备、医疗卫生、教育、金融和旅游等领域的互补优势，深挖合作潜力，努力实现合作共赢。

一 捷克参与 "一带一路" 建设的优势

（一） 地理位置优越， 辐射力强

捷克位于欧洲中部，人口 1059.7 万（至 2017 年 9 月 30 日）①，面积 7.89 万平方公里。尽管捷克国内市场不大，但它是欧盟成员国，在捷克境内投资的企业可以进入拥有 5 亿消费者的欧盟统一大市场。捷克是申根国家，基础设施良好，铁路、公路、航空和水运交通便利，与周边国家和欧盟其他国家的经贸和人员往来密切。捷克产品主要出口到欧盟国家，2016 年，欧盟国家占其出口份额的 84%。邻国德国、奥地利、波兰和斯洛伐克是其主要的贸易伙伴，其中德国是其最主要的贸易伙伴，与德国的贸易额约占其对外贸易总额的 1/3。近几年，捷克积极寻求对外贸易多元化，并努力通过科技创新提高经济的竞争力。

（二）经济基础好，经济实力强

捷克是中东欧地区最稳定和最繁荣的经济体，属于世界上最富裕的 40 个国家行列。从 1918 年捷克斯洛伐克共和国建立至第二次世界大战爆发，它已在经济上跻身世界发达国家行列，而捷克斯洛伐克国家的经济重心位于捷克。在 20 世纪 90 年代中期，捷克被誉为中东欧地区经济转型最为成功的

---

① 参见捷克统计局数据，https：//www.czso.cz/csu/czso/obyvatelstvo_ lide。

典范。① 2004 年加入欧盟后，捷克经济经历了一段高速增长期。2004～2008年，国内生产总值实际增长率为 4.9%、6.5%、6.9%、5.6%、2.7%。② 随着国际金融危机和欧元区债务危机的爆发，捷克经济两次陷入衰退。从 2014 年起，捷克经济开始复苏，并发展成为欧盟内经济增长最快的国家之一。2014～2016 年，国内生产总值实际增长率为 2.7%、5.3%、2.6%。2017 年第三季度 GDP 同比增长 5.0%。

按购买力平价计算人均国内生产总值，2016 年捷克相当于欧盟水平的 88%，中东欧地区其他欧盟成员国的情况分别是：斯洛文尼亚相当于欧盟水平的 83%，波兰为 69%，匈牙利为 67%，斯洛伐克为 77%，立陶宛为 75%，拉脱维亚为 65%，爱沙尼亚为 74%，克罗地亚为 59%，罗马尼亚为 59%，保加利亚为 48%③。布拉格地区成为欧盟框架内第六大经济发达地区。捷克还是欧盟贫困人口最少、失业率最低的国家。

（三）工业化程度高，技术发达

捷克是传统工业国家，在 19 世纪末，捷克就集中了奥匈帝国大约 70% 的工业生产能力。如今，工业是捷克国民经济中重要的部门，工业产值占国内生产总值的 1/3 强，工业人口占全国劳动人口的 38%，这一比例在欧盟名列第一。④ 捷克的主要工业部门有化工、机械、食品、冶金和能源等。捷克的机械制造业特别发达，在汽车生产和航空、采矿、电力、环保、医疗卫生、纳米纤维、生物技术等领域的设备制造方面优势突出。捷克技术水平高，曾经取得不少科技成果，如隐形眼镜、水轮机和气流纺纱机等。2016年，捷克政府提出了"捷克工业 4.0"这一高科技战略计划，旨在提升捷克制造业的智能化水平，创造出更多的高附加值产品。

---

① 姜瑂：《在"一带一路"助推下加速发展的中捷合作》，《"一带一路"建设发展报告（2017）》，社会科学文献出版社，2017。

② 参见捷克统计局数据，https：//www.czso.cz/csu/czso/hmu_cr。

③ Cský statistický úřad，Ceská republika v říslech － 2017，https：//www.czso.cz/csu/czso/ceska － republika － v － cislech － 2017。

④ Ekonomika Ceska，https：//cs.wikipedia.org/wiki/Ekonomika_%C4%8Ceska。

（四）投资环境比较理想

为吸引外资和满足投资者对工业基础设施的需求，捷克政府自 1998 年开始出资鼓励建设工业园区，在土地转让和租金等方面提供了一系列优惠政策。捷克政府高度重视外资对经济发展的促进作用，积极鼓励和吸引外资进入新兴产业和高新技术产业部门。

劳动力素质较高，而且劳动力成本较低。捷克人口受教育水平较高，接受过中等以上教育的居民比例超过 70%，领先德国、法国、奥地利和瑞士等西欧发达国家。由于科技大学较多，捷克拥有训练有素的技术工人。与此同时，捷克的工资水平远远低于西欧发达国家。2017 年，捷国内月均工资为 1140 欧元。

与欧洲其他国家相比，捷克的国家财政状况也比较好。2016 年，公共财政出现了盈余，占国内生产总值的 0.7%；国家预算也出现了盈余，占国内生产总值的比例为 1.3%。政府债务占国内生产总值的比例为 33.8%。[①]尽管捷克已基本满足加入欧元区的马斯特里赫特趋同标准，但由于其对欧元信心不足，至今没有确定采用欧元的具体时间。

另外，捷克民族构成和居民的宗教信仰相对单一，社会秩序良好，法制健全，政策制定和执行较为透明。

（五）领导人重视发展对华关系

2014～2017 年在以捷克社会民主党为首的联合政府执政期间，捷克积极调整对华政策，把发展捷中关系作为其对外政策优先方向之一，抛弃意识形态偏见，注重经济外交。2015 年 11 月，索博特卡总理来华参加第四次中国 – 中东欧国家领导人会晤，中捷两国政府签署了共同推进“一带一路”建设的谅解备忘录。2016 年 6 月，索博特卡总理再次访华并出席第二届中国 – 中东欧国家卫生部长论坛。泽曼总统积极推进中捷两国合作，希望捷克

---

① 参见捷克统计局数据，https：//www.czso.cz/csu/czso/hmu_ cr。

成为中国在欧洲投资的安全港。他自 2013 年担任总统以来先后三次访华：2014 年 10 月，泽曼总统率领历史上最庞大的捷克代表团访华，与中方达成金融、医疗、航空、采矿等多个领域的合作协议。2015 年 9 月，泽曼总统来华出席中国纪念世界反法西斯战争暨抗日战争胜利 70 周年活动，成为唯一参加此次活动的欧盟国家元首。2017 年 5 月，泽曼总统率领由政府官员和企业家组成的庞大代表团来华访问，出席了"一带一路"高峰论坛。他评价"一带一路"倡议是现代历史上意义最深远的工程。在 2016 年 3 月习主席访问捷克期间，两国关系提升为战略伙伴关系，中国成为捷克 8 个战略伙伴之一。

二　捷克在"一带一路"建设中发挥的作用

在"一带一路"战略中，中东欧地区是通往欧洲的桥头堡，而捷克是中东欧地区重要的支点国家。在深厚的传统友谊、强烈的政治意愿和产业优势互补的推动下，中捷两国努力实现政策沟通、设施联通、贸易畅通、资金融通和民心相通。

（一）搭建合作平台，完善合作机制，促进务实合作

2014 年 8 月，中捷两国恢复了一度因双方政治关系冷淡而中断的政府间经济联合委员会，以促进双边贸易和双向投资。为发展和深化两国战略伙伴关系，2016 年 3 月，中捷两国决定建立政府间合作委员会，轮流在中国和捷克召开会议。形成常态化的政府间战略对话机制，旨在为两国关系未来发展做出规划。

在 2016 年 3 月习近平主席访问捷克期间，两国政府签署了《关于共同编制中捷合作规划纲要的谅解备忘录》。在同年 11 月于拉脱维亚举行的第五次中国–中东欧国家领导人会晤期间，中捷两国政府签署了《在"一带一路"倡议框架下的双边合作规划》，计划在基础设施、经贸投资、医疗卫生、民用航空、工业生产、环境保护、地方合作、跨境电商、智库、能源、

科研、金融、物流、认证、农业、文化、教育、体育和旅游 19 个领域深化合作。这是中国与欧盟成员国共同编制的第一个双边合作规划，实现了“一带一路”框架下中国与欧洲国家发展战略对接与全方位多领域合作的重大突破，树立了优势互补、合作共赢的典范，为推进新欧亚大陆桥经济走廊建设做出了贡献。①

在 2017 年 5 月召开“一带一路”国际合作高峰论坛期间，中捷两国政府签署了《关于共同协调推动“一带一路”倡议框架下合作规划及项目实施的谅解备忘录》，确定建立“一带一路”中捷合作中心，旨在配合落实中捷合作双边规划纲要，整合国内外资源，建立重点合作项目库，搭建务实合作交流平台，推动项目对接和落地实施。双方还签署了《中国商务部与捷克工业和贸易部关于中小企业合作谅解备忘录》，旨在平等互利原则基础上提升两国中小企业在工业、经贸、科技、投资及其他领域的合作水平。

同年 7 月 18～19 日，在布拉格举行了“2017 中国投资论坛”，来自中国和中东欧国家的 1000 多名政府官员与企业家参加。捷克总统泽曼和总理索博特卡出席了论坛，时任中共中央政治局常委、中央书记处书记刘云山在开幕式上致辞。本届论坛的主题是“‘一带一路’倡议下的‘16＋1’有效合作”，设立了金融与银行领域合作、电子商务、工业与能源和新科技、航空与基础设施四个分论坛，以及三场以教育、金融、中医与卫生为议题的洽谈会和两场中国与中东欧企业间合作项目对接会。通过本届投资论坛，中国与中东欧国家的地方政府和企业就许多项目达成合作意向。从 2014 年起，每年在布拉格举办的“中国投资论坛”国际影响力逐年扩大。“中国投资论坛”不仅成为中捷两国高层对话及合作交流的加速通道，而且成为中国与中东欧国家深化经贸往来的直通平台。2017 年 7 月，“一带一路”中捷合作中心第一次工作会议在布拉格召开。捷克工业和贸易部部长哈弗利切克表示，中捷合作中心是“一带一路”倡议下第一个双边合作中心，凸显了中

---

① 《中捷两国政府间签署〈在“一带一路”倡议框架下的双边合作规划〉》，网易新闻，2016 年 11 月 7 日，http://news.163.com/16/1107/17/C59L9UEQ000187V8.html。

捷合作的开创性和务实性；中捷合作中心将优先推动两国合作项目，同时为中捷企业扩大和深化合作发挥桥梁作用。①

2017 年 11 月，在布拉格举行了中捷科技合作交流会。近年来，两国不断加强科研人员之间的交流和科技合作，捷克成为中国在中东欧地区一个重要的科技合作伙伴。2017 年 5 月，习近平主席提出的"一带一路"科技创新行动计划为两国科技合作带来新的机遇。捷方希望发挥在一些科技领域如纳米、生物和材料技术方面的优势，与中国巨大的市场相结合，进一步发挥创新合作潜力。

（二）双边贸易和双向投资显著增长

2017 年 1 ~ 11 月，中捷双边贸易额为 129.6 亿美元，增幅为 13.5%。其中，捷克对华出口 22 亿美元，同比增长 28.1%，在捷克出口总额中所占份额为 1.3%；捷克自中国进口 107.5 亿美元，增长 10.9%，占捷克进口总额的 7.2%。中国是捷克排名第十七位的出口目的地和第三大进口来源地。②

近年来，中捷双边贸易额占中国与中东欧 16 国贸易总额的 20% 左右。捷克发展成为中国在中东欧地区的第二大贸易伙伴，仅次于波兰。而中国是捷克在欧盟成员国以外的第一大贸易伙伴。在两国进出口货物中，机械设备、电子产品和高科技产品所占比重逐渐增加。

中捷两国企业间相互投资不断扩大，合作领域日益拓宽，合作方式不断创新。2013 年底，中国对捷克的投资累计不足 3 亿美元，至 2016 年底已达 20 多亿美元。在捷克投资的中国企业数量也明显增加，达到将近 40 家，在捷克建成一批生产、研发和服务型企业。③ 华为技术有限公司、长虹电器公

---

① 《捷克总理会见参加中捷合作中心会议的中方代表》，国家发展改革委国际合作中心网站，http://mp. weixin. qq. com/s? _ _ biz = MzA4MzE5NDIxNg% 3D% 3D&idx = 1&mid = 2649874639&sn = 606d70792ff74b41406220d3e9b8dad。

② 参见中国商务部出版的《2017 年 11 月捷克贸易简讯》，https://countryreport. mofcom. gov. cn/new/view110209. asp? news_ id =57463。

③ 王劲松：《中捷经贸合作实现跨越性发展》，搜狐网，https://www. sohu. com/a/197208598_ 157514。

司、中远海运集运公司、中兴通讯公司、运城制版集团、诺雅克电气、上汽延锋汽车内饰公司、江苏亚普汽车部件有限公司、京西重工有限公司和中国华信能源公司等中方企业在捷克开展投资活动并不断扩大投资规模，投资领域涉及家电生产、通信、汽车、机械、印刷、金融、旅游、能源、通用航空和电子商务等。中国华信能源公司把捷克作为在欧洲布局旅游、航空、物流、金融和能源等多领域投资的战略支点国家。2015 年 5 月，它在布拉格成立华信集团（欧洲）股份有限责任公司。至 2017 年底，中国华信能源公司累计在捷克投资 120 亿元人民币[1]。

2016 年 12 月，中车株洲电力机车有限公司与捷克一家私营铁路运营商签订了采购合同，捷方拟采购 3 列动车组。这标志着中国动车组成功进入欧盟市场。2017 年 5 月，捷克贸易促进局与苏宁控股集团签署战略合作协议，苏宁易购"捷克馆"正式上线，构建"网上丝绸之路"。依托与捷克的合作，苏宁将中国制造优质产品输出到国外，同时引进越来越多捷克和欧洲其他国家的优势产品。

截至 2016 年底，捷克对华投资总量达到 3 亿美元，中国已成为一些捷克知名企业最主要的海外市场。[2] 捷克在中国的投资项目中，有两个比较成功和突出，它们是上汽斯柯达公司和捷信消费金融有限公司。目前，斯柯达汽车公司在中国市场的年销售量超过 25 万辆，它计划在 2020 年以前年销售量超过 50 万辆。捷信消费金融有限公司是中国银监会批准设立的首批四家试点消费金融公司中唯一的外资公司，截至 2017 年 6 月，它在中国的业务已覆盖 29 个省份和直辖市、312 个城市。

（三）金融合作进一步深化

1. 中资金融机构在捷克成功设立分支机构

继 2015 年 8 月中国银行在布拉格设立分行后，2017 年 9 月 12 日，中国工商银行布拉格分行正式开业，这是捷克境内唯一一家由非欧盟国家银行设

---

① 高江虹：《三年投入 120 亿元人民币覆盖金融、铁路和航空 华信积极投资捷克辐射欧洲助力"一带一路"》，《21 世纪经济报道》，http://stock.qq.com/a/20171130/001673.htm。

② 同上。

立的分行。中国工商银行布拉格分行与 6 家捷克知名企业签署了合作备忘录，为中捷贸易提供金融支持。目前，交通银行也积极在捷克筹建分行。

2. 中捷金融机构之间不断加强合作

在 2016 年 3 月习主席访问捷克期间，两国金融机构签署了一系列合作协议，如中国银监会与捷克央行之间的《跨境危机管理合作协议》，中国银行业协会与捷克银行业协会之间的合作谅解备忘录，中国国家开发银行与 J&T 金融集团之间的《金融合作框架协议》，中国银行与 PPF 集团之间的合作协议等。在 2017 年 5 月 "一带一路" 国际合作高峰论坛期间，中国人民银行与捷克央行签署了合作谅解备忘录，旨在加强两国中央银行之间的信息交流和经验分享，增进合作。在 "2017 中国投资论坛" 举办期间，捷信集团与亚洲最大的私募股权公司之一——太盟亚洲资本有限公司签署了一份战略合作协议。后者拟向捷信集团在香港的子公司投资，总额高达 20 多亿元人民币，以帮助捷信集团在中国扩展业务。①

3. 中捷企业进入彼此金融市场，并积极助力 "一带一路" 建设

中国华信能源公司拥有捷克第二大财团 J&T 金融集团 9.9% 的股权。捷信集团在中国成立的捷信消费金融有限公司不仅在中国消费金融行业发挥了非常重要的作用，而且努力推进两国在多个领域的合作。在 "2017 中国投资论坛" 上，捷信集团董事长兼首席执行官依西·施梅兹先生表示，作为覆盖全球的消费金融企业，捷信集团致力于通过其产品和服务推进中国 "一带一路" 倡议在沿线国家的实施，积极促进当地的经济发展和消费升级②。

（四）基础设施联通不断加强

1. 增设货物运输通道

自 2012 年开通武汉至捷克帕尔杜比采的首趟中欧班列③以后，2017 年 7

---

① 《"2017 中国投资论坛" 圆满落幕 捷信助推中捷多领域合作》，中国贸易金融网，http://www.sinotf.com/GB/News/Enterprise/2017 - 07 - 21/xNMDAwMDI1MzMxNA.html。
② 《"2017 中国投资论坛" 在捷克举行 捷信助力多领域合作寻双边共赢》，中国网财经，http://finance.sina.com.cn/roll/2017 - 07 - 18/doc - ifyiaewh9624080.shtml。
③ 捷克是中欧（武汉）班列开行的第一个欧洲国家。

月 19 日，开通了由布拉格驶往义乌的中欧班列，这是第一条先从欧洲发车的中欧班列线路，全程行驶约 16 天，装载了水晶、汽车配件、啤酒等捷克特色产品和其他欧洲国家的商品。9 月 9 日，首趟从浙江义乌开往捷克布拉格的班列开行，装载的货物主要有布匹、服装鞋帽和圣诞用品等。另外，中远海运集团以捷克为中心打造 5 条中东欧集装箱进出口通道，中国一家快递公司开通了香港到布拉格的全货机。①

2. 增开从中国飞往布拉格的直达航线

自 2015 年 9 月海南航空公司开通了北京至布拉格的直达航线后，2016年 2 月，四川航空公司开通成都至布拉格的直达航线，同年 6 月，东方航空公司开通上海至布拉格的直达航线。2017 年 10 月，东方航空公司西北分公司又开通西安至布拉格的直达航线，这是中国西北地区首条直飞布拉格的航线，也是中国直飞捷克的第四条航线。捷克首都布拉格因此成为联通中国和欧洲的交通枢纽。中捷双方还计划在未来开通深圳和昆明至布拉格的两条新航线。随着基础设施联通的加强，近年来到捷克旅游的中国人数大幅增加，2017 年达到 40 万~50 万人次。

3. 中国企业投资计划兴建布拉格机场体系

在“2017 中国投资论坛”期间，皇中集团国际控股有限公司董事长邓奎发表演讲称，皇中集团意欲在“一带一路”建设框架下与捷克加强在航空基础设施方面的合作，努力把布拉格机场打造成为一个重要的欧亚航空枢纽中心。②

（五）医疗卫生合作迎来新的发展阶段

在推动中医中心建设和中医立法方面，捷克走在欧盟国家前列。在2014 年 10 月泽曼总统访问中国期间，双方签署《中捷医疗卫生战略合作谅解备忘录》，在传统中医领域的合作迈出了新步伐。2015 年 6 月，在捷克赫拉

---

① 王劲松：《中捷经贸合作实现跨越性发展》，搜狐网，https：//www.sohu.com/a/19720859
8_157514。
② 《中捷“一带一路”合作多点开花》，新华网，http：//news.xinhuanet.com/world/2017 -
07/23/c_129661575.htm。

德茨·克拉洛维附属医院成立了中国－捷克中医研究中心。这是"16＋1"合作框架内首家由政府支持成立的中医中心。同年11月，捷克卫生部、赫拉德茨卫生局、赫拉德茨·克拉洛维附属医院、上海中医药大学附属曙光医院和中国华信能源有限公司在人民大会堂签署谅解备忘录，进一步推动中国－捷克中医中心的发展：提供中医药治疗和预防保健服务，开展中医教学和研究交流活动。2017年3月，首批捷克医师赴华参加中医培训班。如今，中国－捷克中医中心得到了捷克患者的认可，年接诊量超过4000人次。2017年6月，捷克通过了欧盟范围内第一部《中医法》，承认中医是科学的医疗活动，为中医在捷克落地生根提供了法律保障。不久后，捷克又宣布将中医药疗法纳入国家医保系统，成为中东欧国家中第一个把中医纳入国家医保报销范畴的国家。[①]

在捷信消费金融有限公司的积极推动下，中捷两国在医疗卫生领域的合作进入新阶段。2017年6月，在捷信消费金融有限公司、上海交通大学医学院附属瑞金医院和布拉格紧急医疗服务部的共同努力下，中捷航空医疗救援服务合作项目正式启动，它成为"一带一路"沿线国家积极务实开展医疗卫生领域合作的典范。布拉格紧急医疗服务部对瑞金医院的航空医疗救援医护人员和管理人员进行专业培训，有助于提升上海市的航空医疗救援整体水平。捷克还与中国其他多个城市展开了航空医疗救援领域的交流与合作。[②]

三 "一带一路" 建设框架下中捷合作面临的挑战

(一) 捷克对华政策可能会发生一定变化

近年来，中捷关系大幅改善既得益于中国先后提出了"16＋1"合作和"一

---

① 《中捷深化医疗卫生领域合作 共建"健康中国"》，和讯网，http://news.hexun.com/2017-12-07/191906385.html。
② 同上。

带一路"倡议以及致力于深化中欧战略伙伴关系，也由于泽曼总统大力支持与中国的合作，2014~2017年，以捷克社会民主党为主体的执政联盟重视发展对华关系。2018年1月26~27日，捷克举行了总统选举第二轮投票，现任总统米洛什·泽曼最终以51.4%的得票率胜出，获得连任。泽曼总统在捷克政坛的地位将更为稳固，他对新政府的构成和对外政策将发挥重要影响力。目前，捷克新政府的未来充满不确定性。在2017年10月举行的议会众议院选举中，"不满意公民行动2011"以绝对优势取得胜利，但由于其领导人巴比什遭到刑事起诉，难以找到组建政府的联盟伙伴。在2018年1月16日的信任表决中，以巴比什为首的单一少数派政府没能获得众议院多数议员的支持。尽管泽曼总统已委托巴比什第二次组阁，但"不满意公民行动2011"能否通过谈判和妥协找到合适的联盟伙伴，并在第二次信任表决中获得众议院多数议员的支持依然是个未知数。巴比什已表示，一旦新政府不能通过议会信任投票，捷克将提前举行议会大选。无论是否提前举行议会大选，"不满意公民行动2011"都将是捷克政坛上最主要的政党，将在捷克对华政策问题上发挥关键作用。在对华关系问题上，该党及其领导人巴比什能在多大程度上受到泽曼总统的影响，还有待观察。巴比什曾经对中国投资对捷克经济发展的意义表示怀疑，声称国家的外交政策属于政府的权限范畴。在第二轮总统选举前，巴比什建议泽曼总统明确向选民表示，他不希望捷克倾向东方，自己多次前往俄罗斯和中国只是为了支持捷克的企业家。① 巴比什是实用主义者，注重经济利益，虽然不会大幅度调整对华政策，但也不会像上届政府那样重视发展对华关系。

（二）捷克学术界和民众对中国和"一带一路"倡议缺乏了解

捷克普通民众对中国的了解非常有限，主要通过新闻媒体，而媒体常常不能客观、公正地报道中国的政治、经济和社会现状。2010年至2017年上半年，在捷克媒体关于中国的报道中，41%的新闻内容宣传的是中国的负面

---

① TASR, Babiš: Ak chce Zeman uspieť, mal by upustiť od orientácie na Východ, 13.01.2018, https：//spravy. pravda. sk/svet/clanok/454545 - babis - ak - chce - zeman - uspiet - mal - by - upustit - od - orientacie - na - vychod/.

形象。在同一时期，斯洛伐克媒体关于中国负面形象的报道比率约为 26%，匈牙利则为 9%。① 加之捷克人对社会主义制度怀有不良的历史记忆，因此相当一部分民众对中国存有误解和偏见。

捷克学术界的大部分学者包括一些汉学家将"一带一路"建设片面地理解为与基础设施联通有关的合作项目，他们认为捷克难以成为中国企业进入欧盟的桥头堡，原因是捷克不靠海。由此可见，需要通过不断加强地方合作和人文交流，夯实"一带一路"框架下深化中捷经贸合作的民意和社会基础。

（三）捷克右翼势力、媒体和非政府组织对与中国开展经贸合作持怀疑和反对态度

捷克右翼势力、媒体不时指出，中捷经贸合作成果远远没有期望中那么丰硕，捷方投入的政治资本明显大于获得的经济收益，不少合作项目仅停留在协议上，没有得到具体落实。近两年来，捷克对华出口额逐渐扩大，但捷克对华贸易逆差依然很大。2016 年，捷克对中国出口 19.1 亿美元，增长 3.4%，捷克与中国的贸易逆差为 86.7 亿美元。2017 年 1～11 月，捷克对中国出口 22.0 亿美元，增长 7.2%，捷克对华贸易逆差为 85.5 亿美元。②

对于中国的投资，他们一方面希望中国企业进行绿地投资，以促进捷克经济增长和拉动就业，而不是并购当地的企业和知名品牌；另一方面又担心中国投资会带来政治和安全风险，特别对中国企业在金融、能源和消费品领域的投资持戒备心理。有捷克学者表示，捷克应该在欧盟层面支持以对等原则发展对华关系，如果外企不能在中国投资能源、电信、媒体和其他战略部门，捷克也就不能毫无条件地开放自己的市场。③

---

① Ivana Karásková, Prezidenti a vlády odcházejí, Číňané zůstávají, 13.01.2018, https：//nazory. ihned. cz/komentare/c1 - 66025810 - prezidenti - a - vlady - odchazeji - cinane - zustavaji.

② 参见中国商务部出版的《2016 年捷克贸易简讯》和《2017 年 11 月捷克贸易简讯》，https：//countryreport. mofcom. gov. cn/record/view110209. asp? news_ id = 53022；https：//countryreport. mofcom. gov. cn/new/view110209. asp? news_ id = 57463。

③ Ivana Karásková, Prezidenti a vlády odcházejí, Číňané zůstávají, 24.1.2018, https：//nazory. ihned. cz/komentare/c1 - 66025810 - prezidenti - a - vlady - odchazeji - cinane - zustavaji.

B.9
中国与哈萨克斯坦合作成果丰硕

耶斯尔*

摘　要：　哈萨克斯坦是中国推进丝绸之路经济带建设的重要邻国，并对丝绸之路经济带倡议表示欢迎。哈萨克斯坦也先后提出和制定本国发展战略和规划。中哈两国在发展战略对接、基础设施互联互通、合作园区建设、产能合作，以及经贸、旅游和人文交流等方面取得较大成果，但两国在合作推进"一带一路"建设中也存在一些问题。

关键词：　"一带一路"　中国　哈萨克斯坦

2013 年 9 月和 10 月，中国国家主席习近平访问中亚及东南亚国家。在访问期间，习主席先后提出了丝绸之路经济带和 21 世纪海上丝绸之路的倡议，该倡议得到国际社会高度关注。作为"一带一路"倡议的重要组成部分，丝绸之路经济带将有助于中国的改革发展和建立开放的新局面，也为欧亚大陆国家间合作提出了新模式，将有利于沿线国家的社会经济发展。

哈萨克斯坦是连接中国和西亚、俄罗斯及欧洲的重要中转站，是中国实现丝绸之路经济带建设构想的重要邻国。按丝绸之路经济带的路线来看，主要有三条路线：中国过中亚、经俄罗斯至欧洲的路线；中国过中亚、西亚到波斯湾、地中海的路线；中国到南亚、东南亚、印度洋的路线。从上述三条线路我们可以看出，前两条线路都必经中亚，这两条线路的第一站都是哈萨

---

* 耶斯尔，博士，新疆社会科学院中亚研究所研究员。

克斯坦。由此可见，哈萨克斯坦是中国陆路交通上的枢纽，对中国向西开放具有重要作用，也必然是未来中国通过丝绸之路经济带与沿途国家开展多方位合作的重要基础。

一 哈萨克斯坦概况

哈萨克斯坦国土面积 279.49 万平方公里，位于亚洲中部地区，是世界上最大的内陆国家。西面里海，北部与俄罗斯相邻，东部与中国，南部与土库曼斯坦、乌兹别克斯坦、吉尔吉斯斯坦接壤。其国土东西跨度约为 3000公里，南北长 1700 公里，[①] 境内多平原和低地。全国设 14 个州、2 个直辖市（首都阿斯塔纳和原首都阿拉木图）。

哈全国人口为 1801.42 万（截至 2017 年 6 月），其境内有 140 个民族，其中哈萨克族占总人口的 65.5%，俄罗斯族占 21.4%，其他民族还有乌兹别克族和乌克兰族等。[②] 哈萨克语为国语，哈萨克语和俄语同为官方语言。多数居民信奉伊斯兰教（逊尼派），但也有东正教、天主教和佛教信众。哈萨克斯坦实行政教分离的立国方针，国家政权属世俗性质。

哈萨克斯坦自然资源丰富，蕴藏矿物 90 多种、矿物原料达 1200 多种，探明的黑色、有色、稀有和贵重金属矿产超过 500 处，石油可采储量达到 40 亿吨左右，天然气可采储量 3 万亿立方米。[③]

哈萨克斯坦原为苏联的加盟共和国，1991 年 12 月宣布独立。现任总统纳扎尔巴耶夫自独立以来一直担任总统。该国为总统制共和国，独立以来实行渐进式民主政治改革。总统为国家元首，每届任期 5 年。国家政权机关根据立法、司法和行政三权既分立又互相作用和制衡的原则行使职能。2007

---

① 商务部国际贸易经济合作研究院、商务部投资促进事务局、中国驻哈萨克斯坦大使馆经济商务参赞处：《对外投资合作国别（地区）指南——哈萨克斯坦》（2016 年版），第 2 页。
② 外交部网站，http：//www.fmprc.gov.cn/web/gjhdq_ 676201/gj_ 676203/yz_ 676205/1206_ 676500/1206x0_ 676502/（上网时间：2017 年 11 月 12 日）。
③ 商务部国际贸易经济合作研究院、商务部投资促进事务局、中国驻哈萨克斯坦大使馆经济商务参赞处：《对外投资合作国别（地区）指南——哈萨克斯坦》（2016 年版），第 4 页。

年6月，哈萨克斯坦议会修改宪法，哈萨克斯坦政体从而由总统制过渡为总统－议会制。首任总统为终身制，议会权力得到扩大，政党的作用提高；议会多数党团有权组阁，并推举总理人选。

哈经济以石油、采矿、煤炭和农牧业为主。2016年哈国内生产总值1336.57亿美元，同比增长1%①。2017年1~8月，哈萨克斯坦GDP增速为4.3%，外贸进出口增长30%以上②，国内市场通货膨胀率放缓，保持在预计水平。2017年1~8月，哈萨克斯坦工业、外贸、交通、仓储和通信领域均出现快速增长，建筑业和农业增速下滑。工业领域增速最快，同比增长8.5%；由于农作物生产量减少，2017年1~8月农业增长降至1.1%。建筑业领域增长大幅放缓。2017年上半年增速高达5.9%，7月增速骤降至0.7%，8月继续降至0.1%。③此外，穆迪和标准普尔将该国评级展望从"负面"上调至"稳定"。

表1　2011~2017年哈萨克斯坦经济情况

年份	GDP总值（亿美元）	增长率（%）	人均GDP（美元）	年增长率（%）
2011	1862	7.5	11167	24.3
2012	2016.6	5.0	11983	8.6
2013	2203	6.0	12933	8.8
2014	2122	4.3	12276	−5.0
2015	1838.3	1.2	10558	−13.9
2016	1336.57	1.0	—	—
2017（1~8月）	688.41	4.3	—	—

资料来源：哈萨克斯坦国民经济部统计委员会。

① 外交部网站，http：//www.fmprc.gov.cn/web/gjhdq_676201/gj_676203/yz_676205/1206_676500/1206x0_676502/（上网时间：2017年11月12日）。
② 哈萨克国际通讯社2017年9月19日，http：//www.inform.kz/cn/2017－8－gdp－4－3_a3066518（上网时间：2017年11月12日）。
③ 中国驻哈萨克斯坦大使馆经济商务参赞处网站，http：//kz.mofcom.gov.cn/article/jmxw/201709/20170902648691.shtml（上网时间：2017年11月13日）。

世界经济论坛《2015～2016 年全球竞争力报告》显示，哈萨克斯坦在全球 140 个国家和地区中排第 42 位；世界银行《2016 年营商环境报告》显示，哈萨克斯坦在 189 个经济体中排名第 41 位，[①] 较上年大幅提升。根据世界银行发布的《2017 年营商环境报告》，2016 年哈萨克斯坦营商环境得到改善，除了信贷和纳税两项指标有下降外，其他大多数指标都有提升。在全球 190 个国家中，哈萨克斯坦排名第 35 位，是欧亚经济联盟中排名最高的国家。根据世界经济论坛发布的《2017 年全球竞争力报告》，哈萨克斯坦在 140 个国家中排第 53 位，比 2016 年下降 11 位。

二 "一带一路"与中哈合作

自 1992 年 1 月中哈建交以来，两国关系稳定发展，政治互信逐步提升，双方在各领域的合作逐步拓展和深化。2013 年 9 月中国提出共建丝绸之路经济带的倡议后，哈萨克斯坦是第一个表示支持的国家。由于"一带一路"倡议能够满足哈国内发展的需求，哈积极参与中国的"一带一路"建设。哈萨克斯坦与中国开展合作，具体是通过两国发展战略的对接、基础设施的联通、产能合作、贸易便利化、金融合作、互相投资等形式进行。

中哈贸易额与建交之初相比增长了近 40 倍，中国累计对哈投资已达 428 亿美元，[②] 哈萨克斯坦成为中国在中亚地区的第一大贸易伙伴和"一带一路"沿线第一大投资对象国。两国开辟了五对常年对开口岸、五条油气跨境运输管道、两条跨境铁路干线、一个国际边境合作中心。

（一）发展战略的对接

哈萨克斯坦与中国"一带一路"倡议对接的首要方式是促使本国发展

---

① 商务部国际贸易经济合作研究院、商务部投资促进事务局、中国驻哈萨克斯坦大使馆经济商务参赞处：《对外投资合作国别（地区）指南——哈萨克斯坦》（2016 年版），第 21 页。

② 文龙杰：《专访中国驻哈大使：中哈合作树立共建"一带一路"典范》，中国新闻网，http：//www.chinanews.com/gn/2017/05－12/8222238.shtml（上网时间：2017 年 11 月 17 日）。

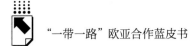

战略与"一带一路"倡议对接，即"光明之路"新经济政策与"一带一路"倡议对接。"光明之路"新经济政策是由哈萨克斯坦总统纳扎尔巴耶夫于 2014 年 11 月提出的，该政策旨在促进哈萨克斯坦本国基础设施的建设，推动经济持续发展，保持哈国社会稳定，主要包括工业、能源、交通、社会和文化等诸多领域。哈萨克斯坦在 2015～2017 年向"光明之路"新经济政策投资 90 亿美元。[①]

2016 年 9 月，中哈两国政府签署了《关于丝绸之路经济带建设与"光明之路"新经济政策对接合作规划》，双方同意围绕"一带一路"建设开展积极合作。

（二）实现两国基础设施的联通

1. 油气管线联通

目前两国间有五条油气跨境运输管道

中国 - 中亚天然气管道（下称中亚天然气管道）是我国第一条引进境外天然气的能源通道，也是世界上最长的天然气管道，被誉为"新时期的能源丝绸之路"。

中亚天然气管道规划包括 ABCD 四线，其中 ABC 三线已经建成并运行。而 A、B、C 三条线都经过哈萨克斯坦，从新疆霍尔果斯进入中国，全长 1833 公里。截至 2017 年 10 月 31 日，中亚天然气管道向中国国内输气 321.05 亿立方米，同比增长 13.33%，[②] 为快速增长的国内天然气市场需求提供了有力保障。

中哈原油管道西起哈萨克斯坦阿特劳，东至中国新疆阿拉山口，全线总长 2800 多公里[③]，从 2008 年起，连续六年，中哈原油管道出口原油

① 新华网，http：//news. xinhuanet. com/world/2015 - 04/16/c_ 1114996805. htm（上网时间：2017 年 11 月 14 日）。
② 朱景朝、李明：《今年前十月中亚天然气管道向中国输气逾 321 亿标方》，中国新闻网，http：//www. chinanews. com/ny/2017/11 - 17/8379584. shtml（上网时间：2017 年 11 月 19 日）。
③ 《中哈原油管道累计输油 1 亿吨　正式跨入"亿吨时代"》，央广网，http：//china. cnr. cn/gdgg/20170329/t20170329_ 523682920. shtml（上网时间：2017 年 11 月 14 日）。

贸易额占哈国对中国出口贸易总额的 50% 以上，截至 2017 年 3 月 29 日已向中国累计输油达 1 亿吨[1]。该项目公司也是当地重点纳税企业之一，截至 2016 年，该项目公司共向哈国交纳各项税费超过 3.5 亿美元[2]，自中方主导阿克纠宾项目开发建设与运营管理以来，已累计生产油气当量超过 1 亿吨，累计上缴税费超过 400 亿美元，提供就业机会超过 3 万个[3]。

2. 铁路联通

中欧班列的开通为构建欧亚大通道奠定了坚实基础。2011 年 12 月 2 日，中哈第二条铁路[4]在新疆伊犁霍尔果斯口岸成功接轨，过境哈萨克斯坦的中欧货运班列得到大幅增加。截至 2017 年 11 月，当年中欧班列开行总数已突破 3000 列，为中欧班列年度开行数量最高，超过 2011 ~ 2016 年六年开行数量的总和。[5] 2017 年 1 ~ 8 月，中哈铁路过货量已达 670 万吨，同比增长 29%。预计 2018 年将达 1230 万吨。[6]

中欧班列行驶速度大幅提升。在沿线国家特别是哈萨克斯坦和中国的共同努力下，中欧班列的行驶速度得到大幅提升。2013 年，从成都青白江出发的中欧班列需要开行 14 天到达波兰，现在这趟列车只需要走 10.5 天[7]。

---

① 《中哈原油管道累计输油 1 亿吨　正式跨入"亿吨时代"》，央广网，http://china.cnr.cn/gdgg/20170329/t20170329_523682920.shtml（上网时间：2017 年 11 月 14 日）。

② 《中哈原油管道累计输油 1 亿吨　正式跨入"亿吨时代"》，央广网，http://china.cnr.cn/gdgg/20170329/t20170329_523682920.shtml（上网时间：2017 年 11 月 14 日）。

③ 《中哈油气合作："一带一路"建设先行者》，中国石油新闻中心，http://news.cnpc.com.cn/system/2017/06/13/001649791.shtml（上网时间：2017 年 11 月 17 日）。

④ 第一条在新疆阿拉山口。

⑤ 樊曦：《中欧班列累计开行数量突破 6000 列》，新华网，http://news.xinhuanet.com/fortune/2017-11/18/c_1121976280.htm（上网时间：2017 年 11 月 19 日）。

⑥ 中国驻哈萨克斯坦大使馆经济商务参赞处：《2017 年中国与哈萨克斯坦铁路过货量将超 1000 万吨》，http://kz.mofcom.gov.cn/article/jmxw/201709/20170902651917.shtml（上网时间：2017 年 11 月 16 日）。

⑦ 国务院新闻办：《哈萨克斯坦："一带一路"从这里走向世界》，http://www.scio.gov.cn/32621/32629/32754/Document/1490044/1490044.htm（上网时间：2017 年 11 月 16 日）。

中哈积极推进地方铁路联通。2017 年 3 月 22 日，中哈两国在新疆塔城市签署合作备忘录，共同推进中国塔城 – 哈萨克斯坦阿亚古兹铁路建设前期工作。中国塔城 – 哈萨克斯坦阿亚古兹铁路中国境内段已纳入中国国家"十三五"规划。该铁路的建设将会加强哈萨克斯坦东哈州同中国新疆塔城地区旅游、农业、教育、医疗和中哈（塔城）国际合作实验区建设等方面的合作，更好地造福两地人民。

中哈两国间开通第二条客运铁路。2017 年 6 月 8 日起，中国铁路部门开通由乌鲁木齐经霍尔果斯到阿斯塔纳的国际联运旅客列车。这是继新疆阿拉山口铁路口岸之后，中哈两国又一条新的铁路客运通道。

3. 公路联通

公路联通是中哈两国设施联通的重要组成部分，公路运输在两国的交流当中发挥着重要作用。

中哈俄开通公路货物运输路线。2015 年 12 月 7 日，中俄两国在北京签署《中华人民共和国交通运输部和俄罗斯联邦运输部关于中俄货运车辆经过哈萨克斯坦领土临时过境货物运输协议》。该协议旨在打通由俄罗斯西伯利亚地区过境哈萨克斯坦至中国新疆的陆路货运路线，临时过境哈萨克斯坦经中哈边境进入中国。2016 年 3 月 31 日，中哈俄国际道路运输在新疆塔城巴克图口岸开通。

"双西公路"[①] 建设取得重大进展。2017 年 11 月 18 日，国道 218 线霍尔果斯口岸段公路项目建成通车，这标志着"双西公路"国内段贯通。"双西公路"哈萨克斯坦境内路段工程大部分已经改造完工，预计将于 2017 年内实现全线通车。"双西公路"全线贯通后，可以把连云港到欧洲的货物运输时间从 45 天缩短至 10 天。

① 2006 年 11 月，中哈两国共同提出建设"双西公路"，2008 年，两国同时启动项目建设。"双西公路"为西欧 – 中国西部国际公路的简称，全称为"西欧 – 俄罗斯 – 哈萨克斯坦 – 中国西部"国际公路运输走廊。它东起中国连云港，西至俄罗斯圣彼得堡，与欧洲公路网相连，途经中哈俄三国数十座城市，总长 8445 公里。其中，俄罗斯境内长 2233 公里、中国境内长 3425 公里、哈萨克斯坦境内长 2787 公里。

（三）合作园区建设

1. 中哈霍尔果斯国际边境合作中心

自 2011 年 12 月中哈霍尔果斯国际边境合作中心①投入运营以来，中哈双方依托合作中心积极推进合作，合作中心建设有很大进展。2016 年，出入合作中心人员超过 500 万人次，同比增长 36.4%。② 2016 年 1 月，合作中心哈方区首个项目——中央金雕广场一期开业，主要以销售中亚国家的特色商品为主。2016 年 9 月 6 日，新疆跨境电商综合服务平台上线，霍尔果斯跨境进口首单开通。2017 年第一季度中哈霍尔果斯国际边境合作中心进出人数达到 100.4 万人次，旅游接待人数 58.39 万人次。③ 2017 年 6 月 1 日，中哈霍尔果斯国际边境合作中心进出货物（物品）分流集运联网监管平台正式运行，这标志着合作中心开启了便捷、高效、规范的旅游购物体验。合作中心区内免税特色商场及税收优惠政策吸引了多方游客前来旅游购物。据霍尔果斯海关统计，进出区人流量由运营初期的单日 500～600 人次增长到目前的日均 1.5 万人次，进出口货运量也增长了几十倍。截至 2017 年 4 月，合作中心入驻项目 20 余个，入驻中外商户 4000 余家，总投资超过 200 亿元。④

---

① 2004 年 9 月，中国与哈萨克斯坦正式签订协议，在中哈边境霍尔果斯口岸共同建设边境合作中心。2011 年 12 月，中哈霍尔果斯边境合作中心投入运营。中哈霍尔果斯国际边境合作中心是世界唯一的跨境自由贸易区，中哈两国公民和第三国公民无须签证即可凭护照或出入境通行证等证件进出合作中心园区。该中心占地面积 5.28 平方公里，其中中国一方面积 3.43 平方公里，哈萨克斯坦一方面积 1.85 平方公里。合作中心中方一侧的主要功能是贸易洽谈、商品展示和销售、仓储、商业和金融服务，举办各类经贸洽谈会等。详见孙力、吴宏伟主编《中亚国家发展报告（2016）》，社会科学文献出版社，2016，第 89 页。
② 孙力、吴宏伟主编《中亚国家发展报告（2016）》，社会科学文献出版社，2016，第 90 页。
③ 《中哈霍尔果斯国际边境合作中心分流集运中心将于 6 月正式投入使用》，央广网，http：//xj. cnr. cn/2014xjfw/2014xjfw_ 1/20170520/t20170520 _ 523764892. shtml（上网时间：2017 年 11 月 16 日）。
④ 顾亚君、徐静：《中哈霍尔果斯国际边境合作中心联网监管平台正式运行 开启分流集运全新购物体验》，新疆亚欧网，http：//www. xinjiangyaou. com/c/2017 – 06 – 02/1946832. shtml（上网时间：2017 年 11 月 16 日）。

2. 中哈（连云港）物流合作基地

中哈（连云港）物流合作基地是丝绸之路经济带建设的第一个实体项目。该基地让哈萨克斯坦获得了面向亚太地区的出海口。2014 年 5 月 15 日，中哈（连云港）物流合作基地建设基本完工。2015 年 8 月 31 日，江苏省与哈萨克斯坦国家铁路公司签署了战略合作框架协议。按照协议，为支持连云港国际货运班列的发展，双方将继续加大开发连云港物流基地的力度。连云港物流基地总投资将超过 30 亿元人民币，其中连云港港口集团出资 51%，哈萨克斯坦铁路快运物流有限公司出资 49%，该基地主营国际多式联运、拆装箱托运和仓储等国际货物运输业务。基地项目一期投资达 6.06 亿元人民币，按照规划将包括集装箱堆场和集装箱位建设，日均装卸能力将达 10.2 列，年最大装卸能力将达到 41 万标箱。① 2017 年 2 月 5 日，哈萨克斯坦首批过境小麦搭乘班列顺利抵达，并通过海运换装发往越南。

2017 年 6 月，中哈（连云港）物流合作基地与深水大港、远洋干线、中欧班列、物流场站的对接初步完成。

（四）产能合作

中哈产能合作快速推进。目前，中哈已经签订产能合作的政府间协议，标志中哈产能合作机制的建立。到 2017 年 5 月，中哈已就重点合作项目确立了项目清单，涉及资金 270 多亿美元。与此同时，在丝路基金的积极推动下，20 亿美元的中哈产能合作基金设立。基金一期包括 150 亿美元的专项贷款，其中 34 个项目已投产，43 个项目正在实施。② 这些项目涉足哈萨克斯坦一些空白行业，对哈萨克斯坦的工业化发展发挥了推动作用。项目的实施还创造了众多就业机会，惠及哈萨克斯坦地方社会经济的发展。

---

① 彭真怀：《发挥中哈（连云港）物流合作基地点穴效应》，《民生周刊》2015 年第 19 期。
② 《中国哈萨克斯坦产能合作：达成 270 亿美元重点项目清单》，新浪网，http://finance.sina.com.cn/china/gncj/2017－05－12/doc－ifyfecvz1090658.shtml（上网时间：2017 年 11 月 14 日）。

中哈产能合作的领域还向工业制成品方向延伸。例如，库斯塔奈江淮汽车项目是中哈产能合作的突出成果。2015 年 3 月，安徽江淮集团与哈方签订汽车产品组装授权协议，随后江淮汽车作为哈本国产品在哈进行组装销售。2016 年，江淮汽车在哈销售量同比增幅超过 500%，其 S3 车型荣获哈"人民品牌"的称号。[①]

（五）中哈两国贸易

中哈两国经贸合作稳步发展。目前，中国是哈萨克斯坦第一大进口国，也是其第二大出口国。在中亚地区，哈萨克斯坦是中国第一大贸易国，第一大对外投资对象国。[②]

根据哈收入委员会发布的数据，2017 年上半年，中哈双边贸易额同比增长 33%，其中，哈从中国进口 21 亿美元，同比增长 34%，占哈总进口额的比重由 22% 增至 27%，向中国出口 28 亿美元，同比增长 33%，贸易顺差为 7 亿美元。主要进口商品为电话、计算机、鞋类，其中，电话设备总额 1.89 亿美元，同比增加 62%；计算机设备总额 0.7 亿美元，同比上涨 75%；进口鞋类总额 0.817 亿美元，同比增长 180%；服装和纺织品总额 0.33 亿美元，同比增长 8%。按地区统计，阿拉木图市进口 10 亿美元，占从中国进口总额的 48%，同比增长 53%。最大出口地区为阿克纠宾州、卡拉干达州和东哈州，占向中国出口总额的 51%，主要供应铜、铀、铁合金及其他材料。[③]

---

① 陈晓晨、李时雨：《中哈共建"一带一路"，要抓住产能合作这个"魂"》，第一财经网，http://www.yicai.com/news/5324663.html（上网时间：2017 年 11 月 17 日）。

② 龙文杰：《中国国航北京–阿斯塔纳航线开通 为中哈搭起新"空中丝路"》，中国新闻网，http://www.chinanews.com/gj/2017/06–03/8240830.shtml（上网时间：2017 年 11 月 18 日）。

③ 于志刚：《上半年中哈双边贸易额同比增长 33%》，中国驻哈萨克斯坦大使馆经济商务参赞处网站，http://kz.mofcom.gov.cn/article/jmxw/201708/20170802633650.shtml（上网时间：2017 年 11 月 17 日）。

（六）旅游合作与人文交流

旅游作为增进民间交往、促进民众感情交流的重要载体，在"一带一路"建设中，发挥着天然的润滑剂作用。扩大中哈旅游交流是民心所向，大势所趋。旅游合作将成为两国合作关系的重要组成部分。中方已与哈方签署《关于便利中国公民赴哈萨克斯坦共和国团队旅游的备忘录》，并于2016年7月正式开放中国公民组团赴哈萨克斯坦旅游业务。

中国赴哈团队旅游显现出良好的发展态势，哈萨克斯坦逐渐被中国游客所熟悉。2016年，中国公民首站赴哈旅游人数同比增长3.4%，达到25.79万人次。[①]从目前看，赴哈旅游的游客以团队游为主，更多游客正在了解哈萨克斯坦的旅游资源。2017年是中哈旅游年。中哈双方各自在本国和对方国家举办不同形式的旅游推介和文化展示活动，有效促进了双方之间的旅游合作。2017年1~6月，哈萨克斯坦访华人数达10.96万人次，同比增长12.7%[②]。目前哈萨克斯坦是中国在中亚地区最大的客源国。

人文交流。国之交在于民相亲。在推进中哈合作过程中，坚持文化先行尤为重要。近年来，中哈人文交流日益紧密。中哈双方通过互设文化中心、联合创办高校、交换影视文学作品等方式增进了彼此了解和认同。哈萨克斯坦已开设5所孔子学院和7家孔子课堂，4所哈萨克斯坦中心落户中国高校。[③] 目前在北京、上海、大连3所高校内设立了"哈萨克斯坦中心"。即将成立的第四个哈萨克斯坦中心将设在西安外国语大学。有约1.4万名哈籍留学生在华深造，赴哈中国留学生已逾1300人，数量均为中亚之最。两国人民之间的交往从政府到民间，从中央到地方，从文化、教育到科技、体

---

① 赵珊：《"一带一路"带热中哈旅游》，《人民日报》（海外版）2017年6月9日。

② 赵珊：《哈萨克斯坦成为中国在中亚地区最大客源国》，《人民日报》（海外版）2017年11月17日。

③ 罗建华：《习主席之行助推中哈友谊达到新高度》，中国青年网，http：//news. youth. cn/gn/201706/t20170607_ 9999811. htm（上网时间：2017年11月18日）。

育，合作领域之宽、涵盖范围之广、往来团组之多均居中亚地区之首。① 作为两国人文交流的结果，哈萨克斯坦歌手迪马希在中国已广为人知；而中国优秀影视作品例如《舌尖上的中国》和《温州一家人》等也为哈萨克斯坦普通民众所熟知。

三　中哈合作存在的问题

"中国威胁论"在哈萨克斯坦仍有一定市场。历史上苏联反华宣传的影响至今犹存，影响一部分哈国民众对中国的认知。在现实中，西方和俄罗斯的一些反华势力宣扬的"中国威胁论"也在哈萨克斯坦传播扩散。在哈萨克斯坦国内，一些政治反对派也利用反华言论博取民众支持。哈萨克斯坦国内社会政治及经济问题有时也会以反华的形式表现出来。哈萨克斯坦专家认为："近期一些针对中国投资者的抗议活动只是幌子，其根本问题是，总体社会经济日趋紧张，所有社会阶层对现政权出现了厌倦。"②

哈萨克斯坦的政局存在不确定性。虽然整体看中亚国家政治稳定，但风险依然存在。一是老人政治。纳扎尔巴耶夫执政已超过20年，虽然他就权力交接进行了布局，但如何交接仍是未知数，这不乏政治风险。二是权力结构脆弱，为巩固自身权力，领导人经常修改宪法，政权的"抗震力"减弱。三是权力世袭化倾向。哈萨克斯坦实行总统制，总统权力很大。近年来，修宪后纳扎尔巴耶夫总统无限连任，其子女也分别位居政府要职，这种总统权力世袭化倾向将有可能进一步造成政治体制的僵化，容易诱发国内政治和社会失序。中亚地区政治的不确定性给丝绸之路经济带建设在该地区的顺利推

---

① 文龙杰：《专访中国驻哈大使：中哈合作树立共建"一带一路"典范》，中国新闻网，http://www.chinanews.com/gn/2017/05-12/8222238.shtml（上网时间：2017年11月17日）。

② Ярослав Лазумов, Казахстан и Китай – сближение или имитация? //Россия в глобальной политике, 31 мая 2016. 转引自潘志平《对丝绸之路经济带与中俄合作的评估》，《俄罗斯东欧中亚研究》2017年第1期。

进带来一定风险。①

哈萨克斯坦投资环境有待改善。近几年，哈国政府虽然努力改善投资环境，但结果差强人意。首先是政策干预随意性强，经常以"总统令"等文件来管理外国企业的经营。近两年，哈萨克斯坦对外资企业的管控日益严格，对企业注册、劳务许可、税收、企业采购等采取了直接限制性措施，这样的做法对中哈在经贸、投资等领域合作非常不利。其次是金融制度落后。哈萨克斯坦的金融市场尚不发达，金融机构存在信用评级差、抗风险能力差、融资困难等问题。中哈之间金融市场开放度低，资金流受限，且两国的金融监管模式和标准存在较大差异。以上因素在中国金融机构走入哈萨克斯坦市场时为企业带来高风险、高成本、低收益、币值不稳定等问题。②

哈萨克斯坦存在一定的安全风险。近年来，极端主义和恐怖主义在中亚的活动有所上升，对中亚国家的安全造成一定威胁。2016 年，哈萨克斯坦发生多起恐怖事件。在西亚地区，随着俄罗斯等国加大对"伊斯兰国"的打击，该组织中亚籍成员回流本国的可能性增大，这也使包括哈萨克斯坦在内的中亚国家面临的安全风险增高，这可能威胁到丝绸之路经济带建设在中亚的推进。

四　对中哈合作之展望

从中哈双方在"一带一路"上的合作势头来看，双方合作的前景光明，两国合作还有很大的拓展和提升空间。双方的战略对接刚刚开始，未来还可找到更多的利益共同点，这将为两国拓展和提升合作空间奠定基础。随着中国加大向西开放的力度，以及哈萨克斯坦对外经济关系的发展，两国间的合

---

① 韩璐：《丝绸之路经济带在中亚的推进：成就与前景》，《国际问题研究》2017 年第 3 期，第 119～120 页。
② 商务部国际贸易经济合作研究院、商务部投资促进事务局、中国驻哈萨克斯坦大使馆经济商务参赞处：《对外投资合作国别（地区）指南——哈萨克斯坦》（2016 年版），第 76 页。

作关系会越来越紧密。

由于"一带一路"倡议具有互利互惠的双赢性，符合哈萨克斯坦发展的利益，将对哈萨克斯坦社会经济发展发挥重要推动作用，哈萨克斯坦积极响应和参与"一带一路"建设。为促进自身社会经济发展，交通物流、制造业、农业和金融等是哈萨克斯坦培育的重点领域，这些领域将可能成为中哈在"一带一路"建设中合作的行业。

五　对推动中哈合作的建议

在"一带一路"倡议下，中国西北地区应提高积极性，发挥区位和人文优势，推动中哈合作。首先，中国西北地区应利用中哈产能合作专项基金，发掘中哈产能合作方面的新领域。其次，在互联互通建设上，中国西北地区应利用"地利"优势，与内地一些省份加强合作，帮助中亚国家走向海洋，在物流合作方面更上一层楼。①

与哈方多沟通交流，找到双方利益共同点。虽然"一带一路"倡议得到哈方的积极响应，但在双方合作过程中，中方应多考虑哈方需求，与哈方多交流，了解哈方的需求，找到双方的利益共同点，推进符合双方利益的项目尽快落实。

加强人文交流，开展双方旅游业合作，促进民心相通。民心相通是国与国发展友好关系的基础。"中国威胁论"在哈还有一定的市场，由于哈国部分民众对中国了解不多，对中国的政策也不理解，这就尤其需要双方加强人文交流，推动两国高校、智库和文化团体之间的交流合作，尤其是双方青年之间的交流。此外，旅游合作可以有效促进双方间加深理解。中哈两国之间旅游资源的开发潜力巨大，双方应积极开展旅游业合作，便利本国公民赴对方国家旅游，加深双方的了解。

继续推进上海合作组织内的安全合作，提升中亚国家应对本国安全

---

① 邢广程：《丝绸之路经济带建设与延边合作》，《国际问题研究》2017年第3期，第104页。

威胁的能力。近年来，国际恐怖主义和极端主义势力对中亚国家的威胁有所上升，使中亚国家面临较为严峻的安全形势。中国应在上合组织内推进与中亚国家的安全合作，提升合作水平，帮助中亚国家提高本国应对安全威胁的能力，为与中亚国家共同建设丝绸之路经济带创造安全的外部环境。

B.10
深化战略对接　共建中巴经济走廊

张维维[*]

摘　要： 作为"一带一路"经济走廊建设中的旗舰项目和重大先行示范项目，中巴经济走廊建设总体进展超出预期，进入早期收获阶段。中巴共同发展态势加强；中巴经济走廊对地区的辐射带动效应显现。建设中巴经济走廊面临着来自政治、安全、地区国际环境、社会和经济等许多方面的挑战。通过深化战略对接，加强安全合作，保持战略定力，推进民心相通，提高企业风险意识，积极应对中巴经济走廊建设中面临的风险挑战，能促进走廊建设的推进。

关键词： 中巴经济走廊　战略对接　互联互通

2013 年李克强总理在访问巴基斯坦期间，正式提出构建"中巴经济走廊"（CPEC）的倡议。加强两国的互联互通，密切共同发展是中巴经济走廊建设的目的。中巴经济走廊是"一带一路"六大经济走廊的旗舰项目和重大先行示范项目。中巴经济走廊全长 3000 公里，南达巴基斯坦瓜达尔港、北连喀什，是连接贯通 21 世纪海上丝绸之路和丝绸之路经济带的关键枢纽，是一条包含交通和通信设施以及资源管线在内的综合性贸易走廊。中巴经济走廊的推进有着坚实的政治支撑和引领。当前，中巴经济走廊已进入全面实

---

* 张维维，中国社会科学院研究生院国际关系专业博士研究生，研究方向为中亚和南亚政治与安全问题。

施阶段，进展总体顺利。中巴经济走廊建设进度在"一带一路"建设中处于领跑地位，为推进"一带一路"建设积累了宝贵经验。作为中巴两国发展规划对接的结果，中巴经济走廊已经成为推进地区经济一体化、打造人类命运共同体的典范，产生了良好的示范作用。

一 中巴经济走廊的进展

中巴经济走廊总体建设进展超出预期，进入早期收获阶段。目前，以中巴经济走廊为核心，以瓜达尔港、能源、交通基础设施、产业园区为重点的全方位（"1+4"）合作布局已经形成，四大重点合作领域都取得明显进展，合作共赢和共同发展的态势逐渐显现。

1. 政策沟通顺畅

两国高层通过顶层设计，发挥战略引领作用。2013 年 5 月，中巴发表有关深化两国全面战略合作的联合声明，提出共同研究制定中巴经济走廊远景规划，推进两国互联互通。① 同年 7 月谢里夫总理访华期间，双方同意由中国发改委与巴基斯坦计划发展部牵头成立联合合作委员会研究和制定经济走廊的具体规划。② 2015 年 4 月，习近平主席访问巴基斯坦，将中巴关系提升为全天候战略合作伙伴关系，双方签署 30 多项涉及中巴经济走廊的协议。习近平主席对中巴经济走廊进行战略引领，提出以中巴经济走廊建设为中心，以瓜达尔港、交通基础设施、能源、产业合作为重点，形成"1+4"经济合作布局，实现合作共赢和共同发展。③ 2016 年 1 月，巴基斯坦政府成

---

① 《中华人民共和国和巴基斯坦伊斯兰共和国关于深化两国全面战略合作的联合声明》，中国政府网，http：//www.gov.cn/jrzg/2013－05/24/content_ 2410193. htm。

② 《关于新时期深化中巴战略合作伙伴关系的共同展望》，中华人民共和国外交部网站，http：//www.fmprc.gov.cn/web/gjhdq_ 676201/gj_ 676203/yz_ 676205/1206_ 676308/1207_ 676320/t1056504. shtml。

③ 《中华人民共和国和巴基斯坦伊斯兰共和国关于建立全天候战略合作伙伴关系的联合声明》，中华人民共和国外交部网站，http：//www.fmprc.gov.cn/web/gjhdq_ 676201/gj_ 676203/yz_ 676205/1206_ 676308/1207_ 676320/t1256274. shtml。

立了中巴经济走廊建设指导委员会，专门负责协调走廊建设中的各项工作和信息共享。① 2017 年 11 月 30 日下午，巴基斯坦阿巴西总理与李克强总理举行会谈，表示巴方将继续全力推进走廊建设，采取措施保障项目建设安全。②

完成远景规划，为走廊整体发展提供宏观指导。作为筹划和推动经济走廊建设的执行机构，自 2013 年成立以来，中巴经济走廊远景规划联合合作委员会（下称联委会）已召开七次会议。2017 年 11 月 21 日，联委会第七次会议签署《中巴经济走廊远景规划（2017～2030 年）》（以下简称《规划》），为走廊整体稳步发展提供长期性的明确指导。③《规划》使中巴经济走廊建设的未来蓝本和实施架构更加清晰。

2. 瓜达尔港建设

瓜达尔港毗邻霍尔木兹海峡，是走廊通向印度洋的门户。瓜达尔港被称为中巴经济走廊的旗舰或标杆项目。

双方按照共商、共建、共享原则，稳步推进瓜达尔港整体发展。中国海外港口控股有限公司自 2013 年接管瓜达尔港口以来，大举投入港口建设，对港口各方面设施功能的修复完工，使港口的吞吐能力得到恢复。2016 年 11 月，瓜达尔港实现首次陆上试联通活动，正式实现开港和海陆贯通。瓜达尔港自由区建设也在不断推进。2016 年 9 月，瓜达尔港自由区举行奠基仪式，进入从港区向工业园区扩展的新发展阶段。中巴双方于 2017 年 4 月 21 日签订关于中方经营瓜达尔港的协议，规定了经营年限以及海上业务营收和自贸区总收入的分配方法。港口快速路及电站等基础设施已竣工，港口自由区起步区将开园营业。瓜达尔港周边社会服务配套项目显著推进。中国红十字援外医疗队和中国和平发展基金会对该地区开展援助活动，其中援建

① 《巴基斯坦决定成立中巴经济走廊建设指导委员会》，新华网，http：//news. xinhuanet. com/world/2016－01/16/c_ 128633981. htm。

② 《李克强会见巴基斯坦总理阿巴西》，中华人民共和国外交部网站，www. fmprc. gov. cn/web/gjhdq_ 676201/gj_ 676203/yz_ 676205/1206_ 676308/xgxw_ 676314/t1515616. shtml。

③ 《国家发改委有关负责人介绍中巴经济走廊进展情况》，中国政府网，www. gov. cn/xinwen/2017－12/07/content_ 5245115. htm。

的法曲儿小学解决了附近 400 余名适龄儿童上学难的问题。新疆克拉玛依市政府捐助的气象站于 2017 年 10 月 31 日在瓜达尔港建成并投入使用，为港区提供全面的气象服务。

3. 能源领域合作密集建设

电力资源短缺是巴基斯坦发展的重要瓶颈。中巴经济走廊确定了优先安排发电建设项目的原则。双方在能源领域共规划了 17 个优先实施项目。目前能源领域是建设进展最快的领域，已迎来密集建设、建成期。

考虑到巴严重缺电及煤炭资源储量丰富，火电建设非常适合巴基斯坦的能源需求。萨西瓦尔、卡西姆港等燃煤电站顺利投产。萨西瓦尔燃煤电站于 2017 年 7 月 3 日建成投产，是中巴经济走廊首个早期收获重大能源项目。该电站施工进度快，采用最新环保技术，大幅度降低了对环境的影响。① 作为最早开工的能源煤电项目之一，卡西姆港燃煤电站首台机组于 2017 年 11 月 29 日投产发电，进入实质性生产阶段。第二台机组将在 2018 年实现商业运行。于 2016 年 4 月完成融资的信德省塔尔煤电一体化项目进展迅速。该电站将有助于巴基斯坦提升本国电厂燃料的自给水平。中电胡布燃煤电厂于 2017 年 3 月 21 日开工，② 并于 2017 年 11 月获得 15 亿美元融资。③ 与此同时，一些水能、太阳能、风能发电设施也在加快建设。作为"一带一路"首个大型水电建设项目，卡洛特水电站于 2016 年 3 月开工建设，2017 年 2 月实现融资关闭，目前进入全面建设阶段。电力配套设施正抓紧修建。2017 年 1 月，中国国家电网帮助巴基斯坦建立一条穿越巴基斯坦的价值 15 亿元人民币、供电 4000 兆瓦的电缆，项目将历时 20 个月。④

① 《中巴经济走廊首个燃煤发电项目创造施工速度新纪录》，中国驻巴基斯坦使馆经商参赞处网站，http://pk.mofcom.gov.cn/article/jmxw/201705/20170502581693.shtml。
② 《巴基斯坦总投资 20 亿美元的中电胡布燃煤电厂项目开工》，中国驻巴基斯坦使馆经商参赞处网站，http://pk.mofcom.gov.cn/article/jmxw/201703/20170302538730.shtml。
③ 《巴基斯坦胡布煤电站项目获得中国 15 亿美元融资支持》，中国驻巴基斯坦使馆经商参赞处网站，http://pk.mofcom.gov.cn/article/jmxw/201711/20171102666356.shtml。
④ China to build $1.5 billion power line across Pakistan, The Express Tribune, December 30 2016, http://tribune.com.pk/story/1279636/china-fund-4000-mw-power-transmission-line-pakistan/.

随着中巴经济走廊项下能源项目的快速推进，巴基斯坦的电力紧缺问题得到显著缓解。2017 年 10 月，巴发电量达 20000MW，而需求为 18203MW，电力供给盈余约 2000MW。[①] 此外，中巴经济走廊早期收获中绝大部分的能源项目将于 2019 年底完工。巴基斯坦缺电问题将得到解决并迎来丰电时期。这为巴电力部门淘汰落后电力产能、实现优化升级提供了机遇，更对巴基斯坦经济快速发展提供了能源支撑。

4. 交通基础设施稳步推进

中巴经济走廊在交通基础设施领域的发展成果显著，贯穿巴全境的新交通网络正在加紧形成，以此为主干的中巴经济走廊交通网络正在加紧形成。

已经开工的喀喇昆仑公路升级改造二期（塔科特至哈维连段）和卡拉奇至拉合尔高速公路（苏库尔至木尔坦段）项目进展顺利。作为中巴目前唯一的陆路交通通道，喀喇昆仑公路对中巴联通意义重大。喀喇昆仑公路升级改造二期工程已初具规模，正在加紧推进，项目竣工后将促进沿线地区经贸发展，并有望使道路沿线地区的经济状况得到改善。全长 1152 公里的从卡拉奇到拉合尔的高速公路，目前进展顺利。作为从南北向贯通巴基斯坦的经济和军事要道，以及连接中亚国家与中国到巴国内港口的通道，该项目建成后将显著加强巴国内交通联系，提升地区互联互通水平。拉合尔轨道交通橙线工程建设总体进展顺利，首批列车已于 2017 年 10 月 8 日运抵拉合尔。橙线轨道交通将为巴基斯坦民众提供安全、便捷和廉价的现代化交通服务。中巴就 1 号铁路干线升级改造及新建哈维连陆港项目（ML1）是走廊交通基础设施领域优先推进项目，已完成可行性研究和初步设计，签署了有关协议并将加快推进实施。2016 年 5 月开工的中巴跨境光缆项目将为两国打造一条信息高速公路，运行后将有力地促进两国网络和信息的互联互通。

5. 产业领域合作逐步发展

作为走廊建设的重要组成部分，产业合作是实现中巴经济走廊长期发展

---

① 《巴政府启动电力供应短缺第三方评估》，中国驻巴基斯坦使馆经商参赞处网站，http：//pk. mofcom. gov. cn/article/jmxw/201711/20171102667106. shtml。

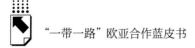

的保障。中国在工业和产业园区发展经验的借鉴意义受到巴方重视。中巴两国的产业合作不断发展。

合作推进园区合作研究和规划。2017 年 10 月 17 日，中巴产业合作联合专家工作组在伊斯兰堡举行首次会议，就中巴产业合作和巴基斯坦特殊经济区发展进行磋商和详细探讨。特殊经济区建设规划逐步明细。2017 年 11 月 10 日，第二次中巴经济走廊产业合作工作组会议将三个特殊经济区（SEZs）列入优先项目。巴方政府将出台新机制鼓励对优先特殊经济区的投资，中国企业在经济区开发标志性项目将获协助、鼓励和相应便利。①

园区合作为中国一些产业到巴基斯坦进行布局提供机遇，这将帮助巴基斯坦培育产业和工业化建设，也将为巴国增加就业机会，并推动产业工人技能的发展。园区合作为企业提供新的投资机遇。中国企业，如中国移动开始在巴基斯坦获得成功。② 中国企业在巴国开展业务，为巴国引入中国资金、技术以及公司治理经验提供了良好的契机。

两国农业合作富有成效且前景广阔。巴基斯坦从中国开发引进杂交水稻品种，以扭转水稻产量下滑的趋势。中方派遣农业科技团队助其提高杂交水稻育种水平及产量。③ 在巴基斯坦俾路支省、旁遮普省和信德省，中国杂交水稻推广的种植面积不断扩大。一些企业还在巴设立了农机、化肥、食品加工及包装厂。④ 中巴经济走廊的建设为中巴两国农业合作带来新的机遇。巴基斯坦期望在沿中巴经济走廊一线设立中巴农业合作园区，以促进将高质量及中国需求较大的农产品出口至中国。⑤

---

① 《中巴同意优先启动三个特殊经济区合作》，中国驻巴基斯坦使馆经商参赞处网站，http://pk.mofcom.gov.cn/article/jmxw/201711/20171102669689.shtml。

② 中国移动在巴基斯坦的全资子公司辛姆巴科（CMPak）公司，已成为巴国内通信领域第三大运营商。在管理上完成了本土化的同时，该公司还带动形成了基于本地的产业链。

③ 《中国助力巴基斯坦提高农业产量》，中国驻巴基斯坦使馆经商参赞处网站，http://pk.mofcom.gov.cn/article/jmxw/201711/20171102667103.shtml。

④ 陈利君：《"一带一路"与中巴经济走廊建设》，《当代世界》2017 年第 1 期，第 56 页。

⑤ 《巴业界呼吁沿中巴经济走廊设立农业园区》，中国驻巴基斯坦使馆经商参赞处网站，http://pk.mofcom.gov.cn/article/jmxw/201706/20170602595447.shtml。

6. 金融合作逐步深化

深化中巴金融合作对于加速推进中巴深度"战略整合"具有重要作用。中巴经济走廊项目获得金融支持。巴基斯坦卡洛特水电站工程是中国丝路基金注册成立后的首个投资项目。塔贝拉水电站扩建项目是"一带一路"和中巴经济走廊的重点建设工程项目。2016 年 9 月 27 日，亚投行批准对塔贝拉水电站五期扩建项目的 3 亿美元贷款。①

两国资本市场间合作推进。2016 年末，中巴证券和金融机构联合竞标成为巴基斯坦证券交易所的大股东（掌握 40% 的股权）。股权认购协议在 2017 年 1 月正式签订。这是中国交易所在全球的首笔股权收购。此外，中巴两国银行竞相互设分支机构和办事处，把握中巴金融合作先机。经中国银监会批准，巴最大银行哈比银行于 2017 年 3 月 20 日在乌鲁木齐开设分行。这是巴基斯坦银行在华设立的首家分行，旨在为中资企业进入巴基斯坦提供更多融资便利与支持。巴基斯坦国家银行将在北京和上海设立分支机构，②此举会有助于减少两国商人进行交易时的商业争端。经巴基斯坦央行批准，中国银行巴基斯坦卡拉奇分行于 2017 年 11 月 7 日正式开业。③ 该分行将开展全银行业业务，开展中巴两国跨境担保融资，为两国客户提供金融服务。两国金融合作日益密切，对走廊相关项目的建设形成融资支持，将为推进中巴跨境人民币结算奠定基础。2017 年 12 月 19 日，巴基斯坦计划发展部部长伊克巴尔表示，使用人民币不违反巴基斯坦利益，巴政府考虑在巴中贸易时，以人民币取代美元作为贸易结算货币。④

---

① "Pakistan: Tarbela 5 Hydropower Extension Project", Asian Infrastructure Investment Bank , September 27, 2016, https://www.aiib.org/en/projects/approved/2016/pakistan – tarbela – 5. html.

② 《巴工商界对巴基斯坦国家银行（NBP）在中国设立分支机构表示欢迎》，中国驻巴基斯坦使馆经商参赞处网站，http://pk.mofcom.gov.cn/article/jmxw/201710/20171002654370.shtml。

③ 《中国银行在巴基斯坦开业》，中国驻巴基斯坦使馆经商参赞处网站，http://pk.mofcom.gov.cn/article/jmxw/201711/20171102669794.shtml。

④ "Yuan may replace dollar in Pakistan – China trade", Punjabupdate, December 19, 2017, https://punjabupdate.com/yuan – may – replace – dollar – in – pakistan – china – trade.html.

7. 共同发展和带动效应逐渐凸显

经济走廊的推进为巴基斯坦的经济发展起到促进作用。世界银行发布的《巴基斯坦发展更新》看好巴基斯坦经济发展前景，巴 2016～2017 财年经济增速为近十年最高，达 5.3%，2018～2019 财年增速将达 5.8%。① 中巴经济走廊通过促进生产力提升和贸易互联的提高，对巴基斯坦更广范围的经济活动产生更长远的正向影响。此外，中巴经济走廊带动外国在巴直接投资增长。2016～2017 财年，巴吸引外国直接投资同比增长 5%。中巴两国的经济合作受到中巴经济走廊建设的助益。自 2013 年以来，中国是巴最大的外资来源国。自 2014 年以来，中国是巴最大的贸易对象。② 2016～2017 财年，中国对巴直接投资（11.86 亿美元）占外国直接投资的 49%，是其第一大投资来源国。③ 走廊建设的推进为巴国带来更多的就业机会。其中，75% 以上由经济走廊项目创造的工作岗位由当地人就业。④

中巴经济走廊的地区和国际影响增强，对周边的吸引和带动作用有所凸显。一些国家表示希望参与这一建设，以促进发展本国经济和对外开放。2017 年以来，英国、德国等一些欧盟国家和白俄罗斯、埃及表示愿意加入中巴经济走廊建设。巴基斯坦政府也对扩大“中巴经济走廊的朋友圈”持积极态度，向国际社会积极推介中巴经济走廊。走廊建设将优化巴基斯坦的区域优势，使巴成为基础设施高地国家和地区贸易的枢纽型国家。通过为区域所有国家提供经济贸易互联互通平台，中巴经济走廊能通过经贸合作把南亚、中亚、北非及海湾国家紧密联系起来，进而对整个地区的互联互通、经济融合与和平稳定产生深远影响。

---

① "Accelerated Reforms Needed for Higher Growth, Job Creation", November 9, 2017, World Bank Group, http：//www. worldbank. org/en/news/press - release/2017/11/09/accelerated - reforms - needed - for - higher - growth - job - creation.
② 孙卫东：《中巴经济走廊树立“一带一路”合作典范》，《学习时报》2017 年 5 月 10 日。
③ 《巴基斯坦 2016～2017 财年吸收外国直接投资增长 5%，中国居于首位》，中国驻巴基斯坦使馆经商参赞处网站，http：//pk. mofcom. gov. cn/article/jmxw/201707/20170702612024. shtml。
④ 《中巴经济走廊早期收获项目已累计创造 3 万多个直接就业岗位》，中国驻巴基斯坦使馆经商参赞处网站，http：//pk. mofcom. gov. cn/article/jmxw/201706/20170602587148. shtml。

二　中巴经济走廊面临的挑战

建设中巴经济走廊面临着来自政治、安全、地区国际环境、社会和经济等许多方面的挑战

（一）政治挑战

1. 巴国内对走廊建设缺乏统一共识

巴基斯坦国内政治形势复杂，各种矛盾和冲突相互纠葛交织。巴基斯坦中央与地方政府、军方与文官政府、执政党与反对党、不同部族、主体民族与少数族群等之间存在激烈矛盾。巴基斯坦政府的动员能力和协调能力受到削弱。由于未能协调好巴不同地区在走廊利益分配上激烈的竞争从而引发东西线争议，迫使巴基斯坦政府达成妥协性的"多线"方案。这影响走廊建设的效率，增加了走廊建设的难度、经济成本和安全风险。这凸显巴基斯坦中央政府对国家发展缺乏领导力。此外，一些参与走廊建设的决策者急功近利地将项目建设视为个人得利的工具，忽视项目的社会效益。部分部落首领不热心发展经济，担心经济发展会使民众的思想开化从而威胁其统治，对走廊建设不予配合，甚至以暴力方式加以阻挠破坏。巴国内对走廊建设难以形成统一的政治共识，这种局面对中巴经济走廊建设构成的威胁最大。

巴基斯坦政府决策水平和治理能力低。政府决策受各部门的利益选择和偏好影响，决策效率低且稳定性和连续性差。由于巴基斯坦政府内部各部门之间权责不明，缺乏有效的沟通和监督，政策执行效果差，致使走廊一些项目的推进缺乏力度。巴政府的整体效能低下可能对走廊建设远景规划的统筹和协调起到限制性作用，增加中巴双方在建设过程中进行沟通对话和达成协调的难度。贪腐猖獗直接削弱巴基斯坦政府的治理能力和公信力。根据"透明国际"（Transparency International）组织发布的《2016 年全球清廉指数排名》，巴基斯坦在 175 个国家和地区中排在第 116 位，廉洁度略有提高

但腐败问题仍严重。^① 腐败牺牲了国家利益和市场效率，削弱了中央政府的合法性和执政绩效。这使在巴基斯坦有长期投资项目的中国企业面临极大风险。

2. 政局存不稳定性

因巴基斯坦各界均支持对华友好，中巴关系总体上受巴政局变动的影响较小。但是，巴基斯坦政局的不稳定性会对巴国经济发展和国际经济合作构成影响。

因未能满足巴基斯坦宪法有关议员必须"诚实守信"的任职规定，谢里夫总理在 2017 年 7 月 28 日被取消议员资格和总理职务。执政党穆盟候选人沙希德·哈坎·阿巴西继任总理。这凸显巴基斯坦内部政局的不稳定性。因穆斯林联盟谢里夫派（下称穆盟谢派）在议会中力量占优，巴基斯坦联邦政府和旁遮普省政府仍由穆盟谢派控制。2018 年，巴基斯坦将举行国民议会选举。如果发生政党更迭可能会增加政府政策的不确定性，影响中巴经济走廊建设。世界银行发布的《世界经济展望：脆弱的复苏》专题报告中指出，巴基斯坦 2018 年的选举可能会伴随经济政策不稳定性增加，选举结果可能对金融市场产生影响。^②

（二）安全挑战

恐怖主义威胁是巴基斯坦国家安全面临的严重威胁。全球恐怖主义数据库（Global Terrorism Data）统计数据显示，2003 ~ 2013 年，巴基斯坦境内企业遭遇的恐怖袭击事件大幅增多，是存在高风险的被袭击目标。^③ 自 2014 年以来，巴基斯坦不断加大反恐力度，巴军方先后开展"利剑行动"（2014）、"国家行动计划"（2015）和"清除混乱"（2017）。巴基斯坦恐袭猖獗的局面得到基本遏制，安全形势显著好转。根据巴基斯坦国家反恐局的

---

① "Corruption Perceptions Index2016", Transparency International, 25 January 2017, https：//www. transparency. org/news/feature/corruption_ perceptions_ index_ 2016/.

② "Global Economic Prospects A Fragile Recovery", World Bank Group, June 2017, https：//openknowledge. worldbank. org/bitstream/handle/10986/26800/9781464810244. pdf.

③ 黄河、许雪莹、陈慈钰：《中国企业在巴基斯坦投资的政治风险及管控——以中巴经济走廊为例》，《国际观察》2017 年第 2 期，第 140 ~ 141 页。

统计，巴基斯坦2016年恐袭次数较2015年下降约45%，伤亡人数下降约39%。①

由于巴基斯坦政府对边境地区的控制力有限，给恐怖分子创造了生存和活动空间。恐怖组织为躲避打击而分散组织结构，在巴多地进行转移和渗透。巴基斯坦也面临着国际恐怖分子回流和渗透的压力。在经济、组织、政治利益驱使下，恐怖组织会倾向于将中巴经济走廊作为袭击目标。由于中巴经济走廊的建设具有线路长、涉及面广、建设项目和人员多的特点，巴方的维稳和安保能力面临严峻挑战。恐怖主义对中巴经济走廊构成现实威胁。2017年12月8日，中国驻巴大使馆发布恐怖分子策划近期对中国驻巴基斯坦机构和人员发动系列恐袭的"重要安全提醒"。俾路支省的分裂分子多次对当地的能源和基建项目发动袭击。2017年5月19日，不明武装分子袭击在俾路支省霍莎卜镇修建瓜达尔港至奎达高速公路的巴基斯坦筑路工人，造成3死1伤。2017年10月，中国工人在俾路支省的住所被不明身份的武装分子袭击。恐怖主义使中巴经济走廊面临长期性安全挑战，增加中国企业对巴投资的担忧和恐慌。此外，有相当一部分东突恐怖分子藏身于巴基斯坦。他们在巴塔等当地武装组织以及部落长老的庇护下，跟随巴塔和"基地"组织作战。东突恐怖分子在我国新疆境内不断制造恐怖事件并袭击中国在巴基斯坦境内的建设项目，对中巴经济走廊构成威胁。

（三）地区挑战

1. 印度的掣肘

印度对中巴经济走廊的推进持不支持的态度。中国非常重视印度在"一带一路"倡议中的地位，但是，印度出于其所谓国家主权的顾虑，② 并未给予积极呼应和配合。印度对中巴经济走廊持反对的态度。印度担忧中巴

---

① "Terrorism Decline in Pakistan", National Counter Terrorism Authority, September 22, 2017, http://nacta.gov.pk/terrorism-decline-in-pakistan/.

② 印度声称中巴经济走廊穿越印巴克什米尔争议地区，挑战了印度关于克什米尔的领土主权主张。

经济走廊是中国通过在战略上扶持巴基斯坦，对印度进行抑制和包围的地缘政治工具，是加剧区域紧张局势的单边决定；中巴企图联合削弱印度在南亚和印度洋地区的优势地位。① 依靠在地区事务中具有的战略影响力，印度阻碍中巴经济走廊对地区的辐射影响。在印度的战略压力下，周边国家对加入中巴经济走廊建设存有疑虑，行为选择变得犹豫和摇摆。

印度采取行动反制中巴经济走廊建设。首先，着力推进恰巴哈尔港口建设。随着中巴经济走廊的全面实施，印度与伊朗和阿富汗的关系显著加深。印度希冀抛开对巴基斯坦的交通依赖，转而依靠伊朗的恰巴哈尔港②，连接通往阿富汗和中亚的市场。2016 年 5 月，印度与伊朗签署开发与运营恰巴哈尔港的协议。同年，印度、伊朗和阿富汗签订推进开发恰巴哈尔港的协议，保证从该港口运往中亚及阿富汗的印度货物享受优惠待遇及关税减免。日本首相安倍晋三在 2017 年 1 月访印期间，与印度就恰巴哈尔港扩建达成一致。2017 年下半年，印度利用该港口向阿富汗运送粮食援助。2017 年 12 月 3 日，恰巴哈尔港一期竣工。恰巴哈尔港的开发会冲击瓜达尔港的未来发展。其次，利用俾路支问题制约中巴经济走廊的顺利推进。印度长期在巴基斯坦俾路支地区开展活动，甚至有报道称，印度已秘密在阿富汗边境地区为巴分离组织俾路支解放军建造训练营地并向其提供军事支持。③ 近年来，巴基斯坦情报部门不断披露印度情报机构所从事的破坏活动。④ 印度可能在阿富汗情报机构的支持下对俾路支恐怖主义进行支持，给中巴经济走廊项目带来阻碍。

---

① 蓝建学：《"一带一路"倡议在南亚：进展、挑战及未来》，《印度洋经济体研究》2017 年第 4 期，第 42 页。

② 恰巴哈尔港坐落于伊朗东南部省份锡斯坦 - 俾路支斯坦，在霍尔木兹海峡的港口，地理位置显要，商业用途和战略作用重要。该港口是中亚和阿富汗重要的出海港。恰巴哈尔港口内包含两个泊位及一个国际机场，同时，港口所属城市还有伊朗海军及空军基地。

③ 刘艳峰：《印度对中巴经济走廊建设的认知与反应》，《国际研究参考》2017 年第 9 期，第 26 页。

④ 杜幼康：《"一带一路"与南亚地区国际合作前瞻》，《人民论坛·学术前沿》2017 年第 8 期，第 66 页。

2. 周边国际环境恶化

南亚地缘政治局势复杂，存在多国的利益争夺和力量博弈。随着南亚地缘政治局势的变化，巴基斯坦面临的国际环境趋于恶化。中巴经济走廊的外部带动影响受到阻碍。

美国加强对巴基斯坦的战略压力和对中巴经济走廊的防范。美国特朗普政府采取扶印压巴的新南亚政策。美国对中巴经济走廊保持防范。美国非常担忧中国凭借瓜达尔港作为战略支撑点向印度洋和波斯湾建立和投射军事存在，以借此监视或管控地区海上运输通道以及美海军在该地区的军事活动。[①] 特朗普政府发布的《美国国家安全战略》进一步强调加强美印战略伙伴关系，支持印度通过经济援助加强其在中亚和南亚的贸易；督促巴基斯坦反恐，将美巴贸易与巴国反恐"努力"挂钩。鉴于中国的地区影响力增大，美国将加强与南亚国家的合作，限制中国的影响力。[②] 印度政府坚持对巴实施强势孤立政策，印巴关系持续紧张。印巴在克什米尔地区交火不断，分散了巴基斯坦军方的反恐精力，也不利于巴政府营造对国内经济发展有利的外部环境。印度和阿富汗的关系进一步密切，加重巴基斯坦面临的地缘政治压力，加剧两国的地缘政治较量。因难民问题、塔利班恐袭和越界，阿巴关系恶化。阿富汗通过深化与印度和伊朗的合作降低对巴基斯坦的依赖，并将加入中巴经济走廊与巴基斯坦向印度提供通往阿富汗的过境通道挂钩。[③] 阿富汗的立场为巴基斯坦和中亚间的互联互动带来阻碍，这给中巴经济走廊的延伸带来不利影响。

（四）社会层面挑战

由于巴基斯坦媒体高度自由化、自身能力不足且深受西方影响，巴国传

[①] 曾祥裕：《巴基斯坦瓜达尔港对国际安全态势的影响》，《南亚研究季刊》2009 年第 2 期。

[②] "National Security Strategy of the United States of America", The White House, December 2017 18, https：//www. whitehouse. gov/wp – content/uploads/2017/12/NSS – Final – 12 – 18 – 2017 –0905 – 2. pdf.

[③] "Ghani Refuses to Join CPEC While Access to India is Blocked", the Daily Outlook Afghanistan, October 26 2017, http：//outlookafghanistan. net/national_ detail. php? post_ id＝19274.

　　媒对中巴经济走廊有一些负面噪音。某些巴国传媒公司往往倾向于毫不筛选地引用一些西方媒体的片面报道，对走廊建设和中国展开恶意揣度或造谣攻击。例如，有媒体报道中巴经济走廊只对中国有利而对巴无任何好处、① 燃煤发电厂项目污染问题严重、② 中国企业对巴国实业造成威胁、③ 瓜达尔港港口运营91％的利润归中国而巴方获益太少④等。巴国内一些民众很可能被这种宣传煽动起来，从事偏激的破坏性活动。例如，在"一带一路"国际合作高峰论坛召开之际，巴控克什米尔地区吉尔吉特就发生反对中巴经济走廊的示威游行。这凸显中巴经济走廊舆论影响力不足，缺乏与巴基斯坦各界的沟通。

　　非政府组织的阻碍作用。非政府组织在巴基斯坦非常活跃，有多达上千个。一些受外部政治势力培植和资助的非政府组织，恶意歪曲评价中巴经济走廊。一些非政府组织在巴基斯坦国内外传播"中巴经济走廊在资金、技术上不可行"言论，通过非理性渲染和无限度扩大走廊项目建设中遇到的实际问题⑤试图削弱国际社会和巴民众对中巴经济走廊的支持，为中巴经济走廊一些项目的开展设置障碍。

　　此外，巴国内分离主义势力对中巴经济走廊持负面评价。2017 年 7 月 9日，在德国汉堡举行 G20 集团峰会时，来自俾路支共和党的活动人士举行反对中巴经济走廊的抗议活动，污蔑中国掠夺和开发俾路支省的资源，中巴经济走廊侵犯俾路支人人权。⑥ 事实上，中巴经济走廊在俾路支省顺利推

---

①　"Pakistanis believe China's CPEC is only benefiting Beijing growth story", Pakistan News. Net, 2nd August, 2017, http：//www. pakistannews. net/news/254202448/pakistanis – believe – china – cpec – is – only – benefiting – beijing – growth – story.

②　《俄专家：中国投资不会破坏巴基斯坦环境》，俄新社中文网，http：//sputniknews. cn/ china/201705031022525238/。

③　"Chinese firms not a 'threat' to Pakistan's industrial sector", The Nation Newspaper, March 12 2017，http：//nation. com. pk/business/12 – Mar – 2017/chinese – firms – not – a – threat – to – pakistan – s – industrial – sector.

④　贺斌：《新时代，中巴经济走廊建设驶入快车道》，《光明日报》2017 年 12 月 24 日。

⑤　杜幼康：《"一带一路"与南亚地区国际合作前瞻》，《人民论坛·学术前沿》2017 年第 8期，第 66 页。

⑥　"Baloch activists hold anti – CPEC protest during G – 20 Summit in Hamburg", Pakistan News. Net, http：//www. pakistannews. net/news/253894106/baloch – activists – hold – anti – cpec – protest – during – g – 20 – summit – in – hamburg.

行，俾路支省经济和安全状况有所好转，帮助遏制了该省暴力事件的发生。①

（五）投资挑战

巴基斯坦的投资环境欠佳。根据世界银行发布的《2018 年全球营商环境报告》，巴基斯坦在全球 190 个经济体中排名第 147 位。② 巴基斯坦经济实力尚不能对中巴经济走廊建设提供有力的支撑。首先，农业是巴主要经济部门，工业尤其是制造业水平较低下，基础设施相对落后，资源开发和利用难度较大，这加大了走廊建设和中巴产业合作的难度。其次，巴基斯坦大量劳动力受教育程度偏低，不能对项目建设提供足够的人力资源支撑。再次，巴基斯坦的经济开放水平和金融监管状况待完善。中国虽然享受巴基斯坦给予的多种税收优惠，但对于其他国家的市场主体来说，巴基斯坦的关税水平严重打击了其积极性，这也会影响经济走廊对经贸和投资合作的带动作用。最后，由于中巴两国贸易存在巨大的贸易逆差，两国经贸合作的潜能有待进一步开发，中巴经济走廊对两国市场的连接作用有待发挥。

同时，中巴经济走廊框架下的交通和通信设施以及油气资源线路建设线路长且途经地形复杂的地区，尤其是需要途经气候和土壤条件恶劣、地质灾害频发的喀喇昆仑山脉。这些基础设施建设技术难度大、建设周期长，人力物力投入巨大且不确定因素较多，若项目停滞，则可能遭受巨额损失。③ 例如，已建成的喀喇昆仑公路在运输效率和维护方面，面临长期性考验。

---

① "BLF bomb kills four FC men in Turbat", The Nation Newspaper, http：//nation. com. pk/national/24 – Apr – 2017/blf – bomb – kills – four – fc – men – in – turbat.

② "Doing Business 2018：Reforming to Create Jobs", World Bank, 2018, https：//openknowledge. worldbank. org/handle/10986/28608.

③ 臧秀玲、朱逊敏：《中巴经济走廊的战略价值及面临的挑战》，《理论视野》2017 年第 2 期，第 75 页。

三　推进中巴经济走廊的对策建议

鉴于中巴经济走廊建设面临的诸多挑战，为了进一步推进中巴经济走廊建设，中巴双方须从下述几个方面做出努力。

（一）扎实做好战略对接，凝聚政治共识

由于巴基斯坦国内局势存在不确定性，地区局势复杂动荡，走廊的建设不可能一蹴而就。双方高层须继续保持频繁的互访和会晤，加强战略沟通与协调，将"一带一路"倡议与巴基斯坦"2025 愿景"更紧密地对接。中巴两国应以合作推进落实首届"一带一路"国际合作高峰论坛成果为契机，深化各领域务实合作，积极稳妥推动中巴经济走廊建设，夯实全天候战略伙伴关系，打造命运共同体。

首先，随着走廊项目建设稳步推进，中巴两国要密切政策协调和统筹项目落实。切实解决规划、项目、资金等方面的问题，促进走廊建设顺利推进。中巴双方从上到下都要保持密切协调，加强全方位对接与协作，针对走廊建设面临的各类风险和挑战合力进行化解。不仅要加大中国国家发改委与巴基斯坦发展计划部的对接力度，强化两国具体参与部门在走廊建设中的行动协调，明晰走廊建设的进程和面临的问题，还要通过不断调整和完善走廊建设的协调机制，不断创造有利于走廊建设的制度安排。

其次，巴基斯坦须对中巴经济走廊保持政治共识。巴政府须加强内部协调，协调和兼顾各方利益，将政治分歧、内部博弈降到最低限度，尽最大努力凝聚内部共识。巴基斯坦也需要遏制腐败的蔓延，通过在程序和制度上约束腐败，提高行政绩效。以此，巴基斯坦才能抓住中巴经济走廊带来的共同发展机遇。

（二）加强中巴安全合作

中巴经济走廊建设对中巴两国安全具有深远意义。中巴经济走廊建设不

仅能实现巴基斯坦国内的发展需要，也有助于提高中国的国家安全。通过在巴基斯坦投资，为当地民众创造就业机会从而提高收入水平，减少滋生恐怖主义的经济土壤。从长远上看，在走廊建设过程中，巴国相应提升国家治理能力，其打击恐怖主义和抵御宗教极端主义的国家能力也会有所增强，有助于巴基斯坦实现国内安全和促进地区稳定。

为保护中巴经济走廊项目建设和中方人员安全，巴基斯坦做出重要努力。[①] 巴基斯坦特殊的地理位置及国内复杂的各种矛盾和社会势力，使得巴基斯坦面临的恐怖主义威胁问题在短期内无法根除。目前，在叙利亚和伊拉克的"伊斯兰国"组织被彻底打散，恐怖分子回流问题对地区造成的安全压力增加，阿富汗与巴基斯坦边境地区的暴恐势力存在复苏和"外溢"的可能性。面对复杂的地区反恐形势，中巴两国要按照两国领导人达成的重要共识，加强安全合作，尤其是涉恐情报交流和联合反恐行动，共同严厉打击"三股势力"，防止其扩散和蔓延，通过维护走廊沿线的安全稳定为走廊建设提供有利的安全环境。

（三）保持战略定力，推进走廊建设

鉴于印度的不合作态度对"一带一路"在南亚地区开展国际合作造成的阻碍作用，中国应继续加强政策沟通，向印度传递合作共赢的呼声。中国重视印度在南亚 – 印度洋的地位、作用和利益关切，视其为中巴经济走廊建设中重要的合作伙伴，欢迎印度加入和发挥重要作用。[②] 通过对话缓解印度

---

① 巴基斯坦陆军成立陆上"特别安全部队"，拥有 2 万多人，专门负责保护中巴经济走廊在建项目和中国参建工作者在陆地上的安全。2016 年 12 月 13 日，巴基斯坦海军成立了"特别部队 - 88"特遣队，以保卫中巴经济走廊海上通道和瓜达尔港的安全。巴联邦政府批准国家高速公路警察局增加 1 万名警力和其他必要装备，并要求其在 2016 年 12 月底之前配备警力，完成走廊项下新建成公路和高速路巡逻任务。信德省计划组建一个由 2600 名警察构成的安保单位，用于保护该省中方人士。旁遮普省政府还专门配备 5000 名警力，保护在该省工作生活的约 1 万名中国人的安全。2017 年 1 月 23 日，巴基斯坦内政部宣布，成立中巴经济走廊特殊安全部队（SSD），专责中巴经济走廊项目及中方人员安全。

② 杜幼康：《"一带一路"与南亚地区国际合作前瞻》，《人民论坛·学术前沿》2017 年第 8 期，第 66 页。

的相关疑虑，防止战略误判和恶性战略竞争。

保持战略定力，通过建好中巴经济走廊，为周边国家树立共享、互利和共赢合作的成功典范，形成区域外溢效应。中巴经济走廊建设是长期的过程。中国要做好危机管控，综合运用媒体和外交等手段促进中巴经济走廊建设以增进地区互联互通和繁荣稳定。在这个过程中，中国也要包容南亚国家的一些负面反应。

此外，中国可以积极推进中巴经济走廊与周边地区发展计划对接，丰富和扩大共同发展的合作平台，将中巴经济走廊打造为开放型合作构架。这能减弱印度对中巴经济走廊的反制或搅局，增大中巴经济走廊对印度的吸引力。

（四）促进民心相通

随着走廊建设的推进，要加大民心相通工作，密切民间往来，培植民间情谊，塑造共同认知。争取巴方民众的理解与支持，营造良好的社会氛围。中方在巴工作人员是促进两国民心相通的主要力量，要加强对派驻巴方工作人员的培训，提升对巴国的认知，并促进中巴的社会交流。

智库交流能对政策沟通与民心相通起到润滑作用。我国应当大力支持智库对中巴经济走廊的调研活动，清晰认知走廊建设的实际情况。2017 年 3 月 27 日，巴基斯坦首家专注研究中巴经济走廊建设的官方智库——"中巴经济走廊能力建设中心"成立。[①] 这为推动中巴高端智库对话提供了契机。通过智库交流，了解双方利益关切，增信释疑，深化双方互动。中国也需要在巴基斯坦派驻多元化的研究机构，广泛了解巴基斯坦社会，加强对巴影响力。

加强与巴基斯坦媒体的交流工作，促使巴方媒体对中巴经济走廊的进展和积极影响进行客观报道。中方在巴的派出机构和工作人员要积极主动在巴基斯坦媒体上发声，澄清不实言论，纠正错误认知。另外，鉴于巴基斯坦媒

---

① 《巴基斯坦首家专注研究中巴经济走廊官方智库正式成立》，人民网 - 国际频道，http://world. people. com. cn/n1/2017/0327/c1002 - 29172706. html。

体独立专业能力有待提升，应加强两国媒体的交流和互动，促进巴国媒体能力建设。

中巴经济走廊建设将使沿途许多地区的社会公共服务和基础设施得到显著改善。在项目建设的同时，应加大对巴基斯坦国内民生工程的关注，要将中国落后地区的脱贫攻坚和跨阶段发展经验传播到巴基斯坦，帮助巴基斯坦做好相对落后省份与地区的发展规划，提升社会公共服务质量，造福巴基斯坦民众。

（五）企业须增强风险意识

中国企业要建立风险评估、防范与应对的工作机制。借助中巴两国和海外知名智库和专业化的巴国市场研究和法律服务团队，加强对南亚地区尤其是巴基斯坦各类信息的收集、评估和预警。企业要加强与巴基斯坦政府和政党沟通，防范政治法律政策风险；加强与巴基斯坦各种非政府组织的协调，防范社会文化风险；加强企业内部沟通，防范跨文化风险。

注重以共同发展的方式开展跨国经营活动。中国企业之间要停止恶性竞争，加强合作。中国企业要注重与巴基斯坦企业建立合资合作企业。同时，要探索发展当地企业＋中国企业＋发达国家企业的"LCD"模式。通过多方融资和多要素整合实现市场、技术和品牌强强联合，同时风险共担。

中国在巴基斯坦的形象包括中国企业在巴的形象。中国企业应认真履行社会责任，树立良好企业形象，只有获得民心基础才能为经营活动提供持续保障。在经营活动中，中国企业要重视对当地社会发展的功能外溢，带动当地民众劳动技能提高和就业提升。中国企业要善于利用主流媒体，防范媒体夸大不利因素，积极讲好中国故事。

在巴投资的中国企业要高度警惕以恐怖主义为代表的安全风险。在依赖巴方安保力量做好企业安保的同时，加强安保意识，提升自行解决安保服务的能力。国内的安全服务企业要积极走出去，支持和保障我国企业在巴国的投资。

B.11
中国与越南区域合作潜力巨大

邱普艳*

摘 要： "一带一路"倡议提出以来，中越两国区域合作取得了明显的进展，不仅"一带一路"倡议与越南"两廊一圈"构想达成战略对接，"澜湄合作机制"下的中越合作也卓有成效。尽管近些年复杂的历史和现实因素一直影响着中越两国关系的稳定性，但双方经济结构的互补性依然使中越合作存在巨大的空间。特殊的地缘和多重合作机制又保障了中越区域合作的长期稳定性，区域合作的成效反过来又会进一步促进双方关系的全面稳定。

关键词： "一带一路" 中国 越南 区域合作

越南是中国最重要的周边邻国之一，也是中国在"一带一路"沿线国家中最大的贸易伙伴。[①] 复杂的历史和现实原因，使中越关系近几年波折不断，"一带一路"倡议提出后，越南对此颇有疑虑，近两年来经过中方不断努力，越方态度开始转变，从观望到逐渐明确合作意向。目前，两国政府已就中国"一带一路"倡议与越南"两廊一圈"构想之间的战略对接达成共识，并开始付诸实施。然而，近几年逐渐加剧的南海岛屿主权争端、越南国

---

* 邱普艳，博士，郑州大学历史学院、国家领土主权与海洋权益协同创新中心郑州大学分中心研究人员。

① 国家信息中心"一带一路"大数据中心：《"一带一路"大数据报告（2017）》，商务印书馆，2017，第65页。

内的民族主义浪潮、越来越向美国倾斜的大国平衡战略、双边贸易中长期的结构性逆差又不断影响着中越的合作。如何排除干扰因素、找准双方的利益共同点，成为"一带一路"背景下进一步加强中越区域合作的关键所在。

一 越南政府对"一带一路"倡议的基本态度： 从"观望"到"谨慎欢迎"

在"一带一路"沿线国家，越南是较晚对"一带一路"倡议做出明确响应的国家。目前在政策层面，两国政府的合作意向已经非常明确,[①] 但就合作的广度和深度而言，越南政府的态度仍比较谨慎。[②]

从 2013 年习近平主席提出"一带一路"倡议到 2015 年 8 月的近两年时间，越南政府对该倡议都持回避态度。[③] 其间，2015 年 4 月，中越两国领导人会谈后发布的《中越联合公报》对"一带一路"只字未提，2015 年 7 月，张高丽副总理访越，越方媒体在报道时也未涉及越南领导人对"一带一路"倡议的正面回应。

2015 年 9 月，越南副总理阮春福出席中国 - 东盟博览会，在讲话中表示："越南欢迎并积极研究参与中国在相互尊重、互利基础上提出的增进区域交流与合作的有关倡议，其中包括'一带一路'。"[④] 这是越南领导人首次对"一带一路"倡议明确表示欢迎态度。此后不久，2015 年 11 月习近平主席访越期间签署的《中越联合声明》是两国"一带一路"合作在政策沟通层面取得的开拓性进展。该声明正式提出要"加强两国间发展战略对接，

① 张辉：《中国驻越南大使洪小勇：中越两国"一带一路"合作空间巨大》，《中国报道》2017 年第 6 期，第 27 页。

② 张帆、余建川：《政治经济利益纠葛中的中越"一带一路"经贸合作》，《边界与海洋研究》2017 年第 6 期。

③ 顾强：《越南各阶层对"一带一路"的认知与态度及其应对策略研究——对越南进行的实证调研分析》，《世界经济与政治论坛》2016 年第 5 期，第 98 页。

④ 王刚、李晓喻：《越南副总理：越南将积极参与"一带一路"建设》，中新网，http://www.chinanews.com/gn/2015/09 - 18/7531586.shtml。

推动'一带一路'倡议和'两廊一圈'构想对接"。2016年9月,越南总理阮春福访华期间两国发布《中越联合公报》,称要"发挥基础设施合作工作组作用,积极研究并推动'两廊一圈'和'一带一路'框架下的互联互通合作项目"。2017年初,越共中央总书记阮富仲访问中国,两国领导人在会晤中再次确认了上述共识。2017年5月,越南国家主席陈大光访华期间两国共同发布《中越联合公报》,提出"加快商签对接'一带一路'和'两廊一圈'框架合作备忘录",成为两国就"一带一路"倡议进行政策沟通的又一标志性进展。2017年11月,习近平主席对越南进行国事访问,在双方发布的《中越联合声明》中正式表明:"越方欢迎并支持推进'一带一路'倡议,愿同中方落实好业已签署的共建'一带一路'和'两廊一圈'合作文件。"

然而,较之"一带一路"沿线的其他国家,越南参与"一带一路"建设的积极性和主动性仍然有限。中越两国尚未签署政府间"一带一路"合作备忘录,"一带一路"国际合作高峰论坛的270多项具体成果中涉及越南的仅有3项。2015年11月的《中越联合声明》、2016年9月和2017年5月的两份《中越联合公报》提及"一带一路"都措辞谨慎,不仅将"一带一路"倡议与越南既有的"两廊一圈"构想等量齐观,而且只有《中越联合声明》提到在"一带一路"倡议下加强产能合作和推动双边贸易发展,而两份《中越联合公报》都仅在述及基础设施互联互通时提到"一带一路"倡议,即便是2017年11月的《中越联合声明》在正式宣布"欢迎并支持推进'一带一路'倡议"的同时,仍然特别强调要以"符合各自利益、能力和条件"为基础,越南方面对待"一带一路"合作的谨慎态度可见一斑。

二 "一带一路"倡议下中越区域合作机制

(一)从"两廊一圈"到"一带一路"

2004年5月20日,越南总理潘文凯访华时提出与中国合作建设"两廊一圈"的建议,所谓"两廊一圈"即"昆明–老街–河内–海防–广宁"、

"南宁–谅山–河内–海防–广宁"经济走廊和"环北部湾经济圈"。2008年和2009年，越南政府先后制定了两项到2020年的具体发展规划，称"两廊一圈"构想旨在建设完善的交通走廊，营造有竞争力的投资环境，促进中越两国边境省区发展经济、贸易和互利合作，并使环北部湾经济圈发展成为富有活力的经济区。① 2015年初，越南政府正式批准了"两廊一圈"发展规划。

"两廊一圈"构想作为有助双方区域经济合作的一项战略措施，为两国边境省区间构筑了一个平台，因此得到了中国方面尤其是广西、云南两省政府的积极响应，中越两国及地方政府之间开展了基础设施互联互通和贸易便利化的多层次合作，但两国边境省区经济发展起步较晚，地理环境复杂，且越方投入的资源也有限，"两廊一圈"建设成果一直未能达到预期效果。而"一带一路"倡议的提出为"两廊一圈"建设注入了新的动力与资源，也为双方边境地区的发展带来新的契机，这也是吸引越方参与"一带一路"建设的重要因素。

越南的这一构想提出后得到中国政府的积极响应，同年10月温家宝总理访越，两国发布的《中越联合公报》中明确表示，双方同意成立专家组，积极探讨"两廊一圈"的可行性。

2013年，习近平主席访问中亚和东南亚时，先后提出了丝绸之路经济带和21世纪海上丝绸之路倡议，以加强沿线国家之间的互联互通，从而促进各国的经济社会可持续发展。不管是从地理范围还是利益相融上来说，"一带一路"与"两廊一圈"都有着许多共同的交集。因而，加强"一带一路"和"两廊一圈"的对接和合作便成了中越双方互利共赢之举。

2015年7月张高丽副总理访越，在与越方会谈时张高丽副总理首次提出将中国的"一带一路"合作倡议与越南的"两廊一圈"规划进行对接。同年11月，国家主席习近平访越，双方正式宣布，"两国已就扩

---

① 越南政府：《批准到2020年谅山–河内–海防–广宁经济走廊发展规划的决定》（98/2008/QD–TTg号决定），2008年7月11日；《批准到2020年北部湾沿海经济圈发展规划的决定》（34/2009/QD–TTg号决定），2009年3月2日。

大'一带一路'和'两廊一圈'框架内合作和加强产能合作达成重要共识①,将通过两国发展战略的对接,"共同推进'一带一路'和'两廊一圈'建设,扩大产能合作,加强基础设施互联互通合作,实现互利共赢②。2017年发布的《中越联合公报》和《中越联合声明》中也一再强调要加快"一带一路"倡议和"两廊一圈"的对接,并落实双方签署的《共建"一带一路"和"两廊一圈"合作备忘录》,尽早确定合作的优先领域、重点方向及具体项目,为两国全面战略合作提质升级创造条件。

(二)次区域合作的新机制:澜湄合作

中国与东南亚大陆国家向来联系密切,区域合作也由来已久。20世纪90年代以来,随着澜沧江–湄公河次区域合作的兴起。中、老、缅、泰、柬、越六国开展了多层次、多样化的次区域合作。2002年"大湄公河次区域经济合作"(GMS)首次领导人会议召开后,湄公河次区域合作领域不断拓展。但是近几年来,湄公河次区域经济合作增长乏力,与此同时,中国与湄公河沿线国家经济实力对比发生巨大变化,原有的机制已经无法适应新的形势和地区发展的需求。在中国提出"一带一路"倡议的大背景下,澜湄合作迫切需要寻求新的合作方式。

2014年11月,第十七次中国–东盟领导人会议在缅甸首都内比都召开,李克强总理在会议上提出:"为促进东盟次区域发展,中方愿积极响应泰方倡议在10+1框架下探讨建立澜沧江–湄公河对话合作机制。"此后各方分别于2015年4月和8月,在北京和清迈举行了两次高官会议,就相关合作问题达成一致。11月12日,澜沧江–湄公河合作第一次外长会议在中国云南举行,宣布"澜沧江–湄公河合作机制"正式成立。在"一带一路"倡议的大背景下,"澜湄合作机制建设成为'一带一路'的

---

① 《中越推进"两廊一圈"和"一带一路"合作》,《今日早报》2015年11月6日。
② 习近平:《携手开创中越关系的美好明天》,新华网,2015年11月6日。

重要组成部分，有望成为率先取得突破的方向"①，并在中国周边外交中发挥示范作用。

澜湄合作优势明确、前景广阔，是促进次区域发展、构建中国与周边国家合作共赢的命运共同体的重要平台。合作机制建设几年来，多个早期项目已启动实施或完成，成效初显。六国开展了 20 余个大型基础设施和工业化项目，实施了上百个惠及民生的中小型合作项目，为流域经济社会发展做出重要贡献。2017 年，中国同湄公河五国贸易额超过 2200 亿美元，同比增长 16%；同期，中越、中老和中柬双边贸易额增长幅度均超过 20%，远远超出中国对外贸易平均增速。而中越区域合作也在"澜湄合作"框架下取得了显著成果。尤其是跨境经济作为澜湄合作机制中的五个优先合作领域之一，中越两国已取得突出进展，两国于 2017 年 11 月签署《关于加快推进中越跨境经济合作区建设框架协议谈判进程的谅解备忘录》，正在不断推进东兴 – 芒街、凭祥 – 同登、河口 – 老街等跨境经济合作区以及中越德天 – 板约瀑布国际合作区建设。

三　"一带一路"倡议下中越经贸合作现状

（一）双边贸易稳步增长、结构渐趋平衡

近年来，中越两国经贸关系发展迅速，在近几年全球贸易低迷的情况下，双边贸易额持续攀升。2017 年双边贸易额更是达到 1212.7 亿美元的历史新高，增幅高达 23.5%。目前中国已经连续 14 年成为越南第一大贸易伙伴，越南也已成为中国在"一带一路"沿线国家中最大的贸易伙伴和全球第八大贸易伙伴，两国贸易额约占中国和东盟贸易总额的 20%（见表 1）。

---

① 卢光盛、金珍：《"澜湄合作机制"建设：原因、困难与路径》，《战略决策研究》2016 年第 3 期。

表1   2013~2017 年中越双边贸易统计

单位：亿美元

年份	中方进出口总额	中方进口	中方出口	差额	增长率(%)		
					进出口	出口	进口
2013	654.8	168.9	485.9	317.0	29.8	42.2	4.1
2014	836.4	199.0	637.4	438.4	27.7	31.2	17.8
2015	959.6	296.4	663.2	366.8	14.7	3.8	49.9
2016	982.3	371.3	611.0	239.7	2.5	−7.5	24.5
2017	1212.7	503.3	709.4	206.1	23.4	16.1	35.4

资料来源：根据中国海关信息网、商务部网站整理。

在贸易总额保持稳定增长的同时，双方贸易结构也不断优化。长期以来，越南由于国内基础设施与产业发展落后，对中国商品的需求非常旺盛，而能够提供的工业制成品则非常有限，因此越南在与中国的双边贸易中一直处于明显的逆差地位，双边贸易严重不平衡。越南对此状况一直颇有怨言，这也引起了双方领导人的重视，2015 年习近平总书记和阮富仲总书记会晤时专门讨论了这一问题。自 2015 年以来，这一状况有了明显好转。2015 年，越南对华出口增长高达 49.9%，而中国对越出口增长仅有 3.8%。此后两年越南对华贸易逆差连年下降，对华出口则连续高速增长。2017 年对华出口同比增长 35.4%（据越方统计数据，更是高达 60.6%，双方统计口径不同①）。从总体上来看，近几年两国双边贸易结构正趋于平衡，越南对华出口增幅远远大于自华进口增幅，贸易逆差进一步缩小，对华贸易不平衡状况得到进一步改善。

同时，从贸易商品类别上来看，越南的出口商品结构也在不断改善。矿产品、塑料、植物、机电和纺织这五大类一直是中国从越南进口的传统商品，2013 年这五类商品占中国对越进口总额的 84%。近几年，中国从越南

---

① 据越南统计总局发布的数据，2017 年中越双边贸易额预计 938 亿美元，其中越南对华出口 353 亿美元，同比增长 60.6%，位居美国、欧盟之后；自华进口 585 亿美元，同比增长 16.9%，进口额稳居进口来源地首位。贸易逆差 232 亿美元，减少 17.4%。

进口的矿产品、塑料等商品有所减少，中国从越南进口的具有较高技术含量和附加值的商品有所增加，尤其农产品、计算机、电子产品及零部件增幅较大，对缩小对华贸易逆差功不可没。

两国之间的人文交流和旅游合作也得到良好发展。目前平均每周就有300多个航班往返于中越两国。截至2017年12月，到越南旅游的中国游客已突破400万人次，比去年同期增长48.6%；[1] 到中国旅游的越南游客也达到650多万人次，"游客量超过2016年的220万人次"[2]。

（二）投资合作规模稳步推进，形式更加多样

随着中越双方经贸合作的持续深化，中国在越南的直接投资规模也逐步扩大。据商务部统计数据显示，2016年，中国对越南直接投资12.79亿美元；截至2016年末，中国对越南直接投资存量49.84亿美元。据越方统计，2016年中国（不含港澳台）对越南投资协议金额为18.75亿美元，同比增长152%，其中新批项目278个，协议金额12.6亿美元；原项目增资74个，协议金额4.4亿美元；参股和股权收购项目161个，金额1.7亿美元。"截至2016年底，中国在越南累计投资项目数量1554个，协议投资金额105.2亿美元。"[3]

自2017年开始，中国对越投资进一步呈现出迅速发展的趋势。截至2017年12月，在2017年获批新投资项目的80个国家、地区中，中国为1409万美元，占6.6%。仅在2017年前11个月，中国在越南注册244个新投资项目，总注册金额为20.5亿美元，在100多个国家和地区向越南投资排行中列第四位。[4]

从投资领域来看，中国对越南投资主要集中在加工制造业、电力生产和

---

[1] 王迪、陶军：《2017年赴越中国游客突破400万人次》，人民网，2017年12月28日。

[2] 邓明魁：《拓展多领域相互投资》，《中国投资》2018年第1期。

[3] 商务部国际贸易经济合作研究院、中国驻越南大使馆经济商务参赞处、商务部对外投资和经济合作司：《对外投资国别（地区）合作指南·越南》（2017年版），第27页。

[4] 邓明魁：《拓展多领域相互投资》，《中国投资》2018年第1期。

房地产行业，同时也在呈现向先进技术领域转变的趋势。① 对越投资项目主要以独资经营方式为主，约占投资协议总金额的 2/3。

从投资区域来看，中国投资遍布越南全国各地，其中在北部地区占比 57% 左右，中部占比 22%，南部占比 20%。中国对越投资最集中的是河内和胡志明两市。

在规模迅速增长的同时，中越两国的投资合作方式也日渐多元化。

2015 年 11 月《中越联合声明》发表后，中越两国开始推动"一带一路"和"两廊一圈"的战略对接，扩大框架内合作。为此，两国成立了双边合作指导委员会等多个合作机制，加大力度推进中国在越南龙江、海防投资的两个工业区的建设。通过加强经贸投资等一系列合作措施，进一步推动双边贸易的均衡与可持续发展。

在此期间，中越两国相继签订了《关于促进产能合作的谅解备忘录》和《关于产能合作项目清单的谅解备忘录》。项目清单内的一批重大战略性项目逐步开始实施。作为中越产能合作的重要载体，中国在越南的工业园区建设成效显著。位于越南前江省的龙江工业园区目前已引进 38 家企业，总投资超过 12 亿美元，2016 年实现工业生产总值超过 5 亿美元；2016 年 12 月，中国 - 越南（深圳 - 海防）经济贸易合作区也已在越南北部最大港口城市海防开工建设，园区预计将于 2021 年全部建成，届时将吸引超过 10 亿美元的投资，创造 3 万个就业岗位。② 据不完全统计，中方对越南投资项目已经吸纳当地员工约 20 万人，占越南外资企业吸纳当地员工总数的 5% 左右，一定程度上缓解了当地的就业问题。③

与此同时，中越两国修订了边境贸易协定，制定《中越经贸合作五年发展规划（2017～2021 年）》，确定了长期合作的具体计划，不断推进中越跨境经济合作区建设。

① 郑青亭：《"一带一路"与"两廊一圈"加速对接：中越贸易今年有望破千亿美元》，《21世纪经济报道》2017 年 5 月 19 日。
② 崔玮祎：《中方投资中越经贸合作区全面开工》，《经济日报》2016 年 12 月 13 日。
③ 商务部国际贸易经济合作研究院、中国驻越南大使馆经济商务参赞处、商务部对外投资和经济合作司：《对外投资国别（地区）合作指南·越南》（2017 年版），第 28 页。

作为中越合作和澜湄合作机制优先项目之一，目前，两国先后规划建设了东兴－芒街、凭祥－同登、龙邦－茶岭、河口－老街四个"中越边境跨境经济合作区"，从事跨境出口加工贸易，扩大边境地区口岸开放。根据中越双方签订的《关于建设跨境经济合作区的谅解备忘录》，在合作区内采用"一区两国、境内关外、自由贸易、封关运作"的方式，重点发展制造业、跨境旅游以及金融服务等支柱产业，以期形成区域性国际商品中心。经过几年的努力和探索，中越跨境经济合作区建设取得了显著进展。2017年11月习近平主席访越，中越两国签署《关于加快推进中越跨境经济合作区建设框架协议谈判进程的谅解备忘录》，并在《中越联合声明》中表示要以此为基础，"积极商谈跨境经济合作区建设框架协议，带动两国边境地区发展，提升双方互联互通水平"[1]。中越跨境经济合作区的迅速推进，已经逐渐成为中国与周边国家经济合作的成功典范，也成为"一带一路"与"两廊一圈"对接的直接支点和双边经贸进一步深度发展的重要推动力量。

四　中越区域合作中存在的问题

（一）中越之间贸易的不平衡

长期以来，中越贸易一直处于不平衡状态。从2004年开始，越南对中国贸易逆差以年均35%的速度急遽增加，到2008年，逆差额已经高达上百亿美元，2014年更是达到了历史最高水平的438亿美元。这一状况长期持续，导致越南方面顾虑重重，担心国内产业会遭受威胁。越方为此特意加强了中国对越出口和投资的限制，这些贸易壁垒的不断增加阻碍了双边贸易的良好发展。

中国对越南的关切能够理解，也做了很大努力，越南也施行了不少的措施希望降低对中国经济贸易产生的逆差，2015年以来也取得显著的效果。

---

① 《中越联合声明》，人民网，2017年11月14日。

但总体来看，越南对华贸易主要为农产品、自然资源等原材料类商品，而且从总量上大体也到达瓶颈；而中国对越出口商品多为工业制成品，相比越南国内产品性价比更高、竞争力较强。两国之间贸易的不平衡从根本上来说还是两国在世界贸易链结构中的位置不同，越南能生产出中国所需要的东西才是解决问题的关键，这是一个需要在发展中解决的问题。

（二）双方贸易口岸与互市点基础设施不完善、制约发展

交通、通信和电力等基础设施的互联互通是经贸合作的重要保障。在"一带一路"倡议下，中越基础设施建设成果丰硕，但两国边境地区仍然没有完全摆脱"联而不通"的困境，中越经贸合作的发展也因此受到制约。[①]

制约中越陆路货物运输的最突出问题是两国铁路轨距的标准不一致，导致跨境运输只能以公路为主，而以成本低、速度快、运力强为特点的铁路运输不能充分发挥作用。规划中的泛亚铁路东线是贯通中国 – 中南半岛经济走廊的贸易大通道，但目前该线路只修通了位于中国境内的部分，即昆明至河口段的标准轨铁路。越南境内与昆河铁路相连接的还是修建于 20 世纪初、采用米轨的滇越铁路，所以货物运到河口后要进行车辆换装才能出境，造成运输成本增加，转口贸易通道不畅。中方一直致力于推动泛亚铁路东线越南段，即越南老街 – 河内 – 海防标准轨铁路建设，并与越南签订了《关于越南老街 – 河内 – 海防标准轨铁路线路规划项目可行性研究换文》（2015 年 11 月 6 日），但越方的合作动力不足，目前该项目仍处于编制规划阶段。[②]

此外，中越两国边境地区的支线道路普遍等级较低，造成"最后数公里"的运输困难。这从根本上制约了物流业发展，影响口岸贸易优势的发挥。

总体来看，目前联通中越双方的交通运输基础设施相对比较破旧，现有

---

① 张帆、余建川：《政治经济利益纠葛中的中越"一带一路"经贸合作》，《边界与海洋研究》2017 年第 6 期。

② 张帆、余建川：《政治经济利益纠葛中的中越"一带一路"经贸合作》，《边界与海洋研究》2017 年第 6 期。

运输与仓储能力都无法满足双边经贸的实际需求。尤其是在越方境内，公路普遍质量不高，运力严重不足，甚至部分贸易地区仍未通公路，货物转运困难。铁路方面，中越铁路轨道标准的差异也限制了跨境货物直接输入。这些因素的存在严重阻碍了中越边境贸易口岸能力的充分利用，无法满足双方迫切的贸易需求

（三）贸易商品结构单一，高附加值产品比例小

由于现阶段越南国内整体科技水平相对落后，所以在对华出口中，主要还是以农产品、矿产资源类产品和初级工业制成品为主，高附加值与深加工产品比例相对较低，贸易商品结构过于集中于几个有限的产业领域，且层次也不高。但从长远来看，随着中国产业结构的不断调整、升级，未来中越的贸易结构也将随之发生变化，而越南综合经济实力和科技水平的提升，也会进一步推动这一发展变化的进程，中越贸易往来必然会出现新的增长点、大有潜力可挖。

（四）政治互信不足影响中越合作

中越两国地理上的邻近是发展经贸合作的有利因素，但与崛起的中国接壤也使越南产生了不安全感和焦虑情绪，错综复杂的历史恩怨、中越双方经济军事实力不平衡的现状以及南海问题相互交织，促使越南政府采取"远华亲美"的大国平衡战略，也促使越南国内以中国为假想敌的当代民族主义兴起。

尽管越南社会对"一带一路"的态度越来越积极和正面，还是有一部分人心存疑虑，或者对中国有一种过高的期望。越南在"一带一路"沿线国家中地理位置重要，有一定经济实力，与中国的经贸关系密切，"但中越关系一直无法去冲突化，越南国家与社会已合谋形成了强劲的反华民族主义"①。

---

① 李大陆：《南海争端中越、马、印三国对华制衡战略的差异性分析》，《当代亚太》2017 年第 2 期。

尤其在南海问题上，越南成为与中国对抗最为激烈的国家，而且越南的反华民族主义有深远的历史根源和强大的现实影响，越南的知识精英对中国有根深蒂固的威胁认知，普通民众的反华情绪易被煽动，对华强硬也成为越南一些政治人物捞取政治资本的手段。在这种背景下，越南方面对"一带一路"倡议很难表现出更积极更主动的态度。中越之间互联互通、产能合作的重大建设项目也有被高度政治化的风险。①

（五）政策多变、法律透明度不高

越南国内法律基础相对薄弱，政府部门行政效率低，执法不严和政府干预行为难以消除。越南政府已制定了大量法律法规，但其法律体系仍处在不断完善的过程中，法律法规在执行方面尚显宽松，政策透明度低。投资审批程序严格、费时，人为操作的因素很多。此外，腐败案件时有发生，而且越南素来政策多变，贸易投资限制与政策的突然调整往往让企业措手不及。另外，一些行业准入门槛会否抬高也值得关注。

五　中越区域合作展望

（一）特殊的地缘决定中越未来合作的长期稳定性

中越之间山水相连，双方有长达1500公里的边界线，越南有7个省与中国的云南、广西接壤，中越边境人口密集、经济活跃，多个民族跨界而居、世代往来。正如习近平总书记所言："邻国是搬不走的，友好符合双方共同利益。"②

从长远来看，特殊的地缘决定了中越关系短期内受南海问题以及越南国

① 张帆、余建川：《政治经济利益纠葛中的中越"一带一路"经贸合作》，《边界与海洋研究》2017年第6期。
② 刘华：《邻国是搬不走的，友好符合双方共同利益》，《中国青年报》2014年8月28日。

内政治影响可能会存在一定的波折，除非遇到特殊的意外事件，双边关系不可能有大的变动。从越南国内政治和对外战略的角度，越南这几年在不断调整对外战略，在国内外一些政治势力影响下，部分社会舆论对华不友好氛围浓厚，各种"脱中""减少对华依附"的言论也混杂在各种社会思潮和政局摇摆中，但随着越共十二大阮富仲再次当选越共中央总书记，越南对外政策得到调整，"改变了过去几年越南对华外交走下坡路的轨迹，重新评价对华关系并以肯定积极面为主，明确了中越经贸合作对越南经济发展的重要作用"①。

（二）经济的互补性保障了双方合作的空间

尽管中越区域合作存在诸多问题，但是双方社会发展道路相似、产业互补性也比较强，推动中越区域合作发展已经成为两国经济发展的需要和共同的战略利益。

改革开放 40 年，尤其是近十年以来，中国经济持续高速发展，对自然资源的需求也与日俱增，而中国自然资源分布极度不平衡，自然资源短缺与分布不合理已经成为制约中国经济发展的重要因素。越南方面情况恰恰相反，矿产资源丰富，而经济与科技水平发展相对落后，中国技术上的优势正好可以和越南形成良好的互补，实现双方的合作共赢。

此外，中越两国的发展阶段和生产要素结构不同，因此两国经济具有很强的互补性。中国目前已进入工业化中后期，而越南则仍处在初级阶段，发展阶段的不同决定了两国在经济领域存在诸多互补性，合作前景广阔。

（三）多重合作机制保障了中越合作的稳定性与有效性

目前中越之间存在多层次、多领域的合作机制。在南海问题上，两国领导人已经签订了《关于指导解决中越海上问题基本原则协议》，建立了海上渔业活动突发事件联系热线，共同落实《南海各方行为宣言》和推动"南

---

① 岳平：《越南大国平衡外交呈现新特点》，《世界知识》2017 年第 13 期。

海行为准则",推进北部湾外海域的共同开发和海上低敏感领域的合作。

在经贸议题上,中越每五年一次更新经贸合作规划,两国政府签订了一系列促进贸易投资和产能合作的双边协定,中国商务部和越南工贸部在中越经贸合委会机制内保持对话;云南、广西两省及其边境县市的各级地方政府和越南各边境省区之间建立了多种合作机制,两国还共同推动中国-东盟自由贸易区升级,是区域经济治理和制度建设的伙伴。

这些机制不仅有助于"绑定"双方利益,促进双方在各个领域的长效合作,而且"中越双方在多个议题上的制度化成果和经验也会外溢到南海领域,对两国的对立和竞争产生强大约束"①。

结　语

中越两国地理上山水相依,政治上有着相同的制度,社会发展理念相通,道路相近,前途命运相关,巩固和发展中越两国的睦邻友好关系,是两党、两国政府和人民的共同希望和根本利益所在,这些都成为中越两国能够排除各种干扰因素促进双边合作的前提。"一带一路"倡议与"两廊一圈"构想的提出又分别为两国规划出良好的合作机制,通过二者的有效对接合作,加强双方政策的沟通、基础设施的联通,找准利益共同点,必将有力地推动中越两国的全面合作,为两国带来新的经济增长点,实现互利共赢,为构建具有战略意义的中越命运共同体奠定坚实的基础。

---

① 钟飞腾:《国内政治与南海问题的制度化——以中越、中菲双边南海政策协调为例》,《当代亚太》2012年第3期。

次区域合作

Sub-regional Cooperation

B.12

以主轴经济区连接"一带一路"的
空间发展格局

段霞　毛琦梁　高见*

摘　要：　根据区域开发原理在国内打造一条连接"一带一路"的主轴
经济区，通过主轴经济区上的节点城市、两翼区域、城市群
建设，加快东部产业向内地梯度转移的步伐，建成若干推进
"一带一路"倡议落地和西进需要的战略基地与动力源，形
成由点而轴、由轴而面不断推进的中西部空间发展新格局，
直接打通中国内地与欧亚腹地的陆地交通和要素流空间，驱
动沿线商贸和产业发展，实现丝绸之路经济带与21世纪海上
丝绸之路的陆海对接。

*　段霞，博士，首都经济贸易大学教授，研究方向为全球化与地区发展；毛琦梁，博士，首都
经济贸易大学讲师，研究方向为全球网络与区域经济；高见，中国城市建设研究规划师，研
究方向为城市经济与战略管理。

关键词： "一带一路" 主轴经济 城市群 两翼空间 紧密圈
辐射圈 战略关联圈

目前，已经有100多个国家和国际组织积极响应"一带一路"建设倡议，一批又一批有影响力的标志性项目落地沿线地区，"一带一路"建设在海外不断取得新的成果与进展。就国内形势而言，"一带一路"建设涉及国内18个省市区。目前，相关省市区之间尚没有形成有效的战略协同合力，建设中存在平均用力、缺乏重点、缺乏层次等问题。有些地方政府出台的"一带一路"建设方案，多围绕地方利益诉求，分散了国家的有限资源。迫切需要为"一带一路"建设寻找准确的切入点，为"一带一路"建设量身定制一个带动中西部发展的主轴经济战略，建设可以为"一带一路"提供扎实支撑的发展基地、梯次推进的战略性桥头堡和海陆联结的内地经济走廊。集聚全国资源和力量，在"一带一路"建设中形成中国经济发展的主轴，有利于推动"一带一路"建设稳步发展，为中国未来发展提供新的增长极。

一 理论依据与基本内涵

（一）主轴经济

随着经济的发展，相邻区域的经济中心城市通过重要的交通干线和资源供应线相互连接在一起形成了一条经济轴。根据空间集聚报酬递增原理，轴线一旦形成，轴线区域的地理区位和要素集聚优势显现，会大大降低区域内部的生产和运输成本，使资源得以优化配置和组合，形成良性循环的区位条件和投资环境，使沿线的经济中心城市成为重要的轴点城市，同时也会吸引人口、产业向轴线两侧集聚，产生新的经济增长点。这样一种通过基础设施轴线发展带动相邻区域经济发展的模式可以被称为主轴经济。

主轴经济区一旦形成,作用范围大大超出作为经济增长极的中心城市。生产要素将从大大小小的中心城市沿轴线拓展发展空间,形成支持腹地发展的两翼,不断带动两翼发展,向不发达区域纵深推进。如能与"一带一路"沿线区域联结,则可以起到主轴经济区对"一带一路"倡议实施的支撑作用。

(二)节点城市

主轴经济区的重要经济增长极是区域内具有区位优势、资源环境优势、基础设施和公共服务条件优越的少数经济发达的中心城市,通过轴带的连接,聚集各种要素资源的同时,辐射带动周边发展,成为重要的节点城市。节点城市如具备国际自贸区功能,通过轴线渐进扩散和引领作用,可以更好地发挥区域主体参与国际合作与竞争的优势,促进城乡经济发展和国际化进程。

主轴经济区的节点城市选择要考虑以下因素。

第一,区位条件与区域地位。节点城市应该是一定区域内,比如一个省域甚至更大区域范围内的中心城市,规模较大、人口较多、产值较高、经济较发达。

第二,辐射带动能力。能聚合周边区域的经济贸易及产业科技与旅游文化资源,集体融入主轴经济带。

第三,科技创新能力。通过其创新能力与创新意识突破地区发展的难题与困难,争取国际产业分工与合作中的有利位置。

第四,金融实力。主轴经济带的节点城市也要有较强的金融实力,不仅是为了适应区域发展的要求,也是为了适应"一带一路"建设在区域外及国外推动经济科技及产业发展的要求。

第五,产业发展基础。节点城市的产业发达且各具特色,才能形成上下游产业联动关系和产业价值区位。

第六,城市文化与历史传统。节点城市对周边地区应拥有非常强的精神渗透力和文化整合力,展现独特的文化品格、城市风貌和国际形象,体现出文化的多样性与地域的包容性特征。

第七，其他因素。节点城市确定的关键在于形成符合轴带发展战略需求的、推动轴带发展的主导性产业，即在主轴经济区内起方向性、支配性作用的产业。一旦主导产业形成，会形成在整个区域内部与主导产业相互关联的前向、后向和侧向联系产业，不同乘数效应下带动效应不同。可以结合“一带一路”倡议来确定主轴经济区的主导产业，以及各具特色和优势的关联产业，形成合理有序的、国际分工与合作的主轴经济发展模式。

（三）两翼及辐射影响区域

主轴经济区依赖的腹地以及辐射带动的区域称为“两翼”，“主轴经济区”由主轴带上的重点城市及其辐射的两翼区域组成。

相对于主轴经济区的重点城市，其腹地及辐射带动范围即为两翼。“两翼”是相对模糊、发展变化的概念，大致相当于城市经济腹地，一般指与某城市地理位置接近或由交通工具连接，且具有密切经济联系并作为原材料、产品供应生产基地或重要销售市场的地区。两翼与节点城市的社会经济联系十分广泛，但基于城市与区域经济联系的观察，主要是提供原材料资源、能源、水源、各种工农业产品，以及劳动力输送和人才交流的产供销关系。可以通过主轴经济战略实施中节点城市与毗邻或关联区域的相互作用情况，分析两翼对主轴经济区战略实施的支撑能力。影响两翼空间范围的主要因素有以下几点。

第一，重点城市的经济发展水平、规模和性质。

重点城市的经济发展水平越高，其带动和辐射的范围越大，两翼的空间就越大；重点城市的规模越大，其带动和辐射的范围越大，两翼的空间越大；重点城市的不同性质与功能，其带动和辐射的范围、形式会有较大差异，需要根据具体的城市性质和功能具体分析。

第二，重点城市周边的自然地理条件。

同等条件下，自然地理条件越好的地区，两翼空间会越大，反之，会越小。

第三，交通条件与交通方式。

更好的交通条件、更快的交通方式，更利于重点城市带动和辐射能力的发挥，两翼空间也就会越大。

第四，两翼地区的资源、产业、市场等协同发展能力。

两翼地区具有较好的资源条件、产业分工体系、共同的市场等，也更利于重点城市带动和辐射能力的发挥，两翼的空间也就越大。

理论上讲，两翼可分为小两翼、大两翼。狭义的两翼，即小两翼，可以定义为距离主轴重点城市高铁行驶2小时或高速公路4小时行程半径内的区域，约为主轴重点城市周边250～300公里范围内的区域，是在主轴经济战略实施过程中带来人流或物流量相对较高或者增量明显的城市及所辖区域。广义的两翼，即大两翼，包括距离主轴重点城市300公里以外往来密切的关联区域，在空间上可以是连续的，也可能是跳跃的，范围与空间直线距离不直接相关。具体范围取决于重点城市的最远辐射范围，包括部分境外区域。如重庆的大两翼可向南联通贵阳、昆明辐射至东南亚，至于是否以及如何联通大两翼，则要看主轴经济带的前期实施效果再做判断。

根据经济联系的强度，两翼又可以分为三个层次：紧密圈、辐射圈和战略关联圈。紧密圈主要为节点城市所在的城市群区域；辐射圈主要为节点城市所在省份、周边省份与节点城市联系紧密的城市群区域；战略关联圈是与节点城市有铁路、公路、航线、水运、管道等交通运输方式联结，合作往来密切的关联区域，或者有双边自贸协议、口岸通关协调机制等的其他国家关联区域。狭义的两翼（小两翼）仅研究紧密圈和辐射圈，广义的两翼（大两翼）则包括战略关联圈。

通过主轴区域、节点城市、支撑两翼的协同发展，在空间结构上会出现由点而轴、由轴而面不断推进的新的区域空间发展格局。

二　主轴经济区布局原则与战略意义

联结"一带一路"的主轴经济区的空间规划必须考虑四个因素：第一，

要能直接实现陆海联通、对接；第二，要能直接打通尚待打通的欧亚陆路贸易线路；第三，要能直接带动中国中西部落后地区，尤其是大西北地区的发展、进步；第四，要有一定的综合实力与潜力，足以成长为支撑欧亚陆海联通的基地。这是基于以下原则与战略考虑。

（一）支撑国家复兴与和平崛起

从历史上看，海上与陆上丝绸之路的发展，既有平行发展阶段，更有交替兴衰阶段。总体看来，海路通道的兴衰更替取决于不同历史时期"陆上人"与"海上人"的国家实力对比的变化。古代欧亚联通以陆上丝绸之路为主，中世纪奥斯曼土耳其的兴起一度阻塞了欧亚陆上交通，于是就有了欧洲人探索从海路通往东亚的"地理大发现"和航海潮。海上通道的发展以及海陆兼顾的多通道扩大了战略迂回空间，对于国家安全和贸易通畅有重要的作用。

进入 21 世纪以来，全球化的全面推进、国际金融危机以及欧亚新兴经济体的崛起，驱动多极主导的世界贸易新格局逐渐形成。中国在全球贸易中的地位不断提升，从向全球市场输出廉价消费品的传统模式转向输出高科技产品、成套设备和服务贸易，目前中国机电产品的出口额超过中国出口总额的 60%，就证明中国不再是原料输出及劳动密集型产品出口国，中国钢铁产能占世界一半以上及每年出口钢材过亿吨以及大批量出口水泥、建材等工业品也是重要证明。

通过"一带一路"的建设，重新将亚洲和欧洲紧密连接起来，通过建设物流大通道、基础设施大网络，促进欧亚沿线国家和地区的产业协同发展，促进欧亚经济、文化紧密融汇，不断构建和深化欧亚利益汇合点和利益共同体，有助于使欧亚大陆成为世界经济的新增长极和世界和平的稳定极。对于实现中华民族复兴的"中国梦"有重要战略意义。

在推动"一带一路"倡议实施过程中，不能将"一带一路"孤立地分解成"一带"和"一路"，必须将"一带一路"联结起来，发挥"一带一路"的陆海协同、联通效应，创造综合价值。

构建主轴经济区一方面是要贯通"一带"与"一路",将亚欧两个大陆紧密联结起来,形成海路互补的多线通路系统,实现"一带一路"的陆海无缝对接;另一方面,可在海上风云多变的政治格局下,借打通、拓展陆上通道进一步保障国家商贸、经济安全。

(二)重塑国家空间格局

世界贸易格局不断变迁,各国也都通过内部格局的调整来应对外部形势激烈和复杂的变化。构建主轴经济区首先是调整国家内部的经济贸易及产业格局,进而支撑"一带一路"建设在亚欧大陆从容铺开。

在古代中国,北部连接着极其寒冷的荒漠、草原,西部多是高耸入云的高山大漠,东部与南部则连接着太平洋的大海。在当时的技术条件下,这些都是不可逾越的天然障碍。在此背景下,中原农耕民族与北方游牧民族的关系主导了国内经济贸易格局,对外贸易规模小、功能少,自给自足是中国经济的主要特点。由于要对付北方游牧民族入侵,北方一直是中国的政治、军事中心,而南方是经济和战略后方,二者之间由大运河沟通,南粮北运尤其是当时中国经济政治稳定的关键。

近代以来,西方以坚船利炮打开了中国的门户,并把中国一步步变成其半殖民地,对外反侵略就成了近代中国的主要政治任务,东南沿海开始成为中国的经济与外贸前沿及国家安全的第一线,内陆则成为战略后方和资源保障地。例如,八国联军侵华战争时期,八国联军从大沽口登陆,沿天津打进北京,慈禧太后带着清政府向西安逃亡。抗日战争时期,日本侵略军占领中国秦岭、雪峰山以东各省后,中国以大西南、大西北为大后方,坚持对日作战,坚持到国际大反攻。

当代中国,改革开放以来,遵循的是从沿海到内陆梯度开放的路径。从1979年开始的深圳、珠海、厦门和汕头四大特区的建立,到1984年大连、天津、上海、福州和广州等14个沿海城市被国务院批准为全国开放城市,沿海地区一直是对外开放的桥头堡和经济贸易重心,是产业聚集、进出口贸易聚集、海外投资聚集的三大聚集高地。珠三角、长三角及京津冀,是生产要素集聚中心。21 世纪初，国家关于西部大开发、振兴东北、中部崛起等一系列战略部署，旨在中国区域经济均衡发展。近年来，从东到西的城市群、都市圈建设，大规模的产业转移与升级，均体现了以沿海带动内地，以中心辐射外围的战略思想。但是，这些发展西部的思路有两个局限：一是以扶贫为主；二是未能把西部视为改革开放的前沿与门户，结果是，西部的发展步伐始终不够快，始终是差强人意。例如，同为主轴带重点城市，兰州的发展水平较之武汉、长沙最少滞后 20 年，较之深圳就滞后更多。

经过 40 年的改革开放，我国已成为经济大国，国家实力大大增加，在世界上的话语权大大增强，国际国内环境已与当年不可同日而语。在这种情形下，进一步改革开放必须开创新局面、开辟新路径，其中，发展中西部、尤其是发展大西北，使之跟上东部地区的发展步伐，就成为我国能否实现"中国梦"的关键。从这个意义上说，未来 10 年、20 年，我国经济规划应以中西部、尤其是大西北地区实现跨越式发展为核心、为出发点，其中又要以实现大西北"国土改造"，使之凭借自己的富源实现快速发展，成长为经济贸易中心及开放前沿，尤其是变为宜居之地，保障其人口不"东流"，甚至吸引东部人口"西流"为发展目标。在此背景下，构建"主轴经济区"，将使我国从单纯依赖东南沿海的海路"单向开放"转向陆海路并举的"全方位开放"，并通过"内陆开放""西进"，实现"东西并举、中部崛起"，从陆路突破国门，复兴欧亚古丝绸之贵路，迈向深化改革的空间一体化发展，进而实现中华民族的全面崛起。

（三）重建世界贸易体系

中国的对外开放始于"引进来"，在按比较优势分工的国际贸易中，以劳动力比较优势参与国际分工，以劳动换资本，以市场换技术，积极吸引和利用外资，优化进口结构，提高我国企业的国际竞争力。经过 40 年的改革开放，我国的经济总量已经是坐二望一，在进出口贸易、外汇储备和外商投资额这三项经济指标上都高居世界第一。中国长期的"引进来"战略，已为"走出去"奠定了坚实的基础。随着经济的腾飞和综合国力的增强，我国必然会重新调整面向全球的生产布局、贸易布局和投资布局。

1944年7月，在第二次世界大战即将胜利的前夕，二战中的44个同盟国在英国和美国的组织下，通过了以美国财长助理怀特提出的怀特计划为基础的《国际货币基金协定》和《国际复兴开发银行协定》，总称布雷顿森林协定，从此开始了布雷顿森林体系，美元成为世界贸易的结算货币。随着中国经济总量和在世界贸易格局中地位的不断提升，中国主导的世界贸易新体系将逐渐形成，人民币国际化成为必然需求。

构建主轴经济区，为中国与世界先进经济体合作打造一个新平台，更大范围内实现资源优化配置，带动产品、设备和劳务输出，拓宽市场空间，加快产业结构转型升级，促进区域全方位合作，推进人民币国际化，助力中国从"制造大国"转向"资本大国"，最终实现从"经济大国"到"经济强国"的成功蜕变。

（四）突出龙头带动作用

构建主轴经济区就是要抓住"一带一路"的灵魂，抓住"一带一路"的纲，突出龙头的带动作用。构建主轴经济区是落实"一带一路"倡议的客观需要；突出龙头带动作用，带动中西部腹地的深度开放与开放，是中国改革开放由"点"发展到"面"、向中西部梯次推进的现实需求。将"一带一路"连接起来，必须树立国家大战略意识与整体发展的理念，推动主轴经济区形成。主轴经济区必将产生巨大的经济、社会、文化综合效益。

三 方案比较与主轴经济区空间的确定

打造主轴经济区要求实现陆海直接联通，从西部直接打通欧亚陆上商贸交通线能直接带动中西部发展，因而从理论上分析，打造主轴经济区的线路有三条，三条线的起点分别起自海路终点的珠三角、长三角以及京津冀，终点则只能是新疆。由此，可以有三个供比较选择的方案。

方案一：珠三角－新疆

由东南部的珠三角地区经中部地区延伸至新疆。此方案可以实现海上丝绸之路和陆上丝绸之路的最便捷联系，贯穿中国东南部、中部、西南部和西部地区，能够最大限度地重塑国家空间格局，推动内陆地区改革开放进程。虽然这条由东南向西北的主轴，偏离东北地区，对东北地区的带动作用不强。但由于改革开放以来我国发展的重点及主要成就在沿海地区，海上通道已经基本畅通，而内地尤其是中西部发展不足的弱点靠海路自身难以消除，只能借陆路联通来弥补。而通过主轴经济区带动丝绸之路经济带发展、实现欧亚陆海直接联通的关键及难点同样在陆上联通，而不在于海上联通，这条珠三角－新疆线由深圳经南海直接联通海上交通线，是欧亚陆海联通最近的线路。同时该线路直接靠向中西部，较少在东南沿海展开，也更能保障集中财力物力人力用于中西部地区，更有可能通过"一带一路"规划及主轴经济区驱动中西部发展。此外，以珠三角为起点也有利于主轴经济区向香港、澳门及东南亚辐射，珠三角的产业也更适于向欧亚腹地转移。

方案二：长三角－新疆

由长三角地区出发，沿长江而上，从成都重庆一带折向西北，延伸至新疆。此方案沿黄金水道而上，连接中国经济最发达的地区，可以与长江配合发挥综合效益。长三角的上海及其周边地区固然较珠三角发展水平更高端，科技实力更强，且有更强的金融实力为基础，但其联通海上的线路较长，必要性不大。且长三角线路至西部距离较远，在东部发达地区停留过多，由于长江流域对外开放水平已经较高，不利于集中人力物力财力发展大西北，对于推动全国的空间发展作用较小。此外，从长江上游往西北延伸自然地理条件较差，交通设施难以穿越。

方案三：京津冀－新疆

由京津冀地区向西至新疆，并向东延伸至东北。此方案交通基础设施条件较好，能够低成本实现交通设施贯通，能够带动北部地区和东北地区发展。但此方案沿线经济实力弱，辐射带动范围较小，京津冀产业综合实力不及长三角与珠三角，且其灵活性、适应能力也不如珠三角及长三角。此外，京津冀联通海路的距离最远,与中西部的直接关联度也不及珠三角,周边的地缘政治环境敏感复杂。

打造主轴经济区的三条线路各有利弊,分析三套方案涉及的主要城市群区域(见表1)的基本情况,比较人口、区域面积、经济发展三大指标(见表2),特别是对中西部地区发展的带动作用、自然地理条件及影响和沿线地缘政治环境敏感程度(见表3),可以看出,以"珠三角-新疆"线最合适。即结合"一带一路"倡议,以打通新亚欧大陆桥、联通"一带"与"一路"为目标,将中国经济最活跃的东南沿海地区与"一带"的重要前沿西北地区联系起来,以最先进的陆路运输方式为载体,打造一条以东南沿海的深圳为起点,经中国中部、西部,直达新疆的主轴经济区,进而联通中亚、西亚直达欧洲,最终建成一条直接联通太平洋与大西洋、便捷高效的欧亚大通道。

表1　主轴经济区三个选择方案涉及的城市群区域

方案	东部	中部(和东北)	西部
方案一	珠三角	长江中游	成渝、关中、兰西、天山北坡
方案二	长三角	长江中游	成渝、天山北坡
方案三	京津冀	哈长、辽中南、山西中部	呼包鄂榆、宁夏沿黄、兰西、天山北坡

资料来源:作者自制。

表2　主轴经济区三个选择方案的基本情况比较

方案	布局	全部区域			涉及中西部(和东北)情况		
		人口(亿人)	GDP(万亿元)	面积(万平方公里)	人口(亿人)	GDP(万亿元)	面积(万平方公里)
方案一	由珠三角经中部地区至新疆	5.32	19.17	433.86	4.28	12.47	415.98
方案二	由长三角沿长江延伸至新疆	4.02	21.63	288	2.46	9.6	266.64
方案三	由京津冀地区向西至新疆,并向东延伸至东北	3.57	18.6	412.53	2.53	12.4	410.37

资料来源:人口数据根据《全国第六次人口普查资料》计算,其余根据《2014年中国区域经济统计年鉴》计算。

表3 主轴经济区选择方案比较及优劣势分析

方案	布局	优点	缺点
方案一	由珠三角经中部地区至新疆	连接海上丝绸之路和陆上丝绸之路 贯穿东南、中部、西南和西部地区,发挥最大效益 有利于推动中部和西南部对外开放	对东北地区的影响较弱
方案二	由长三角沿长江延伸至新疆	沿黄金水道而上,可以配合发挥综合效益 连接中国经济最发达的地区	到长江上游往西北延伸自然地理条件较差 长江流域对外开放水平已经较高,对全国的空间带动作用较小
方案三	由京津冀地区向西至新疆,并向东延伸至东北	带动北部地区和东北地区发展 交通基础条件较好	辐射带动范围较小 沿线经济实力弱 地缘政治环境较敏感复杂

资料来源:作者自制。

  重点城市是支撑主轴经济区发展的增长极。改革开放以来,我国中东部地区的快速发展得益于该区域那些具有国际国内贸易优势的门户城市(港口),既联结国际市场又能带动相邻区域的发展。广大的西部地区缺少重要的门户城市,远离国际市场又远离主要的国内市场,发展潜力大大受限。从深圳到乌鲁木齐,通过重要的交通干线、网络与资源供应线连接,连接深圳、长沙、武汉、重庆、西安、兰州、西宁、乌鲁木齐等重点城市,使其成为具备国际自贸区功能的开放节点①,就等于将海岸线向内地大大平移,再造了一条接近国际市场的主轴经济带。这条主轴经济带穿越广东、湖南、湖北、重庆、四川、陕西、甘肃、青海、新疆9个省区和6大城市群,促进各种要素流动和经济联系,降低生产、交易和运输成本,吸引人口、产业向轴线两侧集聚,形成由点而轴、由轴及面不断推进,中西部地区各省区合作共赢和各层级行为主体积极参与国

---

① 可以针对每一个重点城市,根据其城市经济总量、产业结构、交通物流能力、科技发展水平等综合实力,以亚投行成员国,特别是成员国中欧洲发达国家为主要对象,选择量级匹配的国家合作,在该重点城市建设国际双边自贸园区。

际合作与竞争的紧密圈、辐射圈和战略影响圈，形成共同支撑"一带一路"建设发展的新格局。

四　主轴经济区的空间格局与发展潜力

（一）空间范围

主轴经济区由主轴带上的重点城市及其辐射的两翼区域组成。紧密圈与辐射圈组成了重点城市周边的小两翼区域，是可以界定的空间范围。自东南往西北，构成约402.79万平方公里的主轴经济区，有地级及以上城市140多个，总人口大约为5.322亿，约占全国人口的40%；GDP总量超过28万亿元人民币，约占全国的1/3（见表4）。

表4　主轴经济区小两翼辐射范围

两翼		人口（万人）	GDP（万亿元人民币）	面积（万平方公里）
紧密圈	珠三角城市群	5715	7.30	5.5
	环长株潭城市群	1500	2.55	2.8
	武汉城市群	3024	2.01	5.78
紧密圈	成渝城市群	9094	4.84	18.5
	关中城市群	2300	1.31	4.3
	兰西城市群	1400	0.49	8.36
	天山北坡城市群	458	0.74	9.54
合计		23491	19.25	54.78
辐射圈合计		29729	8.75	348.01
总计		53220	28.00	402.79

资料来源：人口数据根据《全国第六次人口普查资料》计算，其余根据《2017年中国城市统计年鉴》和相关省区统计年鉴计算。

（二）基本格局

尽管西部地区依然面临用水困难、交通相对闭塞等问题，但是土地资源、环境资源、劳动力资源约束将进一步导致产业西移，近年来中西部地区加快了产业结构升级步伐，经济发展势头迅猛，不少地区发展速度高于我国平均增长速度。例如甘肃、新疆未来10年、20年可望保持年均增速10%以上。如果国家下决心彻底解决西北地区的缺水和交通问题，主轴经济区将真正成为"一带一路"建设国内落地的重要战略空间，也会为中西部地区创造赶上东部地区、担当"一带一路"建设重任的有利机遇。

为此，可以按照"东南引领、中部崛起、西南雄起、西北开放"的思路，以8个节点城市带动两翼，奠定主轴经济区发展的基本格局。

一是东南创新引领：以深圳为核心带动珠三角，辐射东南亚。

珠三角是华南地区与东南亚地区的经贸文化中心，是联结国内市场与东南亚新兴市场的枢纽，是世界制造中心，凭借创新引领，广大企业已经走向世界市场，并逐渐占领高端环节。

重点城市：深圳。

紧密圈：珠三角地区。

辐射圈：广东全省、广西北部湾经济区、福建海峡西岸城市群、香港、澳门。

战略关联圈：东南亚地区、南亚地区、中国台湾地区等。

二是中部崛起：以武汉、长沙为核心带动中部地区，影响具有传统交往优势的国家和地区。

中部地区是中华文明的发祥地，地处中国内陆腹地，起着承东启西、接南进北、吸引四面、辐射八方的作用。加快中部地区发展是提高中国国家竞争力的重大战略举措，是东西融合、南北对接，推动区域经济发展的客观需要。

重点城市：武汉、长沙。

紧密圈：武汉城市群、长株潭城市群。

辐射圈：湖北和湖南全省、河南中原城市群、安徽皖江城市群、江西环鄱阳湖城市群。

战略关联圈：具有密切经济往来和国际交往传统的欧洲、东北亚、北非等地区。

三是西南雄起：以重庆（成都）为核心带动西南地区，辐射南亚。

西南地区水土条件良好，是长江流域最早开发的地区，南方丝绸之路和茶马古道是我国与南亚、东南亚经济文化交流前沿。西南地区是全国海陆联动开放的枢纽、向西南开放的贸易前沿、国家战略安全的后方。

重点城市：重庆、成都。

紧密圈：成渝城市群。

辐射圈：四川全省、重庆全市、云南滇中城市群、贵州黔中城市群。

战略关联圈：西藏东部、西亚、南亚地区。

四是西北开放：以西安、兰州、西宁、乌鲁木齐为核心，带动西北地区通衢开放，辐射中亚，联通欧洲。

西北地区是路上丝绸之路的核心，是连接中原、中亚、西亚、欧洲的纽带，是东西方文化交融的平台。

重点城市：西安、兰州、西宁、乌鲁木齐。

紧密圈：关中城市群、兰西城市群、天山北坡城市群。

辐射圈：西北五省（陕西、山西、宁夏、甘肃、新疆）、内蒙古西部。

战略关联圈：俄罗斯、蒙古国、中亚、西亚、中东欧等地区。

（三）发展潜力

自1978年改革开放以来，我国东部地区因为具备对外贸易的区位优势，相比而言获得了更快的经济增长率，截至2008年国际金融危机，我国已对外开放30年，东部地区GDP年均增长率为12.4%，中部、东北、西部依此仅为10.4%、9.3%与10.2%（这三个区域平均为10.5%），东部地区比中西部地区的增长速度大约高20%。假设我国新一轮对外开放区域转移到主轴经济区，那么有理由相信主轴经济区能够获得更快的经济增长，按照国家十三五规划目标，全国平均增长速度大约为6.5%，假设相比于全国其他地区，主轴经济区因为得益于新一轮开放，在未来一段时间内年均经济增长率将比全国高约20%，约为7.8%，其他区域为6.5%，最终预测区域经济发展情况如表 5 所示。主轴经济区紧密圈和辐射圈范围内的地区经济总量有望在 2020 年占全国比重超过 30%，2030 年约为 40%，通过主轴经济区建设实现中西部大发展，将奠定我国第二次开放的新局面。

表 5 主轴经济区成为国家对外开放新区后区域经济发展情况预测

地区		GDP（万亿元）	预测 GDP 总量（万亿元，2013 年不变价）			预测 GDP 占全国比重（%，2013 年不变价）		
		2013 年	2020 年	2025 年	2030 年	2020 年	2025 年	2030 年
紧密圈	珠三角城市群	4.93	8.34	12.14	17.68	9.13	9.70	10.30
	环长株潭城市群	1.7	2.88	4.19	6.09	3.15	3.34	3.55
	武汉城市群	1.28	2.17	3.15	4.59	2.37	2.52	2.68
	成渝城市群	3.18	5.38	7.83	11.40	5.89	6.26	6.65
	关中城市群	0.87	1.47	2.14	3.12	1.61	1.71	1.82
	兰西城市群	0.34	0.58	0.84	1.22	0.63	0.67	0.71
	天山北坡城市群	0.48	0.81	1.18	1.72	0.89	0.94	1.00
	喀什	0.062	0.104	0.15	0.22	0.11	0.12	0.13
	合计	12.842	21.734	31.63	46.04	23.78	25.26	26.84
辐射圈合计		6.33	10.71	15.59	22.69	11.72	12.45	13.23
总计		19.172	32.44	47.22	68.73	35.50	37.71	40.07
全国		58.8	91.37	125.19	171.52	—	—	—

注：主轴经济区的 GDP 年均增长率设定为 7.8%，其他地区为 6.5%。

资料来源：作者自制。

与此同时，主轴经济大两翼的空间格局也会逐渐显现，战略关联圈在境内外不断扩大其辐射范围和影响力。如重庆的大两翼可向南联通贵阳、昆明辐射至东南亚；西安的大两翼向东可联通京津冀及东北，可远及东北亚。如表 6 所示，主轴经济区一旦建成，形成由重点城市—紧密圈—辐射圈—战略关联圈环环相扣的东南、中部、西南、西北四大功能区域发展态势，不仅会缩小地区发展差距、培育西部开放新空间，加快我国中西部的开发开放步伐，也将助力于"一带一路"的伟大实践，实现丝绸之路经济带与 21 世纪海上丝绸之路的成功对接。

表6 主轴经济区未来发展的基本格局

地区	东南地区	中部地区	西南地区	西北地区
重点城市	深圳	武汉、长沙	重庆、成都	西安、兰州、西宁、乌鲁木齐
紧密圈	珠三角地区	武汉城市群 长株潭城市群	成渝城市群	关中城市群 兰西城市群 天山北坡城市群
辐射圈	广东全省 广西北部湾经济区 福建海峡西岸城市群 香港、澳门	湖北湖南全省 河南中原城市群 安徽皖江城市群 江西环鄱阳湖城市群	四川全省 云南滇中城市群 贵州黔中城市群	西北五省(陕西、山西、宁夏、甘肃、新疆) 内蒙古西部
战略关联圈	东南亚地区 南亚地区 台湾地区	具有密切经济往来和国际交往传统的欧洲、东北亚、北非等地区	西藏东部 西亚 南亚地区	俄罗斯、蒙古国 中亚、西亚 中东欧等

资料来源:作者自制。

B.13
积极促进中国东北地区与俄罗斯
远东地区实现互利双赢

陈宪良*

摘　要：　中国东北三省与俄罗斯经贸合作具有天然的地缘优势。多年
来，东北三省与俄罗斯的经贸合作取得了长足发展，尤其是
黑龙江省对俄贸易曾一度占全国同期对俄贸易的1/4强。但
中国东北地区对俄贸易无论是从贸易额，还是从双方商品的
贸易结构来看，依然存在诸多问题。更好地利用地缘优势和
两国的发展对接等有利契机，响应国家的"一带一路"倡
议，进一步提升东北地区与俄罗斯经贸合作的质与量，成为
该地区加快经济发展重要任务。

关键词：　中国东北三省　俄罗斯　经贸合作

　　基于历史及地缘因素，无论历史上还是当前，中国东北与俄罗斯，
尤其是与俄远东地区均有着较为紧密的联系。可以说，中国东北与俄罗
斯远东地区在中俄双边关系发展中占有重要地位。历史上，中国东北地
区曾是中国工业的龙头，也是苏联重点帮扶地区。在新中国成立初期，
苏联援建的项目绝大部分落户在该地区。也正是这个原因，使得中国东
北地区同俄罗斯有着相似的工业基础，这给双方经贸合作创造了有利条

---

* 陈宪良，博士，哈尔滨师范大学教授、博士生导师，主要研究方向为中俄关系。

件。同时,作为计划经济时代的"明星",东北老工业基地的工业企业也背负了巨大的历史包袱。为了振兴东北老工业基地,国家出台了诸多优惠政策,但成效始终不明显。苏联后期,其经济发展进入衰退期;苏联解体后,其继承者俄罗斯的经济在最初 10 年延续了衰退的态势,尤其是俄罗斯远东地区的衰势更为明显。在中国着力实施振兴东北老工业基地发展战略的同时,俄罗斯也启动了开发远东地区的战略,因此加强双方地区的合作显得尤为重要。对于同俄罗斯远东地区有着 3000 多公里边界线的东北地区而言,加强与俄经贸合作,正是振兴老工业基地的一个重要举措。

一 中国东北地区与俄罗斯经贸合作的基本情况

苏联解体后,中国与俄罗斯的经贸合作虽有一定程度的增长,但很不稳定。20 多年来,双边贸易额一度接近千亿美元。但 2014 年乌克兰危机爆发后,西方国家开始对俄罗斯实施严厉的经济制裁,导致俄罗斯经济快速下滑,致使中俄两国贸易额也出现了严重下降。特别是与俄罗斯边境接壤的省份同俄罗斯的贸易额下滑尤为严重。但从 2016 年起,中俄贸易降幅趋缓。2017 年双边贸易额出现了恢复性增长,达到 842 亿美元。尽管双边贸易尚不稳定,但中国近年来始终保持着俄罗斯第一大贸易伙伴国地位。

(一)中国东北地区与俄罗斯的经贸合作

苏联解体后,在中国与俄罗斯的经贸合作方面,东北地区始终走在前面。尤其是黑龙江省不仅多年对俄贸易占其对外贸易的 60% 左右,而且一度占全国对俄贸易的 20% 以上。2012~2014 年,黑龙江对俄罗斯贸易额分别为 213.1 亿美元、223.6 亿美元、232.8 亿美元,均超过当年中俄两国贸易总额的 20%,2014 年甚至超过全年两国贸易额的 25%。但乌克兰危机后,西方国家对俄罗斯进行经济制裁,给中俄两国的经贸合作带来了较大影响,对与俄罗斯有近3000公里边界线且主要与其进行对外贸易的黑龙江省影响最大。从2015年起,黑龙江与俄罗斯的贸易出现了大幅下滑,双方贸易额降至108.5亿美元,较上一年下降了53%。2016年再度下降至91.1亿美元,同比降幅为15.3%。在此期间,吉林省对俄罗斯的贸易也出现了不同程度的下滑。吉林省与俄罗斯贸易额相对较小,2012~2014年吉林省对俄贸易额分别为8.22亿美元、7亿美元、5.8亿美元。2015年、2016年,分别降至4.72亿美元、4.34亿美元,与2012年相比下降了42.6%和47.2%。辽宁省并不与俄罗斯接壤,但基于该省的经济基础及海空交通的便利,该省与俄罗斯的经贸合作相对不错,且该省与俄罗斯的贸易情况与黑龙江、吉林两省不同,近年来双边经贸合作呈上升态势。2012~2014年,辽宁对俄罗斯贸易额分别为26.38亿美元、24.23亿美元、24.31亿美元,2015年、2016年对俄罗斯贸易额分别为187.93亿元人民币、215.02亿元人民币。尽管吉林省和辽宁省与俄罗斯的贸易额占两省对外贸易份额并不高,但从发展潜力来看,双边经贸合作尚有较大合作空间。从东北三省对俄罗斯的贸易额总量来看,中国东北地区对俄罗斯贸易始终占据两国贸易的重要位置(见表1、表2)。

表1　全国及东北各省与俄罗斯贸易情况

单位:亿美元

年度 省份	全国	黑龙江	辽宁	吉林
2012	881.6	213.1	26.38	8.22
2013	892.1	223.6	24.23	7
2014	881.17	232.8	24.31	5.8
2015	635.52	108.5	30.17	4.72
2016	695.25	91.1	32.37	4.34

资料来源:根据国家、黑龙江、辽宁、吉林等各地海关数据整理。

表2　东北各省对俄贸易占全国对俄贸易比重情况

单位：%

年度 \ 省份	黑龙江	辽宁	吉林
2012	24.17	3.0	0.93
2013	25.64	2.72	0.78
2014	26.42	2.76	0.66
2015	17.07	4.75	0.74
2016	13.10	4.66	0.62

资料来源：根据国家、黑龙江、辽宁、吉林等各地海关数据计算得出。

随着俄罗斯经济的恢复及中俄两国经贸合作的进一步深化，2017年，中俄两国贸易额出现大幅提升，2017年两国贸易额达到5694.6亿元人民币，同比增长19.4%。东北地区与俄罗斯的贸易也出现恢复性增长。2017年黑龙江省对俄罗斯进出口总值达744.2亿元人民币，同比增长22.5%，占同期全国对俄贸易的13.1%，占全省进出口总值的58.1%，高于同期全国对俄进出口增速3.1个百分点，高于全省进出口增速5.4个百分点。2018年1~3月，黑龙江省对俄罗斯进出口总值271.4亿元人民币，同比增长47.7%，高于同期全省进出口增速13.4个百分点。其中对俄出口18.9亿元人民币，同比下降25%；自俄进口252.5亿元人民币，同比增长59.2%，累计对俄贸易逆差233.6亿元人民币。① 2017年1~10月，吉林省与俄罗斯贸易额为30.89亿元人民币，同比增长37.4%，占同期全国对俄贸易总额的0.67%，高于同期两国贸易增速15.4个百分点。2017年1~6月辽宁省与俄罗斯双边贸易总值为140.43亿元人民币，比上年同期增长50.74%，占全国同期对俄贸易的5.13%，高于全国对俄贸易增速17.64个百分点。从以上数据来看，今后，东北三省在两国经济运行良好的情况下，对俄贸易仍会有较大发展空间。

---

① 《对俄经贸信息》，黑龙江省商务厅网站，http://www.hljswt.gov.cn/newsshow.php? cid = 142&id = 1614。

（二）中国东北地区与俄罗斯贸易商品结构情况

在东北三省中，黑龙江对俄贸易最具地缘优势，同俄罗斯的贸易额也最大，在全国对俄罗斯的 29 个一类贸易边境口岸中，黑龙江占 25 个。① 吉林省对俄贸易口岸仅有珲春一个口岸，且吉林省口岸的过货量相对较少。辽宁省尽管与俄罗斯不接壤，主要是通过海空货运，但运量远大于吉林省，对俄罗斯的贸易额也远远超过吉林省。

从近年来黑龙江省与俄罗斯商品贸易的构成来看，黑龙江主要以进口石油、木材、煤炭、铁矿石、粮食和食品为主，而出口产品主要以机电产品、服装、食品、轻工产品为主。2017 年，仅通过黑龙江省漠河输油管道从俄罗斯进口原油达 1650 万吨，进口总值达 66.78 亿美元。② 当年黑龙江省通过输油管线及铁路等运输方式从俄罗斯进口原油总计 1977.92 万吨，价值 533.5 亿元人民币，占同期全省进口总值的 57.7%。③ 2017 年东北各省从俄罗斯进口的煤炭量大增，全年进口煤炭 2807 万吨，同比上涨了 49.0%，其中黑龙江省从俄罗斯进口 2526.4 吨。④ 2017 年中国进口木材合计 10849.7 万立方米，其中进口原木 5539.8 万立方米，锯材 3739.3 万立方米。而从俄罗斯进口原木、锯材合计 3338.9 万立方米，较上一年增长 29.92%。占进口总量的 30.8%。⑤ 原木和锯材也是黑龙江省从俄罗斯进口的重要商品，其中进口桦木原木 114.2 万立方米，⑥ 进口白松原木 148.7 万立方米。近年来，

---

① 近年来，由于多种原因，在黑龙江的 25 个边境口岸中，仅开放 15 个口岸，另有嘉荫、呼玛、逊克、漠河 4 个口岸临时关闭。漠河口岸现今只开通了石油运输通道。
② 刘锡菊：《黑龙江对俄贸易高速发展　占比全省外贸总值逾五成》，http://news.cbg.cn/hotnews/2017/1226/9600417.shtml。
③ 《2017 年黑龙江进出口总值 1280.7 亿元人民币》，哈尔滨海关网，http://harbin.customs.gov.cn/harbin_customs/467898/467900/467901/1709046/index.html。
④ 《2017 年 12 月中国煤炭进口市场回顾》，http://www.sxcoal.com/news/4567872/info。
⑤ 搜木网小编：《2017 年中国木材进口状况》，http://www.wood365.com/News/info? nid = 2742。
⑥ 三生产业研究中心：《2017～2022 年中国原木行业发展前景展望与投资机会分析咨询报告》。

俄罗斯的各种食品凭借其纯天然、无添加剂等特点,受到广大中国消费者的喜爱,大量的俄罗斯农产品通过中国东北地区进入中国。2017 年,通过黑龙江省黑河口岸进口俄罗斯大豆 51.55 万吨,达到历史最高峰,较上年同期增长 33.95%。① 俄罗斯植物油的进口也快速增长。2018 年第一季度,黑龙江的黑河口岸进口大豆油 8244.96 吨,同比增长 186.84%;进口大豆油货值达 666.20 万美元,同比增长 223.95%。② 黑龙江省对俄罗斯出口产品主要以轻工产品和食品为主,2017 年,黑龙江对俄出口的产品中,鞋类、服装和箱包等生活用品出口额达到 6 亿美元左右,占对俄出口商品总额的近 40%。蔬菜 30 万吨,价值 2 亿多美元,占对俄出口总额的 10% 左右。鲜、干水果及坚果近 10 万吨,价值 1.2 亿美元,同比增长 8.3%,占对俄出口产品总额的 6.5%。纺织纱线等,出口额 1 亿美元,占总额的 6%。

辽宁省是"一带一路"倡议中重点规划省份,也是中蒙俄经济走廊的重要枢纽。辽宁省对俄罗斯贸易主要是通过大连港的海上运输。2017 年 1~10 月,辽宁省与俄罗斯贸易额为 297.7 亿元人民币,同比增长 11.5%,大连关区对俄出口机电产品 44.8 亿元人民币,占同期大连关区对俄出口总值的 61.9%,出口传统劳动密集型产品 22.5 亿元人民币,占 31.1%,出口高新技术产品 10.4 亿元人民币,占 14.5%。同期,自俄进口原油 146.3 亿元人民币,占同期大连关区自俄进口总值的 71.8%;进口农产品 43.7 亿元人民币,增长 10.2%,占 23.2%。从近年来辽宁省与俄罗斯进出口产品来看,辽宁省主要是从俄罗斯进口石油、矿产品等工业燃料,出口多以机电产品为主。

吉林省与俄罗斯进行贸易多以边境贸易为主,多是通过珲春口岸来进行。尽管这些年该省比较重视与俄罗斯的贸易,但相对黑龙江与辽宁两省,

---

① 张金栋、曲静:《2017 年黑龙江省口岸进口俄大豆突破 50 万吨》,《黑龙江日报》2018 年 1 月 12 日。

② 刘锡菊:《俄罗斯植物油受中国民众青睐 黑龙江黑河口岸植物油猛增》,http://www.chinanews.com/cj/2018/03 - 27/8477235.shtml。

吉林省与俄罗斯的贸易量很小。不过,吉林省与俄罗斯的商品贸易结构却与黑、辽两省十分相似。多是进口木材、矿产资源、干果、海产品和食品,出口汽车配件、机械制造产品、电子仪器和农产品等。

(三)中国东北地区与俄罗斯相互投资的发展现状

近年来,中国企业对外投资始终保持着强劲势头。2002~2017 年,中国对外直接投资年均增长高达 30% 以上, "十二五"期间对外投资总计 5390.8 亿美元。2015 年,中国对外直接投资达 1456.7 亿美元,创历史高点,成为世界第二大对外投资国。[1] 2016 年,中国对外直接投资再度大幅上涨,增至 1961.5 亿美元,同比增长 34.7%。[2] 2017 年,中国对外直接投资渐趋理性,对外投资有所放缓,较上一年下降了 29.4%,但对外直接投资依然高达 1200.8 亿美元。[3]

在中国对外投资大幅增长的同时,中俄两国相互间的投资也有一定的发展,但双方投资数额均较小。对俄罗斯直接投资很少:2014 年中国对俄罗斯直接投资流量只有 6.34 亿美元,仅占当年中国对外投资的 0.52%;2015 年中国对俄罗斯直接投资出现了快速增长,当年的直接投资达 29.61 亿美元,达到历史高点,但也仅占当年中国对外投资的 2%;[4] 2016 年中国对俄罗斯的直接投资流量为 12.93 亿美元,只相当于当年中国对外投资总额的 0.7%。中国对俄罗斯的投资每年投资总额较小且不稳定,对俄罗斯投资行业分布主要集中在采矿业(41.9%)、农林牧渔业(33.5%)、制造业(17.2%)、批发和零售业(4%)。[5] 2017 年,俄罗斯引进外商直接投资达

① 《2015 年度中国对外直接投资统计公报》,http://www.fdi.gov.cn/1800000121_33_7616_0_7.html。

② 《2016 年我国对外投资同比增长 44.1%》,http://www.gov.cn/shuju/2017-01/17/content_5160475.htm。

③ 申铖、于佳欣:《2017 年我国对外投资规模达 1200 亿美元》,http://www.xinhuanet.com/fortune/2018-01/16/c_1122267906.htm。

④ 周锐:《2015 年中国对美国俄罗斯和东盟投资均创历史新高》,http://www.chinanews.com/cj/2016/09-22/8011859.shtml。

⑤ 《中国对外投资报告(2017 年 11 月)》,http://www.sohu.com/a/207677805_468675。

230 亿美元,其中中国对俄的直接投资大幅增加,达 82 亿美元,① 占俄罗斯当年引进外资的 35.7%。俄罗斯的远东地区是中国企业投资的重点地区,截至 2017 年末,中国企业在俄远东地区投资项目达 28 个,涵盖林业、农业、建材、轻工、矿产、商贸等诸多领域,规划总投资约 40 亿美元。近两年,中国对俄罗斯的投资呈现稳步加快势头,在俄远东地区吸引的外资中有 85% 来自中国。

尽管中国东北地区与俄罗斯经贸合作有着天然的地缘优势,但相对于中国对外投资的整体规模和发展速度而言,中国东北三省对俄罗斯的投资总体情况是:投资额度小,投资进程相对缓慢。黑龙江省是东北三省中对俄直接投资数额最多的省份,俄罗斯是该省首要的投资对象国,也是其对外投资额度存量最大的国家。黑龙江对俄投资占到了全国的 1/3,投资领域主要集中在能源、矿产、林业、农业和园区建设。但由于诸多因素,黑龙江省对俄罗斯投资的绝对数额并不大,2015 年,黑龙江省对俄罗斯备案投资额为 34.6 亿美元,而实际投资仅为 1.46 亿美元。2016 年,黑龙江对俄罗斯投资有所下降,备案投资仅 20 亿美元左右。截至 2017 年底,黑龙江在俄远东及西伯利亚地区共建设了 18 个园区,其中有 5 个园区已经被俄罗斯纳入远东的快速发展区,累计为俄方上缴税费 2.1 亿美元,安置了 3800 多人就业,对推动俄罗斯远东地区经济发展做出了贡献。

近年来,辽宁省对俄罗斯的直接投资数额逐年增加,但数额始终很小。2013 年,辽宁对俄罗斯直接投资为 3300 多万美元,仅占其对外投资额的 1.1%。2013 年,辽宁省共核准 174 家对外直接投资企业,其中仅有 2 家企业对俄进行直接投资。② 从辽宁省对俄罗斯直接投资的合作领域来看,制造业是辽宁省企业对俄罗斯投资最为活跃的领域,但是目前这种投资并未给辽宁省带来先进技术,也没有推动相关行业的技术进步;另外,辽宁省对俄罗

---

① 《中国对俄直接投资涨至 82 亿美元》,http://finance.sina.com.cn/stock/usstock/c/2017 - 12 - 13。
② 高欣:《新时期辽宁对俄经贸合作面临的新机遇、现状、存在的问题及对策建议》,《对外经贸》2015 年第 10 期。

斯的直接投资多为批发和零售业、采矿业，可见，辽宁省对俄罗斯直接投资以资源开发类和利润回报高的低技术投资为主，高技术领域的投资比重很低。

近年来，俄罗斯已经成为吉林省重要的投资对象国，但总体看来，吉林省对俄罗斯的直接投资数额较小，截至 2015 年底，该省对俄罗斯的直接投资存量为 20 亿美元。①

改革开放以来，中国大力度引进外资，外资企业在华的投资规模和数量不断扩张，为中国经济的发展做出了重要贡献。2017 年，全国新设立外商投资企业 35652 家，同比增长 27.8%；实际使用外资 8775.6 亿元人民币，同比增长 7.9%，全年利用外资规模再创历史高点。

俄罗斯对外投资总体规模小，对中国的投资更少。从 1997 年到 2016 年，俄对华投资只有 2004 年一年超过 1 亿美元，当年对华投资额为 1.26 亿美元，仅占外国对华投资的 2.078%。② 2017 年，俄罗斯对外直接投资流量为 272.7 亿美元，但对中国的投资非常少，不足其对外投资总额的 1%。从投资领域来看，俄罗斯对中国的投资，主要在第二产业方面，其看重中国相对廉价的劳动力，但随着中国劳动力价格的提高，俄罗斯对中国的投资热情有所下降。从投资地域来看，俄罗斯对华投资主要集中在黑龙江，这与该地区与俄罗斯经贸合作较为密切及该地区具有与俄罗斯合作的地域和语言优势有关。

二　中国东北对俄罗斯经贸合作中存在的问题及原因

中国东北三省与俄罗斯的经贸合作尽管在两国经贸合作中占有重要的位置，但作为两国经贸合作的"桥头堡"，东北三省的地缘优势并未得到全面释放。双方经贸合作尚存在很多问题。东北三省，乃至各省内与俄罗斯相接壤的地市、区县之间也存在着各种竞争。这不仅对该地区的经济发展不利，对两国的经贸合作也有较大影响。

---

① 朱凤梅：《关于 2015 年全区商务及口岸工作运行情况的通报》，http：//www.nmgswt.gov.cn/news－3190cbd1－b9b4－436a－a645－7557a6084004.shtml。

② 《2005 年中国统计年鉴》，http：//www.stats.gov.cn/tjsj/ndsj/2005/indexch.htm。

（一）东北三省与俄罗斯经贸合作的贸易结构不合理

虽然中国多年来都是俄罗斯的最大贸易伙伴国，但是双方不足 1000 亿美元的贸易额对中国而言并不多，且双方的经贸合作深度及广度与两国的国际地位和全面战略协作伙伴的政治关系并不相符。况且，两国的经贸合作常受俄罗斯经济发展状况和国际经济形势变化的影响。

近年来，东北三省与俄罗斯的经贸合作日益加强，由于具有地缘优势，该地区同俄罗斯的贸易额始终占两国贸易的较大份额。但从多年来双方贸易情况来看，双方的商品贸易结构并不合理，导致两国贸易的凝合度较差，被第三方替代的可能性较大。尤其是对于中国东北三省这样经济实力和科技力量均相对较弱的地区而言，其不仅面临着其他经济和科技实力较强的国家的竞争，而且与国内的兄弟省份，甚至三省彼此间也存在着较大的竞争。仅从三省与俄罗斯贸易的具体商品而言，东北地区各省从俄罗斯进口的商品主要是石油、木材、煤炭、粮食等原材料，而这些原材料既是俄罗斯周边国家，尤其是韩国和日本等国紧缺的，也是中国其他省份所需要的。对俄罗斯而言，只要原材料的运输条件允许，价格可以接受，就不会缺少买家。而中国对俄罗斯出口的商品主要是机电产品、轻工产品和果蔬产品等，这些产品可替代性强。东南亚一些国家就是中国东北三省与俄罗斯贸易强劲的竞争对手。此外，排除价格因素，韩国和日本的商品对俄罗斯人更具吸引力。东北三省尽管与俄罗斯经贸合作有着地缘优势，但在这个地区向俄罗斯出口的商品中，除农产品外，自产产品少，很多时候，该地区边境口岸仅是起一个"中转站"的作用。在信息时代，这些省份的地缘优势很容易被消解。另外，东北各省边境口岸进出口商品的同质性，使得该地区各口岸之间也存在着严重的竞争，甚至出现了各口岸想尽办法争抢过货量的现象，造成重复建设。

人们常说中俄两国经济具有很大的互补性，这决定了两国经贸合作会不断深化。如今看来，两国经济发展的确有一定的互补性，但不具有唯一性。一方面，在两国贸易中，中国进口所占比重最大的商品是石油、木材、煤炭和粮食等，而原材料不具有唯一性，只要有钱中国完全可以从其他国家购得，只是运输和价格的问题而已；另一方面，俄罗斯进口中国的产品也多是机电产品、生活用品和果蔬产品等，这些产品虽然与原材料相比，附加值略高，但因机电产品的技术含量不是很高，在国际市场较容易找到替代商家。在许多俄罗斯人眼中，出售原材料是一种"吃亏"的买卖，一方面为了维持经济增长，不得不大量出售；另一方面对将原材料卖给中国又耿耿于怀。而中国东北地区，尤其是与俄罗斯经贸合作较多的黑龙江，其对俄贸易的产品附加值较低，外部可替代性较强。因此，这种商品的可替代性和"吃亏"心态势必影响双方的经贸合作。此外，双方商品的贸易集中度过高，从表3中可以看出，俄罗斯对黑龙江出口商品中仅原材料一项便占其对华出口的90%以上。这对两国贸易的稳定性极为不利，一旦两国经济或国际经济形势发生变化，双方贸易将会受到很大影响。而从黑龙江对俄罗斯出口的商品构成（见表4）可以看出，食品和生活用品占比高达70%，这些商品技术含量低，易替代。俄罗斯经济情况好转的时候，对中国产品的依赖性不会很强，俄罗斯也很容易找到进口类似商品的替代产地。

表3　黑龙江进口俄罗斯商品主要构成

2017 年前 10 个月黑龙江自俄罗斯进口商品主要构成			2016 年黑龙江自俄罗斯进口商品主要构成		
商品类别	进口额（万美元）	占比（%）	商品类别	进口额（万美元）	占比（%）
原油	541324	71.2	原油	54263833	70.3
原木	64517	8.5	原木	64220	8.6
锯材	54960	7.2	锯材	52386	7.0
煤	19128	2.5	肥料	19395	2.1
铁矿砂及精矿	18111	2.4	纸浆	15689	1.9
粮食	11858	1.6	粮食	14361	0.9
肥料	7796	1.0	铁矿砂及精矿	7002	0.7
纸浆	7662	1.0	煤	5418	0.3
食用植物油	2379	0.3	食用植物油	2297	0.3
合成橡胶	1845	0.2	成品油	1961	0.3

资料来源：黑龙江省商务厅，http：//www.hljswt.gov.cn/2017/23410.jhtml，http：//www.hljswt.gov.cn/2016/21757.jhtml。

表4 黑龙江出口俄罗斯商品主要构成

2017 年前 10 个月黑龙江对俄罗斯出口商品主要构成			2016 年黑龙江对俄罗斯出口商品主要构成		
商品类别	出口额(万美元)	占比(%)	商品类别	出口额(万美元)	占比(%)
鞋类	31703	22.6	服装及衣着附件	53540	31.5
服装及衣着附件	20257	14.5	鞋类	26535	15.6
蔬菜	15121	10.8	纺织纱线、织物及制品	14507	8.5
鲜、干水果及坚果	9103	6.5	蔬菜	13436	7.9
纺织纱线、织物及制品	8012	5.7	鲜、干水果及坚果	11467	6.7
塑料编织袋	4463	3.2	塑料编织袋	5175	3.0
粮食	2529	1.8	钢材	1906	1.1
玩具	2231	1.6	箱包及类似容器	1809	1.1
箱包及类似容器	1913	1.4	玩具	1683	1.0
钢材	1800	1.3	粮食	1660	1.0

资料来源：黑龙江省商务厅，http：//www.hljswt.gov.cn/demytj10/index.jhtml，http：//www.hljswt.gov.cn/2016/21756.jhtml。

（二）东北三省与俄罗斯的绝对贸易额较小，同中俄两国的国际地位、经济规模与全面战略协作伙伴关系的政治关系不相符

苏联解体后，中俄经贸合作取得了一定的发展，在近 30 年间，双边贸易额从几十亿美元增至近千亿美元，双方的贸易额增长较快，但是从中国对外贸易总体情况来看，中俄两国的贸易额还是很少的，甚至比中国同东南亚一些国家的贸易额还少，更难以同中日、中韩的贸易额相比。中俄两国均是具有世界性发展潜力的大国，无论是从资源配置，还是从双方进出口的商品结构或科技水平来看，两国均有较大发展空间。

尽管中国东北地区因地缘优势与俄罗斯经贸合作较为密切，但从双方贸易总量来看，依然较小。且除黑龙江省同俄罗斯贸易占其对外贸易比重的60%左右外，辽宁和吉林两省与俄罗斯的贸易占两省对外贸易的比重很小。2015~2016 年，吉林省同俄罗斯的贸易额仅占其外贸总额的2.49%和2.35%；2017 年头 10 个月吉林省与俄罗斯的贸易额占其外贸总额的2.98%。辽宁省与俄罗斯的贸易总额虽比吉林省高，但占辽宁对外贸易的比重也很低，2015 年、

2016 年，辽宁省与俄罗斯的贸易额占其外贸总额的 3.15% 和 3.76%。2017 年上半年，辽宁省同俄罗斯的贸易额占其外贸总额的 4.19%。由此可见，吉林与辽宁两省同俄罗斯贸易的地缘优势并未得到充分展现。

（三）中俄两国的贸易合作机制有待进一步规范

苏联解体后，中俄两国贸易合作机制不断完善，如今两国经贸合作逐渐规范化。"灰色清关"和俄罗斯权力机关工作人员刻意刁难华商的现象日益减少。但在两国经贸合作的过程中，双方的经贸合作机制不健全，俄罗斯政府及各州的法律法规、政策滞后且多变，容易给外商带来潜在风险，尤其是俄罗斯的税收政策调整十分频繁，常给外国企业带来意外损失，这影响了中俄双边经贸合作。

近 20 多年来，由于俄罗斯各项经济和税收政策频繁变化，加之其国内腐败现象严重，导致中俄两国的经贸合作时常出现波折，给在俄华商造成了巨大损失。俄执法部门查处"灰色清关"行为的事件曾一度成为华商的梦魇。20 世纪 90 年代，俄罗斯国内商品极其匮乏且民众生活水平急剧下降，为了解决国内民众生活物质匮乏的现状，俄罗斯海关委员会允许所谓的"清关"公司为货主代办进口业务，即将运输和清关捆绑在一起的"一站式"服务。"灰色清关"一方面能够快捷地将货物运送到俄罗斯，另一方面在俄华商通过"灰色清关"缴纳的费用远低于正常通关的税费。但从法律角度而言，"灰色清关"违反了俄罗斯的法律法规。为了更多获益，俄罗斯各类"清关"公司将货物运至目的地后，通过各种违法手段办理清关手续，比如通过改换商品名称、以多报少、高值低报等方式从中获利。这些通关方式给俄罗斯带来了税收损失，在俄罗斯逐渐加大反腐力度的情况下，注定不会允许"灰色清关"长期存在。在俄罗斯国内商品匮乏、急需外部廉价产品充实国内市场时，国家尚能允许这种现象的存在，在国内市场商品短缺情况缓解后，国家便会对这种违法行为进行打击。不过这些"清关"公司常同俄海关高层或官员有着千丝万缕的联系，导致清关行为长时期存在。通过"灰色清关"方式向俄出口商品的华商不可能有正常合法报关手续，一旦俄国家或其他相关权力部门对这类清关行为进行打击，受害者只能是这些华商。通过"灰色清关"方式向俄罗斯出口商品，虽然存在着风险，但通关效率高、成本低，加之俄罗斯海关跟某些势力勾结，必须由"清关公司"报关，使得许多华商自愿或无奈地铤而走险，选择"灰色清关"这一非法途径出口商品，这给通过"灰色清关"向俄罗斯出口商品的华商留下巨大的隐患。多年来，俄罗斯数次针对"灰色清关"行为进行打击，使得在俄华商损失惨重。2000年以来，俄罗斯加大了对"灰色清关"行为的打击力度，先后百余次对华商的货物进行查抄，特别是2008年9月俄内务部以打击"灰色清关"为由，查封了切尔基佐沃大市场华商储存的价值20多亿美元的货物，使华商损失惨重。

不过，近几年，随着俄罗斯打击走私力度的加大及海关工作效率的提升，"灰色清关"现象逐渐减少，双方贸易渐趋规范化。但俄罗斯加入世贸组织的时间较短，尚有许多相关的法律、法规需要完善，频繁变化的法律法规也将会给中俄两国的经贸合作带来一定影响。

三　进一步推动中国东北地区与俄罗斯经贸合作的措施建议

中国东北地区同俄罗斯的经贸合作既有地缘优势，也有企业历史联系的优势，但作为老工业基地，东北三省的企业发展也存在诸多问题，这些问题一定程度上影响了其与俄罗斯的经贸合作。如东北地区高科技产业较少，对于寻求技术创新的俄罗斯而言是缺乏吸引力的；东北三省向俄罗斯出口的产品价格虽然较低，但其质量也不是很高，这些产品未能得到俄方的完全认同；东北地区的资金相对匮乏，很难向俄罗斯进行大规模的投资，这在一定程度上严重影响了双方的经贸合作。当然，俄罗斯企业自身也存在诸多问题，如经济实力较弱，对华投资能力相对不足；政策滞后、多变，工作效率较低，腐败问题较为严重等，都影响双方的经贸合作。因此，采取措施加强双方的经贸合作，成为双方经济发展的必然之选。

（一）加强两国地方及相关机构的政治关系，以良好的政治关系促进双方的经贸合作

苏联解体后，中俄关系经历了一个短暂的徘徊期后便迅速升温。期间虽有波折，但两国关系总体发展较为顺畅。目前，中俄关系处于历史最好时期。大至国家外交战略，小到国家地区发展均有许多契合点，为两国关系的发展奠定了坚实的基础。中俄两国在国际舞台上的合作与相互关系的加强，体现了两国关系的密切性。

中俄政治关系的加强在一定程度上推动了两国经济、文化、外交及军事等各方面的合作。但目前两国关系也呈现出高层关系好于地方，官方关系优于民间的特点。在俄罗斯，高层态度并不能完全左右俄罗斯地方和民间的态度。所以，在加强中俄两国高层关系的同时，更要推动两国地方关系的发展，这对中国东北地区和俄罗斯远东地区发展而言尤为重要。中俄两国地区发展战略规划颁布实施后，两国领导均表示希望将俄罗斯远东地区经济开发战略与振兴中国东北地区老工业基地的发展战略相协调。2009 年，两国领导人批准了《中国东北地区与俄罗斯远东及东西伯利亚地区合作规划纲要（2009～2018 年）》，列出了双方的合作领域，以及所涉及的基础设施建设与改造项目，以及地方合作重点项目共有 300 多项，其中双方招商引资合作重点项目有 200 多项，覆盖了基础设施建设、地区合作项目，以及旅游、科技、人文及环保等领域。

尽管双方制定了合作规划，但基于种种原因，双方的多个合作项目长时间被拖延，并未真正落到实处。比如中俄同江铁路大桥，经过十几年的谈判，于 2013 年 6 月签署了共建从中国同江市通往俄罗斯下列宁斯阔耶市的铁路大桥协议，但在协议的执行过程中俄方表现较为消极。2014 年 2 月，中方同江段开工建设，2016 年 2 月，中方完成了己方负责的那部分工程，但俄方却始终没有动工建设。除了资金因素外，俄罗斯态度消极是其中最为重要的原因。中俄跨黑龙江公路大桥——中国黑河市至俄罗斯布拉戈维申斯克市的黑龙江（阿穆尔河）大桥在 20 世纪 90 年代就已提出建设，1995 年 6

月，中俄两国政府签署建设黑龙江大桥的协议。但该项目俄方推进不顺利。直至 2013 年，黑龙江大桥的建设再度被提上日程。经过多方努力，尤其是中方的积极推动，2016 年 12 月 24 日，该项目正式破土动工，预计 2019 年 10 月交工通车。黑龙江（阿穆尔河）大桥项目自 1988 年两国共同动议，至今已历时 30 年。2013 年以来，黑龙江省和俄罗斯阿穆尔州代表团先后举行了 33 轮会谈，不能不说，这个过程相当艰难。黑龙江大桥的建设对推动中国东北地区与俄罗斯远东地区的合作具有重要意义，却因俄方因素一再推迟，其中固然有缺乏工程建设资金的因素，更有俄罗斯尤其是俄远东地区对加强和发展与中国陆路通道联系有所顾虑的原因。俄罗斯担心通道建成后，会有大量中国移民进入远东地区。这也是俄罗斯及俄远东地区对中国不信任的表现。因此，消除俄远东地区民众的顾虑，加强两国地区间关系十分重要。为此，东北地区各省应该加强与俄罗斯毗邻各州关系，既要加强两国地方政府关系，也要加强双方民间关系，尤其是要加强两国地方人文方面的交流，使俄罗斯远东地区人民进一步了解中国，了解中国人，进而改善对中国人的印象，促进两国地方各方面关系的发展。

（二）加大双方高新技术产业合作及彼此投资力度，提升两国经贸合作的质量空间

中俄两国近些年的经贸合作取得了一定进展，双边的贸易额从 20 世纪 90 年代初的几十亿美元增至 2017 年的 820 亿美元。尽管两国贸易额至今仍不到 1000 亿美元，但中国已经连续七年成为俄罗斯最大的贸易伙伴。不过，无论是从两国的商品贸易额，还是从两国商品的贸易结构（内容）来看，双方的贸易层次不高，多以货物买卖为主，且俄罗斯对中国出口的产品主要是石油、木材、煤炭、粮食等初级产品，中国对俄罗斯出口的产品除了一些机械产品，还有服装、鞋帽、箱包等生活用品。面对这种情况，俄罗斯既无奈，又不满。这不利于双方经贸合作的进一步发展。

应发挥东北三省各自的工业技术优势，推动其与俄罗斯一些科技力量雄厚的企业进行合作以提升双方经贸合作的质量空间。中国东北三省老工

业基地工业基础虽然尚可，但企业创新性不足，而俄罗斯欧洲部分的基础工业技术实力较强，东北三省完全可以与俄罗斯科学技术能力较强的欧洲部分地区加强技术合作，引进俄罗斯的先进技术，以提升自身企业的科研能力。另外，东北地区，尤其是黑龙江、吉林两省，均是我国粮农生产基地，农业技术水平较高，可以与俄罗斯加强农业合作，利用俄罗斯远东地区优质广阔的土地优势，进行农业种植和农产品联合开发和深加工合作。这不但能保障两国的粮食生产，而且有利于提升中国的食品安全。此外，东北地区可以利用该地区科研院校的优势研发能力加强与俄罗斯技术合作，比如吉林省的吉林大学、黑龙江省的哈尔滨工业大学、辽宁省的大连理工等中国重点院校可以利用与俄罗斯的历史合作优势加强与俄罗斯科研院所的联系与合作，加强与俄罗斯技术企业的合作。东北三省作为老工业基地，尽管其技术水平有些落后，但有着较为厚重的技术基础，比如辽宁省的造船业居全国第三位，技术底蕴十分厚重，俄罗斯造船业世界领先，两国完全可以强强联合，加强在造船方面的合作。吉林省汽车工业全国处于领先地位，而俄罗斯近年来汽车工业发展滞后，已经被中国的汽车工业抛在后面，但俄罗斯作为重工业发达的国家，其汽车行业也有一定的技术底蕴，因此加强双方汽车工业的合作，对快速推进吉林省与俄罗斯经贸发展具有重要意义。而黑龙江省除了农业方面外，可以与俄罗斯加强石油冶炼方面的合作。中国大庆石油开采与冶炼技术领先，俄罗斯又是世界上最重要的石油开采与冶炼大国之一。

加强中国东北地区与俄罗斯的投资合作是促进双方经贸合作的重要环节，也是提升双方经贸合作质量的不可或缺的方式。中国与俄罗斯在投资领域的合作水平远不如与其他大国的合作水平。双方累计直接投资不到200亿美元，这无论是从中俄两国吸纳外资的数额而言，还是从两国向国外投资的数额来看，均是很小的数额。中国东北三省与俄罗斯之间有着地缘优势，但基于三省的经济实力和工业企业的发展状况，双方在技术合作与投资合作方面均比较滞后，这成为影响双方经贸合作质量的重要原因。利用地缘优势，根据三省的优势产业，有选择性地加强三省与俄罗斯的合作，尤其是投资合作，是中俄两国经贸合作突破 1000 亿美元瓶颈的重要途径,如果东北地区和俄罗斯均加强了对对方的投资,双方经贸合作将会在各个领域得到快速发展。

(三)加强对俄罗斯政策法规的研究,避免因对其政策法规不了解造成损失

苏联解体已 27 年了,最初 10 年的经济阵痛和国内政治动荡,使俄政府未能集中精力对原有的政策法规进行及时修订,导致其政策法规不能适应形势发展的需要。2012 年 8 月俄罗斯加入世界贸易组织,为了适应国际市场规则,俄罗斯不断对其贸易政策和相关法律法规进行调整,这又对与俄罗斯进行经贸往来的企业造成一定的风险,严重影响双方的经济合作。

中国东北三省与俄罗斯进行经贸合作的主要是中小企业或私人行为,这既有利也有弊。有利的是中小企业转型快,对市场反应及时,更容易摸准对方市场,适应市场形势。不利的是这些中小企业自身实力有限,承担风险的能力更弱,基于技术、成本和法律意识等原因,它们不愿意花费时间和精力去研究、了解俄罗斯的政策法规,也就容易因不了解俄罗斯的法律法规而遭受损失。比如曾经影响巨大的"灰色清关"问题,许多在俄华商之所以损失惨重,其中一个重要的原因是心存侥幸,对俄罗斯有关机构对政策法规的执行决心和力度的理解出现偏差。

俄罗斯加入世贸组织后,其涉及经济方面的法律政策不断调整变化,很多企业难以跟踪和适应。比如《俄罗斯的产品分成协议法》,这部法律是于 1995 年 12 月颁布施行的,旨在吸引外资,且对俄罗斯引进外资起到了重要作用。但该法律施行才 3 年多就进行了重大修订,为了进一步保护本国利益,俄罗斯于 1999 年 1 月对该法律进行了修订,增补了对外商投资的一些限制。随后,2003 年再次修订,此次修订基本是对这一产品分成协议法的废止。又如《俄罗斯外国公民法律地位法》的修订更为频繁,自 2002 年 7 月生效到 2012 年底,10 年间共修订了 23 次,且仅在 2011 年当年就修订了 5 次之多。有关税收的法律修订也十分频繁。频繁修订涉及外商利益的法律,使很多在俄华商难以适应,也容易导致他们因为不了解已经变化了的俄

罗斯法律而遭到俄方制裁。因此，应采取多种措施让在俄华商及时了解俄罗斯政策法规的变化和政策调整给他们带来的风险。首先，中国官方应有专门机构随时追踪俄罗斯相关经济贸易方面的法规政策变化，也只有政府有这种能力做这些事情。中方应该在相关网站或通过驻俄使领馆等外交部门对俄罗斯政治经济政策调整和可能给在俄华商带来的风险及时发布通告，使华商了解俄方的经济政策变动。东北三省尤其是黑龙江作为中国对俄贸易的"桥头堡"和对俄贸易的大省，更应该加大对俄罗斯经贸政策及法律法规的跟踪调研，并及时做出预警。此外，各地县市级政府也应该组织力量，配合上级部门共同对俄罗斯的政策法规变动进行及时预警，减少华商因为不了解俄罗斯法律法规变化而遭受的损失。

（四）优化中国东北地区与俄罗斯的商品贸易结构，消解俄罗斯人"吃亏"感

俄罗斯人对中俄两国的商品贸易结构不满意的情况已经存在多年，尽管两国商品贸易结构的现实主要是由双方工业生产的特点、两国市场的需求及企业的技术水平决定的。当下的贸易情况已经引发了一些问题，一方面，这种贸易结构体现了双方贸易层次的低下，使两国贸易进入瓶颈期；另一方面，俄罗斯以出口石油、木材、粮食、煤炭等初级产品为主，中国则以出口机电产品、生活消费品、果蔬产品为主，致使俄方始终存在"吃亏"的感觉，在两国经贸合作的过程中，俄方经常抱有怨言，这不利于推进两国贸易发展。而东北三省对俄贸易的商品结构更加突出了这种特点。这种状况如果得不到改进，俄方推动对华贸易的积极性会大打折扣。

当然，中俄两国商品贸易结构的现状是多方面因素造成的。如俄罗斯当前对华出口的商品主要是石油、木材、煤炭和粮食等，这些商品在俄罗斯工农业生产中占据十分重要的位置。当前，俄罗斯能源产业约占其 GDP 总量的 25%、联邦预算收入的 30%、出口外汇收入的 70% 和国家投资总额的 25%。①

---

① 陈小沁：《2035 年前俄罗斯石油工业调整与展望》，《欧亚经济》2017 年第 5 期。

多年来，能源等矿产品和木材、粮食等初级产品在俄罗斯的出口贸易中占有非常大的份额。2015 年俄罗斯进出口总额为 5344.21 亿美元，出口额为 3414.67 亿美元，其中矿产品、木材和木浆、粮食和农产品出口额分别为 2032.46 亿美元、88.49 亿美元、143.95 亿美元，占同期出口总额的 65.16%、2.84%、4.62%，原材料等初级产品同期占其出口份额的 72.62%。[①] 2016 年俄罗斯外贸总额为 4733.53 亿美元，出口额为 2816.82 亿美元，其中矿产品、粮食和农产品、木材及木浆的出口额分别为 1689.47 亿美元、170.45 亿美元、97.92 亿美元，占当年出口总额的 60%、6.05%、3.48%，原材料等初级产品在其货物中所占比重近 70%。[②] 2017 年前 11 个月俄罗斯出口产品中，燃料和能源产品出口额为 1924.4 亿美元，占其同期商品出口总额的 60%，其中原油 856.81 亿美元，占同期出口额的 26.8%，天然气出口额为 338.27 亿美元，占同期出口总额的 10.6%；木材及木浆出口额为 107.03 亿美元，占其同期出口总额的 3.4%；粮食和粮食制品 183.85 亿美元，占其同期出口总额的 5.8%。三类产品的出口额占其出口总额的 69.2%。[③] 可见，俄罗斯外贸出口的商品结构本身存在问题，所谓的中俄商品贸易结构不合理在一定程度上正是俄罗斯出口贸易结构的正常反应而已。在东北三省与俄罗斯进行贸易时这种现象表现得更为明显。如果这种状况长期不改变，将成为双方经贸合作的掣肘。因此，东北三省应在强化自身能力、提高出口产品技术含量的同时，加强与俄罗斯的技术和投资合作，提升双方经贸合作的质量，使双方的经贸合作得到进一步深化。比如在能源领域加强上下游的合作，使双方企业形成利益共同体，进而做大蛋糕再共同分

---

① Федеральная служба государственной статистики: Социально – экономическое положение России – 2015 г. http：//www. gks. ru/bgd/regl/b15_ 01/Main. htm.

② Федеральная служба государственной статистики: О состоянии внешней торговли в январе – ноябре 2016года, http：//www. gks. ru/free _ doc/doc_ 2016/social/utoch – osn – 12 – 2016. pdf.

③ Федеральная служба государственной статистики: О состоянии внешней торговли в январе – ноябре 2017 года, http：//www. gks. ru/bgd/free/b04_ 03/IssWWW. exe/Stg/d03/14. htm.

享，以消解俄罗斯人心中的那种"吃亏感"。

当然，俄罗斯人的"吃亏"心理很难消除，但可以采取相应办法削弱这种心态，或将其控制在一定范围之内。加强两国人文合作，促进两国民间往来，增进彼此了解，尤其应加强中国东北地区和俄罗斯远东地区的青年人、学者和媒体记者间的交往。青年人多关心政治及国家大事，看问题不够成熟且多偏激，但他们往往对国家和社会影响较大，因此加强中俄双方青年人的交往，使俄罗斯青年人了解中国、了解双方贸易现状客观性尤为重要。学者与媒体记者往往是影响一个国家舆论导向的两个重要群体。俄罗斯是言论自由度较大的国家，学者与媒体记者对国内的社会舆论影响更大，加强中俄两国学者和媒体记者的交流，不仅能够增进双方了解，促进俄罗斯学者和记者正视两国关系，而且能够促进他们引导本国、本地区国民正确认知中俄关系，客观地看待两国关系中出现的各类问题，从而推动两国关系的发展。

近年来，作为中国老工业基地的东北三省，在国家的大力支持和地方的共同努力下经济呈现恢复性增长，但东北三省的经济发展仍不甚理想，经济增速在全国始终靠后，拖累了全国经济的发展。凭借自身优势，利用国家振兴东北老工业基地的各项优惠政策，又好又快地发展地区经济，成为该地区各省份的首要任务。而加强与俄罗斯的经贸合作一方面是凭借东北地区自身地缘优势发展经济的一个有效途径；另一方面也是响应中国"一带一路"倡议的重要举措。因此，东北三省应该采取措施，加强同俄罗斯的经贸合作，尤其是加强与俄罗斯远东地区的经贸合作，这符合中俄两国和两地区的利益，有助于实现双赢。

B.14
"长江－伏尔加河"合作机制是实现
中俄务实合作的新动力

沈　影*

摘　要：　中俄"长江－伏尔加河"地区合作机制是中俄两国非毗邻地区
合作的新模式，使中俄两国区域合作不再局限于毗邻地区的合
作，这符合当下国际发展的大趋势，符合中俄两国战略利益。现
今，中俄"长江－伏尔加河"合作机制步入务实发展阶段，也
面临一些挑战，如"长江－伏尔加河"合作机制如何有效纳入
"一带一路"倡议，该机制如何加强与长江经济带战略、西部大
开发战略的衔接？又如何实现与俄罗斯国家发展战略及欧亚经
济联盟建设的实效对接？等等，但中俄"长江－伏尔加河"
流域强强联合的方式应成为中俄更广阔范围内地区合作的有
效模式，必将助力中俄两国区域合作的务实发展。

关键词：　中俄关系　"长江－伏尔加河"　区域合作

　　中国长江中上游地区与俄罗斯伏尔加河沿岸联邦区合作（简称"长江－伏尔
加河"合作）是中国与俄罗斯开展非毗邻地区合作的重要创举。现今，中俄关系
处于历史最好时期，步入全面务实发展阶段。地方合作是中俄两国务实发展的关键
领域，中俄"长江－伏尔加河"合作使中俄两国区域合作跳出了毗邻地区间合作

---

* 沈影，博士，四川大学国际关系学院副教授，研究领域为俄罗斯对外政策。

的范畴,成为中俄区域合作的新范式,丰富和深化了中俄区域间合作的内涵。

2013 年,中俄"长江－伏尔加河"合作机制正式启动,主要合作范围包括中国长江中上游的四川、重庆、湖北、湖南、江西、安徽 6 省(市)及俄罗斯伏尔加河沿岸联邦区 14 个联邦主体①,重点是促进两大区域的经贸和人文交流合作。中国长江中上游地区共 126.6 万平方公里,人口 3.5 亿,GDP 总量达到 2 万亿美元。俄罗斯伏尔加河沿岸联邦区共包括 14 个联邦主体②,面积合计约 103.8 万平方公里,人口 3015 万,GDP 总量达到 3 千亿美元。③ 中俄"长江－伏尔加河"合作机制自启动以来,两国及各地方政府积极推动落实有关政策倡议,已取得一系列成果,但后续也有很多问题,如何将该机制纳入"一带一路"倡议,实现与俄罗斯欧亚经济联盟建设的切实对接,仍需要认真研究、思考和解决。

一 "长江－伏尔加河"合作的必要性

首先,这是中俄高层力推的结果。中俄互为最大邻国和最重要的战略协作伙伴。地方合作是中俄两国开展全方位合作的重要组成部分。"长江－伏尔加河"合作机制正是在中俄两国领导人的倡导下建立的。

2012 年 4 月 30 日,李克强副总理访俄时,在与伏尔加河沿岸联邦区的地方领导人和中国相关省市负责人举行座谈会时,就赞赏伏尔加河流域的发展潜力,并建议"从国家层面加大对地方合作的推动"等。2013 年 3 月,习近平主席访俄,标志着中俄关系步入全面务实合作的新阶段。同年 5 月,

---

① 伏尔加河沿岸联邦区下辖 14 个联邦主体,包括奥伦堡州、奔萨州、基洛夫州、下诺夫哥罗德州、萨马拉州、萨拉托夫州、乌里扬诺夫斯克州、彼尔姆边疆区、莫尔多瓦共和国、鞑靼斯坦共和国、乌德穆尔特共和国、马里埃尔共和国、巴什科尔托斯坦共和国和楚瓦什共和国。唐纲:《俄罗斯伏尔加河沿岸联邦区》,《重庆与世界》2014 年第 2 期。

② 关于俄罗斯伏尔加河沿岸联邦区 14 个联邦主体概况简介,详见四川省发展与改革委员会官网,http://wap.scdrc.gov.cn/dir1115/178358.htm。

③ 《中俄"长江－伏尔加河"合作开拓两国地方合作的新领域》,http://www.chinadaily.com.cn/micro-reading/dzh/2014-02-26/content_11287112.html。

中国国务委员杨洁篪与俄罗斯总统驻伏尔加河沿岸联邦区全权代表巴布奇在武汉启动了中俄"长江 - 伏尔加河"地区合作机制，签订了《长江中上游地区与伏尔加河沿岸联邦区开展合作的议定书》。这是中俄双方落实两国领导人关于开展"长江 - 伏尔加河"流域地区合作共识的重要举措，成为中俄"长江 - 伏尔加河"合作的基本规定性文件。10 月 22～23 日，俄罗斯总理梅德韦杰夫访华期间，两国总理发表《中俄总理第十八次定期会晤联合公报》。此公报明确："双方欢迎建立中华人民共和国长江中上游地区和俄罗斯联邦伏尔加河沿岸联邦区合作机制，支持进一步深化两地区经贸、投资和人文领域互利合作。"[①] 2014 年 2 月，中俄"长江 - 伏尔加河"合作工作组第一次会议在重庆召开，最终形成了两地区投资项目清单和人文领域合作清单。6 月，在俄罗斯萨马拉市召开中俄"长江 - 伏尔加河"地方领导人座谈会，双方围绕继续扩大和深化两地区合作等议题达成重要共识，同时签署了若干合作协议，标志着中俄"长江 - 伏尔加河"地区合作发展到了实质性合作阶段。2015 年 8 月 7 日，中俄"长江 - 伏尔加河"地方领导人第四次座谈会在四川成都举行，这是落实习近平主席和普京总统 5 月莫斯科会晤和 7 月乌法会晤成果、扩大两地区合作的重要举措。会上，中俄双方共签署了 104 个投资项目，其中 21 个已被执行，另有 78 个人文领域合作项目正在实施中。俄方还带来了 149 个新合作项目，所有这些项目都具有很大的发展潜力。[②] 2016 年 7 月 19 日，中俄双方领导人会晤时决定将两地区地方领导人座谈会机制提升为两地区地方合作理事会，中俄"长江 - 伏尔加河"地区合作步入全新发展阶段。2017 年 6 月 16 日，中国长江中上游地区和俄罗斯伏尔加河沿岸联邦区地方合作理事会第二次会议在合肥召开。会议期间，杨洁篪和巴比奇共同启动了"长江 - 伏尔加河"地方合作理事会网站，签署了《会议纪要》和《关于对〈"长江 - 伏尔加河"地方合作理事会条例〉进行

---

① 《中俄总理第十八次定期会晤联合公报》（全文），http：//www.gov.cn/ldhd/2013 - 10/22/content_ 2512543. htm。
② 《长江牵手伏尔加河　打造中俄合作新高地》，新华网，http：//www. xinhuanet. com/world/2015 - 08/07/c_ 1116185829. htm。

修订的议定书》。本次会议上，中俄"长江－伏尔加河"地区的地方政府间也签署了一些合作文件。回顾上述历程不难发现，中俄"长江－伏尔加河"合作具有明显的国家引导背景，是两国领导人直接推动的成果，在政策等方面也得到国家较大力度的支持。从发展阶段上来看，"长江－伏尔加河"合作机制从正式启动到实质性合作再到步入全面发展阶段，具有由务虚向务实转变的特点。

其次，这是中俄两国战略发展的需要。中俄区域合作战略对接的前提是双方利益诉求具有一致性。中俄战略利益对接可以从以下三个方面来理解，即中方战略利益、俄方战略利益以及中俄两国的共同利益。对于中国而言，深化中俄区域合作有利于中国拓宽出口市场、增大出口规模，有益于解决中国制造业的产能过剩问题。对于俄罗斯而言，深化中俄区域合作有利于俄方走出美欧经济制裁阴影，探求新的经济发展空间，更新交通运输设施，提升客货运输能力。同时，中俄两国通过多领域、多层次的大项目合作可以带动两国经济快速增长。当前，中俄两国正全力推进"一带一盟"① 对接，这为中俄"长江－伏尔加河"合作创造了巨大机遇。中俄双方可以在欧亚空间找到更多的合作机会和利益交汇点，开展具体的项目合作，助力和支撑中俄两国的战略对接。同时，近年来由于国际经济复苏缓慢、中俄两国经济加快转型升级等因素的影响，中俄两国的贸易额有待提升。因此，中俄"长江－伏尔加河"地区强强合作拓展了两国区域合作的领域，为两国改善贸易结构、提升贸易水平提供了新途径。

最后，中俄"长江－伏尔加河"地区合作基础好，产业互补特点明显，合作需求和潜力巨大。可以说，中国长江流域和俄罗斯伏尔加河流域之间的来往由来已久。中世纪丝绸之路和万里茶道正是从长江伸展到伏尔加河。现今，随着"长江－伏尔加河"合作机制的建立与发展，中俄双方相关地区的合作逐渐深入，领域不断在拓宽。2014 年 2 月，中俄"长江－伏尔加河"合作工作组第一次会议召开后，就形成了两地区投资合作清单，这也体现出双方建立和扩大合作与交流的意愿与信心（见表 1）。

---

① "一带"是指中国所倡议的丝绸之路经济带，"一盟"是指俄罗斯主导的欧亚经济联盟。

表1 中俄"长江－伏尔加河"合作领域概览

序号	俄方伏尔加河沿岸联邦区联邦主体名称	合作领域范围	合作意愿
1	巴什科尔托斯坦共和国	投资与金融、石化、能源、冶金、深加工等领域	扩大对华合作
2	马里埃尔共和国	生产汽车部件、电子显像设备；从中方进口技术设备；在建筑、装饰材料的投资项目	开展对华合作
3	莫尔多瓦共和国	建立"节能照明和智能照明控制系统"创新技术园区；生产金属复合材料及制品；生产汽车照明设备；建设各类木板加工厂等	开展对华合作
4	鞑靼斯坦共和国	投资与金融、机械制造、石化、飞机制造、能源及其他领域	扩大对华合作
5	乌德穆尔特共和国	在旅游、机械制造、农业及农产品加工、汽车工业、化工、玻璃生产、建筑领域实施共同投资，在文化教育领域的合作等	与重庆市建立友好关系，与长江中上游地区开展合作
6	楚瓦什共和国	扩大对华出口领域及教育、文化、旅游等领域	与四川省、重庆市建立友好关系
7	彼尔姆边疆区	高科技、物流、旅游、生态环保等领域	与长江中上游地区实施投资项目
8	基洛夫州	教育、文化、旅游等	开展对华合作
9	下诺夫哥罗德州	机电产品生产、高新技术等领域，教育、旅游等	与长江中上游地区建立合作关系
10	奥伦堡州	教育、文化、旅游投资等领域	与安徽省建立合作关系
11	奔萨州	帕切尔马区砖厂项目，玻璃领域投资项目，建设A级物流中心，蔬菜和绿植大棚，奔萨市机场改造等	提出对华合作项目
12	萨马拉州	吸引中企入驻，联合项目实施，组装卡车，建筑和市政机械设备组装等，建设高科技工业园区等	扩大对华合作，加强与湖北省合作
13	乌里扬诺夫斯克州	航空、物流、机械制造、旅游等领域	加强与湖南省合作
14	萨拉托夫州	重型汽车生产、生态能源、农产品加工、木材加工领域等	扩大对华合作

资料来源：《中俄两河流域合作领域概览》，《重庆与世界》2014年第2期。

"长江–伏尔加河"合作机制建立至今，中方长江中上游地区6省市与俄方伏尔加河沿岸联邦区14个联邦主体在经贸、人文、科技等领域合作往来不断增多。以四川省为例①（见表2）。

表2 四川省与俄罗斯伏尔加河沿岸联邦区合作情况概览

合作领域	具体内容
政府间	2014年9月28日至10月8日,四川赴俄经贸投资代表团一行18人(其中政府部门6人、国企5人、民企7人),赴俄罗斯奔萨州、鞑靼斯坦共和国、楚瓦什共和国、莫斯科州等地开展经贸投资考察;同月,四川省委副书记、省长魏宏在成都会见来川出席第十五届西博会的俄罗斯楚瓦什共和国总理伊·波·莫托林一行,四川省与俄罗斯楚瓦什共和国将成为中俄两河流域合作示范;12月,省委常委、常务副省长钟勉在成都会见俄罗斯奔萨州第一副州长沃尔科夫一行,奔萨州与四川省确定了7个合作项目; 2015年8月7日,中国长江中上游地区和俄罗斯伏尔加河沿岸联邦区地方领导人第四次座谈会在成都举行,期间举办了中俄两河合作经贸人文成果展、经贸旅游推介会和企业项目签约、政府间协议签署仪式等活动;10月10日,四川–鞑靼斯坦共和国商务论坛在成都举行,介绍彼此发展情况,并互相推介在工业、经贸、旅游、科技创新等领域的合作机遇; 2016年5月,四川省委书记王东明率中代表团访问俄罗斯,在喀山会见俄罗斯联邦鞑靼斯坦共和国总理哈里科夫,并交换《中华人民共和国四川省和俄罗斯联邦鞑靼斯坦共和国建立友好省州关系协议》,共同出席四川省–鞑靼斯坦共和国推介会并分别致辞,见证双方系列合作协议签署; 2016年7月19日,四川省副省长朱鹤新赴俄罗斯出席中国长江中上游地区和俄罗斯伏尔加河沿岸联邦区地方合作理事会首次会议,并见证了5个经贸、人文合作协议的签署。其中,4个为四川省参与项目,分别是《楚瓦什四川农业合作园区合作合同》《关于在巴什科尔托斯坦共和国锡拜市属范围内建设水泥厂项目的投资合作协议》《中国·四川省骨科医院与俄罗斯·下诺夫哥罗德州翡翠运动医疗康复中心建立友好合作关系备忘录》《西南科技大学与乌里扬诺夫斯克州技术大学友好合作协议》;等等
经贸	2014年10月,四川省茶叶集团股份有限公司与俄罗斯Koncessia-B股份有限公司签署了合作协议,双方将投资1.5亿元人民币在俄罗斯建设茶叶分装销售公司; 2015年3月,"中俄两河流域经贸人文交流活动及四川推介"会议在莫斯科举办;8月,四川与下诺夫哥罗德州签署《2016~2017经贸、科技和文化领域合作措施计划》、与鞑靼斯坦共和国签署《经贸、科技和文化合作协议》,并签约总金额达174亿元人民币的6个经贸合作项目;在中俄"两河流域"地方政府间协议及企业项目签约仪式上,四川贝尔化工集团有限公司、泸天化集团有限公司与俄罗斯OrgsBntez集团股份公司签署了三方天然气化工合作协议;10月,"四川省—俄罗斯萨马拉州建材企业洽谈会"在成都举办; 2016年3月,四川省政府与俄罗斯联邦基洛夫州政府在成都签署有关经贸、科技和社会文化合作的协议; 2017年3月,四川食品农产品对俄罗斯贸易推介活动在蓉举行;4月,成都至俄罗斯班列正式开通运行;等等

① 限于篇幅,本表选取了2013年以来笔者认为相对比较有代表性的事件列举,仅供参考。

续表

合作领域	具体内容
教育	2015 年 7 月 29 日,"中俄两河流域青年论坛"在成都启动; 2016 年 6 月,四川大学青年代表团赴俄罗斯参加"中俄两河流域青年论坛"; 2017 年 1 月,中俄"两河流域"高校联盟中方工作组秘书处成立大会在四川大学召开;10 月,中俄"长江—伏尔加河"高校联盟在成都启动并举行智库论坛;等等
旅游	2014 年,四川将俄罗斯作为重点开拓的新兴旅游市场,并在俄罗斯举办"四川旅游周",推介大熊猫、九寨藏羌风光、四川民俗文化等;推动中俄旅行社申办 72 小时团体旅游落地签证政策的实施,使川俄游客旅游互访更加便利; 2015 年,中俄"两河流域"341 名青年在四川各地体验民族文化及风土人情;同年,成都 - 莫斯科的直飞航班开通,促进了两地游流量的显著增加; 2016 年 8 月,四川省旅游推介会在俄罗斯首都莫斯科举行; 2017 年,四川省旅游局借组织百名俄罗斯记者"美丽中国之旅"采风活动契机,以"请进来"的方式,邀请了《莫斯科的中国指南》《俄罗斯与中国》《旅行》《旅游灯塔》《上海合作组织》《环游地球》《证据和事实报》等报纸、网络、杂志记者 9 人和俄罗斯"明星"电视频道摄制组 4 人来川考察、采风;等等
文化	2015 年 4 月,俄塔斯社、"今日俄罗斯"国际通讯社、《独立报》《共青团真理报》《世界与政治》杂志、Lifenews 6 家在俄罗斯本土极具影响力的主流媒体的记者来蓉采访;7 月,中俄"江河的脉动"跨界音乐会奏响蓉城,8 月"长江—伏尔加河"领导人第四次座谈会期间,举行了"两河向天府"文艺演出; 2016 年,实施"中俄两河流域合作计划",推动四川交响乐团与俄罗斯国家民族交响乐团互访巡演; 2017 年 1 月,中俄两河流域主题音乐会在成都高新区上演;6 月,俄罗斯重量级珍品特展在成都博物馆开幕;等等

资料来源:四川省人民政府网,http://www.sc.gov.cn.等等。

中俄"长江 - 伏尔加河"地区具备较好的合作基础与潜力。对中国来说,长江中上游地区是重要的原材料产地,在农业、先进制造业方面颇具优势,并且高新技术产业发展较快,在中国钢铁、化工、汽车、船舶、有色金属及新能源等领域所占比重较大;而俄罗斯伏尔加河沿岸联邦区地理位置也很优越,这一地区具有雄厚的工业基础,发达的科研力量,展现出巨大的活力、创造力和潜力。可以说,中俄"长江 - 伏尔加河"地区产业互补,具有广阔的发展前景。

二 中俄"长江－伏尔加河"合作的特点

1. 新模式

中俄"长江－伏尔加河"合作是中俄非毗邻内陆地区合作的重要探索与尝试,"长江－伏尔加河"模式被专家评价为中俄区域合作的"创新版"和"升级版"。中俄区域合作的首要领域通常体现为中俄区域经济合作。高晓慧研究员指出,中俄区域经济合作是中俄两国因地理相邻性、资源和经济互补性而形成的互惠互利的经贸关系。她将中俄区域经济合作分为广义和狭义两个层次,从狭义角度看,中俄区域经济合作是指中俄两国毗邻地区的经贸合作,它仅限于中国黑龙江省、吉林省、内蒙古自治区和新疆维吾尔自治区等与俄罗斯毗邻地区的经贸关系。从广义角度来看,中俄区域经济合作是指中俄两国之间的经贸合作,它包括全方位、多层次、宽领域的经济、贸易和技术合作,是以两国疆域为外延。互补性是发展经贸关系的基石,也是区域经济合作的原动力。中俄区域经济合作要跳出沿边省区经济贸易合作的局限,以国家发展的大格局、大框架来统筹。[①] 借鉴这个思路,尤其是在广义层面,随着中俄关系全面务实高水平运行,中俄区域合作也应突破地域的局限,全方位、多层次、宽领域、高水平地展开,激发和拓宽中俄两国的合作潜力和发展空间。事实上,中俄两国区域合作已经从毗邻地区拓展到非毗邻地区,合作水平和规模在不断提升与扩大。中俄"长江－伏尔加河"合作机制自启动发展至今就是很好的例证,该机制跳出了中俄毗邻地区合作的局限,在国家发展大格局的背景下,明确将经贸和人文作为促进发展的重要领域,开创了中俄区域合作的新模式,是深化中俄区域合作的务实之举。目前,"长江－伏尔加河"合作机制已取得显著成效,务实合作不断推进,一定程度上丰富了中俄关系的内涵,促进中俄双边合作迈向更高的层次。

---

① 高晓慧:《中俄区域经济合作的理论解析》,《俄罗斯中亚东欧研究》2006 年第 6 期。

2. 新亮点

首先，地理区位是亮点，"长江－伏尔加河"地区，均为两国母亲河哺育的区域，在地理位置上具有相似的区位优势，在工业发展和技术水平方面具有雄厚的实力，尤其是装备制造业优势明显，又都是农业生产基地。此外，"长江－伏尔加河"两地区经济互补性较强，互补性恰是中俄两国因自然资源禀赋和产业结构差异而形成的两国相互取长补短关系的因素之一。① 中俄"长江－伏尔加河"地区在资源、市场、资金、技术等方面拥有各自的优势，产业互补特点十分明显，开展两国技术密集型产业和商贸物流之间的合作，具有广阔的发展前景。目前，"长江－伏尔加河"合作项目的起点与含金量都很高，富有活力，发展潜力较大。双方共同投资的项目涉及科技和农业园区、建材生产、机械和汽车制造、船舶制造、林业、制药业、高科技产业等。其次，民心相通是关键。"长江－伏尔加河"合作机制的重点除了经贸层面，还包括人文等领域。中国的母亲河长江与俄罗斯的母亲河伏尔加河，有很多相通之处，充分体现了各自民族的历史与情怀。中俄"长江－伏尔加河"合作强调促进人文领域的合作，意义极为深远。民心相通体现为价值的认同、文化的包容和相互的尊重，建设好"长江－伏尔加河"地区合作，民心相通是关键。充分发挥文化的纽带作用，积极展开音乐、戏剧、舞蹈、美术、影视、民俗文化以及非物质文化遗产等方面的交流，通过搭建不同的合作交往平台，发挥文化和艺术交流的潜在作用，激发"长江－伏尔加河"地区人民对异国文化的兴趣与需求，有利于消除中俄两国民众间的距离感、陌生感和不信任感。

3. 新发展

中俄"长江－伏尔加河"合作机制启动至今，为两地区深化各领域的合作拓展了空间，成效十分显著。以人文合作领域为例，教育合作是"长江－伏尔加河"合作的重要组成部分。2017 年 10 月 27 日，由四川大学与俄罗斯下诺夫哥罗德国立技术大学共同牵头组建的中俄"长江－伏尔加河"

---

① 高晓慧：《中俄区域经济合作的理论解析》，《俄罗斯中亚东欧研究》2006 年第 6 期。

高校联盟在成都正式启动,并召开了中俄"长江－伏尔加河"高校联盟智库论坛。该论坛是首个以中俄区域合作为专题并有两国许多高校校长参与的论坛。[①] 论坛召开吸引了国内外相关媒体的普遍关注与报道。本次论坛也是四川省有史以来举办的规模最大的中俄交流活动,充分体现了四川省近年来一直在积极参与中俄"长江－伏尔加河"合作机制。诚然,作为高校智库,联盟必将助力中俄"长江－伏尔加河"地方合作,为其提供政策分析、决策咨询、智力支持等。同年3月,在上海也成立了中俄"两河领域"合作智库联盟。该智库旨在对接服务国家"一带一路"建设、贯彻落实习近平主席与俄罗斯总统普京关于"一带一盟"对接合作、多方面地探索中俄之间非毗邻地区开展区域合作等方面提供支持,同时为"长江－伏尔加河"合作面临的现实问题"量身定制"解决方案。[②]

中俄"长江－伏尔加河"合作机制发展至今,各地区往来的水平、层次和领域都在不断拓展与提升,前景看好。

三　中俄"长江－伏尔加河"合作的难点

当前,中俄"长江－伏尔加河"合作正处于向深度合作转型的关键阶段,面临不少困难与挑战。

第一,找准定位。中俄"长江－伏尔加河"合作是两国非毗邻内陆地区合作的首次尝试,丰富和发展了中俄区域合作的内涵。对于中俄毗邻地区的合作已有不少文章介绍,其中不少提及了合作进程中出现的具体问题。《中华人民共和国东北地区与俄罗斯联邦远东及东西伯利亚地区合作规划纲要(2009～2018年)》是围绕中俄相邻地区经济合作出台的纲领性文件。很多学者认为该纲要的具体落实十分重要,该纲要在实施过程中出现不少问

---

① 《中俄"长江－伏尔加河"高校联盟智库论坛在成都举行》,四川新闻网,http：//scnews. newssc. org/sBstem/20171027/000827692. html,2017年10月27日。

② 《华东师范大学牵头组建中俄"两河领域"合作智库联盟》,http：//news. ifeng. com/a/ 20170327/50844832_ 0. shtml。

题。比如有俄方学者指出，由于人口、移民等问题，俄罗斯东部地区发展缓慢，成为该规划纲要落实缓慢的重要因素。俄政府若不采取有效措施，西伯利亚和远东地区将在双方合作中长期处于不利地位。① 可以说，中俄毗邻地区的合作尚有不少问题需要解决，而中俄"长江－伏尔加河"合作机制作为中俄非毗邻地区的合作诚然也会面对不少的挑战与困难。因而，中俄"长江－伏尔加河"地方合作应找准定位，既需要汲取中俄相邻地区合作的经验与教训，更需要突出自己的优势与特色。

第二，战略升级与对接问题。现今，中俄"长江－伏尔加河"合作机制已上升为国家战略，是"一带一路"倡议的重要组成部分。"一带一路"倡议是中国提出的开放型区域经济合作安排。而俄罗斯与哈萨克斯坦、白俄罗斯等国也构建了欧亚经济联盟，该联盟是区域多边合作的重要平台。需要指出的是，"一带一路"倡议与欧亚经济联盟不是相互排斥与反排斥的关系，不是覆盖与反覆盖的关系，而是相互协作、相互补充和互利共赢的关系。中国驻俄罗斯大使李辉非常明确地阐述了这个问题：首先，共建"一带一路"不是要和欧亚经济联盟竞争，相反，只有合作才能实现各自的目标；其次，中俄是重要的战略协作伙伴，双方已在上海合作组织内进行了有效合作，这种成功经验同样可以推动双方在"一带一路"和欧亚经济联盟框架中开展合作；最后，无论是"一带一路"，还是欧亚经济联盟，都有利于带动中亚地区经济合作，促进地区稳定与发展。② 因此，中俄双方应坚持互利共赢的原则，寻找两国利益契合点和地区合作的对接点，挖掘两国自身的优势和潜力。中国国内对于发展中西部地区也出台了相关战略，如西部大开发战略、长江经济带战略等，"长江－伏尔加河"合作机制如何有效地与长江经济带战略、西部大开发战略相衔接，尚需要认真研究。

---

① печерица В Ф. Анализ Проблем Регионального Сотрудничества РФ и КНР. Academic Journal of Russian Studies，2013。杨凌：《中俄东部区域合作研究综述》，《西伯利亚研究》2015 年第 1 期。

② 《中国驻俄罗斯大使李辉在莫斯科交通大学就共建"一带一路"演讲》，http：//www. fmprc. cn/mfa_ chn/wjdt_ 611265/zwbd_ 611281/t1251818. shtml。

第三，中俄"长江－伏尔加河"地区合作进程中出现的一些具体问题，比如，中俄"长江－伏尔加河"合作的机制化建设问题、统筹运用合作机制与平台的问题、"渝新欧"班列运行中常见的关务问题①、建立高效物流体系②和加快空中航道建设问题，以及中俄文化认同（俄罗斯的"黄祸论"还有一定的市场等）、教育、法律、人才等方面的问题等。这些现实问题的有效解决，必然为中俄"长江－伏尔加河"地区在经济、贸易、文化等各领域合作交流提供保障和便利。

总之，随着当下中俄全面战略协作伙伴关系的不断深化，中俄首个非毗邻区域合作机制——"长江－伏尔加河"合作机制突破了中俄区域合作的传统模式，追求互利共赢，符合中俄两国的战略利益，符合国际社会发展的大趋势。持续扩大中俄"长江－伏尔加河"地区合作，将不断为中俄关系深入发展和全方位合作注入新动力、新内涵，这一合作机制前景广阔，意义深远。

---

① 《专家学者积极"资政启民"助推中俄"两河流域"合作》，大陆桥物流联盟公共信息平台，http：//www. landbridgenet. com/yaoujingmao/2017－03－27/44190. html，2017年3月27日。

② 《俄罗斯总统驻伏尔加河沿岸联邦区副全权代表苏霍夫明确表示，建立高效物流体系是中俄两河流域合作的当务之急》，http：//news. 163. com/14/0226/04/9M01M46S00014AED. html。

B.15
"两廊一桥"带动中国新疆
丝绸之路经济带核心区建设

文　丰*

摘　要： 目前，正在建设中的中巴经济走廊、中国－中亚－西亚经济走廊、新亚欧大陆桥（以下简称"两廊一桥"）提供了新疆深度融入丝绸之路经济带建设的基本路径。经济走廊建设需要大陆桥的联通、畅通作为物质基础，需要国家拓展针对相关地区的全方位外交作为先决条件。新疆不仅是国家经济战略规划中的"核心区"，而且应该成为国家大陆外交战略中的支点。新疆应积极融入国家战略，承担起相应的责任。基于新疆的基本区情和现实情况，"核心区"建设面临的机遇与挑战并存。

关键词： "两廊一桥"　新疆　丝绸之路经济带核心区

2015年3月28日，国家发改委等三部委联合发布《推动共建丝绸之路经济带和21世纪海上丝绸之路愿景与行动》，明确新疆作为丝绸之路经济带核心区的定位。新疆将发挥独特的区位优势和向西开放重要窗口的作用，深化与中亚、南亚、西亚等国家交流合作，成为丝绸之路经济带上重要的交

＊ 文丰，新疆社会科学院中亚研究所副所长、副研究员，研究方向为中亚地区政治经济发展。本文是2012年度国家社会科学基金青年项目"当代中亚政治思潮研究"（项目批准号12CGJ007）的阶段性成果，受自治区高层次人才培养计划和"天山英才"计划资助。

通枢纽和商贸物流及文化科教中心，打造丝绸之路经济带核心区。从区域经济学角度看，中巴经济走廊、中国－中亚－西亚经济走廊、新亚欧大陆桥已经成为丝绸之路经济带倡议得以落实的三条"主动脉"。经济走廊建设是一种路域经济，是依托重要道路辐射带动生产投资布局而形成的产业合作带。

一　丝绸之路经济带核心区定位
拓宽了新疆的发展视野

中国新疆与欧亚 8 国接壤，有 17 个一类口岸，12 个二类口岸。长期以来，由于新疆自身经济结构、交通设施的短板以及周边环境的不稳，新疆的地缘优势和口岸经济优势无法得到有效发挥。时至今日，新亚欧大陆桥开通已有 20 多年。1992 年刚开通之时，新疆乃至整个西北地区都在憧憬大陆桥经济会带来的光明前景，然而，当时新疆周边不稳定的环境严重束缚了大陆桥的顺利运营。彼时，刚刚独立的中亚国家正经历着社会、政治、经济的剧烈动荡，新的社会、政治、经济秩序尚未建立起来，各种政治势力对国家权力的激烈争夺，使得中亚各国政府无法发挥组织经济发展的功能。故而，彼时大陆桥的开通只是让中国国内铁路与中亚地区的铁路网络实现了联通，并没有发挥出较大的实际经济作用，无法实现陆桥经济的理论效果。但大陆桥的开通使得沿陇海线、兰新线的各省尤其是西北诸省，被赋予"东联西出"的作用，"贸易通道"的地位被确定了下来。新疆也在通道经济中获得了颇多益处。直至 2015 年 3 月 28 日，国家发改委牵头发布了《推动共建丝绸之路经济带和 21 世纪海上丝绸之路的愿景与行动》，新疆被赋予了"核心区"地位，原本只是理论上的"通道"地位在国家战略层面被彻底改变。新疆开始作为国家发展战略的"核心区"之一，获得国内外的高度关注。新疆也自然成为大陆桥和经济走廊建设的"核心区"。经济走廊建设助推新疆"核心区"建设，对新疆的稳定与发展有着特殊的重要意义。仅仅依赖"通道经济"无法让新疆实现"跨越式"发展，无法使其真正成为"核心区"。在新疆，通道经济的表现形式有两种。其一为能源通道，即在中亚修建油气管线，与新疆域内的油气管线相连后，或将中亚的油气资源直接运至中国中东部地区，或将境外油气储备起来，在新疆进行化工处理，形成油气制成品。由于体制原因，能源通道的建设长期以来由石油系统"内循环经济"解决，对新疆的地方经济拉动作用并不明显，有时还会带来负面作用。油气作为特殊商品，作为国家战略储备物资，有必要进行统一调配，地方利益必须服从国家整体利益，这一点新疆政府以及各族群众的认识还是清晰、到位的。其二为商品贸易通道，由于新疆本地缺乏相关制造业，从东部地区生产的商品经由陇海、兰新铁路，从阿拉山口口岸出境运往中西亚、俄罗斯乃至欧洲。相比能源通道，商品贸易通道对于地方经济的拉动作用还是较为明显的，提升了地方经济的活力。从 1992 年新亚欧大陆桥的开通直至 2014 年 9 月丝绸之路经济带倡议的提出，两种通道经济对新疆带来的有利经济影响十分有限。

2014 年以来，随着建设丝绸之路经济带和"经济走廊"倡议的陆续提出，中央从国家外交层面开始着力解决外部环境问题，从国家经济发展层面开始着力解决新疆产业结构落后及交通设施不足的状况，近年来，由于中央加大转移支付力度、提高资源税率及 19 个省市的对口援疆，使得新疆地区的交通基础设施建设突飞猛进，实现了跨越式的发展，有力地拉动了本地经济。然而，交通基础设施建设的拉动并不能形成持久的稳定的经济增长支柱，"输血"不能代替"造血"。新疆政府清醒地认识到，吸引东部地区优势企业投资，实现有针对性的产业结构升级，同时加快本地产业结构调整才是新疆实现跨越式发展的关键。自治区党委提出"建设五个中心"（交通枢纽中心、商贸物流中心、金融中心、医疗服务中心、文化科技教育中心），继续加快"三基地一通道"建设（大型油气生产加工和储备基地、大型煤炭煤电煤化工基地、大型风电基地，以及国家能源资源陆上大通道），推进机械装备出口加工、轻工产品出口加工、纺织服装产品出口加工等进出口产品加工"十个基地"建设，是打造新疆丝绸之路经济带"核心区"的比较优势所在。在互联互通方面，新疆"核心区"

建设将聚焦于构建联通中国与中、西、南亚以及欧洲、非洲的综合交通运输体系，推动贸易投资便利化、自由化；加快物流基础设施和信息平台建设，构建面向中亚、西亚、南亚和欧洲的现代商贸物流服务体系；推进乌鲁木齐陆路港、集装箱中心站、中欧班列集结中心建设，将新疆打造成中国－中（西）亚－欧洲铁路货运班列的中转集结中心；加快乌鲁木齐国际枢纽机场建设，推动开通新疆至欧洲主要城市的直达航线，打造"空中丝绸之路"。

新疆维吾尔自治区党委及政府积极谋划，及时提出本地发展规划，多方努力推动新疆成为中国企业拓展欧亚市场的主要支点，拓宽了发展视野。2017 年 1 月 25 日，新疆维吾尔自治区人民政府出台了《丝绸之路经济带核心区商贸物流中心建设规划（2016～2030 年）》[1]，规划指出，建设商贸物流中心是新疆发挥独特区位优势和向西开放重要窗口作用、提升商贸物流组织功能、实现贸易畅通、促进丝绸之路经济带沿线国家共同繁荣的重要支撑，是充分利用两个市场、两种资源，实现产业集聚、开放型经济发展的创新引擎。国家规划建设能源、交通、通信三大通道，建设大型油气生产加工和储备基地、大型煤炭煤电煤化工基地、大型风电和光伏发电基地和十大进出口产业集聚区。新疆则以此为依托，大力建设和完善商贸物流中心，形成"一核九区多节点"的区域内商贸物流中心空间布局。在强化乌鲁木齐商贸物流枢纽和国际化城市主体地位的同时，加快构建环乌鲁木齐商贸物流核心圈，发展喀什－克州、伊犁－博州、克拉玛依－奎屯－乌鲁木齐、巴州、哈密、阿勒泰－北屯、塔城、阿克苏、和田九大商贸物流产业集聚区，依托具备一定区位交通条件及特色产业优势的重点区县市（准东经济技术开发区、奇台、木垒、吉木萨尔、鄯善、托克逊、富蕴、若羌、且末和布克赛尔），建设多个商贸物流产业节点；构建国际商品交易展示、现代物流服务组织、大宗商品采购交易、电子商务创新应用、国际口岸开放发展、城乡商贸物流

① 《丝绸之路经济带核心区商贸物流中心建设规划（2016～2030 年）》，新疆维吾尔自治区人民政府网站，http://www.xinjiang.gov.cn/2017/02/28/127845.html。

服务六大体系，将新疆建设成为由"一核""九区""多节点""六体系"共同支撑的国际商贸物流中心。

二 中欧班列的开通激活新疆外向型经济

众所周知，在欧亚内陆地区，承载量更大的铁路运输体系是地区发展的物质支撑。目前，以新亚欧大陆桥为依托的国际铁路联运体系建设已迈出坚实一步，新疆作为新亚欧大陆桥国内段交通枢纽的地位在国家政策和资金的支持下正日渐巩固，拥有与周边国家跨界民族的优势得到进一步发挥，口岸贸易更为便利，更具活力。2016年6月8日，中国铁路总公司正式启用"中欧班列"统一品牌。目前，中国已经正式开行的中欧班列经由东、中、西部三条国际大通道直达欧洲，其中西部通道经新疆的阿拉山口（霍尔果斯）口岸出境。途经新疆出境的中欧班列主要有：（1）2011年开通的"渝新欧"班列（重庆-杜伊斯堡）；（2）2012年10月开通的"汉新欧"班列（武汉-捷克、波兰）；（3）2013年4月开通的"蓉欧"班列（成都-波兰罗兹）；（4）2013年7月开通的"郑欧"班列（郑州-汉堡）；（5）2014年6月开通的"合新欧"班列（合肥-阿拉木图-波兰，目前运行区间为合肥-阿拉木图）；（6）2014年10月开通的"湘欧"班列（长沙-杜伊斯堡）；（7）2014年11月开通的"义新欧"班列（义乌-马德里）；（8）2014年12月开通的中欧班列（甘肃武威-阿拉木图）；（9）2016年9月开通的中欧班列（西宁-安特卫普）。

2016年10月8日，推进"一带一路"建设工作领导小组办公室印发《中欧班列建设发展规划（2016~2020年）》作为中欧班列建设发展的首个顶层设计，致力于将中欧班列打造成为具有国际竞争力和良好商誉度的世界知名物流品牌，成为"一带一路"建设的重要平台。新疆是中欧铁路运输西通道的唯一交通枢纽，其物流枢纽设施和国际贸易通道日益完善。自2011年开行以来，中欧班列累计开行数量已突破6000列。截至2017年11月17日，仅2017年中欧班列开行数量已突破3000列，创中欧班列年度开行数量历史新高，超过 2011 ~ 2016 年开行数量的总和。①

三　机遇、挑战及前景

"两廊一桥"的建设及中欧班列的日益发展，给新疆经济转型带来了前所未有的历史机遇，与此同时，新疆在承担丝绸之路经济带"核心区"的战略任务和发展外向型经济方面，面临的内外挑战也不容小觑。

（一）机遇

1. 外部的机遇

目前，中国与哈萨克斯坦业已达成了丝绸之路经济带与"光明之路"新经济政策进行对接的共识；与俄罗斯达成了丝绸之路经济带与欧亚经济联盟进行对接的共识；与土库曼斯坦达成了丝绸之路经济带与"强盛幸福时代"战略对接的共识；与塔吉克斯坦达成了丝绸之路经济带与"能源交通粮食"兴国战略对接的共识。积极支持中吉乌铁路建设的卡里莫夫总统曾对丝绸之路经济带抱以极大的兴趣，相比较而言，吉尔吉斯斯坦则更愿意在保持"中亚商品转运中心"的基础上推动丝绸之路经济带与欧亚经济联盟的对接。中亚五国对丝绸之路经济带总体上是欢迎的，但由于各国的国家发展思路不同，热情和积极程度也有差别。大陆桥和经济走廊建设面临新的机遇。

其一，经济层面。亚洲基础设施投资银行的成立、筹建中的上合银行、丝路基金的设立为中西亚地区拓宽了基础设施建设所急需的融资渠道。中国积极促进"一带一路"发展战略与中西亚各国的国家发展战略对接，为双方政策沟通打下了坚实基础。与俄罗斯达成与欧亚经济联盟对接共

---

① 人民网，http://paper.people.com.cn/rmrb/html/2017 - 11/19/nw. D110000renmrb_ 20171119_ 4 - 01. htm。

识，使得中国的新亚欧大陆桥经济走廊和中国－中亚－西亚经济走廊建设获得了地缘政治大国的认可，有利于中国与中亚、西亚国家开展进一步的合作。欧洲复兴开发银行在独自推动其中西亚投资项目的同时，也在积极寻求与中国进行合作的机会。在中亚地区经济普遍不景气的情况下，深受当地人民青睐的欧美日韩等产品由于当地货币购买力下降而遭遇滞销，这是物美价廉质优的中国商品提升在中亚地区品牌影响力、拓展销售市场的有利机遇。近期被解除经济制裁的、手握大量石油美元的伊朗有着强烈的发展意愿，并愿意承担地区发展责任，此为中伊合作共建丝绸之路经济带的重大契机。

其二，政治层面。在国家层面与中西亚国家达成一系列对接共识，有利于促进中国与各国的政治派别、政府机构在产业政策、经贸及产能合作等方面的交流，加强相互了解，促进双方政界人士之间政策沟通、人心相通，为深化双方在大陆桥经济走廊和中亚－西亚经济走廊建设的合作打下坚实基础。围绕共建丝绸之路经济带这一议题，中国与中西亚国家可以进一步加强沟通、协调，共谋发展，促进"五通"的实现，这是最大的机遇。

2. 新疆的发展迎来历史性机遇

"两廊一桥"是我国"一带一路"建设的重要组成部分，国家集中多方力量将新疆打造为丝绸之路经济带的"核心区"，对于新疆本地经济的推动作用是巨大的。由于地域广大，新疆的交通基础设施一直以来是经济发展的瓶颈，尤其是地处边远而又人口密集的南疆地区，受制于薄弱的交通运输设施，既无法将当地的农产品输送至内地市场以获取较高的效益，也无法将内地先进的工农业技术引进以提高产品的附加值，更无法开展对外贸易为国家赚取外汇，一度陷入有资源无市场的困难境地。经济走廊建设为南疆地区摆脱贫困、融入经济发展主流提供了前所未有的机遇。道路联通是经济发展的基础。

经济走廊建设也为北疆地区进行产业结构升级、发展优势产业提供了机遇。与中亚国家类似，新疆的产业结构仍然以资源性产品为主，棉花、煤炭、石化、钢铁、电力构成了支撑新疆经济的五大产业，与东部地区相比，制造业较为薄弱，然而与中亚国家相比，制造业却又具有比较优势。壮大制造业是新疆发挥比较优势、开拓中西亚市场的关键所在。中国是世界工业大国，是"世界工厂"，这是新疆在经济走廊建设中发挥战略作用的坚实后盾，新疆能否在走廊建设中获得快速发展，能否真正成为丝绸之路经济带建设的"核心区"，关键在于新疆必须在国家产业结构升级的宏观调控进程中"筑巢引凤"，以引进东部的对中西亚各国具有比较优势，同时又能满足欧亚市场需求的企业，成为欧亚内陆的"制造业高地"。来新疆投资的企业并不一定是具有世界一流水平的高科技企业，但一定要是面向欧亚市场的具有比较优势的企业；不一定是最好的，但一定是最合适的。

（二）挑战

1. 内部的挑战

其一，人才短缺。人才是区域经济发展的智力源泉，人才的流失不仅造成发展规划难以有效"落地"，而且极大地削弱了产业结构调整和产业创新的动力。面对东部地区在吸引人才方面的全面优势，新疆乃至整个中西部地区都面临人才流失的窘境。其二，尽管疆内的投资环境有了很大改善，但由于市场前景并不明朗，阻碍外部投资的"落地"。2016 年新疆本地人口仅为 2300 万左右，本地消费市场有限，来疆投资企业还是主要着眼于欧亚内陆的大市场，然而新疆与中西亚地区市场的陆路交通运力有限，投资环境并不清晰，市场前景也不明朗，对于企业而言，吸引力有限。其三，东部产业转移过程中，夹杂着一些落后产能转移所带来的环境问题。新疆虽然地大物博，但生态环境异常脆弱。地处温带大陆性气候带的新疆，气候干燥少雨，水资源较为贫乏，耗水量较高的工业企业的进驻会带来一系列生态问题。其四，周边环境的不稳定性、口岸建设的不对称性也束缚了外向型经济的发展。

2. 外部的挑战

其一，经济层面。苏联时期，中亚国家的铁路交通主要面向北方。中亚国家独立后，铁路建设出现多元化趋势，各国出于扩大对外经济联系的需要并结合本国财力，将铁路干线的末端延伸至境外邻国，以获得通往海洋的陆上通道。① 大陆桥和经济走廊建设所涉及的中亚、西亚国家财政能力和经济发展水平各异，产业结构相近，受当前国际经济形势疲弱的影响，经济发展均有所减缓。受俄罗斯经济下行的影响，哈萨克斯坦面临着货币贬值、国际能源价格暴跌的双重挑战；依赖在俄劳务外汇收入的吉尔吉斯斯坦和塔吉克斯坦受俄经济不景气的影响，劳务外汇收入锐减，制约国家发展规划的顺利实施；以出口油气资源为主的土库曼斯坦因国际能源价格暴跌而外汇资金短缺，暂停外汇兑换；乌兹别克斯坦依托较为全面的产业结构、谨慎的经济改革计划，较为成功地实现了经济稳步增长，但在俄劳务外汇收入的减少对乌经济也造成了不小冲击。中亚国家经济的不景气影响各国的财政收入，使得各国在基础设施建设方面的预算投入有较大削减，阻碍了互联互通取得新进展。受货币贬值的影响，哈萨克斯坦、吉尔吉斯斯坦的国民购买力下降，抑制了新亚欧大陆桥的商品贸易活动，对当地民众生活改善的促进作用减弱，弱化了民众对大陆桥经济的依赖和支持。

其二，政治层面。"中国威胁论"在中亚国家内部的鼓噪时隐时现，紧邻世界第二大经济体的中国，一些中亚国家的担心是可以理解的。我们要审慎思考为什么"中国威胁论"在中亚及周边国家一直都有市场，为什么一些中亚政治反对派因国内政治斗争需要，往往会利用"中国威胁论"来做文章？域外大国对中亚政局的介入，有时也利用了这一点，一些国际媒体很默契地从旁帮衬，使得"中国威胁论"不时泛滥。大陆桥和经济走廊建设不可避免地也将面临这一问题。笔者认为，坚持"正确义利观"是中国解决"中国威胁论"问题及与周边国家搞好关系的要义所在。在坚持"正确义利观"的基础上，需要我们综合施策，打好舆论战，赢得中亚政界人士和广大民众的信任和好感。

---

① 〔美〕黑尔佳·策普－拉鲁什、威廉·琼斯主编《从丝绸之路到世界大陆桥》，江苏人民出版社，2015，第256～257页。

其三，文化层面。孔子学院在中亚的开办和发展，不仅为中亚民众了解中国打开了一扇窗户，而且为中国文化的宣传提供了一个可靠通道。以草原－绿洲为特点的自然环境是中亚各国文化形成的共同基础，古代的伊斯兰文化、近现代的俄罗斯文化或深或浅地影响着中亚人民的生活，二者相结合塑造出与中华文化迥异的中亚文化圈，由此产生中亚人对自然和社会现象的不同认知和理解。这是两种文化的"异质性"给大陆桥和经济走廊建设带来的又一挑战。相比较而言，当前中亚青年对文明程度较高和物质生活优越的西方文化似乎能轻而易举地接受，而对近邻的中华文化却是一知半解，虽然中国的新疆地区与中亚同属于"西域亚文化圈"，与中亚五国均有跨界民族。很明显，我们没有利用好新疆作为文化交流的媒介这一功能。新疆应成为中亚文化与中华文化进行融合交流的"核心区"，将新疆定位为"文化科技教育中心"正是认识到了这一点。

其四，安全层面。中亚国家独立以来，因受制于较为薄弱的国家治理能力和经济增长能力而屡屡遭遇非传统安全的挑战。虽然近年来，中亚各国政局趋于稳定，人心思定，社会经济有了一定程度的发展，但各国维稳能力的提升有限，面临日益增加的内外非传统安全压力的挑战。受阿富汗乱局的外溢效应影响，宗教极端势力和国际恐怖势力在紧邻中亚区域伺机而动，外界对中亚未来安全前景的评估多不乐观。为此，上海合作组织加快了扩员进程，印度、巴基斯坦在2017年6月获得上合组织成员国地位，以此搭建欧亚国家应对非传统安全的合作平台。出于地缘利益考虑，俄罗斯反对上海合作组织功能的"全面化"，但同意在上合组织内组建以应对地区非传统安全问题为主要目标的反恐机制，这是俄自身国家战略的需要，是对集体安全条约组织的补充，符合俄的利益。既然如此，我们就应少谈些发展上合组织经济功能议题，多谈些应对阿富汗问题及非传统安全方面的议题，使上合组织在解决阿富汗问题及应对宗教极端主义、国际恐怖主义方面发挥更大作用。在国家外交层面，中国要充分发挥地区领导能力和协调作用，为大陆桥和经济走廊建设创造和平稳定的外部环境。

（三）前景

新亚欧大陆桥随着丝绸之路经济带构想的提出和国家"一带一路"规划的出台，吸引了全国各省市自治区的目光。各地发展规划中都对利用大陆桥促进本地经济发展给予了高度关注。多条经新亚欧大陆桥前往欧洲的专线班列的开通，使得一度沉寂的陆桥经济重获生机。有一点需要引起注意，即不能忽视大陆桥沿线的欧亚市场，仅仅将贸易的关注点直接放置于成熟而又趋于饱和的欧洲市场。事实上，在发展中的欧亚国家中能够获取更多的商业机会。这一点需要政府在宣传工作中加以引导，加强对欧亚国家情况的宣传，让更多的中国企业了解这一地区的全面情况，鼓励其在欧亚内陆开拓市场。

经济走廊建设面临的问题远较"道路联通"更为复杂，涉及与沿线国家政策沟通，涉及更为复杂的货币流通，涉及长周期的民心相通。目前看来，虽然面临的困难很多，但从国家政策层面上看，中国建设经济走廊的意愿与多个中西亚国家的发展意愿相吻合，且已达成共识，十分有利，前景可期。

B.16
"渝桂新"南向通道建设是促进
欧亚区域联动的重点

匡荣韬[*]

摘　要：　"渝桂新"南向通道是在"中新（重庆）互联互通示范项目"
　　　　　框架下，以重庆为运营中心，以广西、贵州、甘肃为关键节
　　　　　点，中国西部相关省区市与新加坡等东盟国家通过区域联动、
　　　　　国际合作共同打造的政府间合作项目。建设基础夯实，前景
　　　　　良好，对促进中国西部地区发展具有重要意义。

关键词：　"渝桂新"南向通道　广西　互联互通　新加坡

　　在经济全球化和区域一体化背景下，国家间的合作与交往日益密切，资
金、技术、信息、服务等生产要素流动日益频繁。自 1991 年中国和新加坡
建交之后，中国与新加坡关系发展迅速。新加坡作为全球第三大金融中心，
也是中国第一个外资来源国，与中国关系日益紧密，先后在中国启动了三个
政府间合作项目。1994 年，中新苏州工业园区项目启动，开启了两国互利
共赢的新模式，并成功成为中国对外开放的战略平台范本之一。2007 年，
中新天津生态城建立，成为中新两国政府应对全球气候变化、加强环境保
护、节约资源和能源的典型示范。2015 年，中新第三个政府间合作项目启
动，在中国和新加坡等各方的共同推动下，中新互联互通南向通道成为各方

---

　　* 匡荣韬，博士，广西壮族自治区商务厅副调研员。

合作的重点,该项目的推动对中新关系的发展及中国西南地区的开发开放具有重大意义。

一 中新互联互通南向通道提出的背景

(一)中新第三个政府间合作项目的提出

"中新(重庆)战略性互联互通示范项目"是中国和新加坡设立在中国西部地区的中新第三个政府间合作项目,以重庆为运营中心。2013年10月,中央政治局常委、国务院副总理张高丽在中新双边合作联委会第10次会议期间,向新加坡副总理张志贤提议,在中国西部地区开展继苏州工业园、天津生态城之后的中新第三个政府间合作项目。随后,双方就此达成共识。2014年8月,习近平总书记在南京会见前来参加青奥会开幕式的新加坡总统陈庆炎,正式谈及设立第三个国家级合作项目的议题,并明确指出第三个项目设于中国西部。2015年11月6日,习近平总书记在新加坡宣布中新第三个项目落户重庆;次日(11月7日),在习近平总书记和李显龙总理的见证下,国务委员杨洁篪和新加坡副总理张志贤在新加坡签署了《关于建设中新(重庆)战略性互联互通示范项目的框架性协议》;中国商务部部长高虎城和新加坡总理公署部长陈振声签署《〈关于建设中新(重庆)战略性互联互通项目的框架协议〉补充协议》;重庆市市长黄奇帆和新加坡总理公署部长陈振声签署了《关于建设中新(重庆)战略性互联互通示范项目的实施协议》。与前两个中新政府间合作项目不同,中新示范项目是基于国家间贸易协定(FTA)框架范围内,以"现代化互联互通和现代服务经济"为主题的合作,以交通物流、航空、金融和信息服务为四大重点合作领域,具有很强的战略性、开放性、辐射性特点。中新第三个政府间合作项目是"一带一路"建设的重要组成部分,战略意义重大;同时,中新示范项目既可以在重庆地区,也可以在国内其他地区,甚至可以辐射到东盟等"一带一路"沿线国家,而不仅仅是重庆引进新加坡的企业和投资。

（二）广西积极倡导"渝桂新"南向通道建设

广西壮族自治区高度重视"中新（重庆）战略性互联互通示范项目"。
2014年9月15日，广西壮族自治区彭清华书记在南宁会见出席第11届中
国－东盟博览会的新加坡总理李显龙时，建议探讨以类似"一区两园"的
方式，争取中新两国第三个合作项目落户广西。广西壮族自治区陈武主席
2014年5月访问新加坡时，也向李显龙总理和新方部长提出，希望将海上
丝绸之路与南宁－新加坡经济走廊相结合，推动广西与新加坡在互联互通、
港口建设运营等方面的合作。2015年以来，广西持续推动中国－中南半岛
经济走廊、中国－东盟港口城市合作网络、海铁公路多式联运等，逐步提出
"渝桂新"南向通道概念。2015年10月，广西壮族自治区张晓钦副主席率
团访问新加坡，以及2016年9月，会见前来出席第13届东博会的新加坡贸
工部兼国家发展部政务部长许宝琨时，建议新加坡政府重视并支持中新合作
的南向通道建设问题。2017年2月16日，广西壮族自治区蓝天立常务副主
席、张晓钦副主席在南宁会见新加坡原贸工部高级政务部长、现通商中国主
席李奕贤和新加坡工商联合会主席、新加坡太平船务董事总经理张松声，明
确建议新加坡与广西联手争取将"渝桂新"南向通道纳入中新示范项目内
容，并在南宁建设物流中心。

（三）新方正式提议建设"渝桂新"南向通道

通过不断沟通交流，新方与广西逐步取得了一致意见，对"渝桂新"
南向通道持积极态度，并得到高层认可。2016年9月3日，新加坡李显龙
总理访问重庆时，提出要研究南向物流通道。2017年2月26日，新加坡公
署部长陈振声在北京会见重庆市市长张国清时双方达成共识，双方将在
2017年加大力度，重点推进重庆至广西北部湾的南向通道计划，将其建成
为重庆和西部城市通向东南亚的战略新通道。2017年2月27日，在中新示
范项目联合协调理事会第一次会议上，新加坡张志贤副总理正式提出双方将
加大合作力度，探讨一个通过北部湾连接新加坡和重庆的21世纪海上丝绸

之路的海路贸易路线。自此,一个在"中新(重庆)互联互通示范项目"框架下,以重庆为运营中心,以广西、贵州、甘肃为关键节点,中国西部相关省区市与新加坡等东盟国家通过区域联动、国际合作共同打造的、有机衔接"一带一路"的中新互联互通南向通道项目正式启动。

二 "渝桂新"南向通道具有良好的建设基础

"渝桂新"南向通道,具有良好的建设基础,近10年来,中国西部地区广西与贵州、重庆持续加大交通基础设施建设,特别是贵州实现了高速公路县县通,为"渝桂新"南向通道建设创造了良好条件。

(一)广西与重庆具备了较好的互联互通条件

高速公路通道方面,重庆南下广西规划建设三条高速公路通道:(1)兰州至海口(G57)已全线贯通;(2)包头至茂名(G65)的重庆、湖南段均已建成,广西境内桂林至三江段在建,计划2017年底建成;(3)银川至百色(G69)除重庆境内南川至道真段(计划2017年底建成)、广西境内乐业至百色段(计划2019年建成)和靖西至龙邦段(计划2018年建成)三段在建外,其余路段已建成。

铁路通道方面,重庆南下广西规划建设两个客运铁路通道、三个货运通道:(1)包头至海口高速铁路客运通道的重庆至贵阳段在建,计划2017年建成,贵阳至南宁段在建,计划2021年建成;(2)兰州至广州高速铁路客运通道的重庆至贵阳段在建,贵阳至桂林段已建成通车;(3)渝黔铁路客货运通道的渝黔铁路已实施扩能改造,计划2017年建成;(4)黔桂铁路增建二线已纳入国家铁路发展"十三五"规划;(5)涪陵至柳州铁路货运通道已纳入中长网规划。

(二)南宁至新加坡陆路通道加快建设

南宁至新加坡陆路通道有两条:第一条是南宁-越南河内-老挝万

象 – 泰国曼谷 – 马来西亚吉隆坡 – 新加坡;第二条是南宁 – 越南河内 – 胡志明市 – 柬埔寨金边 – 泰国曼谷 – 马来西亚吉隆坡 – 新加坡。其中,南宁至越南河内重点建设"三高、两铁"。三条高速公路:南宁 – 凭祥 – 谅山 – 河内高速公路,河内至友谊关全长约 153 公里,正分三段建设;南宁 – 东兴 – 芒街 – 下龙 – 河内高速公路,河内至芒街全长 280 公里,除云屯至芒街段正在招商引资外,其余均在建或已建成;百色 – 龙邦 – 高平 – 河内高速公路,百色至靖西段已建成通车,靖西至龙邦段在建,计划 2018 年通车,越南境内全线正在推进规划和招商工作。两条铁路:南宁 – 凭祥 – 河内铁路扩能改造,优先实施南宁至崇左段,2017 年实现开工,适时延伸到凭祥,越南境内河内至同登(口岸)段已纳入越南国家铁路网规划;东兴 – 下龙 – 海防 – 河内铁路,防城港至东兴段按照双线 250 公里/小时标准建设,2017 年开工,越南芒街至少龙段已纳入越南国家铁路网规划。

(三)广西与东盟海上通道初步形成

一是广西北部湾港已经建成亿吨大港。2017 年底,北部湾港万吨级泊位达 83 个,吞吐能力达 2.59 亿吨。二是中国 – 东盟港口城市合作网络基本完善。广西北部湾港与东盟 7 个国家的 47 个港口实现海上互联互通。截至 2017 年 9 月,广西北部湾港已开通内外贸航线 45 条,其中外贸航线 29 条,基本实现了东南亚地区全覆盖,涉及新加坡航线共 5 条。三是北部湾区域性国际航运中心将在"十三五"期间基本建成。重点推进防城港 40 万吨级巷道、码头,钦州港 20 万吨级集装箱码头及配套巷道建设。其中,2017 年 5 月,钦州港 30 万吨级进港航道支航道工程已完工。到 2020 年,北部湾港口综合吞吐能力达到 4.5 亿吨,万吨级以上泊位 130 个,集装箱吞吐能力达到 1000 万标箱。重点加强与新加坡、中国香港和广州等国际大港合作,培育加密国际班轮航线,构建覆盖东盟各国和海丝沿线国家港口的航线网络。

三 中新互联互通南向通道建设前景良好

中新示范项目是"一带一路"建设的有机组成部分，是两国政府副总理级合作机制关注项目。作为"中新（重庆）战略性互联互通示范项目"，南向通道利用铁路、公路、水运、航空等多种运输方式，由重庆向南经贵州等省市，通过广西北部湾等沿海、沿边口岸，通达新加坡及东盟主要物流节点，进而辐射南亚、中东、大洋洲等区域；同时，向北与中欧班列联结，利用渝新欧、兰渝铁路及甘肃的主要物流节点，联通中亚、南亚、欧洲等地区。积极参与并推进"渝桂新"南向通道，有利于落实中国对西部、西南部地区的战略定位，共享跨国合作制度创新带来的红利，具有重大的战略意义和巨大的经济价值。

（一）高度契合中央对桂渝黔三省的战略定位

"渝桂新"南向通道建设有利于提升桂、渝、黔三省在国家"一带一路"倡议中的地位和作为。对广西而言，共建"渝桂新"南向通道是全面贯彻落实习近平总书记赋予广西"三大定位"的重要举措，是构建面向东盟的国际大通道、打造西南中南地区开放发展战略支点、形成"一带一路"有机衔接的重要门户的重要载体。对重庆而言，共建"渝桂新"南向通道是落实重庆作为"一带一路"和长江经济带两大战略联结点，发挥对西部地区辐射作用的重要途径，是深化中新合作的必然选择。对贵州而言，共建"渝桂新"南向通道是贯彻国务院 2016 年批复贵州建设内陆开放型经济试验区、积极参与"一带一路"建设、借船出海扩大内陆开放发展的关键渠道。

（二）有利于中国西南地区开展制度创新和区域联动

在中新两国政府签署的协议中，明确了示范项目"11＋7"的创新举措。"渝桂新"南向通道实施了铁路运价下浮，途经各国海关通关便利化措

269

施等。构建"渝桂新"南向通道，不仅有利于交通基础设施的硬联通，更有利于多式联运、口岸通关等重大制度创新、模式创新、服务创新等软联通。这些正是西南地区共同发展中的短板。西部地区在铁路固定基价、五定班列、运价联运下浮、海铁和海公及航空货运等多式联运、口岸通关便利化等方面，都需要有国家层面的合作机制来协调，从而有利于推动与铁路、口岸以及与相邻省市、东盟国家的协调整合，为西南地区挖掘潜力，充分发挥广西沿海、沿边和通道、平台的优势，实现共同发展。通过畅通连接，把沿线地区所跨越的省市、国家串联起来，就能更好地发挥出其对物流、金融、工业、服务业等行业的集聚辐射作用，为沿线地区释放出发展活力。广西拥有良好的港口资源条件，推动南向通道建设可以进一步扩大与重庆、河南、甘肃、陕西、湖南、贵州、云南等周围省市的合作，把中国内陆地区货物通过公路、铁路运到广西，再经广西出海运到新加坡等东盟国家，使广西成为"八省九方"的出海口，经济总量就会更大，就能实现共同发展。

（三）具有不可估量的市场前景

"渝桂新"南向通道既深入西南腹地，又衔接西北地区，可以将西南地区密切连接起来。一是"渝桂新"南向通道具有巨大的物流需求。2016 年，重庆生产笔记本电脑 5842 万台、手机 2.87 亿台、打印机 1374 万台、显示器 2654 万台，[①] 生产汽车超过 310 万辆；四川省年产 5900 万台计算机整机、130 万辆汽车；贵州省手机产量 1.3 亿台，笔记本和平板电脑产量 317 万台，也正在寻找黔货外运的通道。仅笔记本电脑和计算机，就有近 1.2 亿台的市场规模；汽车加上广西柳州生产的 230 万辆汽车，共近 700 万辆的市场规模。二是后方省份和东盟物流品类互补性强。四川和重庆分别是西部地区第一、第二大外贸省市。东盟已经成为重庆最大的贸易伙伴，重庆出口东盟

---

① 《2016 年"重庆造"笔记本电脑有 5842.2 万台 增长 4.8%》，《重庆日报》2017 年 1 月 26 日。

物流品种互补性强。到 2020 年，重庆与东盟贸易额预计达到 500 亿美元，未来通道货源充足。三是"渝桂新"南向通道综合优势明显。虽然，重庆市近年来逐步开通了"渝新欧""渝深欧""渝沪美"等国际货运通道，但相比于"渝新欧"，"渝桂新"通道更利于联通东盟、中东、非洲及部分欧洲市场；相比于"渝深"班列，渝桂铁路里程缩短 380 公里；相比长江航运，重庆至上海市 2400 公里，运输时间起码 14 天，重庆经铁路到北部湾是 1450 公里，运距缩短 950 公里，开通"五定班列"运输时间是 2～3 天。

（四）参与各方均持积极态度

一方面，贵州、重庆对"渝桂新"南向通道建设表现出浓厚兴趣和积极态度。贵州省政府已经明确表示将"渝桂新"南向通道作为贵州建设内陆开放型经济试验区的重点项目，将加快建设。重庆市在新加坡的推动下，已经启动了重庆－北部湾－东盟铁海联运通道可行性方案制定、重庆－凭祥公路物流组织协调工作，并于近期专门派工作组对接。另一方面，广西、贵州、重庆和新加坡方面都已就建设合作机制达成共识，表示将共同推进"渝桂新"南向通道建设。

四 南向通道建设的进展

（一）南向通道建设获得中新两国领导人的充分肯定和高度关注

2017 年 9 月 20 日，习近平总书记在会见来华访问的新加坡总理李显龙时提出，希望双方建设好"中新（重庆）战略性互联互通示范项目"，并在地区层面带动其他国家共同参与国际陆海贸易新通道建设。2017 年 9 月 19 日，李克强总理在会见李显龙总理时表示，中方支持南向通道建设，相信南向通道发展前景将十分广阔，希望其能更好地推动中国西部和东南亚地区的互联互通。李显龙表示："新中关系发展很好，三个政府间合作项目进展顺利。新方愿同中方开展'南向通道'建设，促进地区互联互通。"同时，南向通道得到国家各部委的高度重视,商务部正在与新加坡贸工部加强对接,积极推动两国签署合作框架协议,国家发改委已致函广西明确将南向通道纳入国家"一带一路"重大项目库。

(二)广西与新加坡就南向通道建设达成有效共识

2017年4月,新加坡许宝琨部长率团访问广西期间,自治区政府与新加坡企发局签署了推进南向通道建设的合作备忘录,自治区商务厅、南宁市政府和新加坡太平船务有限公司签署了合作共建新加坡(广西南宁)综合物流园区的框架协议。9月,新加坡(广西南宁)综合物流园正式启动。

(三)四省区市进入机制化合作新阶段

广西、重庆、贵州、甘肃四省积极沟通协商建立南向通道建设机制化合作。2017年8月7日,渝桂黔陇四省区市在南宁市召开中新互联互通国际贸易物流通道建设磋商会。8月31日,中新互联互通项目联合实施委员会第三次会议在重庆召开,渝桂黔陇四省市区正式签署合作共建南向通道框架协议。9月12日,在第14届中国-东盟博览会开幕式上举行了中新互联互通南向通道广西、重庆、贵州、甘肃与新加坡五方企业联动仪式。9月22日、11月9日,中新互联互通南向通道建设工作会分别在甘肃敦煌和贵州贵阳召开,四省市区进入了机制化合作新阶段。

(四)南向通道海铁联运班列、班轮进入常态化运营

广西与重庆成立南向通道运营平台公司,积极推进班列测试。2017年9月28日,南向通道北部湾港至重庆海铁联运常态化班列在钦州港东站首发。2017年南向通道共发运班轮48班,上行18班,下行30班;共发运货物2484箱,主要经营货物类有粮食、塑料制品、干果、豆粕、玻璃纤维及其制品、纸品、汽车零配件、摩托车零配件、化工品、通用机械等。现阶段在北部湾港服务海铁联运业务并为南向通道提供航线保障的船公司有新加坡太平船务、中远海、新海丰等。11月1日起,北部湾港到中国香港的"天天

班"正式开行，2017年11月9日，北部湾港－新加坡"天天班"公共航线启动。铁路方面，至2017年底，经凭祥铁路口岸出入境的中欧班列为出境5列124车3224吨；入境6列103车2678吨。主要出境物品为电子产品、水果、精制盐及日用品，进口产品为氧化锌。

（五）南向通道基础设施建设和通关便利化改革加快推进

钦州港东站货场一期扩建工程于2017年7月底完工并投入使用，二、三期扩能改造正在加快推进。南宁、成都铁路局将南向通道集装箱运价下调30%。桂渝黔陇四地海关、检验检疫部门共同签署支持中新互联互通南向通道建设合作备忘录。

五　推进南向通道建设面临的问题

南向通道建设正式启动半年多时间，取得了显著成效，但许多方面尚须进一步提升和完善。

（一）北部湾港作为南向通道枢纽节点的服务能力亟须加强

一是钦州港转运设施不够完善，货物在港中转时间较长。二是钦州港班列与班轮的衔接不够紧密，存在货物滞港现象。三是钦州港目前的转运能力无法适应货量快速增长的要求。据了解，长江水坝船闸将于2018年初进入检修期，主工期约30天，前期施工准备期约80天。这段时间将是长江水路货源转向北部湾港的重要时期，因此，必须在短时间内对钦州港的转运能力做大的提升。

（二）上行货物与下行货物严重不匹配

截至2017年11月25日，渝桂班列已累计开行海铁联运班列27列，其中下行18列，上行仅9列，上行班列远远少于下行班列的数量，主要原因是上行货源不足。

（三）渝桂新南向通道运输成本依然较高，效率不占优

目前，由海铁联运经北部湾港出海的运输成本明显高于长江航线和“渝深”班列。制度层面，在多式联运、跨境金融、信息服务等方面的建设亟待加强，通关成本和通关效率相较于深圳、湛江依然不占优势。

（四）缺乏国家层面集成政策的支持

国家发改委虽将南向通道纳入国家“一带一路”重大项目库，但目前尚缺乏国家层面集中优惠政策的支持，尤其是给予铁路运价45%下浮的政策。

六　建议

（一）将南向通道上升为国家层面合作项目

在重庆运营中心的总牵头下，共同争取商务部等国家部委的支持，通过一定的程序将南向通道正式纳入“中新（重庆）战略性互联互通示范项目”的总体框架，并作为重点旗舰项目上升到国家合作层面，推动国家商务部与新加坡贸工部签署南向通道合作协议，促进我国与新加坡等东南亚国家的经贸合作。

（二）共同争取国家出台支持南向通道的“政策包”

由重庆市牵头，委托专业研究机构加大南向通道建设课题研究，充分调研征集南向通道合作的集成政策，四省市区协同努力，共同争取国家商务部、发改委、海关总署、质检总局、税务总局、中国铁路总公司等部委的支持。争取使钦州港成为起运港退税政策的目的港，争取和落实铁路运费优惠政策等。

（三）加快补齐多式联运软硬件体系建设

四省市区要充分发挥区位优势，破解沿线运力、效率瓶颈，降低物流成本。加快推进冷链物流体系建设，促进南向通道农产品贸易物流。加强与新加坡的合作，开通钦州港至新加坡、中国香港及东南亚、南亚主要枢纽港口的航线。2017年内开通钦州港至新加坡直航，争取新加坡中转北部湾集装箱优先中转。抓住南向通道被纳入国家"一带一路"重大项目库的机遇，谋划和推动一批关键项目，促进南向通道交通物流务实合作取得新进展。

（四）切实加强沿线通关一体化建设

落实四省市区关检八方合作备忘录，提升通道沿线国家关检合作水平，务必解决贸易便利化问题。在国家标准版基础上，加快四地国际贸易"单一窗口"建设，推动四省市区保税物流体系发展，积极探索与新加坡、马来西亚、越南等东盟国家开展"两国一检"新型通关模式试点。充分利用《大湄公河次区域便利货物及人员跨境运输协定》，推动经广西边境口岸联通中南半岛东盟国家的跨境公路运输合作。

（五）建立更紧密的合作工作机制

根据工作需要，由四省市区轮流牵头，组织召开不同层面的磋商，研究解决工作中出现的困难和问题，推进南向通道合作项目，落实相关政策支持。要多形式多渠道开展人才培训和交流，学习借鉴新加坡及兄弟省市区推进现代物流业发展的先进技术和管理经验，提高南向通道建设管理人员、工作人员和企业人员的业务能力，为南向通道提供机制和智力支撑。

（六）不断提升南向通道的影响力

南向通道建设要秉承"开放包容、创新实践、协同联动、共建共享"的理念，欢迎通道沿线兄弟省份及相关国家参与通道共建，共同谋划支撑南向通道建设的产业体系和服务体系。要充分利用四省市区现有的国内国际合作机制及渝洽会、东盟博览会、贵洽会、兰洽会、敦煌文博会等经贸文化平台，联合开展系列宣传推广行动，由重庆牵头联系新加坡和长江流域省份、广西牵头联系东南亚其他国家和珠三角地区、贵州牵头联系西南中南周边省份、甘肃牵头联系中亚东北亚和西北省份，统一宣传口径，共同打造南向通道品牌，将其建成中国西部地区贯通南北、连接内外的国际陆海贸易物流黄金通道。

B.17
调动粤港澳大湾区的优势要素
助力"一带一路"建设

高见 郁鹏 黄鑫*

摘　要： 粤港澳大湾区具有优越的区位优势、产业优势、制度优势，未来与"一带一路"合作的重点是航运、金融创新、科技创新、先进制造业、海洋等领域。坚持政府引导和市场化运作相结合，政府编制整体规划，建立信息共享平台，引导建设丝路基金，同时充分调动企业家积极性和发挥企业主体作用，借助文化交流，强化民间组织合作。

关键词： 粤港澳大湾区　"一带一路"　区域合作

一　粤港澳大湾区发展现状

（一）区域发展概况

粤港澳大湾区位于珠江通往南海的出海必经之路，是以珠三角城市群为基础，由广东省内9个城市，即广州、深圳、珠海、东莞、佛山、肇庆、惠州、中山、江门，以及香港和澳门，共11个城市组成的城市群。大湾区11城市所辖土

---

* 高见，中国城市建设研究规划师，研究方向为城市经济与战略管理；郁鹏，首都经济贸易大学博士研究生，咸阳师范学院讲师，研究方向为城市与区域发展；黄鑫，首都经济贸易大学硕士研究生，研究方向为城市经济与战略管理。

地面积合计约 5.6 万平方公里，占全国面积的 0.6%；2016 年湾区内经济总量 90954.78 亿元人民币，占全国的 12.85%；湾区内常住人口 6794.38 万，占全国人口的 4.9%。从粤港澳湾区内部人均 GDP 情况来看，澳门、香港、深圳居前三甲（见表1）。湾区经济实力雄厚，且市场活跃程度较高，创新驱动力较强，产业体系相对完整，是落实与服务"一带一路"倡议的重要支撑和重要枢纽。

表1　2016 年粤港澳大湾区 11 城市横向比较

城市	广州	东莞	深圳	惠州	珠海	江门
GDP(亿元人民币)	19547.44	6827.67	19492.6	3412.17	2226.37	2418.78
常住人口(万人)	1404.35	826.14	1190.84	477.50	167.53	454.40
面积(平方公里)	7434.40	2512	1996.85	11346	1711.24	9505.42
人均 GDP(人民币元)	141933	82682	167411	71605	134548	53374
人均可支配收入(人民币元)	50941	43096	48695	28061	40154	24427

城市	中山	佛山	肇庆	香港	澳门
GDP(亿元人民币)	3202.78	8630	2084.02	20281.46	2831.48
常住人口(万人)	323.00	746.27	408.46	734.67	61.22
面积(平方公里)	1783.67	3875	14891	1104.43	32.80
人均 GDP(人民币元)	99471	115891	51178	276062	462534
人均可支配收入(人民币元)	40012	41941	20580	—	—

资料来源：各城市 2016 年统计年鉴；其中香港、澳门数据来源于世界银行。

粤港澳大湾区主要是以环珠江口湾区为核心，还包括环大亚湾湾区、大广海湾区，与大汕头湾区、大红海湾区、大海陵湾区毗邻。湾区向内可延伸至湖南和江西等中部城市群，南接东南亚、南亚、中东和欧洲"一带一路"沿线国家，东接海峡西岸经济区、台湾省，北接长江经济带，西接北部湾经济区，具有得天独厚的地理优势。

（二）资源禀赋优异[①]

粤港澳大湾区内地壳相对稳定，具有良好的工程地质条件，滨海区域适宜建设港口；土地资源丰富，滩涂、浅海等后备土地资源达 7225 平方公里。

---

① 中华人民共和国国土资源部：《粤港澳大湾区自然资源与环境图集》。

海上油气等能源蕴藏丰富，开采潜力巨大。良好的资源禀赋，是大湾区发展重要的基础。

（三）基础设施建设日趋完善

粤港澳大湾区拥有世界最大的海港和空港群，公路网络也十分发达。截至2016年底，湾区内高速公路总里程达7673公里，铁路运营总里程达5500公里，城际轨道总里程达1430公里。且港珠澳大桥预计2018年正式建成通车。在港口方面，大湾区内共有11个主要港口，包括深圳、香港和广州三大世界级枢纽港，以及珠海、中山、佛山、惠州、东莞、肇庆、江门和澳门8个地方港。截至2016年，大湾区11个港口货物吞吐量合计达14.7亿吨；集装箱吞吐量达65191.86万TEU（见表2）。其中2016年深圳港、香港港、广州港集装箱吞吐量位居世界前十，分别排序为第三、第五、第七。

大湾区目前已经形成以香港、广州、深圳为中心的立体式航空网络，拥有以香港国际机场、深圳宝安机场和广州白云机场为中心的三个国际化空港，配套澳门机场、惠州机场、莲溪机场，形成三核三辅的空港群。截至2016年底，三大空港年旅客吞吐量分别达到7050万人次、4197万人次和5987万人次。

表2　2016年粤港澳大湾区内各港口吞吐量

	深圳港	香港港	广州港	珠海港	中山港	佛山港
货物吞吐量(万吨)	21409.88	25680	54437.45	11778	6788.95	6610
集装箱吞吐量(万TEU)	2387.93	1981.3	1885.77	165	135.54	321.7
旅客吞吐量(万人次)	576.71	—	87.34	719	116.18	57.4
	惠州港	东莞港	肇庆港	江门港	澳门港	
货物吞吐量(万吨)	7657.5	1460	3236.9	7922.75	20.03	
集装箱吞吐量(万TEU)	26.6	364	71.31	113.03	12.94	
旅客吞吐量(万人次)	0	26.67	—	15.20		

资料来源：2017中国港口年鉴。

（四）经济发展总量大、内部差异明显

2016年，粤港澳大湾区实现地区生产总值1.4万亿美元，与世界三大

湾区经济相比仍有优势，即纽约湾区 1.5 万亿美元、东京湾区 1.3 万亿美
元、旧金山湾区 0.8 万亿美元。但从图 1 来看，湾区内城市间的经济发展差
距悬殊，广州、深圳和香港经济总量远超其他城市。且湾区内城市经济总量
特征明显呈三梯队分布：第一梯队为广州、深圳和香港；第二梯队为东莞和
佛山；第三梯队为惠州、珠海、江门、中山、肇庆和澳门。

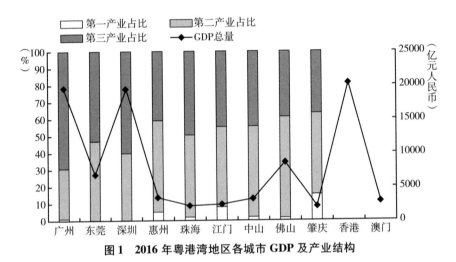

图1　2016 年粤港湾地区各城市 GDP 及产业结构

资料来源：2017 年各城市统计年鉴。

从 2016 年粤港澳大湾区的三大产业结构中可见，内陆城市中只有深圳
和广州呈现明显的"三二一"产业结构特征，东莞和惠州也呈"三二一"
结构发展趋势，但目前来看并不明显。湾区内内陆城市产业发展结构仍以
"二三一"结构为主。此外，湾区内各城市间产业具有明确分工，且形成了
A 字形产业总体空间布局（见表 3）。

表3　粤港澳大湾区各城市产业分工

城市	主要产业
深圳	电子信息、生物医药、新能源和新材料
东莞	电子信息、电气机械、纺织服装
惠州	电子信息、石化、汽车及现代服务业
广州	汽车制造、装备制造业、食品加工、纺织服装、船舶
佛山	电气机械制造业、陶瓷

续表

城市	主要产业
珠海	电子信息、石油化工、精密机械
中山	电子电器、五金家电
江门	交通、海洋装备、石油化工、电子信息、包装印刷、纸制品及现代农业
香港	贸易及物流、金融服务、工商支援服务、旅游
澳门	博彩旅游、出口加工、建筑地产和金融服务

资料来源:《珠三角国家自主创新示范区建设实施方案(2016～2020年)》(缺肇庆市资料)。

(五)对外贸易

2016年,粤港澳大湾区对外贸易进出口总额达121762.20亿元人民币,且与东盟的贸易额占到全国的1/3(见图2)。其中香港对外贸易总额远高于其他城市,而内陆城市中对外贸易总额相对较高的是深圳、广州和东莞。

此外,粤港澳大湾区是21世纪海上丝绸之路的重要战略节点,湾区内各城市与"一带一路"沿线国家贸易往来密切。表4是部分城市对"一带一路"沿线国家的贸易情况。

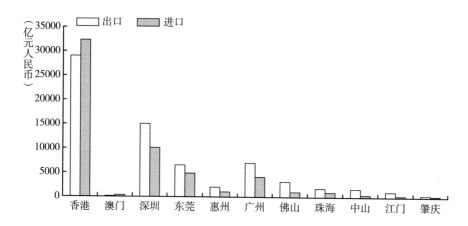

图2 2016年粤港澳大湾区各城市进出口额

资料来源:2017年各城市统计年鉴。

表 4   粤港澳大湾区部分城市对“一带一路”沿线国家贸易情况

单位：万美元

地区	肇庆		珠海		深圳		东莞	
	出口	进口	出口	进口	出口	进口	出口	进口
中　亚	31712	34282	226042	404558	1667168	552085	171173.6	245700.1
东 北 亚	18317	4814	105057	101291	1504857	336913	501384.5	1395418
非　洲	3010	27603	12867	7882	—	—	—	—
南　亚	35235	4984	566859	308843	384897	877812	1036804	1451146

资料来源：2017 年各城市统计年鉴。

二　粤港澳大湾区与“一带一路”合作进展

（一）广东省（粤）①

珠三角是中国改革开放的前沿，对外开放优势明显，作为海上丝绸之路的发祥地之一，广东省积极响应国家“一带一路”倡议，聚焦“五通”，落实国家部署，强化项目支撑，出台了一系列政策及指导性文件（见表5）。

表 5   广东省参与“一带一路”建设的相关政策文件

时间	政策文件	主要内容
2015 年 6 月	《广东省参与建设“一带一路”的实施方案》	9 项重点任务
2015 年 6 月	《广东省参与“一带一路”建设重点工作方案（2015～2017 年）》	40 项工作
2015 年 6 月	《广东省参与“一带一路”建设实施方案优先推进项目清单》	68 个项目，总投资达 554 亿美元，涵盖基础设施建设、能源资源、农业、渔业、制造业、服务业 6 个领域

---

① 由于数据的可得性，以及珠三角 9 市在广东的优势地位，故此处采用广东的数据来说明珠三角 9 市的情况。

时间	政策文件	主要内容
2017 年 3 月	《广东省参与"一带一路"建设2017 年度工作要点》	"五通"重点项目
2017 年 7 月	《深化粤港澳合作,推进大湾区建设的框架协议》	共同打造推进"一带一路"建设的重要支撑平台
2018 年 3 月	《广东省促进中医药"一带一路"发展行动计划(2017~2020 年)》	加强广东省与"一带一路"沿线国家在中医药领域的交流与合作,促进中医药产业科学发展

资料来源:作者整理。

在政策沟通方面,广东省委省政府领导先后出访欧洲等地区和相关重点国家,全面推进与沿线国家在各个领域的合作交流,分别与新加坡、泰国、越南、韩国等国家的政府机构建立了对话协调机制;与巴基斯坦、瓜达尔等180 个国家和地区缔结了友好关系。

在设施联通方面,广东省积极推进综合交通枢纽建设,充分立足自身的区位优势和交通条件,着力提升与沿线国家基础设施的互联互通水平。港口方面,广东省开通了国际集装箱航线 291 条,缔结友好港口 64 对;开通了国际航线 184 条,广东白云机场往返沿线国家的旅客达到 600 多万人次/年;铁路方面,通往中亚方向的铁路货运班列已经实现每周一趟的开行。

在民心相通方面,广东省在"一带一路"沿线国家举办了广东文化周、广东文化丝路行等文化交流活动,组织开展海丝沿岸国家主流媒体看广东等专题活动。其中,中山大学、暨南大学还开设了"一带一路"的国际汉语培训示范班。

与此同时,广东省政府还发起设立了广东丝路基金,并成功举办了对非投资论坛、海洋经济博览会、中非产能合作论坛等高层次的国际交流合作,促进贸易畅通和资金融通。

(二)香港

很长时间以来,香港一直是我国与"一带一路"沿线国家经贸合作的前沿阵地。在"一带一路"倡议提出后，香港各界积极响应中央和国家政策，有关"一带一路"的智库（如香港"一带一路"国际研究院）、基金（如亚洲机构投资者联合海外投资基金，简称亚联投海外基金）及商会（如香港"一带一路"总商会）纷纷成立，关于"一带一路"的各类推介会①和经贸合作活动②也相继展开，掀起了新时代香港对外开放的高潮。

2017年12月14日，国家发展和改革委员会与香港特别行政区政府共同签署了《关于支持香港全面参与和助力"一带一路"建设的安排》，为香港参与"一带一路"建设提供了顶层设计。与此同时，作为香港推广全球贸易的公营机构——香港贸易发展局专门推出了关于"一带一路"主题的资讯网站，并推动香港贸易发展局在"一带一路"沿线国家及地区设立的办事机构加快落实这一倡议；成立香港贸易发展局"一带一路"委员会，③负责全面落实"一带一路"倡议的推进工作，促进香港各界参与"一带一路"发展，共享倡议带来的庞大机遇。

（三）澳门

澳门自古以来就是中国海上丝绸之路的一个重要枢纽，澳门特区也一直是中国对外开放的重要窗口，在国家以"一带一路"建设为统领开创对外开放新格局的背景下，澳门特区五年发展规划亦把参与"一带一路"建设确定为发展战略，通过中葡论坛等经贸合作平台不断深化与葡语国家的合作，积极参与"一带一路"建设，帮助中国企业开拓非洲和拉美市场。

---

① 由江西省人民政府主办，江西省发改委、江西省商务厅、香港特区政府投资推广署承办的"2018赣港合作'一带一路'建设（香港）推介会"于2018年5月20日在香港举行。
② 由香港贸易发展局和浙江省商务厅牵头，联合两地有关部门与机构，于2018年5月15～17日在杭州举办浙港经贸合作周系列活动。
③ 香港贸易发展局"一带一路"委员会由商界领袖与各相关界别代表组成，致力巩固香港作为"一带一路"商业及资讯枢纽的角色，委员会下设五个涵盖不同地域与商业范畴的工作组。

2016 年，特区政府设立由行政长官办公室牵头的专门工作委员会，统筹澳门参加"一带一路"工作。2017 年 3 月，澳门特区政府设立"一带一路"建设工作委员会①，该委员会隶属行政长官，并由行政长官担任主席，成员包括行政法务司、经济财政司、保安司、社会文化司、运输工务司等特区政府主要部门负责人。目前，澳门正积极与广州南沙、珠海横琴和中山洽谈合作，下一步将着力用好中央支持澳门参与"一带一路"建设的一系列措施，加快发展会展业、电子商务、金融等领域，实现经济适度多元。

三　粤港澳大湾区与"一带一路"合作存在的问题

（一）缺乏对接"一带一路"的整体规划

在粤港澳大湾区内部，属于中国内地的广东省 9 市和香港、澳门实行的是一国两制，即使在广东省的 9 个城市中，每个城市也都有自己的利益和做法，行政分割比较严重，阻碍了制度创新和经济发展。目前，粤港澳大湾区发展规划尚未出台，有关"一带一路"建设的湾区整体性规划也尚未形成，对国际产能合作"去哪里"②"怎么去""干什么"等问题尚没有清晰的解决方案，与沿线国家开展产能合作的模式与路径尚在探索阶段，有些还只是企业自身的探索，政府有关部门和社会智库缺乏必要的支持。现实中，湾区内各地为了不失先机，争相展开行动，但由于缺乏统一的安排与协调，在各地关于"一带一路"的规划中出现重复，比如区域功能定位趋同、产业结构布局重叠、同质化无序竞争等。

---

① "一带一路"建设工作委员会职权包括：负责统筹澳门特区参与助力国家"一带一路"建设的短期、中期、长期的总体设计，推动展开相关的研究，以制定有关政策；制定年度工作方案及监督其落实；就拟开展的活动确定方针及发出指引。

② 综合考虑粤港澳大湾区的区位条件及"一带一路"国别合作发展指数，建议前期重点深耕东南亚国家。

（二）企业参与"一带一路"的交易成本较高

由于"一带一路"沿线许多国家信息不透明，企业只能获得东道主国家的概览式资讯，而不了解相关国家明确详细的发展情况，致使企业参与"一带一路"建设的成本增加了不少，具体表现为"三高"：第一是项目调研成本高，信息的缺乏，使得企业在决定实施相关项目之前必须开展详尽可靠的调研活动，这部分的时间成本和劳务成本都不容小觑；第二是招投标隐性成本高，由于不了解对方国家的具体情况，企业只能根据本国国内市场的价格情况来估算项目成本，判断工程报价，容易出现实际与计划差别过大的现象；第三是项目运营难度高，企业在项目进行过程中，不仅要关注项目本身，还要考虑与当地的政府、工会、非政府组织以及宗教团体的关系，增加了公司项目的运营难度。因此，如何将信息不透明所导致的影响降到最小，是"一带一路"建设过程中需要考虑的。

（三）巨额基础设施投入面临很大不确定性

"一带一路"沿线很多国家都不同程度地存在基础设施落后的问题，对基础设施投资有着庞大的需求，但是这种需求背后有多少实际支付能力的支撑，答案可能并不理想。如果单纯从项目收益率的角度看，国内企业对"一带一路"国家基础设施的投资无疑是不理性的，但是从获取东道国信任，打开东道国市场的角度看，又不得不从基础设施的投资入手。通常来看，一国的基础设施越是落后，建设成本就越高，投资回报就面临更大的不确定性。尽管中国国内拥有基础设施建设的丰富经验，同时也会有促进出口的好处，民营企业要投资这一领域还是要慎之又慎。其实，不只是民营企业，国有企业也面临同样的问题，尽管其承担着国家的战略任务，背后可支配的资源相比民营企业更多，持久的不确定性仍有可能将其拖入泥潭。因此，必须关注与思考巨额基础设施投入面临的不确定性，摒弃那种完全依靠中国国内资源在国外搞基础设施的投资方式，保证"一带一路"的投资项目可以真正得到预期的收益。

（四）投资"一带一路"国家与国内产业转移之间的权衡

尽管"一带一路"沿线国家在贸易方面可以与国内形成互补，但是投资环境相比我国中西部地区可能并没有多少优势，对于粤港澳大湾区的企业来说，需要在投资"一带一路"沿线国家与在国内产业转移之间进行权衡。如果选择在国内进行产业转移，势必会在一定时期内失去参与"一带一路"的窗口机会，并在长时期里无法分享"一带一路"沿线国家的市场机会；而选择投资"一带一路"沿线国家，则除了面临地缘政治和有关国家国内环境的不确定性，还有可能导致中国国内的产业空心化，危及中国国内制造业的基础地位。

四 粤港澳大湾区与"一带一路"合作的重点

（一）航运

充分发挥区位优势，深化港口、机场、高速公路、高速铁路和信息国际合作，打造国际航运枢纽和国际航空门户，成为"一带一路"最重要的巨型门户枢纽，面向沿线国家，构筑联通内外、便捷高效的海陆空综合运输大通道。

（二）金融创新

共建核心金融圈，形成以香港为龙头，以广州、深圳、澳门、珠海为依托，以南沙、前海和横琴为节点的大湾区金融圈，强化金融创新，探索人民币在"一带一路"沿线地区的结算与投资业务，使香港成为人民币在亚洲地区的贸易清算中心。

（三）科技创新

粤港澳大湾区涵盖高等教育资源和高端专业人才丰沛的香港，昔日的

"世界工厂"珠三角则转型升级涌现了类似腾讯、华为、大疆等一批高新科技企业，并有区域内其他城市产业集群的关联性支持。充分发挥粤港澳大湾区科技、人才和创新优势，合作打造全球科技创新平台，建设粤港澳大湾区创新共同体，使其成为"一带一路"地区重要的科技产业创新中心。

（四）制造业

推动粤港澳大湾区从"制造之都"向"创造之都"转型升级，发挥产业优势，支持企业赴沿线国家投资，在先进制造业方面开展深度合作，帮助"一带一路"欠发达地区完成工业化。努力引导"走出去"企业实施本地化战略，为当地创造更多的就业机会，促进当地经济发展，实现互利共赢。

（五）海洋开发

推进渔业、能源开发、生态保护等方面的合作，建立海洋污染防治协作机制。促进企业到沿线国家开展海上养殖、岸上养殖、良种繁育等方面的合作。共同开展近海海洋生态系统保护研究。

五 对策建议

《推动共建丝绸之路经济带与21世纪海上丝绸之路的愿景与行动》明确提出，"一带一路"建设要遵循市场规律和国际通行规则，充分发挥市场在资源配置中的决定性作用和各类企业的主体作用，同时注重发挥好政府的作用。因此，对接"一带一路"建设，应坚持政府引导和市场化运作相结合的原则，充分调动企业家积极性和发挥企业主体作用。

（一）制定整体规划，建立信息共享平台

统筹"9+2"各城市制定粤港澳大湾区参与"一带一路"建设整体规划，协调各城市发展战略。设立"一带一路"综合信息服务平台，加强对沿线国家经贸信息、政策法律、重点项目、招商信息、供求信息的收集、研

究、整理和发布，建立权威可靠、统一规范、反应迅速的咨询平台，让更多企业准确了解沿线国家的招商、投资、政策、法律、承包工程、劳务合作等方面信息，及时提供专业化咨询服务。

（二）设立丝路基金，支持"一带一路"项目建设

政府引导设立粤港澳大湾区丝路基金，支持"一带一路"框架下的合作项目，重点支持各类民营企业优质产能"走出去"和技术合作。关注国家丝路基金和亚洲基础设施投资银行的投资动向，加大与国家开发银行、进出口银行等金融机构对接合作，为企业参与"一带一路"建设争取更多资金支持。

（三）增强文化交流，加强民间组织合作

增强文化交流，加强与沿线国家在文化、教育、体育等领域的交流合作，增进了解和友谊，形成互信融合、包容开放的社会基础。与沿线国家共同发掘和保护海上丝绸之路历史文化遗产。充分发挥华侨独特的桥梁和纽带优势。支持组建"走出去"的各类联合协作组织，充分利用已经"走出去"的企业所形成的人脉资源和网络，带动相关企业构建"走出去战略联盟"，共同开展对外投资。

节 点 国 家

Node Country

B.18
波兰："一带一路"通向西欧的门户

Wiktoria Laura Luczyk　王 虎*

摘　要： 波兰是中欧潜在的地区大国，积极参与该地区国际事务。波兰是中国"一带一路"倡议沿线国和"16＋1"合作机制中较大的经济体；也曾发起一些新倡议，例如"三海倡议"。本文以一个波兰人的视角分析波兰和中国战略伙伴关系的重要性，从地缘政治的角度来分析波兰重要的地理位置，再从历史的视角审视当今存在的地区合作理念和倡议。本文根据2017年的数据考察波兰的经济形势和投资环境，分析波兰国内社会经济状况对其外交政策的影响，特别分析波兰的欧盟成员国身份对波中关系的重要意义。本文认为波兰不仅是"一带一路"通往西欧的门户，而且是"一带一路"倡议的

---

* 〔波兰〕Wiktoria Laura Luczyk，波兰弗罗茨瓦夫大学硕士，研究方向为中波关系；王虎，博士，厦门大学国际关系学院副教授，研究方向为国际组织与全球治理、东南亚政治。

重要实验田。

关键词： 波兰 "一带一路" 中欧 "16＋1"合作

波兰地处欧洲中部，位于俄罗斯和德国这两个大国之间。这一地缘位置特征的弊端非常明显：波兰的领土经常受到西方或东方的侵犯，导致在18世纪被瓜分，被迫宣告灭亡而从欧洲地图上消失了123年。[①] 但是，波兰在欧洲中部的位置也是促进地区国家民间交流和国际贸易的积极因素。在中世纪后期，"丝绸之路"的路线途经波兰；从波兰南部城市克拉科夫（Cracow）到西部的弗罗茨瓦夫（Wroclaw），再经过北部的马尔堡（Malbork），最后抵达波罗的海沿岸的格但斯克（Gdansk）。此外，波兰历来重视发展国际贸易。在古代，波兰有自己的贸易路线，即"琥珀之路"，这是一条从北海和波罗的海地区转运琥珀的古老贸易路线。经由维斯瓦河和第聂伯河，琥珀被运到地中海地区，然后再被转运到埃及和亚洲。[②]

在现代国际关系下，重要的战略位置为波兰带来广阔的发展前景。作为中欧最大的经济体，波兰是中国"一带一路"倡议的重要参与者，也是"一带一路"通往西欧市场的门户。本文将考察波兰在"一带一路"倡议中的作用以及波兰的经济发展情况和投资政策。

一 波兰与欧盟的关系

为了审视当代波兰的情况，考察波兰和地区的历史是必要的，如果缺乏

[①] EncyclopædiaBritannica Online 2017, "Partitions of Poland", viewed 6 December 2017, https：// www. britannica. com/event/Partitions－of－Poland.

[②] Gestoso Singer G 2008, "Amber in the Ancient Near East", i－Medjat 2, p. 17－19, viewed 6 December 2017, http：//www. academia. edu/241848/Amber_ in_ the_ Ancient_ Near_ East.

历史基础知识，就无法公正地判断波兰这个国家最近的事态发展。在分析欧洲事务时，冷战是非常重要和意义深远的历史事件。在现代国际关系中，冷战的铁幕将欧洲分裂成东西方两个阵营。中欧地区国家成为"华沙条约"的缔约国，深受苏联的影响。冷战的后续效果在中欧仍然可见。中欧和东欧之间存在巨大的发展差距。苏联解体后，中东欧国家进行政治和经济转型。剧烈的转型进程给这些国家带来许多挑战和痛苦，导致经济和政治形势高度不稳定。波兰政府实施的经济体制转型最终实现了本国经济的增长。此外，波兰的政治转型也取得成功，实现了国内政治稳定。随着欧盟扩大，中欧国家在意识形态和在经济上与西欧国家不断进行融入。波兰于 2004 年 5 月 1 日加入欧盟，并积极谋求在欧盟中发挥更大作用。自加入欧盟以来，波兰的经济发展取得重要成就。波兰的人均国内生产总值从占欧盟人均国内生产总值的 32% 上升到 70%。这说明波兰在不到 15 年的时间里从中等收入国家发展为高收入国家。2017 年上半年，波兰人均国内生产总值增速达 4%，较 2016 年同期的 2.7% 呈上升趋势。与此同时，波兰社会的基尼系数水平是"新高收入国家"中最低的之一。这意味着波兰社会新创造的财富在分配方面较为平均，缓解了贫穷和社会分化。尽管如此，波兰的经济发展仍需要解决一些长期性问题。

在波兰的经济发展过程中，欧盟的投资是主要的推动因素。由于受到欧盟内部危机和波兰国内政治局势的影响，欧盟和波兰的合作也将面临挑战，欧盟或将不再是波兰经济发展中最重要的伙伴，双方的合作可能不会如之前那样紧密，甚至会减弱。

首先，欧盟自身面临诸多挑战。这些挑战突出体现为欧盟面临自二战结束以来最严重的一次经济和社会危机。据欧洲联盟委员会的调查发现，许多欧洲人不赞成欧盟干涉他们的日常生活。更有甚者，有些人开始怀疑欧盟的价值及其对提高成员国国民生活水平的实际作用力。其次，欧盟和波兰政府的政策分歧加深，严重影响双边关系发展。2015 年，新一届波兰政府不赞成欧盟所采取的一系列政策，特别是在难民政策上双方分歧难消，这一政策纷争已经影响到波兰与欧盟的关系。在关于欧洲单一市场的未来规划上，波兰政府反对欧盟对单一市场的任何限制并提出欧盟在许多条约中明确了服务和劳工的自由流动。

其次，欧盟批评波兰的司法改革计划，这让重视国家主权和不容外国干涉的波兰政府难以接受。甚至有分析指出，目前欧盟和波兰之间的争端与英国脱离欧盟相似。值得注意的是，波兰和英国的情况不同。78%的波兰人支持波兰继续留在欧盟，只有12%的人支持波兰脱离欧盟。悬殊的民意表明，波兰在不远的将来不会效仿英国"脱欧"，仍会留在欧盟。由于受到欧盟与波兰政策分歧的影响，波兰政府和企业家有可能更愿意去寻找欧洲以外的伙伴并与其建立密切的合作关系。在这种情况下，中波关系的发展将获得新机遇。

虽然波兰的立场不一定与欧盟完全一致，但是对于波兰这个中等强国来说，作为欧盟的一员是该国外交关系的主要支柱。而且，欧盟与波兰的良好关系在中波合作的情况下也是至关重要的；作为欧盟成员国的波兰对于中国和中国在中欧的利益很有帮助。位于欧洲中心的波兰可以成为中国通往西欧市场的门户，因此，寻求与中国更密切合作关系的波兰不应该忽视与其他欧洲伙伴的良好关系。波兰不仅是中国"一带一路"倡议的重要合作伙伴，也是"16+1"合作机制的成员。在这篇文章中，笔者将仔细地研究现在波兰经济情况和中波合作的发展。

二　波兰与"一带一路"倡议

在 2017 年 5 月召开的"一带一路"国际合作高峰论坛上，中国国家主席习近平提出波兰对中国在中东欧发展合作具有重要作用。[1] 分析习近平在开幕式上的演讲，可以清楚地认识到波兰在"一带一路"倡议中的战略意义。"我们同有关国家协调政策，包括俄罗斯提出的欧亚经济联盟、东盟提

---

[1] 《习近平会见波兰总理希德沃》，新华社，http://news.xinhuanet.com/politics/2017-05/12/c_1120962193.htm。

出的互联互通总体规划、哈萨克斯坦提出的'光明之路'、土耳其提出的'中间走廊'、蒙古国提出的'发展之路'、越南提出的'两廊一圈'、英国提出的'英格兰北方经济中心'、波兰提出的'琥珀之路'等。"在这次演讲中习主席提到了"琥珀之路",显示这条历史悠久的外贸路线是丝绸之路的重要组成部分。

波兰政治家看到中国"一带一路"倡议具有很大的发展潜力。参加北京高峰论坛的波兰总理贝娅塔·西德洛（Beata Szydło）表示:"'一带一路'倡议可能要决定未来几十年沿线国家和地区的经济发展状况。"此外,这种合作也将影响参与倡议国家的国内发展情况。波兰处在非常有利的地位。虽然中国国家主席习近平开幕式演讲中没有提到太多欧洲项目,但波兰的"琥珀之路"被提到了。①

2017年9月22日,波兰邮政和中国邮政签署合作协议。根据这项协议,波兰邮政将把中国货物分配给30个欧洲国家。这样一来,波兰的运营商就接管了从中国寄往欧洲国家的邮资;此外波兰邮政还考虑建设自己的国际物流转运枢纽中心。②

虽然波兰地理区位无疑是丝绸之路框架以及中波合作的主要驱动因素之一,但是我们不要把波兰只视为通往西欧市场的门户或者一个过境国。当然,其地理位置决定波兰是中国在欧洲的重要合作伙伴,很可能会成为"一带一路"倡议的制造和分销中心,将丝绸之路沿线国家的产品转运到其他欧洲国家。但波兰在"一带一路"倡议中的作用和意义不仅局限于此。波兰应被视为中国的战略伙伴,应努力成为中国企业投资的好去处,而不只是联通西欧合作伙伴的高速通道。

---

① China Radio International 2017, "Bursztuynowy Szlak i Jedwabny Szlak w ramach Pasa i Szlaku", viewed 7 December 2017, http://polish. cri. cn/1364/2017/05/25/41s136797. htm.

② Forbes 2017, "Poczta Polska podpisała porozumienie z China Post. KorzBści także dla polskich przedsiębiorstw", Biznes, viewed 7 December 2017, https://www.forbes. pl/biznes/poczta – polska – podpisala – porozumienie – z – china – post – korzysci – takze – dla – polskich/jetnnfy

三　波兰在地区互联互通中的作用

随着本国经济的快速发展，波兰在国际舞台上的地位也渐渐提高。冷战结束以来，波兰的国际地位日益提升，成为在中欧地区具有重要影响力的国家。[①] 波兰积极参与国际合作，特别是中东欧的地区合作。波兰是联合国、波罗的海国家理事会以及维谢格拉德集团等诸多国际和地区组织的创始成员。此外，波兰是欧盟和申根区成员，这促进了波兰和欧盟国家的贸易与国际合作。此外，波兰还是北大西洋公约组织、世界贸易组织、经济合作与发展组织、国际能源机构、欧洲理事会、欧洲安全与合作组织、国际原子能机构、欧洲航天局、中欧倡议国组织等重要国际组织的成员国。

就中欧地区而言，波兰在该地区的经济优势地位非常明显，是中欧最具影响力的国家。无论在规模上还是在居民数量方面，波兰都是中东欧地区最大的经济体。根据2017年度"中东欧500强"公司排名，有168家波兰公司进入"中东欧500强"，占33.6%，其次是匈牙利，占15%，接下来是捷克，占14.2%。[②] 此外，波兰公司在该地区的破产率却最低。[③]

2012年，中国发起建立"16＋1"合作机制。该机制旨在加强和扩大中国与中东欧16个国家的合作；该机制中的"16"中欧盟成员国有11个，巴尔干国家有5个，分别是：阿尔巴尼亚、波斯尼亚和黑塞哥维那、保加利亚、克罗地亚、捷克、爱沙尼亚、匈牙利、拉脱维亚、立陶宛、马其顿、黑山、波兰、罗马尼亚、塞尔维亚、斯洛伐克和斯洛文尼亚。[④] 目前，"16＋1"合作是中国"一带一路"倡议的重要组成部分，于是，波兰在中东欧的

① Network PL n. d. , "Poland in International Organizations", viewed 5 December 2017, http: // www. network – pl. org/en/news/poland – international – organisations.

② Coface 2017, "COFACE CEE Top 500 Ranking", Coface Central Europe Holding, Vienna, p. 9.

③ Coface 2017, "COFACE CEE Top 500 Ranking", Coface Central Europe Holding, Vienna, p. 9.

④ Investment and Development Agency of Latvia [LIAA] 2016, "About 16 + 1", viewed 7 December 2017, http: //ceec – china – latvia. org/page/about.

强势地位对中波两国的关系很有利。通过与中国建立强有力的合作关系，波兰可以成为中欧其他国家的一个好范例和榜样。

在欧洲地理版图上，中东欧国家具有重要战略意义，因此该地区国家非常关注交通基础设施。2017 年 10 月 25～26 日，中国交通部代表在华沙参加了第二届"中国－中东欧国家（'16＋1'）交通部长会议暨商务论坛"。会议讨论了中东欧国家与中国在交通领域合作的机遇和挑战，例如公路、铁路、航空、海路和内河航道的发展情况。本地区最大的交通基础设施项目之一是华沙附近巴拉诺夫市（Baranów）的中央通信港口（Central Communication Port）建设。这个项目是为了应对亚欧之间日益增多的航线而建。① 中央通信港口将成为波兰领土上交通最发达和便利的地方，非常适合建设商务中心和举办展览会、会议等。

促进建设发达的交通基础设施是"一带一路"倡议的重要内容，也是波兰本国外交政策的要务之一。虽然波兰的通信系统比较有效，但是交通运输主要是从东到西方向，南北方向线路的发展则比较滞后。出现这种状况的因素之一是欧盟将改善欧洲东部和西部之间的运输列为优先事项。欧盟2014～2020 年财务计划包括了对基础设施发展的规划，东西方向道路基础设施的发展仍是其当务之急。然而，开发南北路线是中欧各国间开展合作亟待解决的问题，这与所谓的"海间联邦"概念密切相关。

长期以来，加强中欧国家间合作是波兰外交政策的重点。最近，波兰政治家再次谈到所谓的"海间联邦"概念，此为从波罗的海到亚得里亚海和黑海的中东欧国家展开国际合作的概念。② 建立本地区国家之间密切合作的思想古已有之。专家提出中东欧人民有可能在中世纪就创造了统一斯拉夫人

---

① Business Insider Polska 2017, "Polska chce rozwijać współpracę z Chinami w dziedzinie transportu", viewed 3 December 2017, https：//businessinsider. com. pl/wiadomosci/relacje－polska－chiny－w－dziedzinie－transportu/x08yb0n.

② Korybko, A 2017, "GeostrategicInsightsInto the Joint Polish－Croatian 'Three SeasInitiative'", Global Research：Centre for Research on Globalization, viewed 5 December 2017, http：//www. globalresearch. ca/geostrategic－insights－into－the－joint－polish－croatian－three－seas－initiative/5598048.

的概念。此外，16 世纪中东欧建立的波兰－立陶宛王国对这个想法进行了实施。在 20 世纪，约瑟夫·毕苏斯基（Józef Piłsudski）又提到这个主张，提出中东欧国家应密切合作，以应对俄罗斯的威胁。[①]

"海间联邦"概念在现代的一个表现形式是维谢格拉德集团（V4）的建立，即一个由波兰、捷克、匈牙利和斯洛伐克四国组成的地区组织。此外，"海间联邦"的概念经常与"三海倡议"相结合。"三海倡议"旨在推动中东欧 12 个国家之间的经济和政治合作；其成员是奥地利、保加利亚、克罗地亚、捷克、爱沙尼亚、立陶宛、拉脱维亚、波兰、罗马尼亚、斯洛伐克、斯洛文尼亚和匈牙利。可以清楚地看到除了奥地利之外，"三海倡议"的所有参与者也在"16 + 1"机制内进行合作。与历史上的"海间联邦"概念不同，"三海倡议"并非基于象征性的意志和简单的合作意愿。21 世纪的"三海倡议"主要在能源、交通、物流和经济等领域开展合作，以创造一个具有强大影响力的区域性国际组织。[②]

对于中国而言，加强与该地区国家之间的合作是有利的。在"一带一路"倡议机制下，中东欧发达的基础设施至关重要。中国支持"三海倡议"的发展，即加强在波罗的海、亚得里亚海和黑海国家之间基础设施一体化的发展，将极大地推进地区互联互通和经贸发展。为此，地区国家和中国的决策者应该考虑通过投资建立从波罗的海国家，经过波兰，到亚得里亚海和黑海的南北运输通道。[③]

四 波兰的经济形势和投资环境

在过去的 20 年里，波兰的国际地位和经济形势都得到好的发展。苏联

---

① Starzyk，A &Tomaszewska，N 2017，"Conception of Intermarium in Polish Foreign Policy in XXI Century"，Torun International Studies，No 1（10），pp. 16 – 17.

② Starzyk，A &Tomaszewska，N2017，"Conception of Intermarium in PolishForeign Policy in XXI Century"，Torun International Studies，No 1（10），p. 22.

③ Stefaniak，B 2016，"Enter the Dragon"，Poland Today，no 13，viewed on 2 December 2017，http：//poland – todaB. pl/enter – the – dragon/.

解体后，波兰是个饱受危机困扰的国家，经历了恶性通货膨胀和民主化转型等。目前，波兰已成为国际舞台上的重要国家，特别是在中东欧地区。波兰在该地域的政治影响力是不可否认的。波兰政治家积极参与中东欧国家间的国际合作；波兰总统安德烈·杜达（Andrzej Duda）和克罗地亚总统科林达·基塔洛维奇（KolindaGrabar – Kitarović）是“三海倡议”的发起人，同时，波兰总理贝娅塔·施德沃（Beata SzBdło）一再表示对“一带一路”倡议的支持和鼓励。[①] 由于波兰是中国在中东欧的战略伙伴，我们应该来看看波兰的经济形势和投资环境。

（一）经济形势良好

波兰 2017 年第三季度经季节性调整后的国内生产总值（不变价格，2010 年为基准年）比上一季度上涨了 1.1%，比 2016 年第二季度上涨了 5.0%。未经季节性调整的国内生产总值（上年不变的平均价格）（见图 1）比 2016 年同期上涨 4.7%。[②] 这一经济数据是否会对波兰带来有利影响？波兰经济的发展速度是否符合其能力？波兰的经济基础是什么？笔者将分析影响波兰经济状况的因素以及波兰面临的挑战。

从 2017 年第一季度到第三季度，波兰经济的增长速度加快。据世界银行称，私人消费仍是波兰的主要增长动力，2017 年上半年增长了 4.8%；强劲的私人消费是由实际收入的提高和较低的失业率（5%）水

---

① Podskoczy, A 2017, "Premier Szydło: Projekt Pasa i Szlaku szansą dla Polski", Rzeczpospolita, viewed 6 December 2017, http://www.rp.pl/Gospodarka/170519638 – Premier – Szydlo – Projekt – Pasa – i – Szlaku – szansa – dla – Polski. html; Michałek, M 2017, "Wielki Plan Małych Państw. Jak Trójmorze Wzmocni lub Podzieli Unię", Magazyn TVN24, viewed 3 December 2017, https://www.tvn24.pl/magazyn – tvn24/wielki – plan – malych – panstw – jak – trojmorze – wzmocni – lub – podzieli – unie, 106, 1968; Korybko, A 2017, "GeostrategicInsightsInto the Joint Polish – Croatian " Three SeasInitiative, Global Research: Centre for Research on Globalization, viewed 5 December 2017, http://www.globalresearch.ca/geostrategic – insights – into – the – joint – polish – croatian – three – seas – initiative/5598048.

② Central Statistical Office of Poland [CSO] &Demographic and Labour Market Surveys Department [DLMS] 2017, "Population in Poland: Size and Structure by Territorial Division", Statistical Publishing Establishment, Warsaw, p. 11.

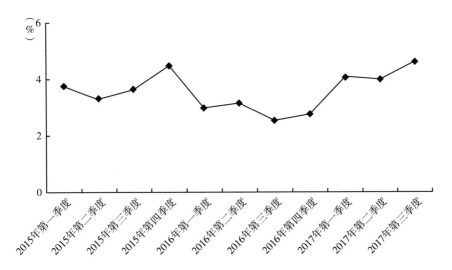

图 1 未经季节性调整的波兰 GDP 增长率

资料来源：笔者根据资料整理。

平成就的（见图 2）。①

　　波兰的私人消费高涨与政府的行为有关。2017 年 1 月，最低工资数额比 2016 年增长 8.1%，达到 2000 兹罗提/月。② 此外，2016 年推出的"500 + 家庭"计划有助于改善波兰家庭的财务状况。"500 + 家庭"计划是波兰政府针对波兰人口快速老龄化这一重大社会挑战出台的一个刺激波兰经济的措施。该政府计划旨在帮助家庭抚养子女，为每个家庭中的第二个、第三个……孩子每月提供额外 500 兹罗提的托儿津贴。③ 政府以此鼓励波兰人建立大家庭；此政策已经吸引许多家长生育第二个、第三个、第四个孩子，出生人数有所增加。波兰中央统计局 2017 年 6 月 30 日的数据显示，"500 + 家

---

① The World Bank in Poland 2017，"Poland Country Snapshot"，The World Bank，p. 3，viewed 1 December 2017，http：//pubdocs. worldbank. org/en/224801507233727303/Poland – Snapshot – Fall2017. pdf.

② Ministry of Family，Labour and Social Policy［MFLS］2016，"Minimum 2 tys. zł od pierwszego stycznia"，Prawo Pracy，viewed 25 November 2017，https：//www. mpips. gov. pl/aktualnosci – wszystkie/prawo – pracy/art，8243，minimum – 2 – tys – zl – od – pierwszego – stycznia. html.

③ Ministry of Family，Labour and Social Policy 2016，Rodzina 500 + ：Program Wsparcia dla Rodziców，viewed 25 November 2017，https：//rodzina500plus. gov. pl.

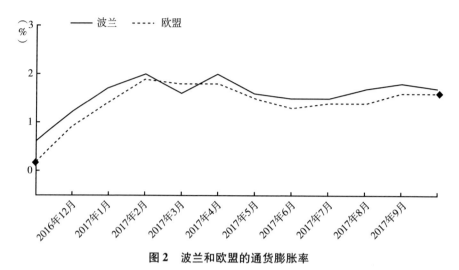

图 2 波兰和欧盟的通货膨胀率

数据来源：Eurostat 2017。

庭"计划使出生率上升了 0.7‰，达到 10.4‰。[①] 这项政策的效果达到了制定者的目标。从社会效应来看，这个政策改变了许多波兰人对建立大家庭的态度，一个大家庭不再是父母的经济负担，而是家长和国家的共同责任。通过这种方式，家庭收入得以提高，社会购买力也有所增强。虽然波兰一直处于人口负增长的困境，[②] 但是最近的统计数据显示，这一问题已得到很大的缓解。"500 + 家庭"计划不仅仅是家庭规模的增大，也意味着私人消费的增加。

另外，失业率大幅下降也是一个重要的因素。根据波兰中央统计局的数据，2017 年，波兰的失业率达到极低水平。尽管年初通胀率上升了一点，但是实际收入有所增加。[③]

失业率下降主要是由于就业人数增加所致；就业增长有利于经济生产能

---

① Central Statistical Office of Poland ［CSO］&Demographic and Labour Market Surveys Department ［DLMS］2017, "Population in Poland: Size and Structure by Territorial Division", Statistical Publishing Establishment, Warsaw, p. 11.

② Ibid.

③ The World Bank in Poland 2017, "Poland Country Snapshot", The World Bank, p. 3, viewed 1 December 2017, http://pubdocs. worldbank. org/en/224801507233727303/Poland – Snapshot – Fall2017. pdf.

力增加和国内生产总值的增长。就业办公室的非补贴工作机会越来越多，平均工作时间也有所增加，市场对劳动力的需求也有所加大。①

值得一提的是，在失业率下降的同时，员工的工资水平也高于往年。促成增加工资的因素之一是 2017 年初最低工资的增加，最低工资的增幅远远大于往年。然而，波兰劳动力市场报酬的增长仍然处于中等水平，其中限制工资进一步增长的因素可能是来自国外工作人员的增多，主要是来自乌克兰的劳工。②

一个国家的劳动力成本通常是潜在投资者要仔细考虑的因素。对于外国投资者，特别是中国投资者来说，波兰的优惠政策带来了有利的投资环境。值得一提的是，在波兰有相当多足够年轻、受过高等教育而低薪的雇员。③

根据欧盟统计局最新的报告数据，欧盟内人工成本最低的国家分别是保加利亚（4.4 欧元/小时）、罗马尼亚（5.5 欧元/小时）、立陶宛（7.3 欧元/小时）、拉脱维亚（7.5 欧元/小时）、匈牙利（8.3 欧元/小时）和波兰（8.6 欧元/小时），而丹麦（42.0 欧元/小时）、比利时（39.2 欧元/小时）、瑞典（38.0 欧元/小时）、卢森堡（36.6 欧元/小时）和法国（35.6 欧元/小时）的劳动力成本最高。④

（二）投资环境

虽然波兰经济状况良好，是国外资本进行投资的好市场，但是波兰政府现在还需要解决诸多问题，以便为外资创造更有利的投资环境。首先，世行专家指出波兰的公共消费较低，投资较弱。不过，世行对波兰的经济持乐观

---

① Narodowy Bank Polski［NBP］2017, "Kwartalny Raport o Rynku Pracy w I kw. 2017 r.", Wydział Gospodarstw Domowych i Rynków Pracy Departament Analiz Ekonomicznych, Warszawa, p. 15.
② Narodowy Bank Polski［NBP］2017, "Raport o Inflacji, Rada Polityki Pieniężnej", p. 29.
③ Bao Le 2017, "China and Poland: Economic Cooperation Under the 16 + 1 Formula", Nouvelle Europe, viewed 4 December 2017, http://www.nouvelle – europe.eu/node/1960.
④ Eurostat 2017, "Hourlylabourcostsranged from 4.4 to 42.0 across the EU MemberStates in 2016", News Releases, viewed 7 December 2017, http://ec.europa.eu/eurostat/en/web/products – press – releases/ – /3 –06042017 – AP.

预期，估计对波兰的投资会逐渐恢复。[①] 此外，对波兰投资的企业家面临的不利条件是劳动力短缺。自2013年以来，越来越多的波兰企业经历了劳动力短缺的困扰。[②] 波兰创业者在努力地寻找工人。据工作服务机构最近的一项研究，有一半雇主声称他们在找工作人员时遇到了问题，[③] 对于68.1%的公司来说，员工的短缺直接影响了公司的运作。最常见的问题包括：缺乏新的劳动合同（占调查公司的32.6%）和人员成本增加（占调查公司的27.8%）（见图3）。同时，一些雇主由于无法招聘到合格的工作人员而不得不放弃或限制投资。[④]波兰最短缺的劳动力是技术工人、司机、工程师和生产经营者。据世界银行警告，2017年10月开始实行的降低退休年龄政策很

贵公司最近几个月在招聘员工上是否有困难？

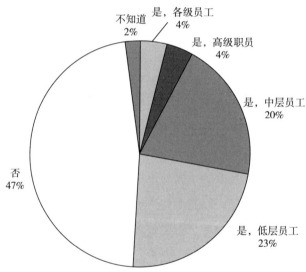

图3 劳动力短缺调查问卷情况

---

① The World Bank 2017, "Economy", Poland: Overview, viewed 1 December 2017, http://www.worldbank.org/en/country/poland/overview#3.
② Coface 2017, "COFACE CEE Top 500 Ranking", Coface Central Europe Holding, Vienna, p. 9.
③ Work Service 2017, "Barometr Rynku Pracy VIII: III kwartał 2017 r.", p. 30.
④ Work Service 2017, "Barometr Rynku Pracy VIII: III kwartał 2017 r.", p. 31.

可能会加剧工人的短缺（见图4）。^①

世界银行波兰和波罗的海国家经理 CarlosPiñerúa 认为，决策者需要把重点放在制定旨在提高生产力、强调人力资本投资和实施支持国外工人融合的政策上。^② 移民，尤其是来自乌克兰的工作人员，有助于缓解劳动力工资日益增长的压力。

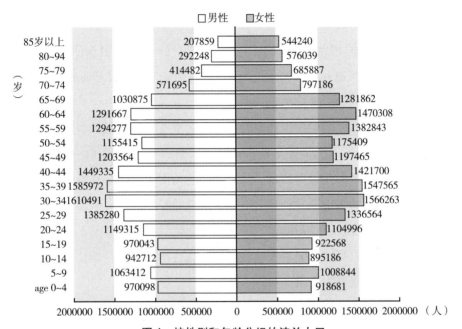

图4　按性别和年龄分组的波兰人口

数据来源：CSO 2017，Knowledge Database Demography。

① Zakład Ubezpieczeń Społecznych ［ZUS］ 2017，"Zmiany w przepisach emerytalnych od 1 paź dziernika 2017 r."，Swiadczenia，viewed 8 December 2017，http：//www. zus. pl/baza - wiedzy/ biezace - wyjasnienia - komorek - merytorycznych/swiadczenia/ - /publisher/details/1/zmiany - w - przepisach - emerytalnych - od - 1 - pazdziernika - 2017 - r_ /1566586.

② The World Bank 2017，"Poland's GDP Growth to Reach 4% in 2017，BeforeSlowing Down in 2018，Says World Bank"，Press Release NO：2017/ECA/019，viewed 3 December 2017，http：// www. worldbank. org/en/news/press - release/2017/10/19/poland - gdp - growth - to - reach - 4 - 2017 - before - slowing - down - 2018 - says - world - bank.

结　论

2013 年中国提出的"一带一路"倡议使沿线各国获得了恢复经济的机会。波兰位于欧洲中部,也是欧盟东部边界。由于中国的"一带一路"倡议,波兰有机会在国际和地区舞台上拓展发展空间。波兰是"16 + 1"合作机制的主要国家,波兰作为该地区人口最多、面积最大的国家,也是在中欧经济影响力最大的国家。中东欧国家位于"一带一路"倡议沿线。此外,这个地区也在亚洲通往欧洲的邻近地区。[①] 对中国来说,在该地区加强国际合作也意味着要与波兰建立更密切的外交和经济关系。

对于波兰而言,与中国发展良好关系更为重要,特别是在华沙与布鲁塞尔关系降温之际。[②] 加入欧盟,对波兰来说,是一个重大的利好——波兰不再被视作东方集团的发展中国家。从更实际的角度来看,与欧盟的密切关系是波兰经济发展的强大动力,显著提振了波兰的经济发展。但是,随着波兰新的极右政府上台,波兰与欧盟的关系大为恶化。在这种情况下,波兰的政策决策者和企业家可能更愿意在欧洲以外寻找合作伙伴,尤其是与中国这样强大的经济体发展经贸关系。

此外,波兰加入欧盟和本国在欧盟边界的战略位置是有利于中国在波兰投资的最主要因素之一。波兰是通往欧盟的门户,中国投资者可以通过这个门户进入西欧市场。尽管如此,中国投资者不应只把波兰视为过境国,也不要把波兰视为所谓"应许之地"——西欧的门户。波兰还是一个资本的好去处;在波兰,中国企业家可以很容易地获得在欧洲市场的经验,

---

① Stanzel, A, A Kratz, J Szczudlik& D Pavlićević 2016, "China's investment in influence: the future of 16 + 1 cooperation", EuropeanCouncil on Foreign Relations, viewed 2 December 2017, http://www. ecfr. eu/publications/summay/chinas_ investment_ in_ influence_ the_ future_ of_ 161_ cooperation7204#_ ftn1.

② Grosse, TG 2017, "Will Poland Leave the European Union?", Emerging Europe, viewed 3 December 2017, http://emerging – europe. com/voices/voices – intl – relations/will – poland – leave – european – union/.

而体验欧洲的商业文化和规则，对于外国企业而言，是非常有意义的因素，同时，波兰的经济发展经验和相比其他欧盟国家较低的生产成本也是有利因素。① 波兰经济发展较为稳健，并呈现良好的发展态势。波兰国内生产总值的增长主要是基于较强劲的私人消费。私人消费的增加与波兰公民的物质状况改善密切相关。2017 年，最低工资大幅上升，失业率创历史新低。另外，"500 + 家庭"计划的家庭扶持政策也促进了大家庭财富的增长，从而促进了私人消费的增长。

为推动中东欧地区互联互通和经贸合作便利化，扩大波兰的交通基础设施，尤其是南北线的交通基础设施至关重要。基础设施的发展会对"三海倡议""16 + 1"合作项目或欧洲参与"一带一路"倡议产生积极的示范和推动作用。波兰的地位在国际舞台上引人关注。波兰是丝绸之路沿线一个较为重要的战略点，中国将支持和鼓励波兰建立一个发达的交通基础设施。② 例如，建立中央通信港口的计划，这是在华沙附近建立超大的机场和铁路港口和商业中心。③ 中国邮政与波兰邮政的协定是合作的另一个案例。根据该协议，中国的货物将由波兰邮政在欧洲 30 个国家分发。④

总的来说，中波合作正在发展；作为全球第二大经济体，中国是波兰的重要合作伙伴，而对于中国来说，波兰是其在中欧重要的战略要点，它可以帮助中国投资者进入欧洲市场，波兰不仅是"一带一路"通往欧洲的门户，更是该倡议开发的一块重要试验田。

---

① Bao Le 2017, "China and Poland: Economic Cooperation Under the 16 + 1 Formula", Nouvelle Europe, viewed 4 December 2017, http://www. nouvelle - europe. eu/node/1960.

② Stefaniak, B 2016, "Enter the Dragon", Poland Today, no 13, viewed on 2 December 2017, http://poland - today. pl/enter - the - dragon/.

③ Walków, M 2017, "Pięć razy większy niż Lotnisko Chopina i z 4 pasami startowymi – taki będzie Port Solidarność [WBWIAD]", Business Insider Polska, viewed 12 December 2017, https://businessinsider. com. pl/finanse/cpk - centralnB - port - komunikacyjny - port - solidarnosc/m3d8nkc.

④ Forbes 2017, "Poczta Polska podpisała porozumienie z China Post. Korz B ści także dla polskich przedsiębiorstw", Biznes, viewed 7 December 2017, https://www. forbes. pl/biznes/poczta - polska - podpisala - porozumienie - z - china - post - korzysci - takze - dla - polskich/jetnnfy.

B.19
乌兹别克斯坦：政治风险下降，
金融风险增加

张友国[*]

摘　要： 2017 年，就国家风险而言，政治方面：乌兹别克斯坦政权过渡平稳，出现战争与武装冲突的风险不大，恐怖主义威胁较低，边境冲突问题初步得到解决，毒品威胁依然较大。经济方面：经济增速下降，通货膨胀恶化风险较大，失业率偏高，货币金融各项利率基本保持稳定，财政赤字增加，公债规模有所上升，经常账户顺差缩小，国际储备持续下降后有所回升，汇率可能进一步贬值。商业环境方面：投资环境不断改善，但行政效率有待提升。

关键词： 乌兹别克斯坦　政治风险　经济风险　商业环境风险

乌兹别克斯坦位于阿姆河和锡尔河之间。其领土从西到东长约 1425 公里，从北到南宽约 930 公里。乌兹别克斯坦的中亚邻国分别为哈萨克斯坦、吉尔吉斯斯坦、塔吉克斯坦以及土库曼斯坦。除此之外，其南部边界紧邻动荡不安的阿富汗。乌兹别克斯坦是一个典型的内陆国家。乌兹别克斯坦边界总长度是 6221 公里，其中与阿富汗边界长 137 公里，与哈萨克斯坦 2203 公里，与吉尔吉斯斯坦 1099 公里，与塔吉克斯坦 1161

---

[*] 张友国，博士，首都师范大学中南亚－中国新疆研究中心教授。

公里，与土库曼斯坦 1621 公里。① 对乌兹别克斯坦的政治风险和经商风险，可以做如下分析。

一 政治风险

卡里莫夫去世后，乌兹别克斯坦顺利实现权力交接，没有出现先前预测的可能会发生的政坛动荡。顺利接任的新总统米尔济约耶夫执政以来，乌兹别克斯坦国内政局并没有出现公众所担心的动荡，在富有政治治理经验的新总统的主持下，乌政局基本保持稳定，总统自身的威望也因为对政局的成功把控而得到提升。新总统主持大局后，进行了大幅度的人事调整，继续加强对强力部门的控制，但依然遵循务实与稳健的发展道路，以维护国家的政治安全、经济安全以及社会安全为主要目标。同时，新总统也希望在前任的基础上有所突破与创新。总体而言，当前乌兹别克斯坦政治风险在持续下降，但金融风险依然存在，并有增加的趋势。

（一）战争与武装冲突的风险

乌兹别克斯坦当前发生战争与武装冲突的风险较低。乌兹别克斯坦拥有中亚地区最大的、受过最好训练和拥有最佳装备的军队。根据《2016 年全球火力指数》，在 126 个国家排名中，乌兹别克斯坦的军事力量排名第 54 位。② 乌兹别克斯坦一度因为边界问题，与邻国塔吉克斯坦和吉尔吉斯斯坦经常发生跨境枪战。乌兹别克斯坦与吉尔吉斯斯坦有 300 公里边界具有争议。在吉尔吉斯斯坦，有 4 个乌兹别克斯坦飞地。2016 年 5 月 12 日，乌兹别克斯坦与吉尔吉斯斯坦的巴特肯州边境地区发生交火事件，乌边防士兵试图阻止 3 名携带农产品的吉走私者，并开枪打死其中 1 人。走私物品是蔬菜和水果。乌吉两国边境居民常常因为划界不明发生越境

---

① https：//www.gov.uz/en/pages/territory.
② 《2016 年全球火力指数》，https：//www.focus.de/regional/。

交火事件。①

新总统米尔济约耶夫非常重视中亚地区,主动选择积极的外交政策,加强与中亚邻国间的建设性对话,希望通过互利合作和某些必要的合理妥协,积极发展和中亚邻国的睦邻友好关系。得益于地区国家的共同努力,中亚各国的政治互信水平逐渐提高,很多问题找到了和平的解决途径。2017 年 9 月初,乌兹别克斯坦与吉尔吉斯斯坦签署的边界条约,是中亚国家独立 26 年来首次就解决如此敏感问题达成协议,这归功于地区国家均有寻找彼此可接受的解决问题方式的政治意愿。

总之,中亚已在短时间内建立起了全新的政治氛围。② 在乌兹别克斯坦,暂时不存在发生战争与武装冲突的风险。曾对乌兹别克斯坦造成重要威胁的乌兹别克斯坦伊斯兰运动("乌伊运"),早已没落为其他恐怖组织的附属品。2015 年 8 月,"乌伊运"宣布效忠"伊斯兰国",随着"伊斯兰国"在伊拉克和叙利亚战场的全线溃败,尽管阿富汗地区的"伊斯兰国"人员数量在增长,但囿于周边大国和塔利班的制约因素,加入"伊斯兰国"的"乌伊运"在乌兹别克斯坦挑起武装冲突的可能性不大。

(二)政治稳定性

乌兹别克斯坦已经成功实现总统权力交接,这意味着未来 5 年之内,乌兹别克斯坦的政治局势将相对稳定。虽然欧洲安全与合作组织(OSCE)认为乌兹别克斯坦的选举缺乏真正的自由和公正,而且权力过于集中于总统一人手中,使得乌兹别克斯坦政局面临很大的不确定性。但近年来,乌始终保持着国家政治局势的平稳,政治反对派基本只能在欧洲活动。2016 年,乌在境外的政治反对派活动不多,这与乌欧关系,尤其是乌美关系的改善和提升有直接关联。当前,乌反对派的核心人物是乌兹别克斯坦民族统一运动联

---

① 孙力、吴宏伟主编《中亚国家发展报告(2016)》,社会科学文献出版社,2016,第 391 ~ 392 页。

② 《米尔济约耶夫总统在第 72 届联大上阐述乌兹别克斯坦外交政策》,《乌兹别克斯坦资讯》2017 年 9 月 24 日。

盟的领导人萨利赫。自美国从阿富汗撤军开始，美乌关系明显改善，乌在境外反对派趋于低调。近年来乌反对派的声音不多，但是，这始终是一支可以被美欧利用的政治力量，也是美国牵制、影响乌兹别克斯坦未来政局走向的一个筹码。① 总体而言，目前乌兹别克斯坦国内政局仍然保持基本的稳定。新政府的国家治理政策在继续强调务实与慎重的同时，开始有所创新与改革。

（三）社会安全

恐怖主义威胁较低，但毒品威胁依然较大。乌兹别克斯坦最主要的恐怖组织是乌兹别克斯坦伊斯兰运动及其分支伊斯兰圣战联盟（IJU）。它们进行恐怖袭击的主要目标是政府办公场所、警察和安全部门人员，尤其是在费尔干纳盆地、塔什干和布哈拉的政府办公场所及警察和安全部门人员。但是自从 2004～2009 年一系列用简易爆炸装置攻击和武装突袭（其中包括 2004 年针对美国和以色列大使馆的未遂自杀攻击）事件以来，该组织在乌兹别克斯坦的活动已大幅缩减。2014 年 6 月，巴基斯坦军方对包含有"乌伊运"激进分子的部落区发动进攻，迫使"乌伊运"搬迁到阿富汗北部省份。虽然从地理距离上，"乌伊运"武装分子离乌兹别克斯坦越来越近，但乌兹别克斯坦军队已经加强了对与阿富汗接壤的 137 公里边境的防御，降低了武装分子越界入侵的风险。截至 2014 年 3 月，乌兹别克斯坦国家安全局（NSS）估计，有超过 5000 名"乌伊运"武装分子在阿富汗和巴基斯坦。2015 年 8 月 7 日，"乌伊运"解散并发布与"伊斯兰国"合并的公告，进一步限制了乌兹别克斯坦激进分子的作战能力。作为"伊斯兰国"在阿富汗的分支机构，"乌伊运"主要在阿富汗与塔利班进行对抗，而塔利班则是反对"伊斯兰国"在阿富汗影响力扩大的武装派别。

由上观之，乌兹别克斯坦暂时不会面临大规模的恐怖威胁。最为关键的

---

① 孙力、吴宏伟主编《中亚国家发展报告（2016）》，社会科学文献出版社，2016，第 353 页。

是，乌兹别克斯坦还通过在媒体层面加大反极端化宣传、在组织层面强化玛哈拉作用、在行动层面加大反恐怖行动，不断消解恐怖组织的能力，因此恐怖主义威胁较以往降低。各项指标显示乌兹别克斯坦社会治安趋势向好。[①]为进一步稳定社会安全状况，2017 年 7 月 30 日至 8 月 30 日，乌内务部在首都塔什干市开展为期一个月的专项社会治安整治行动，"打击违法犯罪行为和清洗恐怖主义活动"，同时，还联合国防部、安全部、紧急状态部、特种部队等强力部门在塔什干市、塔什干州、安集延州、费尔干纳州等有关地区举行联合反恐演习，有效打击了各类违法犯罪行为和恐怖主义活动，取得了显著成效。截至 2017 年 8 月 21 日，塔什干市执法人员共检查了47.55 万套公寓、住宅、别墅、地下室等，以及 5800 多家企业、社会组织、仓储库房等，排查近百万名本市居民、外地居民及外国人，开出2000 多张行政罚单，查处 6000 多例居留登记违规行为，逮捕 90 多名涉嫌犯罪和参与恐怖活动人员，查获 6.9 公斤毒品和 10 余支非法持有枪械。根据米尔济约耶夫总统的命令，自 2017 年 5 月 1 日起，乌内务部队从国家安全委员会划归内务部管辖。内务部还将建立快速反应部队。内务部有足够的力量应对任何侵略和打击"三股势力"。

乌兹别克斯坦内阁下属的国家毒品监控信息分析中心在官网发布消息称，乌兹别克斯坦 2016 年共缴获毒品超过 3.54 吨（2015 年为 2.51 吨）。乌兹别克斯坦执法机关缴获海洛因 107.7 公斤（2015 年为 147.9 公斤）、鸦片 1.447 吨（2015 年为 882.3 公斤）、大麻 883.2 公斤（2015 年为 1.025吨）、大麻膏 241.1 公斤（2015 年为 250.2 公斤）、罂粟壳 862.8 公斤（2015 年为 204.7 公斤）和精神药物 1.928 万片（2015 年为 7100 片）。

材料显示，2016 年，乌执法机关破获毒品犯罪案件 6646 起，与 2015年的 6648 起相比，几乎没有变化。其中贩毒案 2798 起、毒品走私案 645起、非法种植毒品原植物案 1482 起。2016 年共以贩毒罪查处 4726 人。但乌面临的毒品犯罪形势依然严峻，目前，从阿富汗经乌兹别克斯坦到俄罗斯

---

① http：//www3. weforum. org/docs/GCR2016 – 2017/05FullReport/TheGlobalCompetitivenessReport.

再到欧洲国家，已形成一条被称作"北线"的全球最大规模鸦片、海洛因贩运路线，通过这条路线每年输送 100 吨烈性毒品。[①]

（四）政府干预

国有化征收风险较高。由于法律对投资者权益保护较弱，加上国家的强制干预，企业被国有化征收的风险非常高。这种情况有时也有例外。如果某个特定业务有着强大的政治或国外背景，它在乌兹别克斯坦被征收的资产，可能会被返还。典型的是 2012 年 6 月俄罗斯移动电信系统（MTS）下属子公司面临牌照被召回的问题，同年 9 月，乌兹别克斯坦法院责令对其实施国有化，11 月，MTS 要求 ICSID（国际投资争端解决中心）介入此事。2014 年 11 月 17 日，MTS 发布新闻稿说，ICSID 响应 MTS 和乌兹别克斯坦政府的共同要求，取消了仲裁案件。该案件的逆转可能与弗拉基米尔·彼得罗维奇·叶夫图申科夫的身份有关，他是俄罗斯大型金融工业集团 AFK 的董事会主席，在俄罗斯政界和商界拥有举足轻重的地位，他手中持有 MTS 50.8% 的股份。2017 年 4 月 18 日，乌总统米尔济约耶夫签署总统令，改组国家私有化、反垄断和发展竞争委员会，成立国家推动企业私有化和发展竞争委员会，旨在确保国有资产私有化领域政策的调整能够及时、高效、有序，为已完成由国有企业向私营经济或私营企业转变的生产经营主体提供必要的支持和帮助，以便进一步盘活国有资产，提高利用效率等。[②]

汇兑措施逐步放开。乌兹别克斯坦的货币是 1994 年推出的索姆，汇率制度则是浮动汇率制，官方利率以美元为基准，其他利率则根据国际市场交叉汇率决定。乌兹别克斯坦对使用本国货币进行资本交易以及居民使用外汇进行适度控制。2003 年底，乌兹别克斯坦正式接受国际货币基金组织（IMF）第八条规定的义务，但该国很快又放弃了这些义务。因为接受第八条义务意味着，除经 IMF 批准外，乌兹别克斯坦将不得对当前国际交易支

---

① 《乌兹别克斯坦 2016 年共缴获毒品逾 3.54 吨》，《乌兹别克斯坦资讯》2017 年 4 月 25 日。
② 《乌兹别克斯坦总统下令改组国家私有化、反垄断和发展竞争委员会》，《乌兹别克斯坦资讯》2017 年 4 月 25 日。

付和转移决策施加限制，也不能对任何货币做歧视性安排或设置多重汇率。2004 年以来，乌兹别克斯坦金融体系改革有所深化，外汇管制逐步放开。2017 年 9 月 2 日，乌兹别克斯坦总统签署关于货币政策自由化的法令，允许本国公民自由投资外汇。[①]

2017 年 9 月 3 日，乌兹别克斯坦正式颁布《乌兹别克斯坦货币政策自由化首要实施细则》，自 2017 年 9 月 5 日起，乌兹别克斯坦全境取消外汇兑换管制政策，所有乌兹别克斯坦公民均可不受数额限制自由兑换外币，用于国际商业活动。[②]

综上观察，乌兹别克斯坦的政治风险相对可控，发生战争与武装冲突的可能性不大；总统权力实现顺利交接，政治稳定保持一定的连续性；恐怖主义的威胁不大，但构成恐怖主义潜在力量的"乌伊运"仍不容忽视；毒品问题依然存在很大威胁，需要继续加以严厉打击，以保持政治与社会稳定；政府干预程度依然较高。

二 经济风险

乌兹别克斯坦新总统米尔济约耶夫上任后，对乌兹别克斯坦经济进行全面调整，实施宽松的财政政策。同时如前所述，乌兹别克斯坦汇率政策较前政府更为灵活，取消了外汇管制，简化办公程序，强调对私有财产的保护。但乌兹别克斯坦依然存在一定的经济风险，经济改革导致的高通货膨胀率可能会进一步引发其货币苏姆的贬值。

2017 年乌政府已开始做申请主权信用评级的准备工作，并可能聘请花旗银行作为政府顾问。米尔济约耶夫总统正式批准相关法令，启动申请程序。乌政府将获取主权信用评级视为吸引外资多元化的方式之一，但首要目标不是获得资金，而是确定一个信用基准，此后，乌大银行和大企业将获得

① 《乌兹别克斯坦央行公布苏姆最新汇率》，《乌兹别克斯坦资讯》2017 年 9 月 19 日。
② 《乌兹别克斯坦将于 9 月 5 日取消外汇兑换管制政策》，《乌兹别克斯坦资讯》2017 年 9 月 4 日。

相应评级，方便其在市场筹集资金。乌政府认为，获得主权信用评级将促进直接投资增加，扩大与国外企业的合作机会，帮助本国银行和企业以更加优惠的利率从国际金融市场筹集大额资金。

（一）宏观经济

经济增速很可能下降。乌兹别克斯坦劳动生产率一直比较低下，传统的经济发展模式已经不适合当前的国内外形势，因而，乌兹别克斯坦的经济经常处于低迷状态。2015 年，乌兹别克斯坦的名义 GDP 为 593 亿美元，实际 GDP 增速为 4.5%。2016 年乌兹别克斯坦 GDP 仍保持 7.8% 的增速。虽然这一增长率高于中亚地区和全球平均增速，但由于经济结构存在不合理性，高度依赖天然气出口，乌兹别克斯坦融入现代经济的能力受到结构性限制，很难与其他发达经济体进行竞争，再加之国家干预程度较高，因此，2017 年 1~9 月，乌兹别克斯坦 GDP 增长 5.3%，增速有所下滑。其中，工业增长 5.6%，建筑业增长 5.3%，服务业增长 3.5%。[①]

投资成为乌经济增长引擎。2017 年的经济增长主要来自公共投资和能源出口。2016 年固定资产投资对 GDP 增长的贡献为 4.5 个百分点。但是，俄罗斯经济的衰退，导致乌兹别克斯坦失业率上升，工资持续下行。虽然乌兹别克斯坦在 2015 年适度调整了工资和养老金，希望这一举措有助于增加居民的家庭收入，但俄罗斯经济前景不明朗对其造成的重压制约了乌兹别克斯坦国内私人消费和服务的发展，因此 2016 年投资只拉动乌兹别克斯坦 GDP 增长 1.1 个百分点，私人消费由于实际收入下降拉低 GDP 增长 0.4 个百分点。乌兹别克斯坦是后苏联空间内唯一一个没被美国削减财政援助的国家，2018 年受援额将从 939 万美元增加至 980 万美元，增长 4.4%，大部分援助将被用于支持乌经济发展。[②]

通货膨胀恶化风险较大。2015 年乌兹别克斯坦国内通胀率维持在 7%~

[①] 乌兹别克斯坦报纸网，https：//www.gazeta.uz/ru/2017/10/27/gdp/。

[②] 《乌兹别克斯坦成为独联体地区唯一一个没有被美国削减财政援助的国家》，《乌兹别克斯坦资讯》2017 年 5 月 3 日。

9%的目标范围内，不过官方数据低估了通胀的真实水平，2015年乌实际通货膨胀率应该为11%。2016年前三个季度，政府宣称通货膨胀率为5.5%~6.5%，不过这是由于苏姆的增值限制了进口商品价格的增长，外汇管制的进一步收紧可能扰乱进口产品的供应。由于汇率改革，从2017年9月开始，货币大幅贬值，进口商品价格大幅攀升。2017年1~10月，乌通胀率为9.3%。由于交易双方的高价采购和物资短缺的恶化，通胀压力将在一段时间内继续维持，预计2018年乌国内平均通胀率为11%。

失业率偏高。由于劳动力市场相对欠发达，加之对失业人员在劳动局登记失业只有微弱的激励措施，乌兹别克斯坦的失业统计数据是不可靠的。例如，登记失业率一直在0.2%徘徊，低得令人难以置信。2014年，青年失业率突然呈现断崖式下跌。失业救济金在整个失业持续期间是固定发放的。黑工市场无处不在，提供了大量的就业机会。但是，受俄罗斯经济持续低迷的影响，大量原来在俄罗斯务工的乌兹别克斯坦人返乡，一定程度上冲击了国内就业市场。2017年上半年，官方登记失业率为5.2%。这一数据和2016年上半年持平。预计2018年登记失业率依然为5.2%。此外，由于教育程度较高，乌兹别克斯坦籍劳动力的素质也相对较高，但熟练工人很难招到，而且极易流失。

（二）货币金融

乌兹别克斯坦各项利率基本保持稳定。2014年，乌兹别克斯坦把再融资利率下调至9%，即便如此，实际利率可能为轻微负数。存款储备金在2009年9月进行了最后修正，对企业短期本币存款设定了最高15%的限额，然而，该货币政策的实施受到黑市利率导致的汇率错位、低水准的金融中介和低流动性的金融系统等诸多因素的阻碍，再加上真实通货膨胀的不确定性和官方汇率的持续贬值，民众更倾向于持有硬通货，这使得利率变化几乎不起什么作用。

信贷增速高位回落。乌兹别克斯坦信贷增速由于其国内较高的通货膨胀率和较高的利率水平，2016年显示为10%，同比回落近2个百分点。乌兹别克斯坦信贷增速下降的原因是多方面的，既有银行和金融业系统普遍存在的腐败导致效率低下、手续烦琐方面的原因，也有用于投资的资金有限的因素。因此，为促进经济增长，乌兹别克斯坦采取各种措施力图拉动信贷增长。

（三）财政收支

乌兹别克斯坦财政收支略显失衡。按照官方 2014 年公布的数据，乌政府预算略有盈余，为 3000 亿苏姆（按照 2014 年平均汇率计算，相当于 1300 万美元）。2016 年乌的基本财政赤字占 GDP 的 0.2%（见图 1）。米尔济约耶夫就任新总统后，由于俄罗斯经济衰退导致的外汇收入减少、各项社会福利补贴的增加，国家财政支出也相应增加，2016 年乌的基本财政出现少量赤字，占 GDP 的 0.8%。

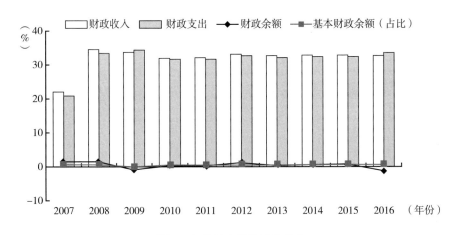

图1 乌兹别克斯坦财政收支

资料来源：中国信保国家风险数据库。

公债规模有所上升。乌兹别克斯坦的公债规模不断扩大是受财政赤字缺口的影响，2015 年达到 58 亿美元（见图 2）。乌兹别克斯坦矿产资源丰富，经济对出口依赖较大，面临全球经济不景气的大环境，乌兹别克斯坦以美元计价的公债规模可能还会有所上升。预计 2017 年乌兹别克斯坦的公债规模为 64 亿美元，届时新政府将采取更加宽松的财政政策来推动各项经济改革，以降低公债规模。

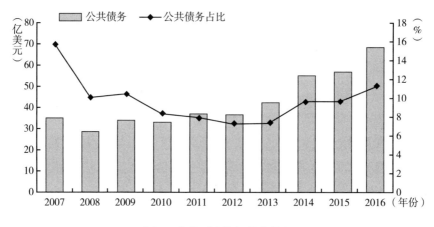

图2　乌兹别克斯坦公共债务

资料来源：中国信保国家风险数据库。

（四）国际收支

经常账户顺差缩小。在过去10年里，乌兹别克斯坦的经常账户基本呈现盈余状态。2015年乌兹别克斯坦经常账户逆差为0.2亿美元（见图3），近两年来乌兹别克斯坦的经常账户顺差不断缩小的原因，一方面是俄罗斯经济衰退导致的乌劳务外汇收入减少；另一方面是全球大宗商品价格的下跌，使乌兹别克斯坦的主要外汇收入来源，如天然气、棉花和黄金等的出口也受到很大影响。预计2018年度，伴随着对通胀的控制和乌兹别克斯坦主要出口商品（如天然气、铜和棉花）全球价格的改善，乌兹别克斯坦有望缩小贸易逆差。同时，劳务净汇款的增加也可以使得经常项目差额保持小额盈余。

经常账户顺差来源主要是商品贸易。乌兹别克斯坦的商品贸易基本维持顺差，但是其服务贸易中存在大量逆差。2015年乌兹别克斯坦商品贸易逆差为1.1亿美元，服务逆差为26亿美元。可以看到，乌兹别克斯坦服务贸易逆差较大，表明国内服务业水平较低，在经常账户这种结构特点之下，乌兹别克斯坦要注重提高国内运输、旅游、保险等行业的竞争力。2018年1月，米尔济约耶夫签署总统令，改组乌国家旅游公司，在其基

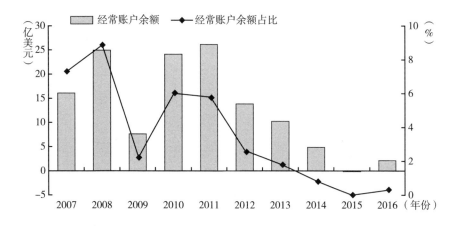

图3　乌兹别克斯坦经常账户余额

资料来源：中国信保国家风险数据库。

础上成立旅游产业发展国家委员会，以推动旅游产业发展。2017 年 2 月，在原公路建设和运营国家股份公司基础上成立国家公路委员会。

国际储备有所回升。受周边大国经济区域性波动的影响，乌兹别克斯坦自 2015 年后，国际储备一路下降。2015 年国际储备为 150 亿美元，是近 10 年来的最低值，2016 年乌的国际储备为 145 亿美元，能够满足 8.8 个月的进口用汇需求。为防止赤字进一步扩大，减少对国际资本市场的依赖，政府将可能借助国家主权财富基金。根据世界银行的数据，该基金 2014 年余额为 150 亿美元。此外，截至 2015 年 3 月底，乌兹别克斯坦在国际清算银行（BIS）持有的净资产总额为 128 亿美元。截至 2017 年 11 月 1 日，乌黄金外汇储备为 260 亿美元。

汇率可能进一步贬值。2017 年 9 月 5 日，乌兹别克斯坦中央银行（CBU）允许官方汇率从 1 美元兑换 4210 苏姆，调整到 1 美元兑换 8100 苏姆，并拓宽了私人部门对外汇交易市场的参与程度。尽管面临较高的经济和政治成本，新一届乌兹别克斯坦政府为保持汇率的稳定，继续采取爬行钉住汇率，尽量减少全球大宗商品价格走低引发的汇率风险。为此，2017 年，乌兹别克斯坦宣布要优化进口商品规模和结构，已出台综合举措大力发展进口替代产品国产化生产，以节约外汇储备，提高外汇使用效率。将节省出的外汇用于实施关系乌社会经济发展的重大项目。扩大国产化生产规模，同时还可增加大量就业岗位，提高民众生活水平。预计 2017～2018 年度，乌兹别克斯坦汇率风险会得到一定程度的缓解。

（五）外债偿付

外债规模较大。乌兹别克斯坦独立后，外债规模迅速上升，与国内生产总值呈负相关关系。2015 年乌兹别克斯坦的外债总额为 135 亿美元（见图 4），偿债率为 4.1%，负债率为 22.8%，债务率为 77.7%。乌兹别克斯坦政府一般不对外公布本国债务情况，是世界上外债最少的国家之一。但是，乌兹别克斯坦举借外债的规模和条件受到 IMF 等国际组织的限制。

公共外债占公债的比例较大，但是占外债的比例不大。虽然乌兹别克斯坦的外国直接投资流入相对偏少，但稳定的出口收入使政府能够限制对外借款，进而制约了私营部门的借贷，因此乌兹别克斯坦的私营部门很难与公营部门在借贷方面相抗衡。乌兹别克斯坦的公债比例中大多数属于公共外债。2015 年乌兹别克斯坦公共部门中长期外债为 58 亿美元，（见图 5、图 6）。预计 2018 年乌兹别克斯坦的公共外债会略微增加。

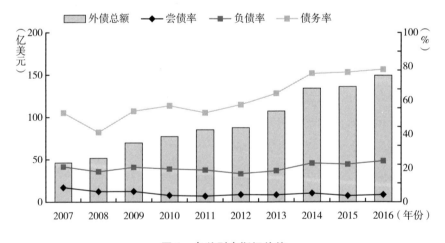

图 4　乌兹别克斯坦外债

资料来源：中国信保国家风险数据库。

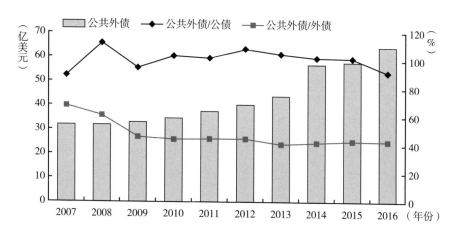

图5 乌兹别克斯坦公共外债

资料来源：中国信保国家风险数据库。

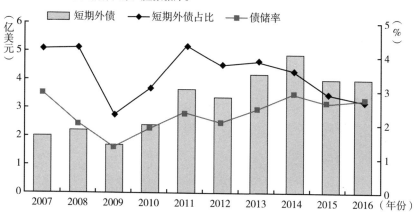

图6 乌兹别克斯坦短期外债

资料来源：中国信保国家风险数据库。

三 商业环境风险

在基础设施建设方面，乌兹别克斯坦一直处于中亚地区的较高水平。米尔济约耶夫总统上台后，乌兹别克斯坦不断改善本国的投资环境，但目前乌兹别克斯坦政府的行政效率有待提升。根据世界银行发布的《2017年营商环境报告》，乌兹别克斯坦的商业环境排名为第 74 位，营商环境较以往有大幅改善。

（一）投资便利性

FDI 恢复增长。2017 年 3 月 31 日，乌总统米尔济约耶夫签署总统令，成立国家投资委员会，在全国 14 个州、直辖市及自治共和国设立下属分支机构，负责统一研究制定、监督实施国家投资政策和吸引外国投资规划。该委员会整合乌外经贸部、国家鉴定评估公司的部分职权，主要职能为研究乌国内各行业投资潜力，分领域细化投资政策，制订年度投资计划，改善投资经营环境，扩展与国际金融组织、外国政府金融财政部门、国际各大行业龙头企业及第三方投融资平台的合作，提升吸引外资效率及鉴定评估单笔金额超过 10 万美元的投资项目合同等。同时，乌驻外使领馆经济商务参赞部门及驻国际金融机构代表处等机构职能划归该委员会旗下。此外，上述委员会还负责监督和考核乌驻外机构招商引资工作，每季度各驻外使领馆均须提交吸引驻在国直接投资工作报告及相关投资分析材料。①

由于投资环境的改善，2017 年 1～10 月，乌吸引的外资大幅增加，引资总额达 42 亿美元，其中 37 亿美元为直接投资。而 2011～2016 年吸引外资呈连续下降趋势，从约 33 亿美元降至 19 亿美元/年。② 总体来说，伴随2018 年改革的持续实施，2019 年中期经济有望实现更高的增速，达到6.3%。而这有助于减少不确定性、支持私人投资的发展和净出口的改善。私人投资，包括 FDI 将有望实现更高增长。

（二）税收体系

税务风险。由于大量税收减免优惠的存在，乌兹别克斯坦的税务风险较为复杂。2014 年 12 月，为了刺激国内需求，公司利润税从 8% 减少至

---

① 《乌兹别克斯坦成立国家投资委员会》，《乌兹别克斯坦资讯》2017 年 4 月 5 日。
② 乌兹别克斯坦日报网，https://www.uzdaily.uz/articles - id - 34897.htm。

7.5%，这反映了过去数年政策的连续性（2000 年该税税率为 26%）。银行须加收 15% 的税率，而某些中小型企业有资格获得 7% 的统一税率。2015 年 5 月，乌兹别克斯坦宣布修订税法，其目的是增加对乌兹别克斯坦居民成立于离岸司法管辖区公司的国家控制。这一倡议的官方借口是防止非法获利和恐怖主义融资的合法化。2016 年 2 月，政府公布了一项决议，它给合资联合股份公司提供了相当大的，即 15% ~ 33% 的税收优惠，包括豁免利润税和房产税。2017 年 12 月，乌召开内阁扩大会议，全面审议了 2018 年税收政策，决定合并税种，进一步降低企业税负。①

关税和非关税壁垒。乌兹别克斯坦政府为保护国内生产者的利益，并保持经常账户的平衡，往往对进口产品设置较高的关税税率。同时，乌政府鼓励和扩大出口，取消了所有商品和服务的出口关税。在非关税壁垒方面，乌政府禁止进口宣传破坏国家主权和领土完整以及与暴力、种族歧视、恐怖主义有关的产品，进口军需军备、放射性物质等需要获得外经部颁发的许可证。乌兹别克斯坦在早期还实行过严格的外汇政策，虽然近几年逐步放开管制，旨在为自由贸易打开局面，但由于目前新兴的贸易保护主义仍在继续，在一定程度上影响了乌兹别克斯坦贸易的发展。

（三）行政效率

乌兹别克斯坦政府官僚主义严重，行政效率较为低下。乌兹别克斯坦的行政机构脱胎于苏联复杂的官僚体系。企业在进行合法经营活动时，面临诸多复杂的办事程序，再加上政府办事效率较为低下，企业的正常经营活动往往受到影响。乌兹别克斯坦政府的行政效率有待提升。

腐败问题严重，执法不力。2016 年乌兹别克斯坦腐败感知度得分 21 分，在 176 个国家中，排名第 156 位，0 代表最腐败，100 代表最清廉。② 乌兹别克斯坦国内对政府和执法官员的贿赂在某种程度上非常风行，特别是由

---

① "Узбекистан с начала 2017 года привлек иностранные инвестиции на ＄4，2 млрд."，乌兹别克斯坦日报网站，https：//www. uzdaily. uz/articles‐id‐34897. htm。

② 《2016 全球治理指数报告》，https：//max. book118. com/html/2017/0618/116418486. shtm。

于乌兹别克斯坦的办事程序缺乏透明度，中小企业为使经营活动顺利开展，不得不进行寻租行为。而那些规模较大的、有着乌兹别克斯坦政府背景的大型企业，因为本身就是腐败链条的一部分，所以不用操心此类事情。海关检查员、边防警察和税务人员也经常相互勾结，从事走私贸易。不过，乌兹别克斯坦政府已经意识到问题的严重性并开始认真处理腐败问题。2008年，乌兹别克斯坦签署《联合国反腐败公约》；2009年，乌政府开展打击腐败的国家行动；2010年，乌兹别克斯坦加入由经合组织推动建立的东欧和中亚地区反腐败网络。2017年1月，米尔济约耶夫签署总统令，批准了《反腐败法》，提出要不断提高公民法律意识，增加政府部门工作透明度，加强对公职人员的法律监督和大众监督。《反腐败法》引入工作绩效和评分系统，对政府工作进行量化评比。2017年1～9月，乌的腐败犯罪案件下降了33%。[①] 2017年4月，乌兹别克斯坦的《2017～2021年乌兹别克斯坦五大优先发展方向行动战略》宣布，其中一个优先发展方向就是提高政府的行政效率。

四 政策建议

乌兹别克斯坦发布的《2017～2021年乌兹别克斯坦五大优先发展方向行动战略》规划了五大优先发展方向，其中的重要环节就是继续进行经济建设，进行经济结构改革，进行税务减负，拓展外向经贸关系等；同时政府要大力进行简政放权，改善投资环境。为此，政府还必须完善货币信贷政策。因此，我们应根据乌兹别克斯坦最新的行动战略和米尔济约耶夫的2017年国情咨文关注以下几点。

1. 密切跟踪乌兹别克斯坦新政府的政策变化

米尔济约耶夫领导的新政府比较务实、开放与创新。对内取消诸多过时政策，控制通胀与暴力犯罪，对外积极同国际债权人达成债务重组协议，呈

---

① 乌兹别克斯坦总统网站，http://president.uz/ru/lists/view/1371，2017-12-22。

现诸多积极动向。但乌兹别克斯坦毕竟继承了苏联诸多不良遗产，加上卡里莫夫 20 余年的威权执政，国内保守思维根深蒂固，各种地区与部门利益错综复杂，改革要持续深入，还需要坚定的国家意志。因此，我们应密切关注乌新政府最新动向并及时做出预测，制定对策。

2. 防范乌兹别克斯坦投资环境较差带来的不利影响

虽然 2017 年乌兹别克斯坦营商环境有大幅改善，但由于乌国内的治理惯性，外商在乌投资一直受限。乌政府须在经济领域努力去行政化，严厉查处腐败贪污等违法乱纪现象，提高政府的办事效率，向外商提供各种优惠政策，不断完善法律体系，从法律上保障外国投资者利益。

3. 跟踪研究乌兹别克斯坦的政治治理模式与应对恐怖主义策略

乌兹别克斯坦政治风险不大，总体可控，但囿于多年威权政治，乌兹别克斯坦还是维持传统的国家治理模式，短期内很难有所突破，改革举措只是新总统上任后的治理惯性使然，传统精英治理模式依然持续，对权力的掌控将会随着新总统地位的逐步稳固持续加强。虽然当前面临的战争风险不大，但恐怖主义威胁随着 IS 在伊拉克与叙利亚战场的败退与分流、阿富汗 IS 势力的持续增强、美国以阿富汗为核心辐射中亚的战略，乌兹别克斯坦将会持续面临已加入 IS 的"乌伊运"势力的恐怖主义颠覆政权的威胁。因此，乌兹别克斯坦还需要进行治理模式创新，持续消除恐怖主义产生的根源。

所有这些都需要中国的研究者密切跟踪研究。

附　　录

Appendix

B.20

"一带一路"欧亚合作发展
大事记（2017）

东北亚地区

3月24日　中国、蒙古国、俄罗斯联邦三国牵头部门在京召开《建设中蒙俄经济走廊规划纲要》推进落实工作组司局级会议。

4月23日　亚洲基础设施投资银行行长金立群与世界银行集团行长金墉签署谅解备忘录，加强两个机构之间的合作与知识共享。

5月14日　习近平主席出席"一带一路"国际合作高峰论坛开幕式，并发表题为《携手推进"一带一路"建设》的主旨演讲。

5月14日　刘奇葆出席"一带一路"国际合作高峰论坛"智库交流"平行主题会议，发表题为《携手打造"智力丝绸之路"》的主旨演讲。

5月15日　"一带一路"国际合作高峰论坛在北京雁栖湖国际会议中

心举行圆桌峰会。

6月15日 "对接'一带一路'建设：推进黑龙江全面振兴发展高层国际论坛"在黑龙江省哈尔滨市举行。

6月16日 亚洲基础设施投资银行宣布，其理事会已批准3个新意向成员加入，分别为阿根廷、马达加斯加和汤加。至此，亚投行成员总数扩至80个。

6月20日 国家发改委和国家海洋局联合对外发布《"一带一路"建设海上合作设想》。

8月18日 "一带一路"暨"健康丝绸之路"高级别研讨会在北京举行。

8月24日 在第24届北京国际图书博览会期间，由中国人民大学出版社发起的，来自世界29个国家和地区的92家出版商、学术机构和专业团体组成的"一带一路"学术出版联盟在京成立。

9月17日 "2017·中国二连浩特中蒙俄经贸合作洽谈会暨APEC中小企业跨境电商峰会"共签订进口活羊、进口粮油等六大行业23个具体合作项目，协议资金达65.8亿元人民币。

9月22日 亚欧会议第七届经济部长会议在韩国首尔举行。

9月26日 由内蒙古社会科学院承办的第二届中国－蒙古国博览会"开放与包容：文明互鉴与'中蒙俄经济走廊'建设"论坛在呼和浩特举行。

12月15日 以"一带一路"为主题的中蒙俄新闻论坛在蒙古国首都乌兰巴托举办。来自中蒙俄三国的专家、学者、新闻界人士围绕"一带一路"背景下中蒙俄媒体合作与展望的主题进行了两天的讨论。

12月19日 亚洲基础设施投资银行宣布批准库克群岛、瓦努阿图、白俄罗斯和厄瓜多尔四个经济体的加入申请，实现自开业以来的第四次扩容。

东南亚地区

1月16日 由中国企业参与投资建设的印度尼西亚单体装机容量最大

火力发电项目爪哇 7 号项目在万丹省西冷地区举行桩基工程开工仪式，标志该项目正式进入施工建设阶段。

2 月 13 日　柬埔寨哥通柬中友谊大桥通车仪式在该国干丹省巴萨河畔举行，柬埔寨首相洪森、中国驻柬大使熊波出席仪式并致辞。

2 月 24 日　中国建设银行在印度尼西亚首都雅加达举行揭牌仪式。建行集团将支持在印度尼西亚提升建行运营管理和业务拓展能力，为中国和印度尼西亚两国客户提供优质的金融产品和综合化金融服务。

4 月 10 日　习近平主席同缅甸总统吴廷觉举行会谈。双方发表了《中华人民共和国和缅甸联邦共和国联合新闻公报》。此外，在两国元首的共同见证下，《中缅原油管道运输协议》正式签署。

4 月 24 日　中柬跨境资本服务平台启动仪式暨首场路演对接活动在柬埔寨首都金边举行。

5 月 14 日　中国国家开发银行在北京与印尼中国高铁有限公司就印尼雅加达至万隆高速铁路项目正式签署贷款协议，贷款额度 45 亿美元。

5 月 19 日　来自缅甸西海岸马德岛的原油经过 18 天长途跋涉抵达中缅两国边境，随着检验检疫人员从管道中取得第一管油样，标志着中缅原油管道输送的原油正式进入中国。

6 月 10 日　第十五届东盟华商会拉开帷幕，来自 42 个国家和地区的 600 余位华商相聚昆明，秉承和弘扬丝路精神，围绕“融入‘一带一路’，促进创新发展”主题，共享机遇、共谋合作、共赢发展。

7 月 15 日　由中国中铁股份有限公司承建的印度尼西亚雅加达至万隆高速铁路瓦利尼隧道工程的开工仪式在西爪哇省瓦利尼举行。

8 月 8 日　第十一届中国 – 东盟民间友好大会在柬埔寨暹粒市闭幕并通过《暹粒宣言》。

8 月 21～22 日　由东盟秘书处、中国驻东盟使团、联合国开发计划署共同主办的东盟可持续发展筹资论坛在泰国清莱举行，来自中国、东盟国家和联合国的专家学者共同为东盟国家筹资实现可持续发展出谋划策。

8 月 21 日　中国和印度尼西亚副总理级对话机制第六次会议在北京举

行，中国国务委员杨洁篪和印度尼西亚政治法律安全统筹部部长维兰托共同主持。

8月25日　"'一带一路'倡议－中越合作新机遇研讨会"在越南首都河内召开。

8月29日　中国国家开发银行与印度尼西亚曼迪利银行在印度尼西亚首都雅加达签署战略合作谅解备忘录，共同助力中国与印度尼西亚两国深化经贸领域合作。

9月4日　习近平主席在厦门会见来华出席新兴市场国家与发展中国家对话会的泰国总理巴育。会见后，两国领导人见证了战略性合作共同行动计划及"一带一路"建设、铁路等领域双边合作文件的签署。

9月11日　越南张和平副总理在越南谅山省友谊国际口岸宣布，越南友谊国际口岸与中国友谊关货运专用线通道正式开通。

9月12～15日　第14届中国－东盟博览会在广西南宁举办，本届博览会首次设立"一带一路"专题展区，邀请沿线国家企业参展。

9月14日　中国－柬埔寨产能与投资合作论坛在广西南宁举行。

9月15日　第十四届中国－东盟博览会、中国－东盟商务与投资峰会在广西南宁闭幕。

10月9日　由中柬合资的澜湄航空（柬埔寨）股份有限公司在柬埔寨首都金边正式通航。

10月11～12日　中国－新加坡自由贸易协定升级第四轮谈判在新加坡举行。

10月30日　"促进柬埔寨与'一带一路'倡议区域内国家合作"专题研讨会在柬埔寨首都金边举行。

11月3日　马珈临时代办应邀出席马来西亚数字自贸区启动仪式。

11月12日　习近平主席在河内越共中央驻地同越共中央总书记阮富仲举行会谈。会谈后，两国领导人共同见证共建"一带一路"和"两廊一圈"对接合作备忘录以及多领域合作文件的签署。

11月13日　习近平主席在万象国家主席府同老挝人民革命党中央委员

会总书记、国家主席本扬举行会谈。双方同意加快中国"一带一路"倡议同老挝"变陆锁国为陆联国"战略对接,共建中老经济走廊,推动双方务实合作更多惠及两国基层民众。

11 月 19 日　中国外交部部长王毅在内比都与缅甸国务资政兼外交部部长昂山素季共同会见记者时表示,中方愿根据缅国家发展规划和实际需要,与缅方共同探讨建设"人字形"中缅经济走廊,形成三端支撑、三足鼎立的大合作格局。

中亚地区

2 月 5 日　来自哈萨克斯坦的装载小麦的火车抵达中哈（连云港）物流中转基地,这批小麦将换装海运发往越南。这是哈国小麦首次从中国过境发往东南亚市场,标志着中亚经过我国至第三国的物流循环体系初步建立,中哈粮食过境安全大通道正式贯通。

4 月 14 日　随着位于哈萨克斯坦阿克纠宾州的巴佐依压气站开机投产,中哈两国能源合作的重点项目——哈萨克斯坦南线天然气管道全线建设完工,形成了每年 60 亿立方米天然气的输气能力。

6 月 7 ~ 10 日　习近平主席对哈萨克斯坦进行国事访问,并出席上海合作组织成员国元首理事会第十七次会议和阿斯塔纳专项世博会开幕式。

6 月 9 日　习近平主席在阿斯塔纳会见塔吉克斯坦总统拉赫蒙和土库曼斯坦总统别尔德穆哈梅多夫。

8 月 2 日　第五届中国－中亚合作论坛在连云港举行。

8 月 30 日　中吉最大能源合作项目比什凯克热电厂改造项目全面竣工投产,吉尔吉斯斯坦总统阿坦巴耶夫在剪彩仪式上特别感谢中国政府和中国建设者们为吉能源和经济发展做出的贡献。

8 月 31 日　习近平主席会见来访的塔吉克斯坦总统拉赫蒙。两国元首一致决定建立中塔全面战略伙伴关系,推动中塔关系在新的历史起点上实现更大发展。

9 月 9 日　中乌政府间合作委员会第四次会议召开。双方将全面认真落实两国元首达成的重要共识，继续深化各领域合作，为两国全面战略伙伴关系发展不断注入新动力。

9 月 11 日　首届中国－哈萨克斯坦地方合作论坛在广西南宁荔园山庄国际会议中心举办，主题为"加强对接合作，共享发展机遇"。

10 月 27 日　中亚区域经济合作（CAREC）第十六次部长级会议在塔吉克斯坦杜尚别举行。

10 月 30 日　中国、吉尔吉斯斯坦、乌兹别克斯坦国际陆路货运试运行启动仪式在乌兹别克斯坦首都塔什干举行。

12 月 4 日　中国和乌兹别克斯坦合作建设的卡拉库利区块天然气田项目一期正式竣工投产。

南亚地区

3 月 1 日　经济合作组织（ECO）第十三届首脑峰会在巴基斯坦首都伊斯兰堡召开，峰会发布联合声明。

3 月 17 日　联合国安理会一致通过关于阿富汗问题第 2344 号决议，呼吁国际社会凝聚援助阿富汗共识，通过"一带一路"建设等加强区域经济合作，敦促各方为"一带一路"建设提供安全保障环境、加强发展政策战略对接、推进互联互通务实合作等。

3 月 29 日　中国、阿富汗共建"一带一路"研讨会在阿富汗首都喀布尔举行。

4 月 28 日　"'一带一路'与南亚"研讨会在尼泊尔首都加德满都举行。

5 月 31 日　交银国际在中国香港为马尔代夫共和国发行 2 亿美元的主权债券，这是马尔代夫共和国首次在国际市场发行主权债券，也是中资投行首次以独家全球协调人的身份在国际市场承销他国主权债券。

6 月 19 日　中国电力建设股份有限公司与孟加拉国铁道部在孟首都达

卡签署总价 3332 万美元的铁路建设合同。

7 月 5 日　拉合尔工商业联合会（LCCI）与巴投资委员会（BOI）联合举办中巴经济走廊特殊经济区（SEZs）咨询会。

7 月 25 日　招商局港口与斯里兰卡政府、斯里兰卡港务局等就有关发展、管理及经营斯里兰卡汉班托塔港的特许经营协议达成一致。

8 月 10 日　中国商务部和巴基斯坦商务部在伊斯兰堡联合举办中国 - 巴基斯坦贸易项目签约仪式。

8 月 15 日　中尼两国政府签署了《中华人民共和国政府和尼泊尔政府关于促进投资与经济合作框架协议》。

9 月 14 日　中巴在北京举行中国 - 巴基斯坦自贸区第二阶段谈判第八次会议。

9 月 16 日　中国商务部部长钟山与马尔代夫经济发展部部长穆罕默德·萨伊德共同签署《中华人民共和国商务部和马尔代夫共和国经济发展部关于结束中国 - 马尔代夫自由贸易协定谈判的谅解备忘录》。

10 月 31 日　尼泊尔政府外交部汉语班在加德满都开班。

11 月 1 日　天津职业技术师范大学、天津工业大学、天津城建大学与巴基斯坦旁遮普省技术教育与职业培训部在天津签署协议，就建立旁遮普天津技术大学达成合作意向。

11 月 21 日　中巴经济走廊联合工作委员会第七次会议在巴基斯坦首都伊斯兰堡召开。

11 月 27 日　第三届中巴经济走廊媒体论坛在巴基斯坦首都伊斯兰堡举行，来自中巴两国的 100 多名媒体代表、专家学者出席。

11 月 29 日　中巴经济走廊首个落地能源项目——巴基斯坦卡西姆港燃煤电站首台机组发电仪式在巴基斯坦卡拉奇举行。

12 月 18 日　《中巴经济走廊远景规划》在巴基斯坦首都伊斯兰堡发布。

12 月 26 日　首次中国 - 阿富汗 - 巴基斯坦三方外长对话在北京钓鱼台国宾馆举行。

12 月 27 日 由中国葛洲坝集团承建的巴基斯坦 E35 高速公路第一、二标段通车仪式举行，巴基斯坦总理阿巴西出席仪式并为高速公路揭牌。

中东欧地区

4 月 24 日 中国与乌克兰"一带一路"文化交流周在基辅拉开帷幕。当天，中国中央美术学院和乌克兰国立美术与建筑学院签署合作协议。

5 月 12 ~ 16 日 匈牙利总理欧尔班·维克多应邀来华出席"一带一路"国际合作高峰论坛，并对华进行正式访问。

6 月 8 ~ 12 日 第三届中国 – 中东欧国家投资贸易博览会暨第十九届浙江投资贸易洽谈会、第十六届中国国际日用消费品博览会在浙江宁波举行。

6 月 27 日 中国深圳市区域经济协作促进会在巴库与阿塞拜疆卡拉达赫区代表签署了合作建设中阿自由贸易产业园区合作意向书。

7 月 26 日 匈牙利国家经济部负责金融的国务秘书霍尔农格·阿格奈什宣布，匈牙利将发行价值 10 亿元人民币的熊猫债券，为期 3 年，收益率为 4.85%。这笔债券是匈牙利首次进入中国银行间债券市场发行人民币债券，所募资金将用于"一带一路"建设相关合作项目。

8 月 25 日 银联国际与白俄罗斯最大的商业银行白俄罗斯银行在明斯克签署全面合作协议，双方约定 2018 年内该行所有自动取款机和商户将受理银联卡，并在本地发卡、银联创新产品推广等领域开展合作。

9 月 15 日 由中欧国际工商学院和波兰科兹明斯基大学共同主办的 2017 首届中国 – 中东欧发展论坛在波兰华沙开幕。

10 月 9 日 俄中友协成立 60 周年庆祝大会在莫斯科举行。

10 月 31 日 阿尔巴尼亚合作与发展研究所同中国 – 中东欧智库网络在地拉那联合举办"'一带一路'和'16 + 1'合作框架下的中阿合作"圆桌会议。

11 月 1 日 江苏徐州与中国华信签订协议，共同建设约 8 平方公里区域，并以此为载体，与格鲁吉亚波季自由工业区组成"中格共同市场合作区"，打造服务于投资、物流、贸易和金融合作的示范窗口和中亚地区人民币跨境结算的试点区。

11月12日 中俄原油管道二线工程941.8公里管道全线贯通，具备了进油条件。

11月16日 格鲁吉亚第比利斯开放大学举行该国首个孔子课堂正式揭牌仪式。

11月19日 由中国企业承建的格鲁吉亚最长铁路隧道实现贯通，标志着格鲁吉亚铁路现代化项目取得了突破性进展。

11月24日 中白工业园协调工作组第十次会议在白俄罗斯首都明斯克举行。

11月27日 中国商务部与爱沙尼亚共和国经济事务和通信部在匈牙利布达佩斯签署两国《关于电子商务合作的谅解备忘录》。

11月30日 为期3天的第三届丝绸之路国际文化论坛在波兰首都华沙闭幕。论坛主题为"开创'一带一路'多边合作新时代"。

12月8日 中俄能源合作重大项目——亚马尔液化天然气项目第一条LNG（液化天然气）生产线正式投产。

12月15日 "2017'一带一路'中国·捷克牡丹文化经贸文化交流会"在布拉格成功举行，中国传统书画艺术让与会嘉宾领略了中国传统文化魅力，为中捷文化交流增添了新的内容。

12月18日 第四次中国–中东欧国家高级别智库研讨会在中国社会科学院举行。

12月20日 白俄罗斯第四所孔子学院在南部城市戈梅利成立，这也是在首都明斯克之外设立的首所孔子学院。

12月28日 商务部与摩尔多瓦经济与基础设施部签署了《中华人民共和国商务部和摩尔多瓦共和国经济与基础设施部关于启动中国–摩尔多瓦自由贸易协定谈判的谅解备忘录》，正式启动中摩自贸协定谈判。

西欧地区

4月10日　首列由英国驶往中国的中欧货运班列从英国最大的集装箱港口伦敦口岸出发，驶向全球知名的日用品交易中心——中国义乌市。

6月20日　中国国家电网公司入股希腊国家电网公司股权交割仪式在希腊首都雅典正式举行，中国国家电网公司投资收购希腊国家电网公司24%股权项目取得圆满成功。

9月22日　"蓉欧快铁"开通一周年庆祝仪式在荷兰南部城市蒂尔堡举行。

9月23日　欧美同学会（中国留学人员联谊会）第十五届21世纪中国论坛在意大利首都罗马召开，重点关注"'一带一路'建设中的中意文化交流"主题。

9月29日　剑桥"一带一路"国际研究中心在剑桥大学成立，这是英国首个专项研究中国"一带一路"倡议的独立机构。

10月6日　由中国社会科学院和西班牙加利西亚国际关系研究院主办的"中国道路欧洲论坛——'一带一路'倡议下的中欧合作"在西班牙历史文化名城圣地亚哥-德孔波斯特拉举行。

10月9日　为期两天的"欧亚-中国商贸峰会"在希腊首都雅典开幕。

10月14日　来自土耳其、俄罗斯、埃及、西班牙、突尼斯、中国等国的音乐家联袂在日内瓦万国宫举行"丝绸之路"音乐会，旨在促进不同国家、文化间的对话与交流。

10月25日　海南航空正式开通上海至布鲁塞尔直飞航线，成为首家上海直飞布鲁塞尔的中国航空公司。

11月22日　中国-卢森堡比利时经贸混委会第21次会议召开，双方就中卢、中比经贸关系、推进"一带一路"建设、加强双向投资合作、深化中欧经贸合作等议题深入交换意见，达成广泛共识。

12月16日　第九次中英经济财金对话发表政策成果，双方欢迎成立首期 10 亿美元中英双边投资基金的提议，以创造就业、促进贸易，支持"一带一路"倡议。

12 月 29 日　2017 年最后一列武汉中欧班列从中国铁路武汉局集团有限公司汉西车务段吴家山站开出，驶往德国汉堡。

12 月 28 日　满载货物的列车从重庆果园港铁路专用线缓缓驶出，前往德国杜伊斯堡。

西亚地区

1 月 16 日　中国国家发改委代表团与埃及通信和信息技术部共同举办中埃"网上丝绸之路"建设合作圆桌会，并签署关于加强"网上丝绸之路"建设合作、促进信息互联互通的谅解备忘录。

3 月 16 日　中国石化与沙特基础工业公司签署战略合作协议，共同探讨在中国与沙特两地分别开展项目合作的机遇。

7 月 5 日　中国国家邮政局在德黑兰与伊朗信息通信技术部举行会谈，就邮政行业发展、邮政事务合作、万国邮联改革等话题进行交流，并共同签署加强邮政领域合作的谅解备忘录。

7 月 11 ~ 13 日　中国 - 以色列自贸区第二轮谈判在北京举行。

9 月 17 日　中国国家开发银行在开罗与埃及主要商业银行阿拉伯国际银行签订 2.6 亿元人民币专项贷款及 4000 万美元非洲中小企业专项贷款合同，标志着该行"一带一路"人民币专项贷款项目首次落地埃及。

9 月 26 日　第五届中国商业高峰论坛在以色列特拉维夫举行，此次论坛由以色列商会联合会和丝绸之路国际总商会共同主办。

11 月 28 ~ 30 日　中国 - 以色列自贸区第三轮谈判在以色列举行。

12 月 19 日　中国和阿联酋以互换照会方式再次修订《中阿关于互免持外交护照人员签证的谅解备忘录》，将两国持普通护照人员纳入免签范围。

张维维　整理

Abstract

This report is compiled by the Academy of Metropolis Economic and Social Development of Megacity (AMESD), Capital University of Economics and Business (CUEB). The authors are experts and young scholars from various universities and scientific research institutions, who specialize in regional economic development studies. The report mainly focuses on Eurasia economic and trade cooperation in 2017 under the framework of the Belt and Road Initiative. This report analBzes the regularities and problems concerning Eurasia cooperation and development from the perspective of intra-regional, sub-regional and domestic regions. The report also evaluates the development trends.

This report consists of five parts: general report, regional development and multilateral cooperation in Eurasia, bilateral cooperation and Eurasia regional development, sub-regional cooperation, and node country and node city. The general report studies the overall situation of Eurasia economic and trade cooperation in 2017 under the framework of the Belt and Road Initiative. The second part introduces China's strategy for Eurasia cooperation, the experience of Northeast Asian in industry upgradation, the impact of the Bangladesh-China-India-Myanmar Economic Corridor (BCIM-EC) and the risks and prospects of the construction of the China-Kyrgyzstan-Uzbekistan Railway. The third part, bilateral cooperation and Eurasia regional development, examines the trends of bilateral cooperation between China and Belarus, Poland, the Czech Republic, Kazakhstan, Pakistan and Vietnam. Sub-regional cooperation and Eurasia development focuses on the regional cooperation between the Northeast, Northwest and Southwest parts of China with neighboring countries. The topic, node country and node city, analyzes the development trends of Poland, Uzbekistan.

In 2017, the economic and trade cooperation in Euroasia developed steadily. Although the overall trade volume was still relatively low, the trade growth in Eastern Europe and Central Asia grow faster than that of the Northeast Asia, Southeast Asia and Western Europe. Northeast Asia and Western Europe remain China's leading trade partners in Eurasia. With the implementation of the Belt and Road initiative, Southeast Asia has been developing closer trade cooperation with China, which has become an important trade partner of China in Asia. Although China has optimized the trade structure with Eurasia, the proportion of high-tech products such as electromechanical equipment increased gradually, light industry products still dominate the trade volume. In 2017, the volume of China's foreign direct investment ranked the first of the world. China's investment in Eurasia mainly goes to the fields of agriculture, manufacturing, energy and infrastructure. In the future, Chinese enterprises need persistently expand foreign trade investment, adjust investment structure, invest to more destination countries, improve economic influence and create a good image of Chinese investment.

From the perspective of regional cooperation, the northeast, northwest and southwest regions of China exploited their comparative advantages and adopted a pragmatic development strategy in 2017. Regional cooperation with neighboring B&R countries continued to deepen, and the effects of connectivity and economic cooperation emerged.

In conclusion, there is great potential for the development of Eurasia economic and trade cooperation in the future. However, issues such as low-level trade facilitation, potential political security risks and lack of investment assessment will affect the future cooperation and development in Eurasian under the the Belt and Road Initiative framework. In order to increase trade facilitation in Eurasia, European and Asian countries need to lower their trade barriers and properly resolve trade frictions. Therefore, actively promoting multilateral and bilateral FTA negotiations in the Eurasia is an important task for the Eurasian region under the the Belt and Road Initiative. With the implementation of the Belt and Road Initiative, Chinese banks and companies will subject to more investment risks. It is urgent to strengthen investment assessment and improve related assessment mechanisms. In addition, some Belt and Road participating countries have high political risks. In

South Asia, the construction of the China-Pakistan Economic Corridor faces obvious security threats. In Southeast Asia, some construction and economic cooperation projects may be affected by potential political risks. In Central Asia, security problems still deserve close attention.

Contents

Ⅰ   General Report

Abstract: In 2017, China's trade with the Eurasia countries increased
steadily, with trade structure further optimized. China's northeast, northwest,
southwest, and other regions performed comparative advantages. The Regional
cooperation with neighboring B&R countries continued further developed.
However, the low-level trade facilitation, potential political risks, and inadequate
investment assessment will have a negative impact on the economic and trade
cooperation under the framework of the Belt and Road Initiative in Eurasian.

Keywords: The Belt and Road Initiative; Eurasia; Trade; Investment;
Regional Cooperation

Ⅱ   Multilateral Cooperation

Abstract: Eurasia international capacity cooperation made great progress in

2017. Because of the great differences in the national endowments of participant countries, China's policy of promoting international capacity cooperation in Eurasia has entered a phase of adjustment. In general, China's strategy will gradually shift from "extensive" to "intensive", and international capacity cooperation will follow the development path of increasing cooperation efficiency and benefits.

Keywords: Eurasia Cooperation; China's Strategy; International Capacity Cooperation; Spatial Factors

B. 3   China Needs to Find a Unique Path for Industry Upgradation

Mao Qiliang / 058

Abstract: This article uses the product space theory to analyze the process and characteristics of industry upgradation in East Asia and certain parts of China, to find a rational path for China's regional industry upgradation. This paper suggests that East Asian countries upgrades their industries from labor-intensive industries gradually and the transfer of labor-intensive industries is characterized by the geese pattern. The essence of this path is developing labor-intensive products to learn and accumulate production abilities, and acquiring more complex knowledge and capabilities gradually, so as to achieve a relatively rapid industry upgradation from low added-value to high added-value. The important revelation is that initial product space is critical to a country's industry upgradation path-choosing, which is particularly important for national development. Based on findings on industrial upgrading in certain regions of China, there are some similarities between these regions' overall labor division and some Southeast Asian countries. This comparision indicate that China's regional industry upgradation will face fierce competition from some low-wage Southeast Asia countries. China needs to find a unique path for industry upgradation.

Keywords: Product Space; Geese Pattern; Industrial Upgrading; East Asia

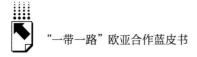

B. 4　The Significant Role of Myanmar in the Construction of Bangladesh-China-India-Myanmar Economic Corridor

Lei Zhuning / 081

Abstract: The Bangladesh-China-India-Myanmar Economic Corridor (BCIM-EC) has become an integral part of the Belt and Road Initiative. Myanmar's participation is important for the success of the BCIM-EC. This article gives an overall introduction of the BCIM-EC, including the background and progresses of BCIM cooperation, road and railway infrastructure conditions of Myanmar, domestic economic corridors of Myanmar and regional economic corridors involving Myanmar, Myanmar's interest in participating economic corridor construction, and prospect of the "Y-shaped" China-Myanmar Economic Corridor, etc. It analyzes the situation, problems and difficulties facing the economic corridor construction and then offers some policy recommendations.

Keywords: Myanmar; BCIM; Economic Corridor

B. 5　Building New Platform to Create Favorable Opportunities for the Construction of China-Kyrgyzstan-Uzbekistan Railway

Lin Peiyuan / 101

Abstract: Transport facilities are the basis and carrier for unimpeded trade cooperation. As an essential part in the construction of connectivity, transportation facilities play an extremely important role in the the Belt and Road Initiative. In 1997, the construction plan of the China-Kyrgyzstan-Uzbekistan railway was put on agenda. But due to some reasons, it has been delays and has not started yet. The China-Kyrgyzstan-Uzbekistan railway program faces the following risks: political instability and risks in the latter two countries, fragile economic and financial systems of the latter countries, geopolitical risks out of the US-Russia political game, frequent terrorist attacks and rail gauge differences. The Silk Road

Economic Belt initiative can provide new opportunities for the construction of the China-Kyrgyzstan-Uzbekistan Railway. In terms of implementation, we need to accommodate the interests and concerns of all parties and make use of existing international mechanisms to build a new platform for equal cooperation.

Keywords: China-Kyrgyzstan-Uzbekistan Railway; Risk Analysis; Prospects

Ⅲ Bilateral Cooperation

B. 6 The Prospects for Cooperation Between China

and Belarus are Promising   *Zhao Huirong* / 115

Abstract: The cooperation between China and Belarus has a sound historical foundation. Since Belarus's independence, relations between China and Belarus have improved gradually and established a comprehensive strategic partnership. Belarus is China's third comprehensive strategic partner established in the post-Soviet region. And Belarus regards China as the most important partner, next to Russia and European Union. It can be predicted that the future political cooperation between China and Belarus will continue to develop. The economic cooperation between China and Belarus has been growing and the cooperative scope has been extensive. In the future, it is necessary for both parties to promote trade balance, diversify trade structure and take measures to strengthen financial, tourism, transportation and humanistic cooperation.

Keywords: China and Belarusis Relationship; Historical Foundation; Development Potential

B. 7   The Enormous Potential of China-Polish Scientific
        and Technological Cooperation: Poland's Innovation

Jia Ruixia / 127

Abstract: This paper analyzes the innovation ability of Poland. Poland's national strategy and policies have been an important guarantee to drive innovation; the government and social institutions jointly coordinate the innovative policies and the rational distribution of supporting funds; economic situation gets better, abundant social resources and the support of the EU funds. These are the driving force for Poland's innovation abilities. The scientific and technological innovation cooperation between Poland and China has great potential. There is no doubt that Poland will face many challenges on the way of innovation.

Keywords: Poland; Innovation Abilities; Innovation-driven; EU; Perspective

B. 8   The Czech Republic Participate in the Construction
        of the Belt and Road Initiative:
        Potential and Risk Coexist

Jiang Li / 141

Abstract: Abstract: In recent years, Sino-Czech relations have improved dramatically. The Czech Republic has actively participated in the construction of the Belt and Road Initiative. Czechia has many favorable conditions, mainly reflected in its superior geographical location, good economic foundation, high degree of industrialization, relatively favorable investment environment and strong political will. In the framework of Belt and Road initiative, Czechia has played an active role in enhancing interconnectivity with China, such as setting up cooperation platforms and improving cooperation mechanisms; significant growth in bilateral trade and two-way investment; financial cooperation improved and infrastructure cooperation strengthended. Health care cooperation also ushered in a new stage of development. The Sino-Czech cooperation on the Belt and Road faces some challenges: the Czech Republic's China policy may undergo certain changes; the Czechic academia and the public lack understanding of China and the Belt and Road Initiative; the Czechic right-wing forces, media and non-Government organizations doubt or even oppose to undertake economic cooperation with China.

Keywords: Belt and Road; Czechia; Connectivity

B. 9 The Capacity Cooperation Between China and Kazakhstan have Made Fruitful Results　　*Yesier* / 154

Abstract: As an important neighbor of China and partner of the Silk Road Economic Belt, Kazakhstan has responded actively to the Initiative after Chinese President Xi Jinping came up with it in September 2013. Kazakhstan has also formulated its own development strategy and plans. China and Kazakhstan have made some major achievements in strategic coordination of both countries' development strategies, infrastructure inter-connectivity, building cooperation parks, production capacity cooperation, trade, tourism and cultural exchanges. However, the two countries have to face and overcome some challenges in the co-building of Belt and Road.

Keywords: Belt and Road Initiative; China; Kazakhstan

B. 10 Deepening the coordination of Development Strategies to Promote the Co-building of China-Pakistan Economic Corridor　　*Zhang Weiwei* / 169

Abstract: China-Pakistan Economic Corridor (CPEC) is the flag-ship project and important pioneering project of the Belt and Road Initiative. The construction of the CPEC has exceeded the original expectation, reaching the early-stage harvest season. CPEC has exerted over-flow influence on regional

development and the win-win cooperation between China and Pakistan has also strengthened. The constrution of CPEC faces many riskes, such as political, security, regional international environment, social and economical risks. To accelerate the construction of CPEC, it is important to deepen strategic coordination, strengthen security cooperation, maintain strategic persistence, promote people to people coordination.

Keywords: China-Pakistan Economic Corridor; Strategic Coordination; Interconnectivity

B. 11　China and Vietnam Have Great Potential
　　　　for Regional Cooperation　　　　*Qiu Puyan* / 188

Abstract: Since the Belt and Road Initiative was put forward, the regional cooperation between China and Vietnam has made great achievements . Not only has the Belt and Road Initiative reached strategic coordination with Vietnam's "two corridors and one ring" initiative, China-Vietnam cooperation under the Lancang-Mekong Cooperation mechanism has also been fruitful. Although the complicated historical and realistic factors have been affecting the stability of the relations between China and Vietnam in recent years, the great complementarity of economic structurein the two economies still brings a huge space for bilateral cooperation. Special geopolitical relation and multilevel cooperation mechanisms have ensured the long-term stability of Sino-Vietnamese regional cooperation. The effectiveness of regional cooperation will in turn promote the overall stability of the bilateral relations.

Keywords: The Belt and Road; China; Vietnam; Regional Cooperation

Ⅳ Sub-regional Cooperation

Abstract: Based on the regularity of regional development, developing main economic zones, buliding several strategic bases for the "Belt & Belt" initiative and "West Forward Strategy", improving the regional transport and free flow of economic elements, and driving the development of trade and industry, to improve the connection between "Silk Road Economic Belt" and "Maritime Silk Road".

Keywords: "Belt & Road" Initiative; Main Economic Zones; City Cluster

Abstract: The economic and trade cooperation between Northeast China and Russia has naturally geopolitical advantage. Over the past few years, the economic and trade cooperation between the four northeastern provinces and Russia has developed rapidly. The trade volume account about 30% of China-Russia trade turnover. In particular, Heilongjiang accounted for 1/4 of China's trade with Russia at the same period. However, there are still many problems in regional transboundry trade with Russia, such as trade volume or the trade structure. To coordinate with the implementation of the Belt and Road Initiative, the provinces of Northeast China need to seize the strategy coordination between China and Russia and improve the quality of regional transboundry trade with

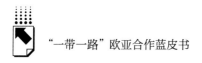

Russia, which is an important task for Northeast provinces.

Keywords: China; Procinces of the Northeast Region; Russia; Economic and Trade Cooperation

B. 14   The "Yangtze-Volga" Cooperation Mechanism:
New Momentum for Sino-Russian Pragmatic Cooperation

Shen Ying / 241

Abstract: The Sino-Russian "Yangtze-Volga" cooperation mechanism is a new model of cooperation in non-adjacent regions between China and Russia. This is in line with the current international trend and the strategic interests of China and Russia. Nowadays, the Sino-Russian "Yangtze-Volga" cooperation mechanism has entered a pragmatic stage of development and faced some challenges, such as the incorporation of the "Yangtze-Volga" mechanism into the the Belt and Road Initiative. How can this mechanism converge with the strategy of the Yangtze River Economic Belt and China western development strategy? How to achieve effective coordination with Russia's national development strategy and the construction of the Eurasian Economic Union? The Sino-Russian "Yangtze-Volga" cooperation mechanism will become an effective model for Sino-Russian regional cooperation, and will improve the pragmatic development of regional cooperation between China and Russia.

Keywords: Sino-Russian Relations; Yangtze-Volga; Regional Cooperation

B. 15   The "Two Corridors and One Bridge" Promote
       Construction of the "Silk Road
       Economic Belt" in Xinjiang   *Wen Feng* / 253

Abstract: Recently, the construction of the China-Pakistan Economic Corridor, the China-Central Asia-West Asia Economic Corridor and the New Eurasian Continental Bridge ("Two Corridors and One Bridge") provide the path to integrate Xinjiang into the "Silk Road Economic Belt". The construction of an economic corridor need the connectivity provided by the Continental Bridge, the development of all-round diplomacy is also a prerequisite. Xinjiang , the core area of Silk Road Economic Belt, should become the pivot in China's continental diplomatic strategy, actively integrate into national strategies and assume corresponding responsibilities. Based on actual situationin Xinjiang, the construction of the "core zone" confront with many opportunities and challenges.

Keywords: "Two Corridors and One Bridge"; Xinjiang ; Core Area of Silk Road Economic Belt

B. 16   The Construction of the "Chongqing-Guangxi-Singapore"
       Passage is the Focal Point to Promote
       the Eurasia Cooperation   *Kuang Rongtao* / 264

Abstract: The connectivity between China and Singapore is an intergovernmental cooperation project, aims at linking the provinces in western China with the ASEAN countries such as Singapore to strengthen cooperation together. In this intergovernmental cooperation project, Chongqing act as an operations center, while Guangxi, Guizhou, Gansu as the key node. Building southward passage from China to Singapore have solid foundation and good prospects, whicis of great significance for the development of the western region of China.

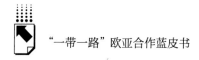

Keywords: "Chongqing-Guangxi-Singapore" Passage; Guangxi; Connectivity; Singapore

B. 17　Mobilizing the Advantageous Elements of Guangdong-
　　　　Hong Kong-Marao Greater Bay Area to Build
　　　　the Belt and Road Initiative

Gao Jian, Yu Peng and Huang Xin / 277

Abstract: Guangdong-Hong Kong-Marao Greater Bay Area has superior location, industry competitiveness and institution advantages. The key points of future cooperation with the the Belt and Road Initiative are shipping industry, financial innovation, technological innovation, advanced manufacturing and marine industry. To participate in the Belt and Road Initiative, it is important to adhere to the principle of combining government guidance with market-oriented operations. The government bring up overall plans, establishes information-sharing platforms and guides the development of the Silk Road Fund. At the same time, government fully mobilizes the enthusiasm of entrepreneurs and enterprises to play the main role, enhances cultural exchanges and cooperation between peoples.

Keywords: Guangdong-Hong Kong-Marao Greater Bay Area; Belt and Road; Regional Cooperation

V　Node Country

B. 18　Poland: The Gateway of the Belt and Road
　　　　to Western Europe　　　*Wiktoria Laura Luczyk, Wang Hu / 290*

Abstract: Poland is a potential regional power in central Europe and actively participates in regional international affairs . Poland is a larger participant of the Belt and Road Initiative and the "China-CEEC" cooperation mechanism. Poland also put forward some new initiatives. This article discusses the importance of the strategic partnership between Poland and China, briefly analyzes the important geopolitical location of Poland, and then examines the current regional cooperation concepts and initiatives from a historical perspective. This article analyizes Poland's economic situation and investment environment, the impact of its domestic social and economic conditions on its foreign policy, particularly the importance of Poland's EU membership on the relationship between Poland and China. This article believes that Poland is not only a gateway for the Belt and Road to Western Europe, but also an important experimental field for the construction of Belt and Road Initiative.

Keywords: Poland; "The Belt and Road"; Central Europe; "China-CEEC" Cooperation

B. 19   Uzbekistan: Political Risks Declined and

Financial Risks Increased   *Zhang Youguo* / 306

Abstract: In 2017, the power transition of the Uzbekistan regime was stable and smooth. The risk of war and armed attack was little in Uzbekistan. The threat of terrorism attacks was low. The border conflict with neighbouring countries was starting to resolve. The drug threat remained high. The economic growth of Uzbekistan declined. The possibility of aggravating inflation was larger. Unemployment rate remained high. Interest rates of bank and other financial institutions were stable. The goverement fiscal deficit increased and current account surplus shrank. The investment environment was improved gradually but administrative efficiency still had to be improved.

Keywords: Uzbekistan; Political Risk; Economic Risk; Business Environment Risk

Ⅵ Appendix

❖ 皮书起源 ❖

"皮书"起源于十七、十八世纪的英国，主要指官方或社会组织正式发表的重要文件或报告，多以"白皮书"命名。在中国，"皮书"这一概念被社会广泛接受，并被成功运作、发展成为一种全新的出版形态，则源于中国社会科学院社会科学文献出版社。

❖ 皮书定义 ❖

皮书是对中国与世界发展状况和热点问题进行年度监测，以专业的角度、专家的视野和实证研究方法，针对某一领域或区域现状与发展态势展开分析和预测，具备原创性、实证性、专业性、连续性、前沿性、时效性等特点的公开出版物，由一系列权威研究报告组成。

❖ 皮书作者 ❖

皮书系列的作者以中国社会科学院、著名高校、地方社会科学院的研究人员为主，多为国内一流研究机构的权威专家学者，他们的看法和观点代表了学界对中国与世界的现实和未来最高水平的解读与分析。

❖ 皮书荣誉 ❖

皮书系列已成为社会科学文献出版社的著名图书品牌和中国社会科学院的知名学术品牌。2016年，皮书系列正式列入"十三五"国家重点出版规划项目；2013~2018年，重点皮书列入中国社会科学院承担的国家哲学社会科学创新工程项目；2018年，59种院外皮书使用"中国社会科学院创新工程学术出版项目"标识。

中国皮书网

（网址：www.pishu.cn）

发布皮书研创资讯，传播皮书精彩内容
引领皮书出版潮流，打造皮书服务平台

栏目设置

关于皮书：何谓皮书、皮书分类、皮书大事记、皮书荣誉、
　　　　　皮书出版第一人、皮书编辑部

最新资讯：通知公告、新闻动态、媒体聚焦、网站专题、视频直播、下载专区

皮书研创：皮书规范、皮书选题、皮书出版、皮书研究、研创团队

皮书评奖评价：指标体系、皮书评价、皮书评奖

互动专区：皮书说、社科数托邦、皮书微博、留言板

所获荣誉

2008 年、2011 年，中国皮书网均在全
国新闻出版业网站荣誉评选中获得"最具
商业价值网站"称号；

2012 年, 获得"出版业网站百强"称号。

网库合一

2014 年，中国皮书网与皮书数据库端
口合一，实现资源共享。

权威报告·一手数据·特色资源

皮书数据库
ANNUAL REPORT(YEARBOOK)
DATABASE

当代中国经济与社会发展高端智库平台

所获荣誉

- 2016年，入选"'十三五'国家重点电子出版物出版规划骨干工程"
- 2015年，荣获"搜索中国正能量 点赞2015""创新中国科技创新奖"
- 2013年，荣获"中国出版政府奖·网络出版物奖"提名奖
- 连续多年荣获中国数字出版博览会"数字出版·优秀品牌"奖

成为会员

　　通过网址www.pishu.com.cn访问皮书数据库网站或下载皮书数据库APP，进行手机号码验证或邮箱验证即可成为皮书数据库会员。

会员福利

- 使用手机号码首次注册的会员，账号自动充值100元体验金，可直接购买和查看数据库内容（仅限PC端）。
- 已注册用户购书后可免费获赠100元皮书数据库充值卡。刮开充值卡涂层获取充值密码，登录并进入"会员中心"—"在线充值"—"充值卡充值"，充值成功后即可购买和查看数据库内容（仅限PC端）。
- 会员福利最终解释权归社会科学文献出版社所有。

数据库服务热线：400-008-6695
数据库服务QQ：2475522410
数据库服务邮箱：database@ssap.cn
图书销售热线：010-59367070/7028
图书服务QQ：1265056568
图书服务邮箱：duzhe@ssap.cn

卡号：171685513138
密码：

S 基本子库
SUB DATABASE

中国社会发展数据库（下设 12 个子库）

全面整合国内外中国社会发展研究成果，汇聚独家统计数据、深度分析报告，涉及社会、人口、政治、教育、法律等 12 个领域，为了解中国社会发展动态、跟踪社会核心热点、分析社会发展趋势提供一站式资源搜索和数据分析与挖掘服务。

中国经济发展数据库（下设 12 个子库）

基于"皮书系列"中涉及中国经济发展的研究资料构建，内容涵盖宏观经济、农业经济、工业经济、产业经济等 12 个重点经济领域，为实时掌控经济运行态势、把握经济发展规律、洞察经济形势、进行经济决策提供参考和依据。

中国行业发展数据库（下设 17 个子库）

以中国国民经济行业分类为依据，覆盖金融业、旅游、医疗卫生、交通运输、能源矿产等 100 多个行业，跟踪分析国民经济相关行业市场运行状况和政策导向，汇集行业发展前沿资讯，为投资、从业及各种经济决策提供理论基础和实践指导。

中国区域发展数据库（下设 6 个子库）

对中国特定区域内的经济、社会、文化等领域现状与发展情况进行深度分析和预测，研究层级至县及县以下行政区，涉及地区、区域经济体、城市、农村等不同维度。为地方经济社会宏观态势研究、发展经验研究、案例分析提供数据服务。

中国文化传媒数据库（下设 18 个子库）

汇聚文化传媒领域专家观点、热点资讯，梳理国内外中国文化发展相关学术研究成果、一手统计数据，涵盖文化产业、新闻传播、电影娱乐、文学艺术、群众文化等 18 个重点研究领域。为文化传媒研究提供相关数据、研究报告和综合分析服务。

世界经济与国际关系数据库（下设 6 个子库）

立足"皮书系列"世界经济、国际关系相关学术资源，整合世界经济、国际政治、世界文化与科技、全球性问题、国际组织与国际法、区域研究 6 大领域研究成果，为世界经济与国际关系研究提供全方位数据分析，为决策和形势研判提供参考。

法律声明

"皮书系列"（含蓝皮书、绿皮书、黄皮书）之品牌由社会科学文献出版社最早使用并持续至今，现已被中国图书市场所熟知。"皮书系列"的相关商标已在中华人民共和国国家工商行政管理总局商标局注册，如 LOGO（▧）、皮书、Pishu、经济蓝皮书、社会蓝皮书等。"皮书系列"图书的注册商标专用权及封面设计、版式设计的著作权均为社会科学文献出版社所有。未经社会科学文献出版社书面授权许可，任何使用与"皮书系列"图书注册商标、封面设计、版式设计相同或者近似的文字、图形或其组合的行为均系侵权行为。

经作者授权，本书的专有出版权及信息网络传播权等为社会科学文献出版社享有。未经社会科学文献出版社书面授权许可，任何就本书内容的复制、发行或以数字形式进行网络传播的行为均系侵权行为。

社会科学文献出版社将通过法律途径追究上述侵权行为的法律责任，维护自身合法权益。

欢迎社会各界人士对侵犯社会科学文献出版社上述权利的侵权行为进行举报。电话：010-59367121，电子邮箱：fawubu@ssap.cn。

社会科学文献出版社